Saggi

GABRIELE GENAH

Io, Winston

Il romanzo in prima persona
della vita di Churchill

SOLFERINO

SOLFERINO

www.solferinolibri.it

ISBN 978-88-282-1570-7
Prima edizione: novembre 2024

Io, Winston

A mia madre, la prima ad averci creduto con tutto il suo amore
A mio padre, l'esempio che mi indica ogni giorno la via
A Chiara, la mia Clemmie per la vita

«A che serve vivere, se non per lottare per cause nobili
e rendere questo mondo confuso un posto migliore
per coloro che vi abiteranno dopo di noi?
In quale altro modo possiamo metterci in armonia
con le grandi verità e consolazioni dell'infinito e dell'eterno?»

Discorso alla Kinnaird Hall, Dundee, 10 ottobre 1908

Introduzione

La chiamano «ora d'oro».

Quel breve momento che i fotografi inseguono per catturare l'immagine perfetta, poco prima del tramonto.

Un concetto che può applicarsi anche alla vita delle persone. È proprio quando il sole sta calando che, a dispetto dell'oscurità imminente, tutto appare più nitido. È solo alla luce dei suoi ultimi raggi, i più gloriosi, che si può tracciare un bilancio della propria esistenza.

Su di me è stato scritto e detto molto, e non dubito che molto di più sarà scritto e detto negli anni a venire. È giusto che i posteri traggano il loro giudizio con il conforto e la saggezza del senno di poi. Ma trovo altrettanto giusto che per esprimerlo ci si basi anche sulle parole e le testimonianze di chi viene giudicato. Possibilità che la tirannia del tempo inevitabilmente prima o poi preclude.

Per agevolare i giudici di domani, ho deciso quindi di fornire la mia versione dei fatti. *Tutti descriviamo un'azione dal proprio punto di vista. In effetti è da lì che guardiamo generalmente le cose, umane o divine che siano. Perché dovrei essere un'eccezione?*[1]

Quello che avete fra le mani è il racconto della mia vita, così come la ricordo, così come l'ho vissuta. A cominciare da quello che forse è il momento più vividamente impresso nella mente. Non solo fatti e avvenimenti, ma sensazioni, emozioni e pensieri. Ho utilizzato ogni mio vecchio lavoro su cui sono riuscito a mettere le mani, per restituire ove possibile le esatte parole pronunciate o scritte di persona. Libri, articoli, lettere, bozze di discorsi. Nel testo le troverete evidenziate in corsivo. Il resto del racconto è non meno fedele alla realtà, ma inevitabilmente diluito dallo stillicidio del tempo, l'inespugnabile avversario della memoria.

Ognuno di noi viene valutato per le sue azioni non solo dai propri contemporanei, ma anche e soprattutto dalle generazioni a venire. E io non sarò da meno, anzi.

Gli alti incarichi che ho ricoperto e le enormi responsabilità che hanno gravato sulle mie spalle in questi quasi novant'anni di esistenza terrena, mi rendono un imputato di particolare rilievo dinanzi al grande tribunale della Storia. Ma non ho paura del verdetto. Mai avere paura.

La mia vita ha abbracciato per intero una delle più oscure epoche dell'umanità. Ma anche una delle più eccitanti, fatta di scoperte e innovazioni mai sperimentate in così breve tempo. Sono nato all'apice dell'Impero vittoriano e vivo la mia vecchiaia sotto la cupa ombra atomica della Guerra fredda. Quando sono venuto al mondo ci si spostava a cavallo o in treno e non esisteva il telefono né la radio, oggi viaggiamo in macchina o in aereo e abbiamo visto la televisione celebrare la conquista dello spazio da parte dell'uomo. Si dice perfino che presto arriveremo sulla Luna.

Ogni epoca ha le sue tragedie e non dubito che i nipoti dei nostri nipoti potranno cercare nel passato le cause delle loro difficoltà future, che di certo non mancheranno. Che affrontino sfide nuove o che combattano contro mali antichi, la mia speranza è che guardando indietro possano trovare non solo problemi, ma anche soluzioni.

Ciò che noi abbiamo combattuto non vuol dire che non si ripresenterà. Ciò che abbiamo sconfitto non vuol dire che sia morto. Ma la nostra vittoria è la migliore testimonianza di come nel momento del pericolo non bisogna arrendersi mai.

Dai nostri errori così come dai nostri successi si può e si deve imparare per costruire un mondo migliore. Cos'altro è la Storia se non questo?

Sento quindi la necessità e il dovere di trasmettere questo racconto della mia vita a quanti vorranno leggerlo. E quale momento migliore per scriverlo se non adesso, in quella che è la mia «ora d'oro»? In attesa di quello dei miei pari, mi preparo a rimettermi a un giudizio superiore. Come sempre, senza paura.

Sono pronto a incontrare il mio creatore. Che il mio creatore sia pronto a incontrare me è tutta un'altra faccenda.[2]

Winston Leonard Spencer Churchill
Londra, 30 novembre 1959

Prologo

3 settembre 1939

Per un attimo ancora, il mondo sembrava in pace.

Sapevo che era solo un'illusione. A centinaia di chilometri di distanza già si combatteva. E si moriva. Ne ero certo, quel fuoco che era stato acceso dalla furia nazista in Polonia appena due giorni prima presto avrebbe incendiato tutto il continente.

Eppure, solo per un momento, riuscii lo stesso a perdermi nella chiara, fredda luce di settembre che accarezzava la facciata della cattedrale di Westminster. Un tempo sospeso, come il fumo del primo sigaro della giornata che aleggiava nella camera. Guardai giù. Dalla finestra dello studio si vedevano decine di persone camminare per strada. Mi chiesi quanti di loro sapessero, quanti di loro capissero. Quanti di loro stessero assaporando quegli ultimi attimi di straordinaria normalità.

Come spesso accadeva, furono i suoi passi inconfondibili a riportarmi alla realtà. Era al ritmo di quella camminata che era stata scandita gran parte della mia vita. Passi leggeri, discreti, eppure decisi. Come se sapessero sempre la direzione da intraprendere, e che spesso avevano indirizzato anche me sulla retta via. Capii che doveva essere qualcosa di serio dal fatto che entrò senza bussare.

«Winnie caro, la radio...», esordì rimanendo sulla porta, quasi avesse paura di entrare o di finire la frase. O entrambe le cose.

Mi voltai a guardarla. Nonostante l'apprensione che le si leggeva sul viso era sempre bellissima, con i capelli argentati raccolti in un foulard celeste e quegli occhi verdi scintillanti, che le sottili rughe tutt'intorno rendevano ancora più penetranti. Lanciai un'altra occhiata alla finestra, forse per riempirmi un'ultima volta lo sguardo e il cuore di quella tranquilla mattinata londinese. Poi mi voltai e mi diressi alla porta.

«Andiamo», grugnii addentando il sigaro.

«È Neville – disse lei mentre mi faceva strada giù per le scale – si stanno per collegare con Downing Street.»

Ci siamo.

Affrettammo il passo ed entrammo nel soggiorno nel momento in cui l'annunciatore della BBC introduceva il primo ministro. Nella stanza trovai domestici e segretarie, in piedi, immobili. Mi fecero un cenno con la testa, ma senza parlare. Non quel giorno. Clemmie andò verso il mobile vicino all'immensa libreria, alzò le manopole del volume della radio e si sedette sul divano. Mani sul grembo, composta, sembrava un'alunna pronta ad ascoltare la lezione più importante del semestre. Mi versai dell'acqua tonica con una spruzzata di whisky e mi sedetti accanto a lei.

Nessuno dei due fiatò. Come per altri milioni di concittadini sapevamo che non avremmo mai dimenticato quei momenti, eravamo consapevoli di essere seduti in prima fila davanti al grande palcoscenico della Storia. Eccoci lì, una coppia di anziani signori inglesi riuniti con i loro aiutanti domestici in religioso silenzio attorno a quell'aggeggio meccanico, come fosse la reliquia di un santo. Con la differenza – pensai – che davanti a questo altare laico avremmo almeno trovato risposte alle nostre domande.

Dopo un leggero gracchio che sembrò durare ore, la voce di Neville Chamberlain riempì la stanza. Nella sua consueta pacatezza c'era qualcosa al tempo stesso di rassicurante e solenne. *«Vi parlo dal numero 10 di Downing Street* – esordì l'uomo che da più di due anni guidava il destino della nazione –. *Questa mattina l'ambasciatore britannico a Berlino ha consegnato al governo tedesco una nota finale nella quale si dichiarava che, a meno che non venissero ritirate le truppe dalla Polonia entro le ore 11, i nostri Paesi sarebbero entrati in guerra.»*[3]

Il primo ministro fece una pausa, lasciando che quella parola aleggiasse, sospesa, in centinaia di migliaia di case. Dandole il tempo di posarsi, come polvere, nelle menti e nei cuori degli inglesi.

Guardai il vecchio orologio a pendolo di fianco alla porta. Segnava le 11 e un quarto. Al di là del leggero fumo azzurrognolo del sigaro che già cominciava ad avvolgere il soggiorno, la radio continuò a trasmettere, spietata.

«*Ho il dovere di comunicarvi che nessuna azione del genere è stata intrapresa...*», la voce del primo ministro sembrò leggermente incrinarsi sotto il peso dell'enorme macigno che trasportava. Sentii la mano di Clemmie stringersi attorno alla mia. Un gesto raro in pubblico. La strinsi a mia volta continuando a fissare l'apparecchio.

«*...di conseguenza questo Paese è ora in guerra con la Germania.*»

Sentii la cameriera alle mie spalle soffocare un gridolino e vidi con la coda dell'occhio il maggiordomo darle un goffo abbraccio. Raro, anche quello. La presa di Clemmie si fece ancora più forte.

Da sei anni mi preparavo a quelle parole, da sei anni li avvertivo incessantemente che questo sarebbe stato l'epilogo dei loro scellerati tentativi di *appeasement*. Da sei anni predicavo a un Parlamento sordo e apatico quale pericolo mortale la Germania nazista rappresentasse per l'Inghilterra e il mondo intero.

Non mi avevano ascoltato, ma adesso avrebbero dovuto farlo.

Le parole del primo ministro scivolarono lentamente in sottofondo nella mia mente. Colsi ancora qualche concetto qui e là a proposito degli innumerevoli sforzi intrapresi dal governo di Sua Maestà per cercare la pace, tutti falliti, e sul fatto che certamente il popolo britannico si sarebbe dimostrato all'altezza dell'immenso compito che lo aspettava.

Quando Chamberlain finì il suo discorso, l'annunciatore della BBC riprese la parola per comunicare una serie di misure che sarebbero entrate immediatamente in vigore, come la chiusura dei luoghi di intrattenimento pubblici e il divieto di assembramento.

«Che cosa succederà ora?», mi chiese Clementine, lo sforzo di non perdere il suo rigido contegno tradito dall'apprensione che le luccicava negli occhi. Nello sguardo di mia moglie leggevo un misto di incredulità, incertezza e paura. Sentimenti che immaginai fossero condivisi in quel momento dalla quasi totalità degli inglesi.

Io invece bruciavo di determinazione.

Mi girai per la prima volta verso di lei. «Combatteremo. E vinceremo.»

Non avevo dubbi, non ne avevo mai avuti. Non su quello.

Mi alzai. Il momento delle chiacchiere era finito, adesso bisognava agire.

«Kathleen!», urlai per forza di abitudine chiamando la mia segretaria, dimenticandomi che era già lì nella stanza. Aveva già il taccuino pronto, sapeva cosa volevo da lei. Le mani le tremavano leggermente, mi sforzai di rivolgerle quello che speravo fosse recepito come un sorriso.

«Scriva, per favore», le cominciai a dettare, voltandomi e camminando per la stanza. *Preparai un breve discorso, che pensavo sarebbe stato adatto al momento solenne e terribile delle nostre vite e della nostra storia.*[4] Ma presto dovetti interrompermi.

Erano passati appena otto minuti dalla fine dell'annuncio del primo ministro *quando un suono strano, prolungato e lamentoso – che in seguito sarebbe diventato così familiare – risuonò all'orecchio. Sembrano gli ululati di una civetta,*[5] pensai, ma in realtà erano le sirene antiaeree.

Presi per mano Clementine, conducendola velocemente sul tetto per vedere cosa stava succedendo. *Intorno a noi, su ogni lato, nella chiara e fredda luce di settembre, si stagliavano i tetti e i comignoli di Londra. Sopra di essi si stavano già innalzando trenta o quaranta cilindri aerostatici.*[6] Palloni da sbarramento.

I tedeschi stavano arrivando.

Clementine mi scongiurò di dare il buon esempio e di precipitarci nel rifugio antiaereo. Le dissi di avviarsi, promettendole che sarei arrivato in un minuto, non prima di aver preso *una bottiglia di brandy e altri generi di conforto da portare con noi.*[7] Da solo, su quel tetto, guardando la città prepararsi alla lotta, sentii crescere dentro di me una forza che andavo coltivando da tempo. E che adesso, in vista dell'ora suprema, era pronta a esplodere.

Strinsi la mascella intorno al sigaro. Mi sentivo come un leone in gabbia.

Avrei voluto ruggire e avrei voluto che quel ruggito risuonasse in ogni angolo d'Inghilterra.

Presto sarebbe echeggiato in tutto il mondo.

Parte prima

1
Corrispondente di guerra

Cuba, dicembre 1895

Pensiamo che qualcosa succederà.
Speriamo ardentemente che qualcosa succeda.[8]

«*Apaga el cigarro, señor!*», sibilò il sottufficiale spagnolo con aria torva.

«Credo ti stia dicendo di spegnere il sigaro, Winston», tradusse Reginald. Il militare annuì come per confermare le parole del mio amico e per sicurezza mimò il gesto di levarsi qualcosa dalla bocca e buttarlo a terra. A malincuore feci come diceva.

Il giovane tenente che ci aveva preso in carico vide la scena e si avvicinò per specificare la richiesta del suo commilitone: «È per i cecchini, signori. Di norma la maggior parte dei ribelli non riuscirebbe a colpire una stalla da venti passi di distanza, ma a volte capita un colpo fortunato. O sfortunato, a seconda della prospettiva». Il suo perfetto inglese era dovuto alle origini irlandesi, testimoniate dal cognome O'Donnell. «Quando cala il buio – proseguì il tenente guardando verso la linea della giungla che si snodava nell'oscurità davanti a noi – è vietato alle pattuglie accendere sigari e sigarette per non offrire un facile bersaglio.»

«Ha perfettamente ragione, avrei dovuto pensarci subito – mi scusai schiacciando il mozzicone sotto lo stivale –. Temo che i giorni di ozio a L'Avana mi abbiano rilassato un po' troppo.»

Eravamo arrivati a Santa Clara nel tardo pomeriggio, dopo un breve viaggio su un treno blindato dalla capitale. L'isola era ormai da tempo scossa dalla ribellione contro gli spagnoli e muoversi non era sicuro. Di frequente, ci era stato detto, i convogli venivano assaltati. Il nostro per fortuna arrivò a destinazione senza incidenti.

«Sarà meglio calarci il prima possibile nella nuova realtà – disse Reginald –, siamo di fatto su una linea del fronte, per quanto non precisamente definita. D'altronde era quello che volevi, no?», chiese guardandomi con un sorrisetto che gli increspò leggermente i sottili baffi neri.

Aveva ragione. Era per quello che eravamo lì.

Era cominciato tutto con un gioco. *Fin da quando ero bambino avevo rimuginato su soldati e guerra, e spesso avevo immaginato, nei sogni e nelle fantasticherie, le sensazioni che accompagnano il trovarsi per la prima volta sotto il fuoco nemico.*[9] Nella mia cameretta, a Londra, infinite volte mi ero divertito a ricostruire meticolosamente con i miei millecinquecento soldatini di piombo scene di battaglie famose, sfidando il mio fratellino Jack in epici scontri.

Ricordo perfettamente il giorno in cui papà entrò nella mia stanza. Le ricordo tutte, le volte in cui abbiamo parlato. Era un evento raro che un uomo impegnato come lui trovasse il tempo per certe cose. Momenti preziosi rubati alle mille responsabilità pubbliche e private che ricadevano su lord Randolph Churchill.

Lo vedo ancora chiaramente, lì in piedi sulla porta, restare per un attimo interdetto di fronte alle mie truppe perfettamente disposte sul pavimento. E poi entrare nella stanza con un passo cauto e leggero che tradiva un certo disorientamento.

Passò venti minuti a studiare la scena – che era davvero impressionante – con uno sguardo attento e un sorriso accattivante. Alla fine, mi chiese se volessi arruolarmi nell'esercito. Pensavo che sarebbe stato splendido comandare un'armata, così dissi subito «Sì!»: e fui subito preso in parola. Per anni ho pensato che mio padre, con la sua esperienza e il suo talento, avesse riconosciuto in me le qualità del genio militare. Ma più tardi mi fu detto che era giunto solo alla conclusione che non ero abbastanza intelligente per diventare avvocato.

Comunque sia, i soldatini hanno cambiato il flusso della mia vita.[10]

Da allora tutta la mia istruzione venne articolata a tal fine. Prima venne la scuola privata di Harrow, un nome che nella mia memoria non si discosta molto dal concetto di tortura infantile.

Avevo appena compiuto dodici anni quando vi entrai e per i successivi quattro e mezzo dovetti navigare fra le tumultuose acque fatte di concetti astrusi, lingue morte, formule complicatissime. Sempre fra i peggiori come rendimento, frequentavo la classe più bassa. Come mi è successo tante altre volte nella vita, quella che sembrava sfortuna si è poi rivelata una benedizione. Evitai la sorte toccata ai ragazzi più intelligenti di me, alle prese con materie come Greco e Latino, per concentrarmi sull'unica cosa che i nostri insegnanti ci reputavano in grado di apprendere: l'Inglese. *Il signor Somervell, un uomo davvero delizioso verso il quale ho un debito enorme, fu incaricato di insegnare ai ragazzi più stupidi la cosa più trascurata, vale a dire scrivere semplicemente in inglese. Sapeva come farlo. Lo ha insegnato come nessun altro lo ha mai insegnato. Così riuscì a entrarmi nelle ossa la struttura essenziale della comune frase inglese, che è una cosa nobile. E quando anni dopo i miei compagni di scuola che avevano vinto premi e riconoscimenti per aver scritto poesie latine così belle ed epigrammi greci così concisi dovettero tornare all'inglese comune per guadagnarsi da vivere o farsi strada, non mi sentii in alcun modo svantaggiato.*[11]

Mi ci vollero tre tentativi per riuscire a essere finalmente ammesso all'accademia militare di Sandhurst, con un punteggio che però mi precludeva l'ingresso nella fanteria, aprendomi invece le porte della ben più costosa cavalleria. Io ne fui felicissimo, ma per mio padre fu un'ennesima delusione. Ancora oggi alcune frasi della lunga lettera che mi scrisse aggrediscono di tanto in tanto la mia memoria.

Sottolineò *il fallimento oltremodo deprecabile di non riuscire a entrare in fanteria, che dimostra al di là di ogni confutazione il tuo stile di lavoro sciatto e spensierato di cui hai già dato prova nelle tue diverse scuole.* E poi: *con tutti i vantaggi che avevi, con tutte le abilità che pensi stupidamente di possedere e che qualche parente ti riconosce, con tutti gli sforzi che sono stati fatti per renderti la vita facile e gradevole e il tuo lavoro né opprimente né spiacevole, questo è il grandioso risultato, che esci fra quelli di seconda o di terza categoria, buoni soltanto per un reggimento di cavalleria.* O ancora: *Non pensare che mi prenderò la pena di scriverti lunghe lettere dopo ogni fallimento e sciocchezza che commetti e subisci, perché non attribuisco più il minimo peso a niente che tu possa dire riguardo ai tuoi successi e alle tue imprese.* Per concludere: *ti lascerò dipendere da te stesso, dandoti solo l'assistenza strettamente necessaria a condurre una vita rispettabile. Se non puoi fare a meno di fare la vita oziosa, inutile e infruttuosa che hai condotto nel tuo periodo a scuola e nei mesi successivi degenererai in una squallida esistenza infelice e futile. Se succederà dovrai imputare solo a te tutta la colpa di tali disgrazie.*[12]

Ciononostante, io ero impaziente di iniziare la mia nuova avventura a Sandhurst, dove la praticità finalmente prese il sopravvento rispetto a insegnamenti astrusi e fumosi. Qui potevo finalmente studiare materie interessanti, svolgere attività utili e soprattutto praticare quello che sarebbe presto diventato l'amore di una vita: cavalcare.

Non dubito che fu proprio grazie al fatto che gli studi erano finalmente supportati dalla passione, che alla fine *mi diplomai con onore, ottavo su un gruppo di centocinquanta.*[13] Una soddisfazione di cui purtroppo mio padre venne scippato dalla sua spietata malattia, che ormai gli rendeva impossibile rendersi conto di ciò che succedeva attorno a lui.

Quando infine mi unii al 4° Reggimento Ussari erano ben pochi gli ufficiali, per non dire i subalterni, che avevano visto un vero combattimento. I veterani della Crimea o delle rivolte indiane erano ormai congedati. Chi aveva combattuto in Egitto e in Afghanistan all'inizio degli anni '80 ricopriva adesso ruoli di comando. Dal rango di capitano in giù erano pochissimi i militari in servizio che avessero sparato a un nemico. E come è noto a ogni economista, *la scarsezza di un bene desiderabile solitamente ne accresce il valore; mai ci fu un momento in cui il servizio in guerra fosse tenuto in così alta considerazione dalle autorità militari o più ardentemente inseguito dagli ufficiali di ogni rango.*[14]

Agli occhi di un esuberante ventenne, come allora mi descrivevano i miei commilitoni, non c'era nulla di affascinante quanto i racconti dei più anziani, soprattutto quelli del colonnello Brabazon, il nostro comandante. Ogni cosa in lui irradiava splendore marziale: i brillanti occhi grigi, la mascella forte, dei baffi a manubrio che avrebbero fatto invidia al Kaiser. E poi quella sua erre moscia – che sospettavo accentuasse di proposito per dare l'idea di un vecchio dandy aristocratico – conferiva alla sua parlata una musicalità che non dimenticherò mai. Sembrava uscito da un'epoca passata, e sembrava starci a pennello. *Una volta chiese al capostazione di Aldershot, dove eravamo acquartierati, dove diavolo fosse il treno per Londra. «È partito, colonnello», rispose l'uomo. «Pavtito? – rispose Brabazon alzando un sopracciglio – beh, fatene venive un altvo.»*[15] Le sue storie sulla campagna in Costa d'Oro contro gli Ashanti, quelle sull'Afghanistan e sul Sudan accesero l'immaginazione mia e dei miei giovani camerati. Sognavo un giorno di vivere anche io quelle sensazioni.

Incoscienza? Spavalderia? Superficialità? Forse. Ma anche voglia di mettersi alla prova. Voglia di dimostrare il mio valore.

Soprattutto a mio padre, che ero certo mi osservasse da lassù e che giurai avrei finalmente reso orgoglioso di me. Era anche a causa della sua morte prematura che sentivo di avere poco tempo. Nella nostra famiglia raramente si arrivava ai cinquant'anni, il che voleva dire che dovevo sbrigarmi se volevo farmi un nome. Sentivo che il mio posto era lì, ovunque ci fosse l'azione. Ora che ero diventato ufficiale dell'esercito mi diedi anche una motivazione pratica, o forse semplicemente una scusa: sarebbe stato saggio provare sulla mia pelle le sensazioni del combattimento, per capire se fosse davvero quella la strada giusta per me. Per questo, appena si presentò l'occasione la colsi al volo.

Avevamo a disposizione dieci settimane di licenza e intendevo sfruttarle fino in fondo. Come aveva previsto mio padre, le mie finanze divennero presto un problema. *Avevo speso tutti i miei soldi in pony per il polo e dal momento che non potevo permettermi la stagione di caccia, mi misi a cercare in giro per il mondo qualche luogo di avventura ed eccitazione.*[16] L'unico angolo del globo in cui infuriasse la guerra in quel momento era Cuba, dove lo scontro fra spagnoli e ribelli stava entrando nella fase critica: il capitano generale Martínez Campos era stato spedito da Madrid alla guida di ottantamila uomini per sedare una volta per tutte i disordini dei rivoluzionari che chiedevano l'indipendenza.

Decisi che quella era la destinazione adatta per «farsi le ossa». Non fu difficile convincere il mio amico e commilitone Reginald Barnes a unirsi a me. Mi misi in contatto con una vecchia conoscenza di mio padre, sir Henry Wolff, al tempo ambasciatore a Madrid, che godeva di grande influenza presso la corte spagnola. Prese a cuore la mia richiesta e ci procurò i permessi necessari per unirci all'esercito in qualità di osservatori.

Una volta venuto a conoscenza del nostro imminente viaggio, il colonnello Edward Chapman, direttore dei servizi di controspionaggio militare, ci chiese di scoprire tutto il possibile sulle tattiche e sugli armamenti spagnoli. Finalmente, la mia prima missione operativa!

Pensai infine di unire al dilettevole l'utile: e l'utile in quel momento era guadagnare qualche soldo e così convinsi il «Daily Graphic» ad assumermi come corrispondente di guerra, pagato un tanto ad articolo. Fu così nella triplice veste di osservatore militare, spia e giornalista che mi imbarcai per Cuba.

È difficile per le nuove generazioni capire cosa provasse all'approssimarsi dell'azione un giovane ufficiale inglese, nato e cresciuto durante uno dei più lunghi periodi di pace che l'Impero ricordi. Ammetto che, *quando avvistammo il porto dell'Avana emergere nella fioca luce dell'alba, mi sentii come se stessi navigando assieme al pirata Long John Silver nel momento in cui finalmente posò gli occhi sull'isola del tesoro. Ecco finalmente un posto dove stavano accadendo cose reali. Un posto dove poteva succedere di tutto. Un posto dove sicuramente sarebbe successo qualcosa. Un posto dove avrei potuto lasciarci la pelle.*[17]

Esattamente come mi aveva appena ricordato l'ufficiale spagnolo nel chiedermi di spegnere il sigaro.

«Se volete vedere l'azione dovreste unirvi a una delle colonne in marcia», suggerì il tenente O'Donnell leggendo i miei pensieri con straordinaria perspicacia.

Guardai Reggie. «Sarebbe un'esperienza oltremodo interessante per noi», disse il mio amico con la sua solita, ricercata formalità.

«Ne è partita una proprio questa mattina, sotto il comando del generale Valdéz. Sono diretti a Sancti Spiritus, a una quarantina di miglia da qui.»

«Allora non saranno andati lontano, possiamo raggiungerli nel giro di qualche ora – dissi speranzoso –. Due uomini viaggiano certamente più veloci di una colonna di soldati.»

O'Donnell scosse la testa. «Non fareste neanche cinque miglia. La città è circondata dai ribelli.»

«Dove si trovano di preciso?», chiese Reggie.

«Sono dappertutto e da nessuna parte. Cinquanta uomini a cavallo possono andare dove vogliono, due non possono fare niente.»[18] Fece una pausa e guardò verso l'oscurità. Il silenzio fu interrotto dal verso di qualche uccello in lontananza.

Il tenente si voltò verso di noi ammiccando. «Quello, per esempio, avrebbe potuto benissimo essere un richiamo di qualche guerrigliero. Non c'è modo di saperlo. Sono ovunque ve l'ho detto.»

Reginald mi guardò con aria sconsolata, ma io non intendevo arrendermi. Non avevo attraversato mezzo mondo solo per restare bloccato in un avamposto sperduto, perdendomi ogni azione.

O'Donnell dovette accorgersi della mia irrequietezza perché si affrettò ad aggiungere: «Comunque, un modo ci sarebbe... dovreste andare in treno fino a Cienfuegos, sono una quarantina di miglia da qui. Da lì vi potrete imbarcare su una nave che vi porterà fino a Tunas e da lì in treno fino a Sancti Spiritus».

«Un viaggio dannatamente lungo», disse Reggie accarezzandosi i baffi.

«Ma anche il più sicuro. E comunque il generale Valdéz non arriverà prima di quattro giorni, se vi sbrigate sarete lì prima del suo arrivo, ed è questo quello che conta.»

Capimmo che nonostante la prospettiva di un altro lungo

viaggio non ci facesse impazzire, dovevamo piegarci di fronte al buon senso e alla logica degli argomenti del tenente, il quale ci assicurò inoltre che avrebbe telegrafato al quartier generale per avvertire del nostro arrivo.

Una volta accomiatatici, non perdemmo un attimo di tempo nel metterci in moto. Seguendo il tragitto che ci era stato suggerito, riuscimmo a percorrere le 150 miglia che ci separavano dalla nostra destinazione in tre giorni, arrivando come previsto prima del generale Valdéz.

Nonostante il suo nome, Sancti Spiritus era un posto di second'ordine e dei più malsani. Vaiolo e febbre gialla erano diffusi dappertutto.[19] Prendemmo alloggio in quella che ci venne indicata come la migliore taverna del paese e passammo il resto della serata a chiederci come diavolo dovessero essere ridotte tutte le altre. Per fortuna l'attesa fu breve e il tempo passava veloce nel tentativo di scacciare gli insetti e scansare la sporcizia.

La sera successiva, i tremila soldati che componevano la colonna fecero il loro ingresso in città. Li aspettammo lungo la via principale, indossando la nostra divisa d'ordinanza.

«*Sembrano in forma e robusti, per nulla affaticati dalla lunga marcia*»,[20] dissi a Reggie con ammirazione. «Se non fosse per la sporcizia sulle uniformi si direbbe che siano partiti mezz'ora fa.»

Li studiai attentamente. *Trasportavano pesanti zaini e portavano una doppia bandoliera, mentre in testa indossavano dei larghi cappelli Panama. Furono salutati con calore dai commilitoni presenti in città e, a quanto pareva, anche dagli abitanti.*[21]

Reggie sembrava leggermente preoccupato. «Si può dir tutto di questi spagnoli, non di certo che non siano resistenti. Mi chiedo se riusciremo a tenere il passo...»

Dopo aver atteso un paio d'ore che i nuovi arrivati si fossero rinfrancati dal cammino, ci recammo nella tenda del generale Suárez Valdéz. Era un uomo imponente, con grandi baffi neri e senza un solo capello in testa. Ci accolse con grande cordialità.

«Sottotenenti Winston Churchill e Reginald Barnes, 4° Reggimento Ussari dell'esercito di sua Maestà», dichiarai scattando sull'attenti.

Valdéz fece segno con la mano di mettersi a riposo. «Señores, ho letto i telegrammi che vi riguardano e so tutto della vostra missione, siate i benvenuti!»

A differenza del tenente O'Donnell, il generale non spiccicava una parola d'inglese e, dal momento che il nostro spagnolo era semplicemente terrificante, fummo costretti a ricorrere all'aiuto di un interprete per comunicare.

«Il nostro obiettivo è duplice – ci spiegò –, da una parte rinvigorire i nostri avamposti nei distretti ribelli e dall'altro combattere gli insorti ovunque ne incontreremo. Stimiamo che la nostra piccola spedizione durerà una quindicina di giorni.» Mentre parlava con la sua voce profonda, indicava su una cartina appesa alle sue spalle le tappe che intendeva percorrere. La luce di una lanterna rimbalzava sulla sua testa calva.

L'interprete, evidentemente poco avvezzo a quel compito, evitava di tradurre simultaneamente, aspettando piuttosto che il suo superiore terminasse frasi o interi concetti, per poi rielaborarli a parole sue, probabilmente omettendo gran parte delle parti più complicate.

«Vorrei che sapeste – continuò – che *è per me un onore avere qui due così distinti rappresentanti di una grande potenza alleata. Tengo nella più alta considerazione il valore del sostegno morale che questo gesto implica da parte della Gran Bretagna.*»[22]

«L'onore è tutto nostro, eccellenza – mi affrettai a rispondere –, siamo certi che la nostra sarà un'esperienza quanto mai interessante e produttiva.»

L'interprete aspettò qualche secondo, come per accertarsi che non ci fosse altro, e sono sicuro che infiocchettò quelle poche parole con una serie di complimenti e riverenze di sua aggiunta per far piacere a Valdéz, il quale in effetti si prodigò in un ampio sorriso.

«Partiremo subito all'alba, non intendo stare un secondo più del necessario in questo covo di malattie. Mi aspetto che sarete pronti per allora» disse stringendoci le mani e congedandoci.

Tornati ai nostri alloggi decisi di abbozzare uno degli articoli che mi aveva commissionato il «Graphic». Presi carta e penna e mi sforzai di ignorare la stanchezza.

Oggi il generale Valdéz – che abbiamo di poco preceduto – è entrato in città arrivando da Santa Clara. I suoi uomini vanno a infoltire il numero di truppe già presenti. Fuori ci sono fra i quindicimila e i ventimila insorti, che occupano tutta la regione montuosa verso sud-ovest. I loro avamposti sono ad appena mezzo miglio da qui e solo grandi colonne di soldati possono passare liberamente.

Mi è stato spiegato che quando si viene interpellati da una sentinella è necessario rispondere in modo ben definito. Se, con un processo di deduzione che farebbe invidia a Sherlock Holmes, si arriva alla conclusione che la domanda sia stata posta da uno spagnolo, si risponde «Spagna». Se viceversa si pensa di parlare con un ribelle si dice «Cuba libera». Se ci si sbaglia è probabile che la situazione diventi molto pericolosa.

Più vedo Cuba più sono sicuro di come la richiesta di indipendenza sia nazionale e unanime. Le forze degli insorti contengono al loro interno il miglior sangue presente sull'isola e non possono in nessun caso essere declassati a semplici banditi. Infatti, è una vera e propria guerra, non una rivolta.[23]

Nonostante la stanchezza la mattina dopo mi alzai ben prima del sorgere del sole, percorso da un'eccitazione quasi fanciullesca, svegliai Reggie e dopo aver velocemente radunato i bagagli ci unimmo alla colonna in partenza.

Che momento nella vita di un giovane ufficiale! Era ancora buio, ma il cielo andava impallidendo. A cavallo, in uniforme, con le armi cariche, nella penombra del crepuscolo lunghe fila di uomini marciavano verso il nemico. Guardando quella scena una parte di me non poté non chiedersi chi ce l'avesse fatto fare: *viaggiare per migliaia di miglia con denaro che a malapena possedevamo e alzarsi alle 4 del mattino nella speranza di finire nei guai in compagnia di perfetti sconosciuti non è certo un procedimento razionale.* Cos'era che cercavamo allora? *Il vero fascino della gioventù,* mi risposi: *l'avventura in quanto tale. Potrebbe sembrare follia, eppure sapevamo che in tutto l'e-*

sercito britannico c'erano pochissimi subalterni che non avrebbero dato un mese di paga per trovarsi in quel momento sulle nostre selle.[24]

Dal punto di vista dell'eccitazione, quel primo giorno di marcia si rivelò però un fallimento. Percorremmo circa otto miglia senza incontrare anima viva, mentre il sole andava a scaldare sempre di più l'aria intorno a noi. Alle 9 venne impartito l'alt e ci fermammo in una grande radura per la colazione.

I soldati accesero grandi fuochi e iniziarono a cucinare, mentre i cavalli venivano dissellati. Nel tavolo allestito per gli ufficiali cominciarono a circolare caffè, stufato e anche cocktail alcolici. *Era a tutti gli effetti un pic-nic.*[25]

Dopo mangiato venimmo accompagnati in un boschetto.

«Quelle sono per voi, señores», disse il soldato che la sera prima ci aveva fatto da interprete, indicandoci due amache.

Lo guardammo entrambi sorpresi. Ce ne erano decine appese a ogni albero che fosse abbastanza robusto per sostenerle.

«Ma sono solo le 9!» esclamai incredulo.

«La *siesta* è necessaria, señores», spiegò il soldato pazientemente, scavando nella memoria alla ricerca delle parole inglesi adeguate a esprimere un concetto per lui naturale. «Abbiamo percorso otto miglia in mezzo alla giungla e secondo il piano di marcia ne mancano altre diciotto. Nessuno di noi ci arriverebbe ancora in piedi se non ci fermassimo a riposare.»

Dopo la sorpresa iniziale dovetti ammettere la fondatezza del suo ragionamento e così mi accomodai dove ci aveva indicato, la stanchezza ebbe rapidamente il sopravvento e mi appisolai.

Dormimmo all'ombra per circa quattro ore. Alle due del pomeriggio venimmo svegliati e alle tre eravamo pronti a riprendere la marcia.[26]

Mi accorsi, col proseguire del tempo, che la fanteria riusciva facilmente a mantenere il passo dei cavalleggeri, al punto che quando finalmente ci fermammo per la notte avevamo effettivamente percorso non meno di diciotto miglia. Non dubitai che il merito di tanta resistenza fosse in gran parte dovuto proprio alla siesta, che di fatto *aveva avuto l'effetto di una seconda notte di riposo.*[27]

«Sai, Reggie, credo che questi spagnoli la sappiano più lunga di quanto pensassimo», dissi lasciandomi cadere sul giaciglio al termine di quella prima lunga giornata. Stanco, ma non esausto. «È una questione culturale, credo.»

«Tu dici?» Reggie stava ancora togliendo la sella dal cavallo. Senza voltarsi, si fermò un attimo come per pensarci su. «Io penso che sia più che altro frutto dell'esperienza.»

Scossi la testa. «Ce l'hanno nel sangue dai retta a me. Pensa all'antichità. *Non ho dubbi che i Romani pianificassero il programma delle loro giornate molto meglio di quanto facciamo noi. Si alzavano prima del sorgere del sole in tutte le stagioni. Noi invece non vediamo mai l'alba, tranne che in tempo di guerra. A volte vediamo il tramonto…*»[28]

Reggie si girò a guardarmi incuriosito dal ragionamento.

Feci una pausa e conclusi. «Pensaci! *Il messaggio del tramonto è tristezza; il messaggio dell'alba è speranza. Il riposo e il momento di sonno a metà giornata ristorano il corpo molto più di una lunga notte. La natura non ci ha creati per lavorare, o nemmeno per giocare, dalle otto del mattino a mezzanotte. Mettiamo a dura prova il nostro organismo in modo ingiusto e sconsiderato.*»[29]

Non so se lo convinsi, si limitò a scrollare le spalle. Forse troppo stanco per affrontare discorsi filosofici dopo una giornata comunque faticosa.

Io però prima di addormentarmi, cullato da una coperta di stelle, più ci riflettevo e più ne ero certo: *che sia per lavoro o per piacere, sia mentale che fisico, le giornate, così come le marce, andrebbero sempre spezzate in due.*[30]

Ne presi mentalmente nota per il futuro e mi lasciai scivolare nel sonno.

Seguendo questo ritmo marciammo per diversi giorni attraverso bellissimi paesaggi senza nessun segno di guerra attorno a noi.[31] Ne approfittammo per conoscere meglio i nostri nuovi compagni. Uno soprattutto si dimostrò da subito particolarmente cordiale e pronto alla conversazione. Il tenente colonnello Benzo era un tipo gioviale, nonostante i suoi grandi occhi tristi potessero suggerire il contrario. La ferita da taglio che aveva alla base del mento non rovinava un viso che avrei definito piacente.

Benzo parlava un inglese mediocre, un po' rozzo. Sufficiente, comunque, a intavolare discussioni di un livello accettabile. Un giorno, mentre cavalcavamo affiancati ai margini della giungla decisi di mettere alla prova le motivazioni di quell'uomo che tanto mi incuriosiva.

«Tenente, lei ha famiglia?»

«Una moglie e due bellissime bambine. Forse dovrei dire ragazze, ormai...» disse con un accenno di tristezza nella voce che si abbinava così bene al suo sguardo.

«Devono mancarle moltissimo...»

«Più di qualsiasi altra cosa, ma in questo momento è qui il mio posto.»

«In che senso?»

«Questa guerra. A voi forse sembrerà di poca importanza, ma per noi non lo è affatto. *Stiamo combattendo per preservare l'integrità del nostro Paese.*»

Ne fui estremamente colpito.

«Ammetto – mi affrettai a rispondere – *che, senza dubbio a causa della mia limitata istruzione, non avevo idea di come anche le altre nazioni potessero avere lo stesso tipo di sentimenti riguardo ai loro possedimenti di quelli che abbiamo noi in Inghilterra rispetto ai nostri.*»[32]

«Forse è questo il problema con voi inglesi, señores. Pensate sempre che il mondo giri intorno a voi – disse Benzo sorridendo nel tentativo di addolcire le sue parole –. Vedete, noi siamo su quest'isola da quasi quattrocento anni. L'abbiamo resa ricca, l'abbiamo resa prospera. Adesso i ribelli vorrebbero che ce ne andassimo, ma non ci riusciranno. Non ce l'hanno fatta la prima volta che ci hanno provato, vent'anni fa, e non ce la faranno ora.»

Si voltò per guardarmi negli occhi. «Señor Churchill. Quest'isola è tutto ciò che rimane della gloria della Santa Spagna. E questa val bene la distanza che separa me e i miei commilitoni dalle loro famiglie.»

La breve conversazione mi fece riflettere. *Fino a quel momento avevo (segretamente) parteggiato per i ribelli, o perlomeno per la ribellione. Ma adesso cominciavo a capire quanto gli spagnoli soffrissero all'idea di vedersi strappata la loro bellissima «Perla delle Antille». Cominciai a provare pena per loro.*[33]

Mi allontanai da Benzo e mi sollevai sulle staffe per vedere dove fosse finito Reggie. Lo vidi poco più avanti e trottai per raggiungerlo. Gli riportai le parole del tenente, ma non sembrava particolarmente sorpreso.

«Che cosa ti aspettavi, Winston? Per loro Cuba è come per noi l'Irlanda, più o meno.»

«Adesso l'ho capito. Eppure, non vedo come potrebbero vincere.»

Stavolta sembrò colpito. «Come non lo vedi? Ce l'hai davanti agli occhi. L'hai detto tu stesso: migliaia di soldati che sembrano non sentire alcuna fatica, motivati a non perdere un Paese che considerano loro, superiori di armamento e tattiche, contro un nemico che neanche ha il coraggio di farsi vedere. Ecco come vinceranno!»

Scossi la testa. «Rifletti, Reggie. *Immagina il costo, ogni singola ora, di una colonna di circa quattromila soldati che vaga in cerchio per questa interminabile giungla umida. E ce ne saranno un'altra dozzina in giro. Sappiamo che la Spagna non è un Paese ricco, sappiamo con quali immensi sforzi e sacrifici mantiene un esercito di un quarto di milione di uomini al di là di cinquemila miglia di acqua salata. È come tenere impugnato un peso da ginnastica col braccio in posizione orizzontale.*»[34]

Per tutte queste ragioni, non riuscivo a condividere lo sbandierato ottimismo dei comandanti. Lo misi nero su bianco nel mio successivo articolo, ben sapendo che la mia opinione non sarebbe stata popolare in patria. *Gli ufficiali spagnoli prevedono che la guerra finirà rapidamente e sperano di schiacciare la rivolta entro la primavera. Confesso che non vedo come possano riuscirci. Finché gli insorti sceglieranno di continuare con le tattiche usate finora – e c'è ogni ragione di pensarlo – non potranno né essere catturati né sconfitti.*[35]

Fino a quel momento i nostri avversari si erano solo intravisti, ma sapevo che la situazione poteva cambiare da un momento all'altro.

Il 30 novembre era il mio ventunesimo compleanno e quel giorno per la prima volta sentii spari e proiettili che colpivano le carni o fischiavano nell'aria.[36]

Quella notte avevamo dormito nel villaggio fortificato di Arroyo Blanco, da dove ci eravamo divisi: due battaglioni e uno squadrone, accompagnati dalla maggior parte del convoglio, avrebbero rifornito gli avamposti della zona, mentre noi restammo con il resto della forza, circa millesettecento uomini, con il compito di cercare il nemico per ingaggiare battaglia.

Battaglia che ora sembravamo aver finalmente trovato.

C'era una bassa nebbia quando ci allontanammo il mattino del 30, e all'improvviso la parte posteriore della colonna rimase coinvolta in una sparatoria.[37]

Allo scoppio dei primi spari mi voltai immediatamente sulla sella, cercando di individuarne l'esatta origine, ma non riuscivo a vedere niente. Maledissi quella foschia, che mi stava derubando del mio primo vero scontro a fuoco e spronai il cavallo per tornare indietro. L'impulso di lanciarmi al galoppo venne sconfitto nella rapida e silenziosa battaglia interiore combattuta con il mio istinto di sopravvivenza, che mi costrinse alla cautela. L'idea di lasciare questo mondo per una pallottola che sbucava dal nulla attraverso la nebbia, per di più nel giorno del mio compleanno, non mi affascinava per niente. Purtroppo, mi trovavo piuttosto distante dalla coda della colonna e quando riuscii infine ad arrivare in fondo, gli spari erano ormai cessati.

La truppa si rimise compostamente in marcia, anche se tecnicamente non era mai stata interrotta. Provai una nuova ondata di ammirazione per quei soldati che avevano continuato a camminare attraverso la vegetazione limitandosi a rispondere al fuoco, senza cedere al nervosismo o all'impazienza. Di fatto, senza mai fermarsi.

Quando finalmente venne impartito l'alt, ci trovavamo al limitare di una piccola radura, che gli spagnoli ampliarono il più possibile sfrondando gli arbusti con i machete, prima di consumare la colazione.

Mi accorsi che era comunque una pausa ben meno rilassata di quelle precedenti: gli uomini si limitarono a scendere da cavallo e a mangiare velocemente, senza tavole imbandite o amache appese agli alberi. E fu una fortuna.

Io avevo a disposizione un mezzo pollo striminzito, ed ero impegnato a rosicchiarne le cosce quando all'improvviso, a pochissima distanza, quasi fosse proprio davanti alle nostre facce, una raffica irregolare risuonò al limitare della foresta. Il cavallo immediatamente dietro di me – non il mio – diede uno scarto. Un gruppo di soldati si precipitò verso il luogo da cui si sparava ma naturalmente non trovò altro che alcuni bossoli vuoti.

Nel frattempo, mi misi a osservare il cavallo ferito: il proiettile lo aveva colpito tra le costole, il sangue gocciolava a terra e c'era un cerchio rosso scuro sul suo lucente mantello castano, lungo circa un piede. Chinò la testa ma non cadde. Era chiaro però che stesse per morire perché presto gli furono tolte la sella e le briglie. Mentre osservavo queste operazioni non potei fare a meno di pensare che il proiettile che lo aveva colpito era certamente passato a meno di trenta centimetri dalla mia testa. Quindi in ogni caso potevo dire di essermi trovato a tutti gli effetti «sotto il fuoco».[38]

Reggie, che al momento della sparatoria si trovava poco distante, si avvicinò appena finita la concitazione. Diede un'occhiata al povero cavallo alle mie spalle e mi guardò con quel suo solito sorriso che gli increspava i baffi: «Beh, Winston, consideralo un regalo da parte dei cubani. Non capita tutti i giorni di ricevere il battesimo del fuoco il giorno del compleanno».

Gli sorrisi a mia volta, anche se non riuscivo a staccare lo sguardo da quella povera bestia agonizzante. *Da allora cominciai ad avere una visione più ponderata della nostra impresa di quanto non avessi fatto fino a quel momento.*[39]

Le schermaglie continuarono per il resto della giornata a intervalli regolari. Sembrava che i ribelli avessero deciso di ricorrere esclusivamente a classiche tattiche di guerriglia, attaccando velocemente la retroguardia e i nostri fianchi, per poi ritirarsi prima che potessimo reagire efficacemente. Stavano evidentemente cercando di fiaccare il morale e i nervi degli spagnoli, come dimostrarono i ripetuti attacchi del giorno successivo.

Il caldo era opprimente. Un'umidità che ti avvolgeva e non ti lasciava andare, come un'amante disperata. Quando ci fermammo a poca distanza da un fiume, non potei fare a meno di guardare quelle limpide acque.

«Reggie, che ne dici di un tuffo?»

«Non so se sia il caso di allontanarsi dal campo...»

«Andiamo. Ci diamo solo una rinfrescata e torniamo.»

«Dovremmo chiedere il permesso.»

Mi guardai intorno e vidi a poca distanza due degli ufficiali con cui nei giorni precedenti avevamo stretto più amicizia e li chiamai. In un imbarazzante miscuglio di inglese, spagnolo, francese e soprattutto gesti, resi chiare le mie intenzioni. I due si guardarono e con mia sorpresa non si limitarono a darci l'autorizzazione ad allontanarci, ma vennero con noi e furono anzi i primi a spogliarsi.

Lanciai un'occhiata a Reggie, che si limitò al suo consueto sorrisetto sotto i baffi. *L'acqua era meravigliosa, calda e limpida, e il posto molto bello.* Feci qualche bracciata e mi immersi per rinfrescarmi un po' prima di tornare a riva. *Ci stavamo rivestendo quando all'improvviso sentimmo uno sparo a non troppa distanza. Ne seguì un altro e un altro ancora, e poi arrivò una raffica. I proiettili fischiavano sopra le nostre teste.*[40]

Indossammo i vestiti in fretta e furia e corremmo tutti e quattro verso il campo. Spari risuonavano intorno alla radura da ogni direzione. Gli spagnoli rispondevano ordinatamente, indirizzando il fuoco verso il limitare della vegetazione, ma senza rischiare un inseguimento. Dopo circa mezz'ora tutto finì e i ribelli si ritirarono nel nulla da cui erano venuti.

Come se niente fosse successo, gli spagnoli ritornarono rapidamente ognuno alle proprie occupazioni, non senza aver rafforzato però la sorveglianza.

Ci eravamo accampati attorno a quella che era poco più che una capanna, adibita a quartier generale. *Cenammo indisturbati nella veranda e ci ritirammo nelle nostre amache nel fienile. Fui presto svegliato dagli spari. Vere e proprie raffiche risuonarono per tutta la notte. Un proiettile squarciò il tetto di paglia della capanna e un altro ferì un inserviente appena fuori.*[41]

Non avevo paura, questo no. Ma dall'episodio del cavallo avevo sviluppato un sentimento che definirei più che altro di ponderata cautela. Dopotutto, il motivo per cui ero lì era dimostrare a me stesso che non avrei tremato sotto il fuoco nemico e così era stato. Ma ciò non voleva dire doversi comportare da irresponsabili o fare gli eroi, per di più in una guerra che non mi apparteneva.

Avrei voluto saltar giù dall'amaca e stendermi a terra, ma visto che nessun altro si muoveva, pensai fosse più appropriato restare dov'ero. L'unica cosa che mi rincuorava era che l'ufficiale spagnolo la cui amaca era appesa tra me e il fuoco nemico era piuttosto corpulento, anzi si sarebbe potuto definire decisamente grasso. Non ho mai avuto pregiudizi nei confronti degli uomini grassi. In ogni caso non avevo certamente nulla da ridire sui pasti consumati da quest'individuo in particolare. Lentamente mi addormentai di nuovo.[42]

La prima e unica vera battaglia della nostra avventura cubana avvenne il giorno dopo. Ci mettemmo in marcia come sempre all'alba, dopo una notte particolarmente agitata. Ancora una volta la nebbia diede riparo ai cecchini nemici, che cominciarono a bersagliarci non appena guadammo il fiume. La tattica rimaneva sempre la stessa, con i ribelli che ripiegavano a ondate davanti a noi senza mai offrire un bersaglio stabile. *Sebbene non siano stati colpiti tantissimi uomini, i proiettili attraversarono la colonna per la sua intera lunghezza, rendendo la marcia molto vivace per tutti.*[43]

Verso le 8 del mattino la testa della colonna uscì finalmente dal terreno accidentato, sbucando in aperta campagna.

Descrivere brevemente il terreno è sempre difficile e descriverlo in modo esteso è inutile, dal momento che nessuno si pren-

de mai la briga di leggere la descrizione con abbastanza attenzione da comprenderlo. Mi limiterò perciò a poche righe, confidando che rendano l'idea. Un ampio percorso erboso, con una recinzione da un lato e una fila di piccoli alberi rachitici dall'altro, correva dall'inizio della pianura fino alla posizione del nemico. Su ogni lato c'erano ampi campi di erba incolta che arrivava all'altezza dei fianchi. A metà del percorso, lungo circa un miglio, sul lato destro c'erano un centinaio di palme. In fondo al percorso, ad angolo retto rispetto ad esso, c'era una bassa, lunga collina, sormontata da una barricata e alle cui spalle sorgeva la densa foresta.[44]

Capimmo subito che quella era la postazione nemica e in men che non si dica il generale Valdéz diede l'ordine di attaccare, impaziente di poter finalmente ingaggiare i ribelli in un vero scontro.

«Diamine, ci siamo!», esclamò Reggie in sella accanto a me.

«Finalmente potremo vedere da vicino come se la cavano i nostri amici spagnoli in un vero scontro», risposi pensando all'incarico di spionaggio affidatomi dal colonnello Chapman. In qualità di osservatori in missione semi-ufficiale, non potevamo in alcun modo prendere parte allo scontro, se non per legittima difesa. In ogni caso fui felice di non dover sparare neanche un colpo contro quei ribelli verso cui continuavo a provare sentimenti ambivalenti, nonostante la mia educazione imperiale mi portasse a immedesimarmi con le ragioni spagnole.

Osservai con attenzione lo schieramento che si andava disegnando intorno a noi.

Non appena il battaglione di testa della colonna si allontanò dal terreno accidentato, due compagnie vennero lanciate in avanti su ciascun fianco in ordine sparso. La cavalleria andò sulla destra del percorso erboso, mentre l'artiglieria avanzò al centro. Il generale e il suo staff cavalcavano a una cinquantina di yard dietro la linea del fuoco. Il secondo battaglione seguiva i cannoni incolonnato per compagnie.

Per i primi trecento metri non ci furono spari, poi dalla lontana linea di cresta della collina si innalzarono decine di sbuffi di fumo, seguiti dal rumore dei colpi. La fanteria spagnola co-

minciò a rispondere, continuando ad avanzare. Il fuoco divenne pesante su entrambi i lati. C'erano suoni intorno a noi, a volte come un sospiro, a volte come un fischio e altre ancora come il ronzio di un calabrone irritato.[45]

Continuammo a spingerci verso la collina, finché non arrivammo a circa quattrocento metri dalle fortificazioni. Avevo già notato in precedenza la scarsa, per non dire inesistente, cautela condivisa tanto dalla truppa quanto dagli ufficiali. Eravamo lì, a distanza di tiro da un nemico agguerrito e ben armato, *senza la benché minima copertura, a osservare l'assalto della fanteria. Gli spagnoli mostrarono grande coraggio e noi dovemmo fare del nostro meglio per salvare le apparenze. Sembrava davvero molto pericoloso e fui sbalordito nel vedere quante poche persone rimasero colpite in mezzo a tutto quel frastuono. Nel nostro gruppo, composto da una ventina di persone, solo tre o quattro fra uomini e cavalli rimasero feriti, e nessuno ucciso.* Ripensai amaramente alle parole del tenente O'Donnell sulla scarsa capacità di mira dei ribelli.

Sebbene non riuscissi a vedere bene a causa del fumo e del caos, presto mi resi conto che il rumore dei Mauser degli spagnoli era diventato preponderante rispetto a quello delle armi dei ribelli, che infatti poco dopo si diedero alla fuga cercando riparo fra gli alberi. Un inseguimento era impossibile nella giungla, così il generale si accontentò della piccola vittoria occupando l'insediamento nemico.

Fu proprio nel suo nuovo quartier generale, dove stava seduto come un Cesare trionfante, che ci ricevette subito dopo la battaglia.

«Señores – disse tramite il solito interprete –, spero che l'esperienza sia stata di vostro gradimento.» Aveva l'espressione soddisfatta, quasi avesse conquistato l'intera isola.

«Estremamente educativa» risposi, continuando a pensare che difficilmente gli spagnoli avrebbero vinto quella guerra.

«Mi fa piacere, la nostra spedizione è ormai conclusa, anche perché stiamo per terminare le provviste e dobbiamo tornare in città. Abbiamo dato una bella lezione a quei bastardi, non c'è che dire!»

«Una lezione coi fiocchi», sottolineò Reggie con una punta di ironia che – spero – colsi solo io.

Il generale ci congedò, ribadendoci ancora una volta quale onore fosse stato avere dei rappresentati britannici al suo fianco, e augurandosi che avremmo portato nel nostro Paese il racconto degli «straordinari eventi bellici» a cui avevamo assistito.

Da parte mia *continuava a sembrarmi una cosa strana e incomprensibile che una forza militare, dopo aver dimostrato una tale energia nel trovare il nemico e dopo aver dato prova di tanta saldezza nell'attaccarlo, sacrificasse deliberatamente tutti gli sforzi profusi. Tattiche di questo tipo rendono la guerra interminabile*, pensai guardando Valdéz. *Ecco qui un generale di divisione e duemila delle truppe migliori dell'isola impegnate per più di dieci giorni alla ricerca del nemico, superando ogni genere di difficoltà, affrontando stenti di ogni tipo, per poi dichiararsi soddisfatti di aver ucciso trenta o quaranta ribelli e di aver conquistato una bassa collina erbosa senza la minima importanza.*[46]

Mi guardai bene comunque dall'esprimere la mia opinione.

Tornando verso i nostri cavalli attraversammo il terreno dello scontro. Nonostante quello che avevo visto intorno a me e l'impressione che gran parte dei colpi fosse andata a vuoto, i caduti in realtà non mancavano, specie fra i ribelli. Diversi corpi erano riversi nella polvere, alcuni ancora agonizzanti. Ma gli spagnoli prestavano soccorso solo ai propri soldati, lasciando i rivoluzionari alla loro sorte.

Mi fermai a guardare da lontano uno di loro, che si contorceva tenendosi lo stomaco insanguinato. Non c'era nulla che potessimo fare per lui, se non pregare per la sua anima.

Reggie si avvicinò a me e mi sussurrò le stesse parole che mi aveva rivolto appena qualche giorno prima, in uno sperduto avamposto, quando la notte avvolgeva la giungla e ammantava di romanticismo l'avventura imminente.

«Beh, Winston, non era questo che volevi?»

Stavolta però, i suoi baffi non erano increspati da alcun sorriso.

2
Battesimo di fuoco

India, 1897

È stato tutto molto emozionante, e per chi non è rimasto ferito o ucciso, molto piacevole.[47]

«Questo potrebbe interessarti, Winnie caro.»

Ancora mezzo addormentato, ero appena entrato in sala da pranzo per fare colazione, quando mia madre fece cenno al domestico di passarmi il giornale a cui aveva appena dato un'occhiata.

Ero nel bel mezzo di una lunga licenza in Inghilterra, dopo il mio primo anno di servizio in India e per questo avevo indugiato più del solito a letto. Mia madre invece era in piedi da un pezzo, già vestita e truccata, in modo da poter affrontare qualsiasi evento sociale avesse portato con sé il nuovo giorno. Che fosse un tè con le amiche, la preparazione di un ricevimento di gran classe, una rappresentazione teatrale o una visita del Principe di Galles – ipotesi quest'ultima tutt'altro che remota visto che si diceva fossero amanti – lady Jennie Jerome si sarebbe fatta trovare pronta. Non me lo confermò mai, ma da quando mio padre era morto, due anni prima, di certo non le mancava occasione per i divertimenti mondani.

La prima pagina del «Daily Telegraph» mi svegliò immediatamente. «RIVOLTA IN INDIA, I PASHTUN SUL PIEDE DI GUERRA.» Lessi l'articolo in piedi, in preda a una crescente eccitazione. Il quotidiano spiegava come gli avvenimenti fossero incentrati attorno al passo di Malakand, nella frontiera nordoccidentale del Paese. Considerato di enorme importanza strategica, era stato conquistato tre anni prima. Da lì si controllavano alcune delle più importanti arterie stradali e commerciali e per questo era presidiato da una guarnigione britannica. Le tensioni con le popolazioni locali, da sempre ostili ai colonizzatori, erano sfociate infine in un'aperta rivolta, con un attacco diretto al forte di Chakdara che veniva descritto come di importanza cruciale. Sembrava che al momento le difese stessero reggendo, ma la situazione era quanto mai incerta. Giunsi infine alla parte più interessante dell'articolo, nella quale si comunicava come il governo di Sua Maestà avesse deciso di formare immediatamente un corpo di spedizione punitivo per sedare la ribellione; il comando era affidato a un ufficiale veterano dell'India, sir Bindon Blood.

«Sir Bindon Blood!», ripetei ad alta voce. «Ma io lo conosco!»

«Davvero?», chiese mia madre sorpresa.

«Ma sì, l'ho incontrato l'anno scorso. Era appena tornato proprio dall'India, da questo passo di Malakand di cui si parla nell'articolo e che fu lui a conquistare due anni fa. *Facemmo amicizia e una domenica mattina, sui prati assolati di Deepdene gli sfilai una promessa, che se avesse mai comandato una nuova spedizione mi avrebbe permesso di unirmi a lui.*»[48]

Guardai mia madre. Da donna intelligente quale era, aveva colto al volo l'importanza delle mie parole. Sapeva perfettamente quanto volessi, quanto cercassi, quanto avessi bisogno di occasioni del genere. Ne avevamo parlato a lungo. Sentivo la clessidra scorrere inesorabile, avevo poco tempo e dovevo sfruttarlo al massimo delle mie possibilità. Una spedizione militare per ristabilire il prestigio britannico contro un nemico selvaggio ai confini dell'impero era quello che ci voleva.

«Dovresti contattarlo immediatamente», disse con un sorriso che mi apparve leggermente forzato. Pensai che fosse in pena, come è normale che una madre sia davanti alla prospettiva del figlio in partenza per un posto dove si combatteva e si moriva, ma capii che c'era anche altro. La parte più narcisistica di lei era forse un po' ferita dal fatto che in questo caso me la sarei potuta cavare da solo, senza ricorrere alle sue mille conoscenze e agli innumerevoli legami che aveva intessuto durante una vita fatta quasi completamente di pura socialità vittoriana. Percepii chiaramente la sua voglia di rendersi utile, una tendenza che era andata costantemente aumentando negli ultimi tempi.

In passato lei e mio padre erano stati entrambi genitori tutt'altro che presenti, ma – pur soffrendo – li avevo sempre giustificati. Dopotutto erano una delle coppie più in vista del Paese: lord Randolph Churchill e lady Jennie Jerome. Lui, perenne astro nascente della politica inglese, era arrivato a essere cancelliere dello Scacchiere, prima di dimettersi con una mossa azzardata in disaccordo con il primo ministro, scivolando così lentamente nell'oblio. Lei, considerata da tutti come una delle più belle donne del regno, era figlia di un ricco imprenditore americano.

Quante volte, soprattutto durante i difficili periodi scolastici, avrei voluto che venissero a trovarmi, o che almeno mi scrivessero. La maggior parte delle mie lettere, però, non riceveva risposta, nonostante ne inviassi molte, soprattutto a mia madre. *Per me splendeva come la Stella della sera. Le volevo bene, ma a distanza. La mia vera confidente era la mia tata. Era la signora Everest a prendersi cura di me e soddisfare i miei desideri.*[49] E fu così per tutta la mia infanzia e adolescenza.

Dopo la morte di mio padre, l'atteggiamento di mia madre cambiò. *In effetti, presto divenne un'ardente alleata, favorendo i miei piani e proteggendo i miei interessi con tutta la sua influenza e la sua illimitata energia. A quarant'anni era ancora giovane, bella e affascinante. Lavoravamo insieme da pari a pari, più come fratello e sorella che come madre e figlio. Almeno così mi è sembrato. E così continuò fino alla fine.*[50]

«Winnie, hai sentito cosa ho detto? Dovresti contattarlo immediatamente.»

Immerso nella lettura e nelle fantasticherie che quell'articolo aveva scatenato, ci misi qualche secondo a risponderle che lo avrei fatto immediatamente. Come sempre, mi misi subito in azione e mi precipitai a inviare un telegramma al generale, ricordandogli della promessa che mi aveva fatto tempo prima. Decisi anche che non avrei aspettato la sua risposta e mi presi il rischio di rinunciare alle ultime due settimane di licenza per rientrare immediatamente in India. E così presi il primo treno disponibile che mi avrebbe portato verso il continente, destinazione Brindisi e da lì l'Oriente.

Era la stagione più calda dell'anno e il Mar Rosso era soffocante. I punkah, dei ventilatori tirati a mano perché a quel tempo non c'erano quelli elettrici, sbattevano vigorosamente avanti e indietro nell'affollata sala da pranzo, agitando l'aria calda impregnata di cibo. Ma questi disagi fisici erano nulla in confronto alle mie ansie mentali. A Brindisi non era giunta nessuna risposta da sir Bindon Blood. Sicuramente – mi dissi – *sarebbe arrivata a Aden. Là saltellai su un piede e sull'altro finché il funzionario distribuì anche l'ultimo telegramma, lasciandomi disperato. Tuttavia, a Bombay c'erano finalmente buone notizie. Il messaggio del generale era: «Molto difficile; nessun posto disponibile; si presenti come corrispondente; proverò a infilarla».*[51]

Ecco una missione degna di mia madre. Le telegrafai immediatamente, chiedendole di prendere contatti con qualche giornale che fosse interessato ad avere resoconti dal fronte. Mi augurai che ci riuscisse prima del mio arrivo sul posto, ma nel frattempo dovevo ricevere il permesso di assentarmi dalla mia unità.

Il 4° Ussari era di stanza a Bangalore, dalla parte opposta rispetto a dove sarei dovuto andare per unirmi alla spedizione militare. Dovetti allungare così il viaggio di due giorni, ma la tenacia venne ripagata: il mio colonnello mi accordò un mese di licenza per aggregarmi alla colonna di sir Blood e così partii immediatamente verso il fronte. Un viaggio di più di duemila miglia che mi fece capire per la prima volta quanto immenso fosse quel Paese rispetto alla nostra piccola Inghilterra, un Paese che – pensai con orgoglio – era stato ulteriormente ingrandito proprio da mio padre, quando come ministro delle Colonie annesse anche il Burma ai domini indiani.

Come un miraggio beffardo che intravedevo senza riuscire a raggiungere, così l'azione che mi aspettava sembrava non arrivare mai. Per cinque interminabili giorni fui costretto a stare in uno scomodo e asfissiante treno. Ne approfittai per leggere un po' dei numerosi libri che mi ero portato e per sbrigare la corrispondenza, cercando di mettere per iscritto quello che provavo in una lettera a mia madre. *Cinque giorni in treno non sono un'esperienza particolarmente piacevole, specialmente senza un compagno, ma l'obiettivo su cui ho posato lo sguardo rendeva insignificante ogni ostacolo.* L'obiettivo, che ormai aveva preso sempre più chiaramente corpo nella mia mente, era quello di intraprendere la carriera politica, seguire le orme di mio padre. Per farlo, però, avrei avuto bisogno di qualcosa in più del mio solo cognome: quello che mi serviva era farmi conoscere al pubblico e agli elettori. E la gloria militare era il modo più sicuro per raggiungere lo scopo.

Mia carissima mamma,

prima che questa lettera ti raggiunga probabilmente avrò vissuto diverse esperienze, alcune delle quali pericolose. Guardo a ogni possibilità con compostezza. Forse non ne sarà valsa la pena, visto che non sono davvero un soldato, di rischiare così tanto in una guerra che può giovarmi direttamente solo in una professione che intendo abbandonare. Ma ho considerato ogni evenienza e credo che il fatto di aver servito fra le truppe inglesi mentre sono ancora giovane debba portarmi un maggior peso politico, debba dar peso alle mie richieste di essere ascoltato e forse accrescere la mia popolarità nel Paese. A parte questo, credo di essere in uno stato d'animo predisposto all'avventura e che mi divertirò non nonostante, ma a causa dei rischi che corro. A ogni modo ho deciso, e avendo pescato questa mano giocherò al meglio la partita.[52]

Giunto al capolinea di Nowshera percorsi l'ultimo tratto di viaggio su una specie di piccolo carro che si inerpicò in alto verso il passo del Malakand, conquistato due anni prima dallo stesso Blood e ora suo quartier generale. Come già era successo a Cuba, quando mi presentai allo stato maggiore mi venne riferito che il comandante era fuori per una spedizione e non sarebbe tornato molto presto. In effetti ci vollero cinque ulteriori giorni di angosciosa attesa. Tempo che però seppi sfruttare al meglio, per esempio *acquisendo una nuova capacità. Fino a quel momento non fui mai in grado di bere whisky. Il sapore mi ripugnava. Ora mi trovavo circondato da un caldo che, per quanto io personalmente sopportassi piuttosto bene, era terribile, per cinque giorni interi e senza assolutamente nulla da bere a parte il tè, acqua tiepida, o acqua tiepida con succo di limone o ac-*

qua tiepida con whisky. Di fronte a queste alternative, scelsi quello che mi sembrava il male minore e mi feci forza. *Alla fine di quei cinque giorni avevo completamente superato la mia ripugnanza per il suo sapore. Né fu quello un successo temporaneo. Al contrario, il terreno che conquistai in quei giorni l'ho solidamente fortificato e difeso per tutta la vita.*[53]

Quel tempo di forzata attesa si rivelò utile anche da altri punti di vista.

Innanzitutto, mi diede modo di ricevere le credenziali giornalistiche che mi servivano. Oltre al locale «Pioneer», cui avevo già strappato un contratto ma che non sarebbe stato sufficiente ai miei scopi perché non abbastanza prestigioso, mia madre era riuscita a stuzzicare la fantasia del direttore del «Daily Telegraph», con cui si era accordata per l'invio di alcune lettere dal fronte a un prezzo di cinque sterline a colonna. Non molto, considerato che dovevo pagarmi tutte le spese da solo, ma quanto bastava per classificarmi comunque a tutti gli effetti come corrispondente di guerra, che era quello che contava.

Durante l'attesa provvidi anche a rifornirmi di tutto ciò che mi serviva dal punto di vista dell'equipaggiamento e purtroppo l'unico modo per riuscirci in un posto così desolato era anche piuttosto macabro. Era costume, lì lungo la frontiera nordoccidentale, che i caduti prima di essere sepolti venissero spogliati dei propri beni, che così andavano all'asta fra i commilitoni che più ne avevano bisogno.

«Quel pony è magnifico», mormorai, rivolto a me stesso mentre il banditore mostrava uno splendido esemplare.

«Magnifico soprattutto per farsi uccidere», disse qualcuno alla mia sinistra. Era un giovane tenente, che non avevo mai visto prima, alto e dal viso affilato.

«Che cosa intende?»

«Ma mio caro amico, non è evidente? Un pony grigio risalterebbe sul campo di battaglia come una mosca nel latte e farebbe di lei un bersaglio fin troppo facile, perfino per quei selvaggi.»

«Lei non ha tutti i torti, eppure non si può negare che sia una gran bella bestia, signor...»

«Tenente Cassells, 35° Sikh, molto lieto», disse allungando la mano.

«Tenente Churchill, 4° Ussari, piacere mio.»

«Ah, il 4° Ussari, lei è molto lontano dalla sua unità.»

«Sono stato distaccato presso lo stato maggiore del generale Blood, sì...»

Cassells mi lanciò una lunga occhiata come se volesse studiarmi meglio, evidentemente combattuto fra la curiosità di saperne di più e l'educazione che esigeva di mantenere un dignitoso riserbo. Alla fine, come sempre succedeva nei gentiluomini a quel tempo, prevalse quest'ultima e tornò al discorso di partenza.

«Ha senz'altro ragione, quel cavallo è magnifico, eppure torno a ripeterle di non sottovalutarne la pericolosità. In sella a quel pony la vedranno tutti.»

Aveva detto le parole magiche. Lui non poteva saperlo, ma che tutti mi vedessero era esattamente quello che volevo: in che altro modo avrei potuto distinguermi in mezzo ad altre migliaia di commilitoni? Volevo le mie medaglie, e non le avrei ottenute con l'anonimato.

«D'altronde – proseguì con un leggero sorriso – non si è chiesto perché sia all'asta e che fine abbia fatto il suo precedente proprietario?»

Comprai il pony. E in aste successive mi procurai anche gran parte dell'attrezzatura e dell'abbigliamento che mi sarebbero serviti, anche se *devo ammettere che provai una stretta al cuore quando, poche settimane dopo, indossai per la prima volta sulla spalla il cordone di rappresentanza di un valoroso compagno che avevo visto ucciso il giorno prima.*[54]

Quei cinque giorni di attesa e forzato immobilismo mi diedero anche la possibilità di studiare in modo più approfondito le cause e i motivi della spedizione cui mi accingevo a unirmi come soldato e che avrei dovuto raccontare in quanto giornalista. Quasi sessant'anni prima, nel 1838, la Gran Bretagna aveva invaso l'Afghanistan a scopi preventivi, per impedire che le crescenti mire espansionistiche russe nell'area potessero un giorno minacciare l'India, il gioiello della corona di sua Maestà la regina Vittoria. Il governo che vi venne imposto da Londra ebbe però vita breve, crollando nel momento stesso in cui le truppe inglesi lasciarono il Paese nel 1842. I russi provarono un'altra volta ad ampliare la propria sfera di influenza sull'Afghanistan nel 1878 con l'invio di una missione diplomatica e di nuovo la Gran Bretagna inviò una spedizione per impedirlo. Dopo due anni di scontri che terminarono senza vincitori, il governo inglese optò per la più pratica soluzione di creare una zona cuscinetto lungo la frontiera con l'India. In questa area vivevano le tribù di etnia Pashtun, che mal sopportavano la presenza di soldati bianchi nelle loro terre. Nel 1895 avevano assaltato il forte britannico di Chitral, per poi essere sconfitti dalle truppe britanniche, fra i cui comandanti c'era proprio sir Bindon Blood.

E ora, come sempre, la storia ripeteva il suo interminabile ciclo. *Per tre anni gli inglesi avevano tenuto la sommità del passo del Malakand, controllando la strada che dalla valle dello Swat e attraverso l'omonimo fiume raggiungeva Chitral, considerato allora di fondamentale importanza militare.* Adesso, dopo un periodo di relativa calma, i membri delle tribù *avevano attaccato la guarnigione che teneva il passo del Malakand e il piccolo forte di Chakdara che, appollaiato su una roccia come una piccola Gibilterra, difendeva il lungo ponte sospeso sul fiume Swat.* Sciamando nella valle, i Pashtun avevano compiuto delle stragi, prima di essere respinti dalle truppe inglesi che erano riuscite a salvare il forte e il ponte. *Ponte attraverso cui la spedizione punitiva di circa dodicimila uomini e quattromila animali stava per marciare verso le montagne.*[55] E io fremevo all'idea di unirmi a loro e di poter *tratteggiare per il lettore comune, seduto al suo tavolo della colazione nella «confortevole Inghilterra», una qualche immagine delle vivide scene a cielo aperto consegnate dalla guerra nelle alture indiane.*[56]

Stavo bevendo un whisky e fumando un sigaro in compagnia di un simpatico ufficiale, il tenente Hughes, con il quale avevo scoperto di avere molti interessi comuni, fra cui principalmente il polo, quando un improvviso trambusto si sparse in tutto il campo.

«Deve essere il generale di ritorno», disse senza scomporsi troppo.

Io, al contrario, scattai in piedi, rovesciando buona parte della preziosa bevanda. Ero impaziente di rivedere Blood. «Andiamo ad accoglierlo, Victor, ci tengo a fare subito una buona impressione.»

Hughes scrollò le spalle e diede un'altra sorsata di whisky: «Che fretta c'è, di certo non ci metteremo in marcia stasera e puoi star sicuro che i Pashtun saranno ancora lì ad attenderci domani». Impermeabile alla sua flemma, mi precipitati fuori dalla tenda e poco dopo potei assistere al ritorno del comandante.

Se nel nostro primo e unico incontro a Deepdene mi era sembrato più che altro un classico gentiluomo vecchio stampo, qui, in mezzo alle montagne dall'altra parte del mondo, mentre faceva il suo ingresso nel campo in sella a un magnifico baio, circondato dallo stato maggiore, la sua figura brillava di una totale autorità militare. Era l'immagine stessa del trionfo e non ebbi dubbi sul risultato della sua spedizione. Allo stesso modo, era subito evidente il rispetto di cui godeva fra i suoi soldati, che lo salutarono con la deferenza dovuta al grado e al prestigio. Ecco un veterano di altri tempi, uno degli uomini di una generazione ormai perduta che avevano dedicato la vita alla gloria dell'Impero. Ancora una volta, mi rallegrai di poter servire sotto una simile figura.

Dopo essermi presentato al generale, che mi accolse calorosamente, tornai nella mia tenda e scrissi a mia madre.

Domani marciamo, ed entro una settimana ci sarà battaglia, probabilmente la più grande combattuta sulla frontiera nell'ultimo anno. Quando questa mia lettera ti arriverà tutto sarà finito. Ho fiducia nella mia stella, sono destinato a fare qualcosa in questo mondo. E se mi sbaglio, cosa importa? La mia è stata una bella vita e per quanto mi dispiacerebbe doverla abbandonare, sarebbe un dispiacere di cui forse non sarò mai consapevole. A ogni modo capirai che sono tenuto a rischiare per molte ragioni. Alzai lo sguardo e vidi la notte prendere possesso del campo, il fugace pensiero che potesse essere una delle ultime che avrei vissuto mi sfiorò per un attimo, ma non avevo paura. *Non temere* – conclusi –. *Un temperamento filosofico dovrebbe trascendere ogni debolezza umana, paura o affetto. Il tuo sempre amorevole figlio, Winston.*[57] Sigillai la lettera e mi obbligai a dormire qualche ora.

Per nove giorni marciammo attraverso un territorio magnifico e spietato.

Cavalcammo lungo strade che a malapena potevano definirsi tali, spesso costretti a smontare e a condurre gli animali a mano, affacciati su strapiombi implacabili. Vidi con i miei occhi due dei nostri mitraglieri precipitare nell'abisso e venir trascinati giù dalle acque impetuose del fiume Swat, che scorreva sul fondo della gola. Fu quindi con una certa apprensione che ci approcciammo al ponte sospeso di Chakdara. Dodicimila uomini e quattromila animali passarono su quelle assi di legno sorrette solo da funi. Il tutto sotto gli impietosi raggi del sole di settembre, che arroventavano l'aria. *Potevi sollevare il calore con le mani, ti si posava sulle spalle come uno zaino, ti giaceva sulla testa come un incubo.*[58]

Delle nostre fatiche erano testimoni silenziose solo le vette, che ci sovrastavano maestose come una corona impossibile da indossare. *Su ogni crinale si potevano distinguere le rovine di mattoni rossi che erano le dimore degli antichi buddisti. Quelle reliquie di un'antica civiltà, da tempo deposta e dimenticata, non potevano non suscitare interesse e risvegliare riflessioni.* Mi fermai a osservarle, togliendomi l'elmetto e asciugandomi il sudore, chiedendomi cosa sarebbe rimasto, in futuro, anche del nostro passaggio su quella terra. Molto poco, mi risposi, perché le nostre costruzioni avevano solo finalità pratiche e non erano rivolte all'eternità. Eppure, un pensiero mi consolava: *se quel critico non ancora nato della remota posterità si ricordasse che «nei tempi dei vecchi inglesi» il raccolto di riso era stato più abbondante, il numero di acri coltivati maggiore, la popolazione più numerosa e il tasso di mortalità più basso che in qualsiasi periodo della storia dell'India, allora avremmo lasciato un monumento non meno glorioso delle piramidi.*[59]

Durante quelle lunghe giornate roventi non vedemmo che pochi abitanti delle valli, molti con un'espressione spaventata, altri quasi rassegnata, alcuni di sfida. Nessuno però osò impugnare le armi al passaggio di quella possente macchina militare che rappresentavamo e di cui facevamo parte. Almeno non per il momento. *La resistenza che ci eravamo aspettati fra Panjkora e Nagawai era collassata. Il governo indiano aveva ammassato una tale forza che i nemici o erano scappati sulle colline o avevano sepolto le loro armi in attesa di un momento più favorevole.*[60] Un momento che sarebbe potuto arrivare all'improvviso. Mi rendo conto di come *il racconto dei movimenti quotidiani delle truppe, senza che ci siano incidenti rilevanti, sia noioso e stancante. Eppure, chi voglia farsi un'idea della vita del soldato in servizio deve condividere mentalmente le fatiche della marcia e la monotonia dell'accampamento. Le gesta distinte, i momenti emozionanti della guerra, non sono che i punti salienti di una rappresentazione, il cui sfondo è la routine, il duro lavoro e il disagio.*[61]

Eppure, l'azione non era distante. Eravamo ormai a ridosso del territorio di quelle tribù che avevano osato sfidare il potere britannico: gli Swati, i Bonerwal e i Mohmand, fra gli altri. Popoli la cui ferocia, laggiù lungo la frontiera, avevamo ormai imparato a conoscere, ma la cui barbarie non riuscivamo a rispettare. Molto avevo letto su di loro e ancora di più avevo potuto udire dalle testimonianze dirette di chi su quelle montagne risiedeva da tempo, come Cassells e Hughes. I racconti che udii al campo e durante le soste dalla marcia non lasciavano spazio all'immaginazione. *Di anno in anno la loro vita era fatta di faide e conflitti. Aravano la terra tenendo la spada a portata di mano. Ogni campo aveva una torretta di protezione, dove l'agricoltore potesse correre all'approssimarsi di uno straniero. Un omicidio riuscito – che fosse alla luce del sole o attraverso il tradimento – era la più sicura via per distinguersi fra di essi.* Fanatici che vivevano di razzie e guerre intestine, *la cui principale merce di scambio erano le loro donne – mogli e figlie – barattate per dei fucili.*[62] Era con simili nemici che dovevamo confrontarci.

Il territorio in cui ci stavamo addentrando era sconosciuto e non esistevano neanche mappe dettagliate della zona. Eravamo di fatto, l'avanguardia della civiltà, ai cui piedi si estendevano vallate che *non erano mai state attraversate da truppe britanniche e in cui forse non aveva messo piede nessun uomo bianco per oltre duemila anni.*[63] Mi sentivo come un esploratore delle vecchie fiabe. Il segno più tangibile del fatto che stessimo entrando in un altro mondo, e si può dire anche in un'altra epoca, lo ebbi quando raggiungemmo l'ultima postazione coperta dal telegrafo da campo, che segnalava *il limite ultimo di quel sottile filo che ci collegava, attraverso migliaia di miglia di mare e terra, con Londra. Eravamo alla fine di quel cavo. Spesso,* nel corso della mia vita, *mi sono trovato all'altra estremità e ho osservato la macchina a nastro ticchettare le notizie mentre arrivavano: il movimento delle truppe; la prospettiva dell'azione; il combattimento; le perdite.* Come era diverso trovarsi dall'altra parte. Superando quel confine immaginario fra conosciuto e ignoto non potei fare a meno di pensare come *sia meglio creare le notizie, piuttosto che raccontarle; meglio essere un attore che un critico.*[64] E stavolta, a differenza di Cuba, ero prima di tutto un soldato e solo in seconda battuta un giornalista. Su quel piccolo palcoscenico che la Storia aveva allestito ai confini del mondo, mi augurai di avere un ruolo da protagonista.

«Sahib! Sahib!», la voce di un soldato indiano interruppe bruscamente la colazione degli ufficiali. Entrò nel campo a spron battuto e cominciò a parlare in quel suo inglese musicale e sgrammaticato ancora prima di smontare dalla sella.

Vidi il generale Blood, seduto a poca distanza da me lungo la tavola, asciugarsi compostamente la bocca con un tovagliolo di stoffa prima di far cenno al soldato di parlare.

«Sahib, vengo dal campo della Seconda brigata, siamo stati attaccati durante la notte!»

«Prendi fiato, ragazzo e raccontami tutto. Qualcuno gli dia dell'acqua!» Uno degli ufficiali seduti accanto a lui si alzò e gli porse da bere. Il soldato diede una lunga sorsata e continuò, prendendo a malapena fiato.

«Eravamo accampati al passo di Rambat, era tutto tranquillo, poi all'improvviso hanno iniziato a sparare e hanno continuato per tutta la notte. Tenga, è del generale Jeffreys», disse porgendo un dispaccio.

Dopo averlo letto una prima volta fra sé e sé, aggrottando le grandi sopracciglia bianche, Blood si schiarì la gola e lo rese noto al resto della truppa: *«Tre ufficiali inglesi e dodici soldati nativi uccisi – azione durata sei ore – cavalleria all'inseguimento»*[65]. La brevità del messaggio era la prova migliore di quanto dovesse essere concitata la situazione.

Il comandante in capo si alzò, seguito istantaneamente da tutti gli altri. «Signori, un simile affronto non sarà tollerato. Preparate i vostri uomini: entriamo nella valle.» Sicuramente, laggiù sulla frontiera, la sintesi doveva essere una qualità tenuta di gran conto.

Un «hurrà» di eccitazione risuonò di bocca in bocca fra quei fedeli servitori della corona, ansiosi di far vedere ai barbari cosa succede quando si stuzzica un leone. Lanciai uno sguardo a Hughes, dall'altro lato della tavola ancora imbandita, che si limitò ad alzare il bicchiere e ad ammiccare con un brindisi invisibile. La sua consueta flemma fu la prima vittima della battaglia che si approssimava.

Blood stava già dando ordini: la maggior parte delle truppe avrebbe marciato insieme a lui per eseguire una manovra a tenaglia. Altri, fra cui Hughes e Cassells, sarebbero dovuti partire subito in direzione della colonna attaccata, nella possibilità che le perdite fossero più gravi del previsto e servissero ufficiali con esperienza per rinfoltire i ranghi.

«Churchill», mi chiamò Blood prendendomi in disparte. I radi capelli e i baffi bianchi incorniciavano due occhi che esprimevano una furia lucida, razionale. Non saprei come definirla in altro modo. *«Se vuole vedere un combattimento, dovrebbe cavalcare indietro e raggiungere Jeffreys.»*[66]

«Sissignore», mi limitai a dire, adeguandomi mio malgrado alla brevità in voga intorno a me.

Corsi al mio giaciglio a prendere le poche cose indispensabili che avrei portato. Nonostante l'operazione avesse richiesto solo una manciata di secondi, quando salii sul mio cavallo, del messaggero indiano e del piccolo drappello di ufficiali si intravedevano ormai solo le sagome in lontananza. Mi affrettai a raggiungerli spronando il mio pony grigio e percorremmo le dodici miglia che ci separavano dalla brigata attaccata il più velocemente possibile, considerando che *la strada si snodava all'inizio attraverso profondi corsi d'acqua – chiamati «nullah» – che avrebbero potuto offrire copertura al nemico* e che quindi bisognava procedere con cautela. Capii di essere arrivato quando, guardando in lontananza, vidi *i tetti di paglia infuocati di tre o quattro villaggi fortificati mandare un'alta colonna di fumo nel cielo, blu in confronto alle montagne, marrone in confronto al cielo.*[67] L'azione punitiva era iniziata. Entrammo nel campo della Seconda brigata nel momento in cui i cavalieri rientravano dalla loro operazione. Li guardai con attenzione: *l'acciaio lucente delle punte delle lance era offuscato qua e là da striature e chiazze rosse. Un sowar* – un soldato indigeno – *mostrò la sua con orgoglio: «Quanti ne avete presi?» era la domanda che veniva posta da ogni lato.*[68] Parecchi, rispondevano, ma ce ne sono molti altri. E torneranno presto. Girando per l'accampamento mi accorsi presto che questa era la sensazione prevalente fra molti soldati, che si preparavano diligentemente a un nuovo scontro. Una prospettiva che non li terrorizzava, anzi. Sembravano tutti impazienti di entrare in azione. Il campo portava le cicatrici dell'attacco della notte precedente, molte tende erano crivellate di fori di proiettile, anche quelle adibite a ospedali da campo, dove i medici curavano i feriti sulle barelle, mentre alcuni militari innalzavano tutto intorno una barricata di fortuna fatta di sacchi di farina e scatole.

Quella notte però non ci fu alcun attacco, se non qualche sparuto colpo di cecchino – così venivano chiamati laggiù sulla frontiera i tiratori più abili – che però non provocò danni, ma solo un certo trambusto fra gli animali. *Lascio il lettore con l'immagine di un campo addormentato, dove la luce della luna mostrava le scure figure dei soldati in ogni atteggiamento di stanchezza, brillando luminosamente sulle baionette dei fucili che giacevano lungo le trincee, dove muli e cavalli si agitavano a disagio nelle loro pastoie e dove, forse, l'imperscrutabile Fato stava scegliendo con tutta calma le vittime dell'indomani.*[69]

L'alba portò con sé la promessa di eventi tragici e gloriosi.

I raggi del sole fecero il loro ingresso nella valle, librandosi sopra le note della tromba che suonava la sveglia. In mezz'ora i soldati si prepararono e gli ordini furono impartiti. Il generale aveva deciso di suddividere le forze in tre colonne, ognuna con la propria zona assegnata. Il piano era di aprirsi a ventaglio per coprire la maggior parte di territorio, *ma siccome non eravamo più di milleduecento combattenti, ci ritrovammo ben presto in gruppi piuttosto piccoli. Io mi unii alla formazione di centro, la cui missione era di raggiungere l'altra estremità della valle.*[70]

Non incontrammo resistenza fino alle pendici delle montagne dove, su una collina conica, si intravedevano con il binocolo diverse figure in attesa, armate di fucili e spade. Insieme alla cavalleria, partimmo al trotto per ingaggiarli, mentre la fanteria procedeva più lentamente dietro di noi. Arrivati a distanza di tiro, smontammo da cavallo in un piccolo boschetto e ci preparammo a fare fuoco. Per la prima volta, dopo aver dovuto partecipare in mera veste di osservatore alle schermaglie cubane, adesso anche io finalmente avrei combattuto in prima persona contro il nemico. In quella postazione avanzata, a poco più di seicento metri dai guerrieri Pashtun, eravamo solo una quindicina di fucilieri, ma non esitammo un secondo. Presi la mira e feci fuoco, e accanto a me lo stesso fecero i miei compagni. Non so in tutta onestà dire se qualcuno dei miei colpi abbia raggiunto il bersaglio, io di certo ce la misi tutta per dare il mio contributo. *In men che non si dica tutta la collina fu punteggiata di piccoli sbuffi bianchi di fumo e le pallottole cominciarono a fischiare attraverso il nostro boschetto. Questa divertente schermaglia continuò per circa un'ora, mentre la fanteria ci raggiungeva.*[71]

Quando i ragazzi a piedi arrivarono decidemmo di dividerci: la maggior parte delle nostre forze avrebbe attaccato la collina, mentre alcuni reparti sarebbero andati sulla sua sinistra, in direzione di un villaggio appollaiato su uno sperone di roccia e di cui si intravedevano i tetti in lontananza. Io risalii in sella e mi unii a questi ultimi e cominciammo la nostra difficile e lenta salita, resa ancora più complicata dal fatto che, man mano che noi avanzavamo, il nemico retrocedeva, sparando da lontano. Sentii i miei commilitoni imprecare contro la loro codardia, che rischiava di privarci del piacere di affrontarli in campo aperto. Ma mi consolai pensando che sarebbe stata la geografia stessa a obbligarli a combattere da uomini: prima o poi i Pashtun non avrebbero più avuto dove ritirarsi.

Un proiettile si conficcò per terra a qualche centimetro di me, sollevando una nuvoletta di polvere. «Scommetto che ora rimpiangi di fare il tiro al bersaglio su quel cavallo», disse Cassells che procedeva accanto a me.

«Tutt'altro, vecchio mio, io e lui faremo grandi cose insieme, vedrai.»

Entrammo nel villaggio e *molti di quei tuguri provvisti di feritoie – nobilitati con il nome di case – di cui era composto vennero dati alle fiamme. In giro non c'era praticamente traccia di nemici. Con l'eccezione di sporadiche raffiche da parte delle truppe e di qualche colpo sparato dagli audaci cecchini sui pendii, tutto era tranquillo.*[72]

«Ragazzi, a quanto pare non dovevano tenerci poi molto, al loro villaggio», disse Cassells.

«Mai visto simili vigliacchi», gli rispose un altro di cui non conoscevo il nome. «Neanche difendono le loro case e si definiscono guerrieri. Puah.»

«Forse stanno solo aspettando il momento giusto», azzardò Hughes pensieroso, prima di girare il cavallo e allontanarsi verso il punto da cui doveva arrivare la fanteria. Era stato nominato aiutante del battaglione e quindi di fatto era il più alto in grado della nostra piccola spedizione.

Altre voci si unirono alla discussione, a cui io non partecipai anche se condividevo la frustrazione e la delusione nei confronti di un nemico che ci era stato dipinto come feroce e agguerrito, ma che sembrava limitarsi a bersagliarci da lontano. Mentre i miei commilitoni continuavano la loro opera punitiva, scesi da cavallo e mi fermai un attimo seduto su una roccia. Ci trovavamo in cima a uno sperone e da quella posizione si vedeva tutta la valle, che aveva una curiosa forma a mo' di padella, larga all'incirca una decina di miglia. Mi tolsi l'elmetto e mi asciugai il sudore, mentre una strana sensazione, che ancora non riuscivo a identificare, si faceva largo.

Strizzando gli occhi contro quel sole implacabile, mi misi a studiare il paesaggio. A mezzo miglio di distanza dalla base dello sperone c'erano dei lancieri che stavano facendo rifiatare i cavalli e in lontananza si vedeva il fumo di qualche altro villaggio in fiamme. Ma a parte questo non vedevo altro. Improvvisamente capii quale fosse la silenziosa campanella d'allarme che il mio istinto suonava nella mente: non si vedeva nessun soldato inglese! Impossibile, pensai. *Dov'era il nostro esercito? Eravamo milleduecento solo poche ore prima e ora la valle sembrava averli risucchiati tutti.* Mi girai istintivamente verso i miei commilitoni ancora impegnati a dar fuoco a quelle stamberghe *e per la prima volta ragionai che il nostro era un gruppo estremamente ridotto: cinque ufficiali inglesi incluso io stesso, e circa ottantacinque Sikh. E questo era assolutamente tutto. E ci trovavamo lì, nel punto più distante della valle per punire il più lontano dei villaggi.* Capii subito che la situazione era improvvisamente diventata molto pericolosa, eppure *come molti giovani folli ero in cerca di guai e l'unica cosa che mi auguravo era che accadesse qualcosa di eccitante. E fu così!*[73]

In quel preciso momento arrivò Hughes, che cercò con gli occhi il tenente Cassells. *«Ci ritiriamo», disse al suo subalterno. «Restate qui e copriteci mentre noi prendiamo posizione su quella collinetta sotto il villaggio», disse indicando una piccola altura non molto lontano. «Non sembra che la fanteria ci raggiungerà e il colonnello pensa che siamo un po' troppo isolati quassù.»*[74] L'altro gli rispose che avremmo coperto il ripiegamento, aspettando il loro segnale per ritirarci a nostra volta. Ci mettemmo in posizione difensiva, io mi appostai insieme a Cassells e a otto sepoy, i soldati nativi che componevano il grosso della nostra piccola spedizione, sul lato del villaggio. L'atmosfera, notai, ora era cambiata. La spavalderia aveva rapidamente lasciato il posto a un'attesa che non definirei preoccupata, ma piuttosto guardinga. Per dieci minuti restammo in allerta, mentre il resto della compagnia si ritirava: era il segnale che i Pashtun stavano aspettando.

All'improvviso la montagna prese vita.

Spade balenarono da dietro le rocce, vivaci bandiere sventolavano qui e là. Una dozzina di sbuffi di fumo bianco esplosero dalla ruvida parete rocciosa di fronte a noi. Forti esplosioni risuonarono molto vicino. Dall'alto della rupe, mille, duemila, tremila piedi sopra di noi, apparivano figure bianche e azzurre che sciamarono dal fianco della montagna da una sporgenza all'altra, come scimmie giù dai rami di un albero. Da più parti si levarono grida acute.[75] Cassells diede l'ordine e gli otto Sikh accanto a me aprirono il fuoco, cominciando a sparare a volontà contro i nemici che si avvicinavano sempre di più, coprendosi dietro alle rocce.

Presto mi accorsi però che il sepoy accanto a me stava facendo un pessimo lavoro, non so dire se per pura inabilità o se perché in preda a una preoccupazione crescente. Sta di fatto che, quando incrociò il mio sguardo e realizzò che io avevo solo la pistola d'ordinanza, sembrò ben contento di dare a me il suo fucile, capendo evidentemente che in quella circostanza ne avrei fatto un uso migliore.

«Sahib, laggiù» disse, indicandomi un gruppetto di Pashtun che stavano lasciando la copertura di un masso per cercare di aggirarci sul fianco.

Feci fuoco e li obbligai a tornare di corsa al riparo.

La situazione stava diventando sempre più pericolosa. La ritirata procedeva in maniera ordinata, mezza compagnia alla volta, ma a un ritmo dannatamente lento e in più il terreno non ci favoriva. A cominciare dallo sperone su cui sorgeva il villaggio, alle nostre spalle c'erano tre collinette una dietro l'altra, che digradavano in altezza sempre minore fino alla pianura. Dovevamo spostarci dall'una all'altra, scendendo sempre più ed esponendoci così ciclicamente al fuoco dei nemici.

«Sahib non possiamo restare qui, ci accerchieranno!», mi

guardai intorno mentre lui si occupava di ricaricare il fucile e non potei fare a meno di notare che avesse ragione. Le pendici della montagna continuavano a vomitare uomini, mentre noi eravamo solo un pugno di soldati, in posizione sempre più sfavorevole. E sempre più soli. Lanciai un'occhiata a Cassells, troppo preso a sparare per rendersi conto della situazione.

«Cosa diavolo fate ancora lì! Muoversi muoversi, ci copriranno da quella collina!» la voce di Hughes suonò come musica alle mie orecchie. Vedendo che ci attardavamo più del dovuto, si era precipitato sulla nostra posizione, giudicandola evidentemente critica. Non ce lo facemmo ripetere e ci alzammo tutti di scatto, io, Cassells e gli otto Sikh, correndo verso la posizione di ripiegamento, mentre dalla piccola altura verso cui ci dirigevamo i nostri facevano fuoco sui barbari.

Urla e spari squarciarono l'aria con rinnovato vigore nel momento stesso in cui i nostri nemici videro che offrivamo loro la schiena. *Quando il tenente Cassells si alzò per lasciare la collinetta, si voltò bruscamente e cadde a terra. Due sepoy lo afferrarono immediatamente. Uno fu colpito a una gamba. Un soldato che stava continuando a sparare saltò in aria e, cadendo, cominciò a sanguinare con una strana e terribile rapidità dalla bocca e dal petto.*[76] Orripilato, vidi la scena da lontano senza che potessi fare qualcosa. *Due ufficiali, un maggiore nativo di nome Mangol Singh e tre o quattro sepoy corsero verso di noi dalla seconda collinetta per aiutare a trasportare i feriti. Prima ancora che raggiungessero il punto, due altri uomini furono colpiti. Il maggiore prese il tenente Cassells, che era ricoperto di sangue e incapace di muoversi, ma ansioso di rimanere sul campo di battaglia. Gli altri afferrarono i feriti e cominciarono a trascinarli brutalmente sulle rocce aguzze, incuranti di grida e lamenti.*[77]

Ormai gli uomini della compagnia erano impegnati più come infermieri e barellieri che come fucilieri. Io stesso davo una mano nei soccorsi: il soldato Sikh che mi aveva dato la sua arma poco prima era stato colpito e lo vidi rovinare a terra a poca distanza. Immediatamente tornai sui miei passi e corsi verso di lui. Respirava ancora. Feci cenno a due sepoy di darmi una mano e insieme lo trasportammo verso il resto della compagnia, che continuava a fornirci fuoco di copertura. *È un punto d'onore sulla frontiera indiana quello di non lasciare indietro nessun uomo ferito. Morte lenta e orribili mutilazioni erano la misura invariabilmente inflitta a chiunque cadesse nelle mani dei Pashtun.*[78] A quel punto non avevamo più una retroguardia, tutti gli uomini abili sorreggevano i feriti e la nostra unica difesa era rappresentata dai nostri commilitoni arroccati sulla linea di difesa. Il caos regnava, vidi alcuni barbari infierire con le spade sui corpi a terra, vivi o meno che fossero. *Era una situazione orribile, perché non potevamo aiutare tutti gli uomini caduti. Non provavo più eccitazione, ma neanche paura. L'eccitazione era sparita quando le cose avevano preso una piega tragica.*[79]

Dei momenti che seguirono conservo solo immagini frammentate, schegge di memoria conficcate nella mente e nell'anima. Uno dei due sepoy che mi aiutava a trascinare il ferito venne colpito a sua volta alla gamba e si accasciò a terra urlando. Altri due soldati vennero ad aiutarci, mentre i proiettili ronzavano tutto intorno a noi. Vidi un Sikh colpito alla schiena piegarsi su sé stesso come un giocattolo spezzato e travolto da decine di figure urlanti che ne facevano scempio con le spade. *Mi girai alla mia sinistra, l'aiutante del battaglione era stato ferito.* «Hughes!», gridai. *Quattro dei suoi soldati lo stavano aiutando. Era un uomo grosso e tutti lo sorreggevano con forza. Dai lati delle case del villaggio arrivò una mezza dozzina di Pashtun armati di spade. I soccorritori del povero aiutante lo lasciarono cadere per mettersi in salvo. Quello che sembrava il capo dei guerrieri corse sulla figura inerme e la colpì tre o quattro volte con dei fendenti. In quel momento mi scordai di ogni altra cosa, eccetto del desiderio di uccidere quell'uomo.*[80] Estrassi la spada da cavalleria e mi diressi verso di lui, deciso a farlo a pezzi.

«Cosa diavolo fai? Dobbiamo andarcene!» mi urlò qualcuno da dietro le spalle.

Non avevo intenzione di dargli retta, ero accecato dalla furia. Il mio mondo si limitava a me e al macellaio che avevo di fronte, relegando tutto il resto a uno sfondo sfumato e opaco.

«Ripiegare subito, è un ordine!» sbraitò l'uomo. Riconobbi

la voce del tenente Cassells. Si teneva a malapena in piedi ma era vivo. Con un immenso sforzo mi obbligai a rinfoderare la spada, continuando a indietreggiare, non prima però di aver sparato qualche colpo in direzione di quel demone col turbante bianco. Non seppi mai se lo colpii, ma non lo vidi più.

Finalmente avevamo raggiunto la linea difensiva, che stava riuscendo a tenere a distanza l'assalto, ma non sapevo per quanto avrebbe retto. Di rinforzi non si vedeva ancora traccia.

Come arrivai nella nuova postazione *presi un fucile lasciato da un ferito e sparai una quarantina di colpi, a poca distanza, con qualche successo. Non posso esserne certo, ma credo di aver colpito quattro uomini. A ogni modo, caddero.*[81]

La morte danzava intorno a noi, seguendo uno spartito fatto di esplosioni, urla, spari, caos. Solo allora forse mi resi davvero conto di come possa colpire chiunque e in qualunque momento. Di come possa essere subita o inflitta. Del potere immenso, troppo simile a quello di un dio, che le armi concedono all'uomo e della responsabilità che ne consegue. Di come io stesso, con ogni probabilità, avessi appena spezzato delle vite, cancellando per sempre il loro futuro.

Questi pensieri però non mi facevano provare pena per un nemico che voleva uccidermi, questo no. Era una questione di sopravvivenza, la più antica e sacra delle leggi di natura. *Loro volevano sparare a noi e noi a loro,*[82] niente di più semplice.

«Riunirsi! Su due file!» Cassells sbraitava ordini alla truppa, cercando di portare ordine in quella che rischiava di diventare un'incontrollabile bolgia, dove ognuno era impegnato in piccoli combattimenti personali. I soldati obbedirono con tipica efficienza britannica, presentando finalmente un fronte compatto che arrestò l'avanzata dei nemici. Molti Pashtun caddero, altri si sdraiarono per non offrire un facile bersaglio, altri ancora indietreggiarono in cerca di un riparo.

In quel momento dalle nostre spalle giunse il più soave dei suoni che un militare possa sperare di udire: la carica. La fanteria era arrivata e in men che non si dica partì il contrattacco, che costrinse i nemici a ritirarsi disordinatamente e permise a noi di recuperare i corpi dei caduti. Trovai quasi subito il povero Hughes, orrendamente sfigurato. Tutt'intorno decine di altri cadaveri di entrambe le parti. *Ad alcuni il gioco della guerra porta premi: onore, carriera o esperienza; ad altri la consapevolezza di aver fatto il proprio dovere, e ad altri l'eccitazione del gioco e una maggiore conoscenza degli uomini e delle cose. Ma altri avevano perso tutto.* Provai una fitta al cuore. *L'orgoglio della razza, la solennità dell'Impero, la gloria della guerra apparivano come fugaci e inconsistenti trame di un sogno e non potei non pensare alle parole di Burke, «quali ombre siamo e quali ombre inseguiamo».*[83]

Piansi.

Nei giorni successivi continuammo la nostra azione punitiva con rinnovato vigore. Ma prima dovevamo riorganizzarci, e colmare i vuoti nei ranghi era la priorità. Fu così che venni riassegnato al 31° Punjab, che contava solo tre ufficiali britannici al comando dei soldati nativi. Finalmente il vecchio desiderio di mio padre di vedermi inquadrato nella fanteria si era in qualche modo realizzato. Non mi preoccupava il fatto di non essere più nella cavalleria, a Sandhurst avevo ricevuto una preparazione completa anche per fronteggiare situazioni del genere. *La difficoltà linguistica era però più grave. Potevo a malapena comunicare con i soldati indigeni che erano necessariamente impegnati, a causa della scarsezza di ufficiali, al mio comando. Dovetti procedere quasi interamente per gesti e segnali. A questi aggiunsi tre parole: «Maro!», uccidi, «Chalo», avanti, e «Tally ho!»*,[84] l'espressione che si usava durante la caccia alla volpe per segnalare l'avvistamento della preda. Al comando del mio piccolo manipolo partecipai alle nuove operazioni.

Alla luce delle efferatezze compiute dai Pashtun sui nostri feriti e perfino sui nostri morti, *il generale Blood ci diede l'ordine di rimanere nella valle di Mamund e di devastarla con il fuoco e con la spada per vendetta. Così facemmo, ma con grandi precauzioni. Procedemmo sistematicamente, villaggio dopo villaggio, distruggemmo le case, ostruimmo i pozzi, demolimmo le torri, abbattemmo i grandi alberi ombrosi, bruciammo i raccolti e annientammo le loro scorte in una devastazione puniti-*

va.[85] A queste rappresaglie crudeli, io partecipai solo come spettatore: *non mi sporcai le mani in alcun modo, anche se riconoscevo la necessità di alcune di quelle cose.*[86] Nonostante la nostra schiacciante superiorità i Pashtun offrirono una strenua resistenza, che ci costò *per ogni villaggio due o tre ufficiali britannici e quindici o venti soldati indigeni. Se ne sia valsa la pena, non posso dirlo. In ogni caso, in capo a due settimane la valle era deserta e l'onore era stato soddisfatto.*[87]

Di quei giorni conservo ricordi e pensieri, ma soprattutto emozioni. Avevo trovato quello che ogni giovane ufficiale inglese degno di questo nome cercava? Credo di sì. L'avventura che tanto volevo era finalmente arrivata, il banco di prova – per quanto spietato – era stato superato. Ero stato sotto il fuoco, avevo rischiato la vita, avevo ucciso. E non avevo tremato. *In groppa al mio pony grigio ho percorso l'intera linea della schermaglia mentre tutti gli altri stavano giù coperti. Forse fu sciocco, ma puntavo in alto e quando c'è un pubblico non esiste niente di troppo ardito o troppo nobile. Senza platea, la situazione è diversa.*[88]

Mi ero anzi distinto di fronte ai superiori e ai subalterni, avevo preso in carico la responsabilità diretta della vita di uomini, che fossero affidati al mio comando o che fossero nemici da abbattere. *Per uno strano colpo di fortuna ero capitato nei più feroci combattimenti che si fossero visti da molti anni lungo la frontiera.*[89] Sì, fortuna era la parola giusta. La mia buona stella, di cui non avevo mai dubitato un attimo, mi aveva illuminato ancora una volta. E lo avrebbe fatto ancora e ancora durante il resto della mia esistenza.

Quante cose erano successe e quante ancora sarebbero potute accadere! Non avevo dubbi che fosse stato fino a quel momento *il periodo più glorioso e piacevole della mia vita. Anche se la possibilità che potesse concludersi bruscamente era sempre presente.* Ma ancora una volta *la mia fortuna era stata straordinaria.* Eppure, erano esperienze come queste *che rendevano la vita degna di essere vissuta, né d'altronde pensavo che la mia sete di avventura fosse saziata.*[90]

Decisi di darmi un obiettivo concreto, ossia altri due anni di servizio militare in cui avrei dato tutto me stesso e i cui frutti avrei poi raccolto per quella che volevo diventasse la mia vita: la politica.

Una nuova consapevolezza mi appariva ora in tutta la sua limpida chiarezza: *mi sentivo pieno di fiducia in me stesso ed ero certo che avrei fatto qualcosa di importante nel mondo.*[91]

Fu alla luce di questa rinnovata determinazione che posai lo sguardo sulla mia meta successiva.

3
L'ultima carica

Sudan, 1898

Questa sì che è un'ora da vivere.[92]

Il deserto mi aveva inghiottito.

In qualunque direzione guardassi vedevo solo sabbia. L'orizzonte ridotto all'indistinta opacità generata dalle ondate di calore che sferzavano le dune. Da ore marciavo in quella distesa fatta di nulla, consapevole di non avere più una meta.

Quando avevo lasciato il battello sul Nilo per raggiungere a cavallo la colonna del generale Kitchener non pensavo che sarebbe stato poi così difficile trovare la direzione giusta. Si trattava, mi avevano assicurato i marinai che mi avevano aiutato a sbarcare, di una cosa *assolutamente semplicissima: andare verso Sud finché non si fossero scorti i fuochi del campo e a quel punto girare verso il fiume.*[93] Fiume dal quale, però, dovevo tenermi a una certa distanza, per evitare i molti arbusti spessi e spinosi che crescevano lungo le sue rive e che avrebbero potuto facilmente azzoppare il cavallo. «Assolutamente semplicissimo», ripensai. Peccato che verso l'imbrunire le nuvole cominciassero a coprire il cielo, nascondendo gli unici punti di riferimento che avrebbero potuto guidarmi.

Fu così che mi persi.

Un caldo, incessante, stanco vento soffiava continuamente con un suono triste sopra le miglia e miglia di sabbia e rocce, come se fosse consapevole della propria inutilità: un vento senza pioggia sopra un suolo sterile.[94] Senza più acqua né cibo, decisi di fermarmi a ridosso di una duna per non affaticare troppo il cavallo, ben consapevole che a piedi non avrei avuto la benché minima possibilità di sopravvivenza. Legai le redini al polso e mi sdraiai a terra, cercando di calmarmi e riposare un po', senza riuscirci.

Fu una notte insonne, costellata di incubi a occhi aperti. Mi chiesi per l'ennesima volta quanto ancora avremmo potuto resistere, la mia cavalcatura e io, senza acqua una volta che fosse spuntato il nuovo giorno e la temperatura avesse ricominciato a salire. Che fine terribile sarebbe stata, e soprattutto – pensai con una punta di amarezza – che beffa crudele.

Morire da solo di fame, sete e stenti nel deserto era un pensiero già terribile di per sé, ma reso ancor più insopportabile da tutta la fatica che avevo fatto, da tutti i fili che avevo tirato, da tutti i favori che avevo chiesto per essere lì.

Forse quella fu l'unica volta nella mia vita in cui perfino io stavo per desistere, quando la mia buona stella ancora una volta mi aveva inaspettatamente irradiato con tutto il suo splendore.

Ero ancora in India quando seppi dell'avvio delle operazioni contro l'antico popolo dei Dervisci. Il mio primo pensiero, come quello di molti miei compatrioti, fu semplicemente: «Era ora!». Da quindici anni attendevamo quel momento, da quando nel 1883 un prete pazzo che si faceva chiamare «Mahdi» guidò le sue masse di invasati sudanesi alla conquista di Khartoum, al tempo dominio egiziano – e quindi britannico. Londra aveva inviato immediatamente una piccola forza al comando del generale Charles Gordon per evacuare il personale prima che fosse troppo tardi, ma venne sopraffatta e il generale stesso ucciso. Da quel momento il fiero popolo inglese aveva un conto aperto con il Mahdi e la sua gente, ed era solo questione di «quando» e non «se» lo avrebbe saldato. E poco importava che nel frattempo lo stesso Mahdi fosse morto e al suo posto ci fosse adesso il suo successore, il «Khalifa». La punizione doveva comunque essere inferta.

E il momento era finalmente arrivato. Agli ordini del generale Herbert Kitchener, «sirdar», ossia supremo comandante delle forze britanniche in Egitto, una possente spedizione era in marcia per riconquistare Khartoum.

Dovevo assolutamente farne parte.

Cominciai il solito fitto scambio di lettere con mia madre e con qualsiasi amico o conoscente potesse aiutarmi a farmi distaccare presso il teatro di guerra, ma rispetto alle mie precedenti avventure qualcosa era cambiato. *Adesso mi accorgevo che c'erano molte persone male informate e maldisposte che non avevano una visione favorevole delle mie attività. Al contrario, cominciarono a sviluppare un atteggiamento avverso e persino ostile. Cominciarono a dire cose come: «Chi diavolo è costui? Come è riuscito a partecipare a queste diverse campagne? Perché dovrebbe scrivere per i giornali e servire come ufficiale allo stesso tempo? Perché un subalterno dovrebbe elogiare o criticare i suoi alti ufficiali? Perché i generali dovrebbero mostrargli questo favore? Come fa a ottenere così tanti permessi dal suo reggimento?».*[95] Voci e maldicenze che normalmente avrei liquidato con una scrollata di spalle, se non avessi incontrato fra esse un ostacolo inaspettato quanto insormontabile: lo stesso Kitchener.

Per motivi che tuttora ignoro, il generale mi aveva evidentemente preso in antipatia ancor prima di conoscermi, e fece tutto ciò che era in suo potere – che in qualità di comandante supremo in Egitto era praticamente sconfinato – per impedire che mi unissi a lui. Contro un simile muro sapevo di essere destinato a scontrarmi senza successo, soprattutto finché fossi rimasto relegato a Bangalore. Le mie pochissime possibilità andavano giocate lì dove venivano prese le decisioni, nel cuore stesso dell'Impero. Fu così che presi un'altra licenza e mi imbarcai per il lungo viaggio di ritorno verso la capitale.

Una volta arrivato a Londra mobilitai tutte le risorse alla mia portata. Mia madre dedicò tutta la sua influenza alla realizzazione dei miei desideri. Molti furono i piacevoli pranzi e cene a cui parteciparono i potenti dell'epoca e che occuparono i due mesi di queste faticose trattative. Ma tutto senza risultato![96] Mia madre arrivò perfino a scrivere direttamente a Kitchener, ma la risposta, per quanto cortese, era ferrea: personale sufficiente, poco posto disponibile, molte richieste da gente più titolata di me e cose di questo tipo.

Mentre il tempo passava vedevo avvicinarsi sempre più le due scadenze, diverse ma collegate, ugualmente terrificanti: la fine del mio periodo di licenza e l'approssimarsi dell'avanzata finale su Khartoum. Stavo perdendo le speranze. Come potevo avere la meglio contro un rifiuto così arbitrario, sostenuto per di più da un potere così assoluto? La risposta venne, inaspettata, dall'unico uomo dell'Impero che ne avesse più di lui: lord Salisbury, il primo ministro in persona.

Come altre volte in passato e come così spesso sarebbe successo anche in futuro, fu la mia penna ad aprirmi la strada del successo. Se il giornalismo mi aveva consentito di partecipare alle spedizioni cubana e indiana – fornendomi fra l'altro i mezzi economici necessari per sostenerle – fu la letteratura a concedermi questa nuova possibilità. La saggistica, per la precisione. Avevo infatti da poco dato alle stampe il mio primo libro, incentrato sugli eventi della campagna appena conclusa e che avevo intitolato *The Story of the Malakand Field Force*. Non voglio macchiarmi di falsa modestia e quindi non ho problemi nell'ammettere che fu un grande successo. Non a caso l'idea di raccogliere in maniera organica e strutturata gli articoli e appunti presi sul campo per farne poi un racconto dettagliato è stata ripresa negli anni da molti miei colleghi giornalisti.

La vasta circolazione del libro sortì diversi effetti: se da un lato il mio resoconto – e soprattutto le mie analisi – avevano alimentato quel chiacchiericcio e quelle maldicenze cui ho accennato, dall'altro mi diede ampia visibilità, che in fin dei conti era ciò che cercavo. E fra i miei lettori ebbi il piacere e la sorpresa di scoprire anche il primo ministro.

Lord Salisbury *sembra che ne fosse non solo interessato, ma anche attratto. Spontaneamente e all'improvviso espresse il desiderio di conoscere il suo autore. Una mattina all'inizio di luglio ricevetti una lettera dal suo segretario che mi informava del fatto che il primo ministro aveva letto il mio libro con grande piacere e avrebbe voluto discuterne con me alcune parti.*[97] Oltre alla naturale soddisfazione professionale, il messaggio riaccese in me anche la speranza. Fu quindi con rinnovato ottimismo che mi presentai al colloquio.

Il Grande Uomo, Signore del mondo britannico, leader incontrastato del Partito conservatore, per la terza volta primo ministro e ministro degli Esteri all'apice della sua lunga carriera, mi ricevette all'ora stabilita, ed entrai per la prima volta in quella camera spaziosa con vista sulla Horse guards parade, nella quale in seguito mi sarei trovato di tanto in tanto per molti anni a supervisionare tanti affari importanti svolti in pace e guerra. Ricordo bene la cortesia d'altri tempi con la quale mi venne incontro sulla porta e con un incantevole gesto di benvenuto e saluto mi condusse a sedere su un divanetto al centro della sua vasta stanza.[98]

«Mio caro, Winston!»

«Primo ministro, è un piacere e un onore.»

«Mio caro ragazzo bando ai formalismi, ti conosco da quando eri alto così», disse bonariamente sorridendo sotto la sua folta barba. «Abbiamo lavorato insieme per anni, tuo padre e io, ed è un piacere poter finalmente scambiare quattro chiacchiere con te.»

L'accenno a mio padre mi provocò una leggera fitta allo stomaco. Stimavo lord Salisbury, ma non potevo dimenticare che era stato proprio lui, dodici anni prima, a vedere il suo bluff spericolato e accettarne le dimissioni, sigillandone di fatto la fine della carriera politica.

«Mio padre la teneva in grande stima, signore», mi limitai a dire.

Il primo ministro mi squadrò per un istante, evidentemente dubbioso, ma decise con tatto di cambiare argomento. *«Il tuo libro mi ha molto interessato. L'ho letto con immenso piacere e, se così posso dire, con ammirazione non solo per il suo contenuto ma per il suo stile. I dibattiti in entrambe le Camere del Parlamento sulla politica di frontiera indiana sono stati aspri e confusi da molti malintesi. Io stesso sono riuscito a formarmi un quadro più fedele sul tipo di combattimenti che si sono svolti in quelle valli di frontiera dai tuoi scritti che da qualsiasi altro documento che ho avuto il dovere di leggere.»*[99]

«Ne sono davvero lieto, signore. L'idea mi è venuta mentre scrivevo dispacci per il "Telegraph", ho pensato che avrebbe potuto essere di qualche interesse raccogliere ogni informazione di cui disponevo in prima persona per farne un libro il più possibile obiettivo.»

«Obiettivo senz'altro, ma certo non hai lesinato qualche valutazione personale», disse ammiccando. «Estremamente interessanti anche quelle.»

La conversazione durò circa mezz'ora, un tempo decisamente lungo per un uomo impegnato come lui. Quando alla fine mi congedò, mi accompagnò alla porta e prima che uscissi disse la frase che avrebbe cambiato ogni cosa: *«Se c'è qualcosa che posso fare in qualsiasi momento e che potrebbe esserti d'aiuto, ti prego, non mancare di farmelo sapere»*.[100] Non me lo feci ripetere due volte e gli spiegai brevemente quanto sarebbe stato importante per me poter partecipare alla spedizione sudanese. Il grand'uomo si limitò ad ascoltare con aria bonaria, assicurandomi che avrebbe studiato la situazione.

Sta di fatto che dopo settimane e mesi di tentativi infruttuosi, pochi giorni dopo il nostro incontro ricevetti un messaggio dal Ministero della Guerra: *«Siete stato assegnato come tenente soprannumerario al 21° Lancieri per la campagna del Sudan. Dovrete presentarvi immediatamente alla caserma di Abassiyeh, al Cairo, al quartier generale del reggimento. Resta inteso che procederete a vostre spese e che, nel caso in cui veniate ucciso o ferito nelle operazioni imminenti, o per qualsiasi altra ragione, nessun addebito di alcun genere ricadrà sui fondi dell'Esercito britannico»*.[101]

La mattina dopo ero sul treno.

Tutto questo per ritrovarmi ora laggiù, in quell'infernale deserto.

Ma la mia buona stella vegliava ancora su di me.

Letteralmente.

Verso le tre e mezzo di notte le nuvole liberarono una parte di cielo, mostrando la stupenda costellazione di Orione. Mai quel gigante apparve più splendido. Montai in sella seduta stante e cavalcai verso la sua direzione, sapendo che prima dell'alba, in quel periodo dell'anno, giaceva lungo il Nilo, con la testa rivolta verso nord.[102] La speranza sopperì alla stanchezza e mi feci forza per continuare la marcia. Il cavallo arrancava sempre di più e mi trovai spesso a sussurrargli parole di conforto per spronarlo. Mi stavo quasi appisolando in sella, cullato dal calore e dall'andatura regolare, quando un movimento improvviso delle sue orecchie e del muso mi fece capire che aveva fiutato qualcosa. Si mise a trottare sempre più veloce, il massimo dell'andatura che le sue residue forze gli concedessero, senza che io facessi nulla per frenarlo in alcun modo e affidandomi al suo prodigioso istinto animale.

Finché avrò vita non dimenticherò mai la sensazione che provai nel vedere finalmente quel meraviglioso serpente d'acqua che snodava le sue maestose e immense spire davanti a noi, sfidando le sabbie primordiali. *Saltando dal cavallo mi addentrai nel Nilo fino alle ginocchia e cominciai a bere.*[103] Da allora molte splendide e abbondanti libagioni hanno benedetto le mie labbra, quasi sempre a base di qualche pregiato alcolico, ma mai nessuna fu così apprezzata come quella.

Dissetato e rinfrescato, mi misi nuovamente in marcia ben deciso stavolta a non perdere di vista il fiume neanche per un secondo. Avevo sperimentato sulla mia pelle quanto una singola persona fosse totalmente dipendente dall'acqua in quello spietato paesaggio, a maggior ragione – riflettei – decine di migliaia di uomini e animali in marcia non potevano certo allontanarsene troppo. Seguendo il Nilo non avrei potuto mancarli neanche se fossi stato cieco e sordo.

Dopo una lunga cavalcata arrivai in effetti al campo della colonna, solo per trovarlo però abbandonato. La mia disavventura mi aveva fatto perdere tempo prezioso, i soldati si erano già messi in marcia. Il pensiero di un'ulteriore cavalcata solitaria nel deserto non mi attirava affatto, ma decisi che stavolta non mi sarei fatto trovare impreparato. Prima di proseguire mi presi del tempo per scrutare il paesaggio intorno a me e fu una fortuna perché vidi non molto distante un piccolo villaggio, dove mi diressi per fare provviste.

Un tempo doveva essere stato più grande, ma guerre e carestie avevano evidentemente imposto un pesante tributo umano e ora la popolazione non superava qualche decina. Vidi un uomo di una certa età, con un portamento che aveva qualcosa di fiero e forse anche nobile, suggerito dal fatto che fosse l'unico a portare il fez sul capo. Mi avvicinai.

«Salve, buon uomo, che posto è questo?»

Mi scrutò per un attimo aggrottando la fronte per poi scandire qualche parola in quello che doveva essere un arabo molto veloce. Non che se fosse stato lento avrebbe fatto differenza. Feci un cenno di assenso con la testa, come per ringraziarlo della risposta, ma capii che avrei dovuto ricorrere ai gesti per comunicare.

Aprendo e chiudendo la bocca e indicandomi lo stomaco gli feci capire che cercavo cibo. L'uomo mi guardò leggermente incuriosito ma non disse nulla. Impossibile, pensai, che non abbia colto un gesto così elementare. Decisi allora di ricorrere all'unica parola che conoscevo nella sua lingua, che era anche la più importante da quelle parti, come del resto ovunque: «Backsheesh», soldi.

Dopodiché ogni difficoltà scomparve.

L'uomo entrò velocemente nella sua casa di fango e ne uscì subito dopo con una manciata di datteri, che mi offrì con molti sorrisi, e della biada per il cavallo.

«Grazie, buon uomo», dissi masticando e dandogli qualche spicciolo che accettò con entusiasmo, mostrandolo alla moglie e ai suoi bambini che nel frattempo erano usciti dalla casa per raggiungerci.

Dopo essermi rifocillato *chiesi quindi informazioni sulla colonna. Con la punta della spada disegnai sul muro rosso di fango l'immagine di un lanciere... Sì, era vero. Una figura del genere era passata attraverso il villaggio quella mattina... Ma non uno, tanti. Cominciò a fare segni sul muro per mostrare quanti. Avevano abbeverato i cavalli nel fiume – fece il gesto di leccare dalla propria mano – e se ne erano andati velocemente. Si rivolse verso sud e mimò la corsa.*

«In che direzione? Dove stavano andando?» gli chiesi, pur consapevole che non potesse capirmi. Ma evidentemente più che dalle parole doveva aver intuito la domanda da quell'universale scintillio di eccitazione che appare negli occhi di chi vede finalmente avvicinarsi un traguardo a lungo inseguito, perché *si voltò verso di me e con un'espressione di feroce soddisfazione pronunciò una sola parola: «Omdurman»*.[104]

Non ci sarà mai più nulla di paragonabile alla Battaglia di Omdurman.[105]

Questo pensai allora, e questo penso ancora oggi. Quel giorno occupa tuttora un posto d'onore nei miei ricordi, nonostante i lunghi anni della mia vita siano stati costellati da innumerevoli conflitti, fra cui i più spaventosi dell'intera storia umana. E forse il motivo è che Omdurman *fu l'ultimo anello della catena di quegli spettacolari conflitti il cui splendore vivido e maestoso ha fatto tanto per ricoprire la guerra di fascino.*[106]

Non era come la Grande Guerra. Nessuno si aspettava di essere ucciso. Qua e là in ogni reggimento o battaglione, una mezza dozzina, una ventina, nel peggiore dei casi trenta o quaranta, ne avrebbero pagato il prezzo. Ma per la maggior parte di coloro che presero parte alle piccole guerre della Gran Bretagna in quei giorni spensierati ormai scomparsi, questo era solo un elemento sportivo in uno splendido gioco. La maggior parte di noi sarebbe stata in seguito destinata a vedere una guerra in cui i rischi erano invertiti, dove la morte era l'aspettativa generale e le ferite gravi erano considerate come colpi di fortuna, dove intere brigate venivano falciate sotto il flagello d'acciaio dell'artiglieria e delle mitragliatrici, dove i sopravvissuti di un tornado sapevano che sarebbero stati sicuramente distrutti nel successivo o in quello dopo ancora.[107]

Dopo essermi finalmente unito alla mia unità, marciammo per giorni attraverso quel territorio brullo e inospitale, senza vedere anima viva. Fra la truppa si era alimentato il solito malcontento sulla codardia dei nemici che avevo già sentito nelle mie precedenti esperienze, quando all'improvviso uno dei ricognitori mandati in avanscoperta tornò galoppando. Le ondate di eccitazione che suscitò man mano che avanzava si potevano quasi toccare con mano.

«Nemico in vista!», disse raggiante.

«Dove?» chiedemmo.

«Laggiù, non vedete? Guardate quella lunga macchia marrone. Sono loro, non sono fuggiti!» e se ne andò.

Avevamo tutti notato quella colorazione scura del lontano orizzonte, ma l'avevamo scambiata per una foresta di cespugli spinosi. I migliori binocoli non riuscirono a rivelare nulla di più dal punto in cui ci eravamo fermati. Allora arrivò il sergente maggiore di reggimento, anch'egli di ritorno dall'avanguardia.

«Quanti sono?» chiedemmo.

«Un bell'esercito», rispose. «Un gran bell'esercito», e anche lui se ne andò.

Poi venne ordinato di inviare un subalterno il cui cavallo non fosse esausto dal colonnello, sulla linea più avanzata. «Signor Churchill», chiamò il capo della mia squadriglia, e io partii al trotto.[108]

Ero pervaso da un ormai familiare senso di eccitazione, mentre mi dirigevo verso quella che di lì a poco sarebbe diventata la linea del fronte. Cavalcai attraverso un avvallamento e poi lungo un tratto di pianura, per poi risalire su una collinetta dove sapevo trovarsi la nostra avanguardia. Immediatamente individuai il colonnello Martin, intento a osservare con un binocolo un punto all'orizzonte.

«Buongiorno», disse. «Il nemico ha appena cominciato ad avanzare. Stanno arrivando abbastanza velocemente. Voglio che vada a vedere la situazione con i suoi occhi, poi torni indietro il più velocemente possibile senza far stramazzare il cavallo, e faccia rapporto al sirdar. Lo troverà in marcia con la fanteria.»

Quindi, dopo tutto, dovevo incontrare Kitchener! Sarebbe stato sorpreso di vedermi? Si sarebbe arrabbiato? Avrebbe detto: «Che diavolo ci fa qui? Pensavo di averle detto di non venire!». Si sarebbe mostrato sdegnosamente indifferente? Oppure avrebbe semplicemente ascoltato il rapporto senza prendersi la briga di chiedere il nome dell'ufficiale che lo riferiva? A ogni modo, non si poteva avere un motivo di servizio migliore per avvicinarsi al grande uomo della notizia che un esercito ostile avanzava contro di lui.[109]

Dal momento in cui avevo messo piede in Egitto, avevo vissuto con un costante senso di oppressione, terrorizzato dall'idea che – ora che mi trovavo nel territorio sul quale esercitava un potere assoluto – Kitchener potesse trovare una qualsiasi scusa per rimandarmi indietro o relegarmi a qualche ingrato compito nel quartier generale, o che insomma potesse inventarsi qualche diavoleria per farmi perdere la grande battaglia. Per tutto il viaggio, ogni volta che il treno si era fermato a una stazione o il battello si era ormeggiato a un molo, mi pervadeva un terribile senso di apprensione. *Immagino che un criminale in fuga dalla giustizia attraversi le stesse emozioni.*[110]

Mi avviai verso il punto indicato dal colonnello, sforzandomi di tenere a bada la crescente eccitazione per mantenere un'andatura blanda e non affaticare il cavallo, nel caso tutt'altro che remoto che più tardi quello stesso giorno avrei dovuto combattere in sella.

Erano effettivamente lì, una marea umana in movimento che copriva il deserto man mano che procedeva. Calcolai mentalmente la loro velocità e feci una stima del tempo che avrebbero impiegato per raggiungere la nostra armata, che marciava più a valle lungo il fiume. Dopodiché feci dietrofront e mi avviai a mia volta nella stessa direzione.

Dopo una quarantina di minuti arrivai a destinazione e in quella bolgia umana ci misi poco a individuare il comandante. Cavalcava da solo, a diversi metri di distanza dallo stato maggiore, che lo seguiva come tanti cagnolini ubbidienti. Due portavessilli esibivano le enormi bandiere con la Union Jack e i colori dell'Egitto. Mi avvicinai adattando il passo del mio cavallo al suo e portandomi alla sua stessa altezza, solo leggermente arretrato come previsto dall'etichetta.

Era la prima volta che guardavo quel volto straordinario, già ben noto, che in seguito e probabilmente per generazioni sarebbe diventato familiare a tutto il mondo. Rivolse verso di me il suo viso serio. I folti baffi, lo sguardo stranamente roteante degli occhi, le guance e il mento abbronzati quasi violacei. Dinanzi a quella figura non potei che sentirmi leggermente a disagio.

Decisi di non sfidare la sorte rivelando la mia identità.

«Signore – dissi – vengo dal 21° Lancieri per fare rapporto.»

Lui fece un leggero cenno del capo per farmi segno di continuare.

«Il nemico è in vista, si direbbe in numero considerevole. Il grosso delle truppe si trova a circa sette miglia in quella direzione – dissi indicando verso sud – di fatto a metà strada fra la nostra posizione attuale e la città di Omdurman.» Vedendo che continuava a guardarmi senza interrompermi, mi sentii autorizzato a proseguire. «Sono rimasti ai loro posti fino alle 11 di stamattina, poi verso le 11 e cinque hanno cominciato a muoversi. E a muoversi rapidamente.»

Ascoltò in assoluto silenzio ogni parola, i nostri cavalli facevano scricchiolare la sabbia sotto i loro zoccoli mentre procedevamo fianco a fianco.

Poi, dopo una considerevole pausa disse: «Lei sostiene che l'esercito dei Dervisci stia avanzando. Quanto tempo crede che io abbia?». Mi aspettavo una simile domanda ed ero pronto. *La mia risposta fu fulminea: «Ha almeno un'ora, probabilmente un'ora e mezzo, signore, anche se dovessero procedere al ritmo attuale»*.

Scosse la testa in un modo che mi lasciò nel dubbio se accettasse o rifiutasse questa stima, e poi con un leggero inchino fece segno che la mia missione era compiuta. Salutai, arrestai il cavallo e lasciai che il suo seguito mi superasse.[111]

Il tempo di bere un sorso d'acqua e mandar giù qualche dattero e tornai indietro per la stessa strada che avevo appena percorso. Trovai i miei commilitoni del 21° impegnati in una serie di azioni di ricognizione a distanza. Mi dissero che alcune pattuglie che si erano spinte più in là avevano perfino scambiato qualche colpo con il nemico. La sensazione generale era che la battaglia fosse imminente: questione di ore o forse di minuti.

«Ci siamo, Winston, finalmente ci siamo!»

Avevo a malapena raggiunto la mia unità che un mio vecchio compagno dei tempi dell'accademia, Robert Grenfell, anche lui aggregato al 21°, mi raggiunse accostandosi con il suo cavallo al mio.

«Che cosa mi sono perso?» chiesi.

«Continuano a muoversi a passo spedito, io facevo parte della pattuglia di ricognizione e a un certo punto siamo anche finiti a tiro. Martin ci sta facendo ripiegare con calma, per mantenere il contatto visivo», disse indicando il colonnello intento a scrutare il nemico con il suo binocolo. «Che notizie da Kitchener? Cosa dice?»

«E pensi che verrebbe a dirlo a me?»

«In effetti... Ora che mi ci fai pensare è già un miracolo che tu sia tornato e non ti abbia spedito al Cairo a controllare la posta.»

«Non è ancora detto Bob – dissi con un sorriso amaro – spero che i dannati Dervisci si sbrighino ad attaccare, così il vecchio Kitchener avrà qualcosa di più importante a cui pensare.»

«Su questo puoi stare tranquillo, garantito che entro due ore avremo la nostra battaglia.»

Quel giorno non combattemmo.

L'esercito del Khalifa si arrestò all'improvviso e si dispiegò in formazione difensiva, con l'evidente intenzione di trincerarsi per la notte. Così noi facemmo lo stesso e tornammo al quartier generale, che trovai ben diverso da come lo avevo visto appena poche ore prima. Ora sembrava più un accampamento fortificato che un bivacco temporaneo. Notai le misure di sicurezza che venivano adottate. Le truppe si erano posizionate a ferro di cavallo, con le due estremità che lambivano il fiume: qui erano ancorate diverse imbarcazioni armate di cannoni, pronte a coprire le spalle dell'armata e a fornire fuoco di supporto in caso di attacco. Sulla terraferma, invece, ogni poche decine di metri erano posizionate sentinelle, con pattuglie che percorrevano incessantemente il perimetro, pronte a lanciare l'allarme in caso di attacco. Dalle barche sul fiume potenti fari erano puntati sulle dune per scorgere eventuali segni dei nemici.

La notte, tuttavia, trascorse indisturbata; e l'accampamento illuminato dalla luna, con i suoi generali ansiosi, i suoi soldati stanchi, i suoi terrificanti macchinari di distruzione, tutti sparsi lungo la riva del grande fiume, rimasero immersi nel silenzio, come se rimuginassero sulle possibilità del domani e sui fallimenti del passato... E ad appena quattro miglia di distanza un altro esercito, due volte più numeroso, altrettanto fiducioso, altrettanto coraggioso, aspettava con impazienza il mattino e la risoluzione finale della lunga disputa.[112]

Ci svegliammo alle quattro e mezzo e fummo in sella ben prima dell'alba, in un mondo che sembrava fatto solo di sabbia e oscurità.

Robert mi si avvicinò, raggiante. «Cosa c'è di meglio, mi chiedo? Il sole deve ancora sorgere e noi siamo qui sui nostri magnifici destrieri, circondati dai nostri fratelli in uniforme, pronti a difendere la gloria dell'Impero.»

«Difficile darti torto, eppure non dobbiamo sottovalutare il nemico.»

«Entro stasera il loro regno non esisterà più, vedrai.»

«Già lo dicevi anche ieri sera...»

«Animo, Winston, animo! L'attesa non fa che prolungare il piacere non è vero?» e sorridendo cavalcò in avanti verso la sua unità.

«Non si può dire che gli manchi l'entusiasmo eh?» Dalle mie spalle sentii la voce di Richard Molyneux, un altro vecchio amico che avevo avuto il piacere di rincontrare fra quelle dune sperdute.

«Non manca a nessuno di noi a quanto vedo.»

«Per la gloria della Regina e dell'Impero, giusto?», chiese con un sorriso.

«E per vendicare Khartoum», aggiunsi.

«Già. Oggi insegneremo a quei selvaggi quanto possa essere lunga la memoria degli inglesi. Bene, Winston vado a raggiungere i miei ragazzi. Senza di me sarebbero capaci di perdersi e ritrovarsi a Baghdad.»

Con mio sommo piacere mi venne ordinato di guidare una delle pattuglie in ricognizione. *Presi con me sei uomini e un caporale. Trottammo veloci sulla pianura e ben presto cominciammo ad affrontare gli sconosciuti pendii del crinale.*

Non c'è niente come l'alba.

Il quarto d'ora che precede il sollevamento del sipario su una situazione sconosciuta è un'intensa esperienza di guerra. Il cri-

nale era tenuto dal nemico oppure no? Stavamo cavalcando nell'oscurità verso migliaia di feroci selvaggi? Ogni passo poteva rivelarsi mortale, eppure non c'era tempo per prendere troppe precauzioni.[113]

Avvertii una palpabile tensione nel mio piccolo drappello. Non si sentiva un rumore al di fuori di quello prodotto dagli zoccoli dei cavalli. Raggiungemmo la sommità della piccola altura e la trovammo sgombra: dei nemici nessuna traccia. A est il sole stava ormai sorgendo. La luce rischiarò rapidamente il paesaggio, rivelando sempre più quello che ci circondava. Non si vedeva anima viva. Solo l'immensa distesa brulla, puntellata da fitte macchie di vegetazione in lontananza.

Poi mi accorsi che quelle macchie si muovevano.

Erano uomini, migliaia di uomini.

L'intero esercito derviscio era lì davanti ai miei occhi.

Scrissi velocemente un dispaccio e lo affidai al caporale affinché lo portasse al sirdar, mentre io rimasi lì insieme al mio pugno di uomini, affascinati e leggermente intimoriti dalla scena che ci si presentava.

Gli ordini che il caporale portò con sé al suo ritorno provenivano da Kitchener in persona: «*Rimanete il più a lungo possibile, e riferite i movimenti delle masse nemiche*».

A proposito di divertimento! Dove si può trovare di meglio? In sella al cavallo, all'alba, a portata di tiro da un esercito che avanza, vedendo tutto e in corrispondenza diretta con il quartier generale.[114]

Restammo di vedetta per una mezz'ora, assistendo al magnifico spettacolo di quella moltitudine in marcia. Sembrava quasi che il deserto si ripiegasse su sé stesso, avanzando ondata dopo ondata come un oceano agitato in prossimità di una spiaggia. Da lassù potevamo vedere tutto, sia il nemico che le nostre forze, sempre disposte a ferro di cavallo con le spalle al fiume, dove le imbarcazioni di supporto avevano già puntato i cannoni. Stavo appunto guardando verso il Nilo quando vidi una serie di sbuffi partire dalle navi, seguiti da una serie di boati. L'artiglieria era entrata in azione, concentrando il fuoco sulla parte centrale dello schieramento del Khalifa.

Vidi che una parte delle truppe nemiche, non meno di seimila uomini, avanzava spedita verso la nostra altura, accorgendosi finalmente della nostra presenza. Non persi tempo a ordinare la ritirata. E i miei uomini non se lo fecero ripetere.

Una volta raggiunto il resto della mia unità, mi voltai a guardare il crinale ora nelle mani dei Dervisci, giusto in tempo per assistere al suo cannoneggiamento. Dal fiume dovevano aver seguito le nostre manovre con i cannocchiali e avevano aperto il fuoco non appena lasciammo la sommità. *I loro proiettili ci passarono sopra la testa ed esplosero a dozzine tra le masse nemiche. Eravamo così vicini, mentre sedevamo incantati sui nostri cavalli, che quasi condividevamo i loro pericoli. Ho visto la Morte colpire con piena potenza quel muro umano. I loro stendardi caddero a dozzine e i loro uomini a centinaia. Nel loro schieramento apparvero ampi spazi vuoti e cumuli informi. Li si vedeva saltare e cadere sotto l'esplosione di schegge, ma nessuno indietreggiò. Linea dopo linea si riversarono oltre il ciglio e avanzarono verso di noi.*[115] Non potei fare a meno di ammirare il loro coraggio e il loro assoluto sprezzo del pericolo.

Mentre ci ritiravamo lentamente verso la fanteria, notai che piccoli gruppi di cavalieri nemici si stavano distaccando dal grosso dell'esercito, evidentemente per esplorare le vicinanze. *Una di queste pattuglie di tre uomini è arrivata a portata di pistola. Erano figure scure, incappucciate, come monaci a cavallo: bruti minacciosi e sinistri con lunghe lance. Ho sparato loro alcuni colpi dalla sella e loro hanno deviato.*[116]

«Io dico che li hai mancati», disse Grenfell con un sorriso mentre mi si accostava con il suo cavallo, anche lui con la pistola in pugno.

«Suppongo che avrò presto occasione di rifarmi», grugnii.

«Su questo non avere dubbi, vecchio mio. Come dicevo, oggi gli daremo una bella ripassata.»

Ci posizionammo su una piccola altura parallela alle nostre linee difensive, un posto perfetto per avere un quadro nitido dello scacchiere.

Sessantamila Dervisci avanzavano verso i ventimila soldati agli ordini del sirdar.

Antico e moderno si confrontavano. Le armi, i metodi e il fanatismo del Medioevo furono portati da uno straordinario anacronismo in catastrofica collisione con l'organizzazione e le invenzioni del XIX secolo. Il risultato non fu sorprendente.[117] A centinaia caddero con la sola prima salva sparata dai soldati e dai cannoni delle navi. I Dervisci persero impeto e si fermarono per fare fuoco, chi sdraiandosi per terra, chi cercando qualche riparo. Dalla nuova posizione riuscirono per la prima volta anche loro a infliggere perdite all'esercito anglo-egiziano.

Subito dopo questo primo scontro un portaordini ci raggiunse di corsa e conferì brevemente con il colonnello Martin, il quale subito dopo venne a riferirci.

«Il sirdar si è reso conto che dopo l'avanzata nemica a questo punto siamo noi a essere più vicini alla città che loro», disse indicando Omdurman. «Come vedete siamo l'unica forza di cavalleria da questo lato dello schieramento e gli ordini sono quindi di procedere in quella direzione per capire se ci siano truppe fra noi e la città.» Fece una piccola pausa a effetto, godendosi evidentemente il momento. «E se ci sono, spazzarle via, aprendo la strada alla fanteria.» Fra esclamazioni di giubilo e sorrisi nervosi, ci mettemmo in marcia nuovamente verso sud.

Incrociai lo sguardo di Richard, sembrava un bambino a cui avessero appena dato il permesso di svaligiare un negozio di dolciumi. Poco distante da lui vidi Robert Grenfell impegnato a dare ordini ai suoi uomini. Mi avvicinai a lui mentre la colonna si metteva in marcia.

«Che ne pensi, Bob?»

Sembrava aver perso un po' della sicurezza di prima. «Penso che devono essere dannatamente sicuri di sé per non lasciare nessuna retroguardia a difesa della loro città... non mi piace.»

«Stessa idea», annuii. «Ma d'altronde sono convinti di avere il loro Dio dalla loro parte, non deve essere male come alleato.»

«Preferirei una buona batteria di cannoni» disse Robert sorridendo e spronando il cavallo.

Ben presto la vasta pianura di Omdurman si schiuse davanti ai nostri occhi. In lontananza, a non più di sei o sette miglia, si stagliava la città con i suoi tetti e minareti. *Il reggimento era composto da quattro squadroni, ognuno dei quali a sua volta suddiviso in quattro truppe. Ognuna di queste truppe seguiva l'altra e io comandavo la penultima, comprendente venti o venticinque lancieri.*[118]

Dalla mia posizione in retroguardia riuscivo a vedere poco di quel che accadeva in testa alla colonna, ma ogni senso era all'erta. Cercai di escludere mentalmente il rumore di quelle centinaia di zoccoli per rendermi conto se si sentisse qualcos'altro. Niente. Vidi con la coda dell'occhio le solite macchie scure a due-trecento metri di distanza, ma stavolta non le scambiai per vegetazione neanche per un secondo.

In quello stesso momento la tromba suonò il trotto.

Non ci fu tempo di pensare o preoccuparsi. Anni di addestramento avevano preparato me e i miei compagni a eseguire gli ordini senza perdere un secondo: le mani e i piedi si mossero meccanicamente su redini e staffe aumentando l'andatura, mentre dalle chiazze colorate – che ora si distinguevano nettamente – partì una salva di fucileria.

Vidi diversi commilitoni e cavalli cadere davanti a me.

Un nuovo squillo di tromba diede il segnale di abbandonare la formazione in colonna e disporsi lungo un'unica linea.

Sapevamo perfettamente cosa significasse: era quello che tutti aspettavamo e che avevamo sognato fin da bambini, quando cavalcavamo manici di scopa in mezzo a una moltitudine di nemici immaginari.

Quasi nello stesso istante il reggimento partì al galoppo e il 21° Lancieri si ritrovò impegnato nella sua prima carica!

È mia intenzione descrivere esattamente cosa successe: cosa vidi e cosa provai. L'ho rivissuto nella mia mente così spesso che l'impressione è chiara e vivida come allora. La truppa che comandavo era, una volta che ci mettemmo in linea, la seconda del reggimento a partire da destra.[119] Intorno a me vidi tutti gli ufficiali estrarre la sciabola, mentre io, con un sorriso amaro, impugnai la pistola. Tempo prima mi ero infortunato alla spalla, una ferita che mi affligge tuttora e che mi impedisce alcuni movimenti del braccio, fra cui purtroppo brandire una spada o

– perfino peggio! – impugnare una mazza da polo. Quella che allora mi parve una disdetta si rivelò col senno di poi una fortuna. Non era la prima e non sarebbe stata l'ultima volta che la dea bendata mi avrebbe baciato, celando il suo favore sotto l'illusorio velo della disgrazia.

Voltandomi alla mia destra e alla mia sinistra notai soddisfatto la precisione dello schieramento, con tutti noi ufficiali allineati perfettamente e alle nostre spalle una selva di lance in resta che danzavano al ritmo degli zoccoli, catturando i bagliori del sole del deserto.

La scena di fronte cambiò nel giro di pochi secondi. Gli uomini accucciati continuavano a sparare come prima, ma dietro di loro si vedeva ora una depressione del terreno, che doveva essere il letto di un piccolo fiume in secca. Guardando meglio osservai come fosse stracolmo di persone, fino a pochi istanti prima perfettamente nascoste ai nostri occhi.

Come per incanto apparvero bandiere brillanti e vidi arrivare dal nulla emiri a cavallo in mezzo e attorno alla massa dei nemici. I Dervisci sembravano essere dieci o dodici nel punto più spesso, una grande massa grigia luccicante d'acciaio, che riempiva il corso d'acqua asciutto.[120]

Come se avessimo ricevuto un ordine mai pronunciato, nello stesso momento tutti quanti spronammo i cavalli ad aumentare la velocità, preparandoci alla collisione. *Il desiderio di prendere il massimo dello slancio per spezzare una linea così solida animava ogni uomo. Ma l'intera faccenda fu questione di una manciata di secondi.*[121]

Filavamo come il vento.

Uomo e cavallo uniti in una singola entità. Mi pareva che i nostri cuori battessero all'unisono al ritmo degli zoccoli. Le nostre vite legate allo sfondamento di quel muro di carne che ci si parava davanti. E che non accennava a spostarsi.

L'impatto fu tremendo.

È estremamente raro che una fanteria testarda e imperturbabile incontri un'egualmente testarda e imperturbabile cavalleria. Di solito, o la fanteria si disperde e viene massacrata mentre fugge, o mantiene il sangue freddo e distrugge la cavalleria a colpi di fucile. In questo caso, invece, i due muri viventi si scontrarono con una potenza devastante. I Dervisci mantennero la posizione valorosamente. Provavano ad azzoppare i cavalli. Facevano fuoco con le canne dei fucili praticamente premute contro i corpi stessi degli avversari. Tagliavano redini e staffe. Non si sarebbero mossi finché non fossero stati travolti.[122]

E furono travolti.

Spari, fumo e metallo si fondevano in un incubo di sangue. Colsi scene qui e là di cavalli che crollavano a terra o che si imbizzarrivano, resi pazzi dal dolore. Lancieri infilzati e altri che precipitavano verso la loro fine, inghiottiti da quel mare di nemici. Dervisci travolti e stritolati sotto centinaia di zoccoli.

Essendo quasi all'estremità destra dello schieramento, l'impatto più tremendo era avvenuto alla mia sinistra. Ma ciò non significava che la nostra fosse una passeggiata.

Vidi immediatamente davanti a me, a meno di dieci metri di distanza, due uomini blu posizionati sul mio cammino. Erano forse a un paio di metri di distanza l'uno dall'altro. Ho guidato il cavallo nello spazio tra loro. Entrambi spararono. Attraversai il fumo consapevole di non essere ferito. Il soldato immediatamente dietro di me fu ucciso in quel punto e in quel momento, se da questi colpi o meno, non lo so. Io proseguii la mia galoppata selvaggia senza accennare a rallentare, puntando verso l'argine del fiume in secca. Sapevo che era lì che avrei trovato la maggior parte dei nemici: dovevo mantenere lo slancio e allo stesso tempo evitare che il cavallo si azzoppasse a causa del dislivello che avrebbe dovuto affrontare.

Controllai il mio pony mentre il terreno cominciava a cedere sotto i suoi zoccoli. L'intelligente animale si lasciò cadere come un gatto un metro e mezzo più in basso, sul letto sabbioso del corso d'acqua, e in questo letto sabbioso mi ritrovai circondato da quelle che sembravano dozzine di uomini. Per fortuna non erano abbastanza fitti da permettermi di sperimentare una vera collisione con loro. Mentre la truppa di Grenfell, la seconda alla mia sinistra, fu bloccata completamente e subì perdite molto pesanti, noi sembravamo farci strada come a volte si sono visti poliziotti a cavallo disperdere una folla. In meno tem-

po di quanto ci voglia per raccontarlo, il mio pony si era arrampicato sull'altro lato del fosso.[123]

Mi guardai intorno, cercando di valutare la situazione. Il grosso della massa dei nemici era ora alle mie spalle.

Eravamo emersi in una zona fatta di uomini sparpagliati e combattimenti individuali. La truppa si disunì. Mi misi al trotto puntando singoli combattenti e sparando con la mia pistola a distanza ravvicinata. Ne uccisi diversi – tre di sicuro, forse altri due, un altro probabilmente lo mancai. Quindi mi voltai e vidi la massa di Dervisci che andava ricompattandosi.

La carica li aveva travolti, scagliandone a terra almeno la metà. Si stavano rialzando e i loro emiri cercavano di riorganizzarli. Mi resi conto che erano a meno di venti metri di distanza e rimasi a guardarli stupidamente per quelli che possono essere stati un paio di secondi. Quindi vidi due uomini inginocchiarsi e prendermi di mira: per la prima volta avvertii il rischio e il pericolo. Mi voltai e spronai al galoppo.[124]

Sentii quasi subito il rumore dei due spari, e mi parve di percepire i proiettili passarmi con un sibilo di morte sopra la testa. Per mia fortuna mi mancarono entrambi e riuscii a raggiungere illeso il resto dello squadrone che intanto si stava riformando. Per quanto io personalmente mi trovassi in una minuscola quanto fugace bolla di quiete, tutto intorno a me era il caos. Vidi lancieri infilzare dervisci come manichini e vidi Dervisci trascinare a terra lancieri per farli a pezzi insieme ai loro cavalli.

Il fumo che fuoriusciva dai fucili circondava ogni cosa, dando alla scena l'aspetto spettrale di un qualche antico dipinto dello Stige.

Diedi una rapida occhiata al mio piccolo drappello, constatando con soddisfazione come fosse ancora più o meno integro, con una quindicina di effettivi.

«Ragazzi – gridai per farmi sentire sopra il trambusto – siete pronti per un altro giro?»

L'uomo che ricopriva la posizione centrale mi rispose ad alta voce: «Sissignore, siamo pronti. Tutte le volte che vuole!».[125]

Provai un moto di orgoglio e di affetto per quegli uomini che rappresentavano quanto di meglio il nostro grande Paese avesse prodotto in termini di coraggio, onore e senso del dovere. Il tutto senza mai perdere l'umorismo, una virtù di cui ho sempre cercato di farmi alfiere nel corso della mia vita. *Chiesi al mio secondo sergente se si fosse divertito. Mi rispose: «Beh, non direi esattamente "divertito", signore, ma penso che la prossima volta sarò più abituato». Tutti gli uomini risero.*[126]

Con una fitta al cuore riconobbi in lontananza il cavallo di Grenfell impennarsi, probabilmente colpito a un fianco, facendo precipitare il mio amico in un turbinio di lance e scimitarre. Spronai per riprendere velocità, con l'unico disperato obiettivo di arrivare verso il punto in cui avevo visto la folla inghiottirlo.

In quel momento *proprio davanti a me un uomo si gettò a terra. Il lettore deve ricordare che, come soldato di cavalleria, ero stato addestrato a credere che, se mai la cavalleria avesse fatto irruzione in una massa di fanteria, quest'ultima sarebbe stata alla sua mercé. La mia prima idea quindi fu che l'uomo fosse terrorizzato. Ma allo stesso tempo vidi il luccichio della sua spada ricurva mentre caricava all'indietro per sferrare un colpo di taglio all'altezza del ginocchio. Ho avuto spazio e tempo sufficienti per girare il mio pony fuori dalla sua portata, e sporgendomi oltre l'arcione gli ho sparato due colpi a circa tre metri.*

Mentre mi raddrizzai in sella, vidi davanti a me un'altra figura con la spada in pugno. Sollevai la pistola e sparai. Eravamo così vicini che lo colpii con la pistola stessa. L'uomo e la spada scomparvero sotto e dietro di me. Alla mia sinistra, a dieci metri di distanza, c'era un cavaliere arabo con una tunica dai colori vivaci e un elmo d'acciaio, con decorazioni in cotta di maglia. Gli sparai. Si voltò. Portai il mio cavallo al passo e mi guardai di nuovo intorno.[127]

Mi resi conto che era ormai impossibile raggiungere il punto in cui avevo visto cadere Grenfell, dal momento che i nemici si stavano riorganizzando più velocemente del previsto dopo aver subito la carica.

A una quarantina di metri alla mia sinistra decine di Dervisci si stavano riunendo, incitandosi a vicenda nella loro lingua gutturale. Sembravano ebbri di sangue, saltellando su e giù e mostrando le armi come a sfidarci.

L'intera scena sembrava sfarfallare. Avevo l'impressione, troppo fugace per definirla, di lancieri vestiti di marrone mescolati qua e là con questa massa che andava aumentando. Mi voltai e per un momento rimasi interdetto. *Dov'era la mia truppa? Dov'erano le altre truppe dello squadrone? Nel raggio di un centinaio di metri da me non riuscivo a vedere un solo ufficiale o soldato. Riguardai la massa dei Dervisci. Dalla sua estremità vidi due o tre fucilieri accovacciati puntarmi i fucili.*

Poi per la prima volta quella mattina provai un'improvvisa sensazione di paura.

Mi sentii assolutamente solo.

Pensavo che quei fucilieri mi avrebbero colpito e che gli altri mi avrebbero divorato come lupi. Che stupido sono stato a bighellonare così in mezzo al nemico! Mi accucciai sulla sella, spronai il cavallo al galoppo e mi allontanai dalla mischia. A due o trecento metri di distanza trovai la mia truppa già voltata e parzialmente schierata.

All'improvviso in mezzo a noi balzò fuori un Derviscio. Come sia arrivato lì non lo so. Doveva essere saltato fuori da qualche sterpaglia o da qualche buco. Tutti i soldati si voltarono verso di lui colpendo con le lance: ma lui saettava avanti e indietro provocando un frenetico trambusto. Ferito più volte, barcollò verso di me alzando la lancia. Gli sparai da meno di un metro. Cadde sulla sabbia e giacque lì morto.

Com'è facile uccidere un uomo! Ma non me ne preoccupai.[128]

Furono credo i due minuti più pericolosi della mia vita. Su 310 effettivi, perdemmo fra morti e feriti 70 uomini e 119 cavalli, il tutto in 120 secondi![129]

Ma io fui ancora una volta baciato dalla fortuna e fui uno dei pochissimi a uscirne senza un graffio. Di quei due minuti in cui cavalcammo a fianco della morte *serbo una sensazione su tutte. Non ricordo alcun suono. L'intero evento sembrò passare in assoluto silenzio. Le urla dei nemici, le grida dei soldati, il rumore degli spari, il clangore di spade e lance non vennero notati dai miei sensi, né registrati dalla mia mente. Altri dicono la stessa cosa. È possibile, forse, che tutte le facoltà dell'uomo si concentrino negli occhi, nella mano che regge le redini e in quella che tiene la pistola, e sottratte a tutte le altre parti del corpo.*[130]

Il mio primo pensiero fu quello di riprendere velocità per una seconda carica, ma il mosaico di scene che si andava ricomponendo davanti ai nostri occhi ci fece capire quanto ci fosse in realtà costata quella cavalcata selvaggia. *Dalla direzione del nemico giunsero infatti una serie di macabre apparizioni. Cavalli dai quali sgorgava sangue, che si muovevano a fatica su tre zampe, uomini che camminavano barcollando, soldati sanguinanti per ferite terribili, con ancora le lance conficcate nel corpo, braccia e volti fatti a pezzi, viscere che sporgevano, uomini che ansimavano, piangevano, crollavano, spiravano.*[131]

Dovevamo innanzitutto prestare soccorso ai feriti. Una seconda carica venne quindi esclusa e ci venne ordinato di dirigerci verso il fianco del nemico per prenderlo d'infilata lungo il corso d'acqua asciutto. Da lì, smontammo a debita distanza e imbracciammo i fucili.

A quel punto lo scontro era di fatto segnato.

Bersagliati dal nostro tiro incessante e preciso e senza più gli argini del fiumiciattolo a offrire riparo, i Dervisci furono costretti ben presto a una ritirata che appariva più come una vera e propria rotta verso la loro città.

Rimasti padroni assoluti del campo, potemmo finalmente occuparci dei feriti e della conta dei caduti. Riconobbi un lanciere dello squadrone di Grenfell e lo avvicinai per chiedergli conferma di ciò che in cuor mio sapevo già. Mi rispose scuotendo la testa e indicando un corpo riverso a faccia in giù nella sabbia sul quale proprio in quel momento due soldati stavano adagiando un telo.

Alla notizia della morte di Grenfell tutta l'euforia per la galoppata, l'eccitazione del momento, la gioia per il trionfo sparirono dalla mia mente e realizzai con una forza tremenda che la guerra, in qualunque forma si mascheri, non è altro che una sporca, terribile faccenda, alla quale solo un folle può partecipare.[132]

Mentre guardavo quel sudario improvvisato, mi sentii chiamare.

«Che non si dica che non ci siamo meritati la nostra paga.»

Mi voltai e vidi Richard seduto su uno sgabello, di fianco a una tenda montata in fretta e furia come ospedale da campo. Dall'interno giungevano lamenti strazianti e un andirivieni frenetico di medici e portantini.

Mi avvicinai a lui e vidi che aveva un profondo squarcio all'altezza del polso destro.

«Che è successo, Dick?»

Diede una rapida occhiata alla ferita e fece una smorfia. «Uno di quei selvaggi deve aver deciso di saggiare l'affilatura della sua spada su di me. È stata l'ultima cosa che ha fatto in questo mondo.»

Mentre parlavamo arrivò un dottore che, senza tante cerimonie ed evidentemente esausto per la mole di lavoro che aveva, gli prese il polso e annunciò: «Il taglio è troppo profondo per limitarsi a ricucirlo. Bisogna applicare della pelle sulla ferita, o rischia di perdere la mano».

Richard assunse un colorito bluastro, ma si sforzò di mantenere il contegno. «Suvvia, dottore, è poco più che un graffio...»

«Un graffio», esclamò il medico. «Riesco a vedere i tendini da qui. Altri due centimetri e avrebbe potuto raccoglierla da terra con le sue stesse mani, anzi mano.»

Mi infilai nella conversazione. «Dottore, se posso essere utile in qualche modo...»

Per la prima volta sembrò rendersi conto della mia presenza. Mi squadrò per un istante e si limitò a dire: «Si srotoli la camicia», mentre un infermiere gli passava uno strumento dall'aria terrificante.

Era un grande irlandese ossuto. «Dovrò prenderla da lei», disse.

Non c'era scampo, e mentre mi rimboccai la manica lui aggiunse cordialmente: «Ha mai sentito di un uomo che sia stato scorticato vivo? Bene, ecco come ci si sente». Procedette quindi a tagliare un pezzo di pelle e un po' di carne delle dimensioni di uno scellino dall'interno del mio avambraccio.

Le mie sensazioni mentre passava lentamente il rasoio avanti e indietro giustificavano pienamente la sua descrizione. Tut-

tavia, riuscii a resistere finché non tagliò un bel pezzo di pelle con un sottile strato di carne attaccato. Questo prezioso frammento fu poi innestato sulla ferita del mio amico.[133]

Richard si sarebbe ripreso perfettamente e avrebbe vissuto una lunga vita. Quando morì, nel 1954, commentai: «Porterà con sé la mia pelle in avanscoperta nell'altro mondo».[134]

Da parte mia, conservo tuttora la cicatrice come ricordo.[135]

Mentre noi eravamo impegnati nella nostra battaglia, dall'altro lato della pianura il grosso dei due eserciti si erano affrontati in campo aperto, con un esito che col senno di poi appare forse scontato. *La disciplina e le macchine trionfarono sul valore più disperato, e dopo un'enorme carneficina, che certamente superò i 20.000 uomini e che cosparse il terreno di mucchi di detriti che ricordavano cumuli di neve, l'intera massa dei Dervisci si dissolse in piccoli frammenti e fluì via nei fantastici miraggi del deserto.*[136]

La città cadde quello stesso giorno.

Come aveva previsto il mio povero amico solo qualche ora prima, il grande impero del Khalifa aveva visto la sua ultima alba, ed entro sera la bandiera britannica sventolava sopra il grande mausoleo che era la tomba del Mahdi, l'antica onta ripagata con il sangue.

Quel giorno segnò anche un'altra fine.

La fine di un'epoca.

Senza che nessuno di noi potesse averne avuto sentore, avevamo appena partecipato all'ultima grande carica di cavalleria della storia britannica.

Quella fu l'ultima volta in cui la guerra, pur nella sua natura spietata, portava in sé ancora un alone di romanticismo che la rendeva degna di essere combattuta.

Di lì a poco, il nuovo secolo avrebbe piegato la tecnologia al servizio della morte, trasformando quelli che un tempo erano gloriosi campi di battaglia in squallidi e sterminati mattatoi industrializzati.

Oltre a milioni di vite, la scienza avrebbe trucidato senza pietà anche il concetto stesso di onore.

Ma questo ancora non potevamo saperlo.

Potremo quindi forse essere perdonati, se allora pensavamo di essere alle prese con la vera guerra.[137]

4
Prigioniero di guerra

Sudafrica, 1899

Eppure quella disgrazia, avessi potuto prevedere il futuro, avrebbe gettato le basi della mia vita successiva.[138]

Non era passata neanche un'ora dall'arrivo dell'ultimatum dei Boeri che Oliver Borthwick, figlio del proprietario e dirigente del giornale, *venne da me a offrirmi il posto di principale corrispondente di guerra del «Morning Post».*[139] Il manto bruno dell'autunno aveva appena iniziato a scalfire il verde dei maestosi parchi londinesi, eppure l'anno – anzi, il secolo – che andava tramontando aveva ancora da offrirmi un'ultima gemma nascosta, prima di sparire oltre l'orizzonte della Storia.

Non che fino a quel momento il 1899 fosse stato avido di novità, quel genere di novità che spesso segnano uno spartiacque nella vita di un individuo. Dopo il ritorno dal Sudan avevo preso la decisione di lasciare l'esercito, principalmente per due motivi: uno finanziario, l'altro personale. I due libri che avevo scritto, quello sulla campagna di Malakand e un romanzo di cui non vado particolarmente fiero, dal titolo *Savrola*, insieme agli articoli che avevo inviato al «Daily Telegraph» e al «Morning Post» *mi avevano già fruttato circa cinque volte quello che la Regina mi aveva pagato per tre anni di lavoro assiduo e spesso pericoloso.*[140] D'altronde avevo sempre considerato la carriera militare come un trampolino di lancio per quella politica: calcare le orme di mio padre e portare di nuovo il nome Churchill sugli scranni di Westminster era il faro che aveva sempre guidato il timone della mia giovinezza. E ora pensavo che il momento fosse giunto. L'esperienza non mi mancava, le medaglie neanche e il mio nome era ben conosciuto negli ambienti che contavano. Tuttavia mancava un'ultima, gloriosa impresa da compiere prima di riporre definitivamente l'uniforme. Non militare stavolta, ma sportiva.

In febbraio si teneva il torneo inter-reggimentale di polo e fu soprattutto per quello che decisi di tornare in India. Può sembrare forse una perdita di tempo, o perfino follia, che un giovane con così ambiziosi progetti decidesse di attraversare mezzo mondo per un gioco, ma a quel tempo io e molti miei commilitoni consideravamo il polo secondo per importanza solo alla guerra. Grande prestigio era riservato al reggimento che avesse ottenuto la vittoria e il 4° Ussari si allenò duramente in vista della prova, ben deciso a conquistare il titolo per la prima volta nei sessantadue anni di storia della competizione. Sfortunatamente, pochi giorni prima dell'inizio delle partite, caddi dalle scale e mi slogai la spalla destra, quella del braccio che usavo per impugnare la mazza. Proposi di essere sostituito, ma su insistenza dei miei compagni giocai lo stesso, con il braccio legato ben stretto al corpo e nonostante questo *in finale segnai tre goal su quattro e vincemmo la partita, quindi il mio viaggio in India non si può definire inutile, perlomeno per quanto concerne il reggimento.*[141]

Vittorioso, mi congedai dall'esercito e tornai finalmente a casa per dedicarmi alla mia nuova vita. Cominciai a prendere contatti con esponenti dei Conservatori, che si dimostrarono disponibili e interessati a una mia candidatura. Quando andai nella sede centrale del partito per un colloquio con i gentiluomini che si occupavano delle questioni elettorali *mi cadde l'occhio su un grande registro, sulla cui copertina c'era scritto: cercasi oratori. Lo guardai con stupore.* Ero percorso da ondate di sentimenti contrastanti. *Avevo sempre desiderato fare un discorso, ma non c'era mai stata occasione, grande o piccola che fosse.* Il mio interlocutore intercettò il mio sguardo e mi chiese se fossi interessato. *Ero profondamente agitato, da un lato provavo un'ansia immensa, dall'altra la più viva apprensione. Tuttavia, nella corsa a ostacoli che è la vita bisogna sempre saltare gli steccati quando si incontrano.*[142] Gli dissi che poteva contare su di me e così fissò il mio debutto di lì a dieci giorni, in occasione di un incontro del partito a Bath.

Con l'avvicinarsi del momento l'ansia crebbe, alimentata anche dalla scoperta che alcuni giornali avrebbero inviato dei reporter per coprire l'evento. Ero pur sempre il figlio del grande lord Randolph. *Ciò accrebbe sia il mio ardore che il mio nervosismo. Passai molte ore a preparare il mio discorso e a impararlo così bene a memoria che avrei potuto recitarlo al contrario nel sonno.*[143] Ciononostante, quando finalmente arrivò il giorno fatidico, nel vedere che il pubblico era ben più vasto di quanto pensassi e certamente non inferiore al centinaio di persone, provai una stretta allo stomaco nel salire sul podio. *Indurendo il cuore e facendo appello alla risolutezza cominciai a parlare... sentivo che stavo andando abbastanza bene. Il pubblico, che via via aumentava di numero, sembrava estasiato. Esultavano con convinzione nei punti giusti quando mi fermavo appositamente per dargliene la possibilità e anche in altri che non avevo previsto. Alla fine applaudirono forte e a lungo. Quindi, dopo tutto, ero in grado di farlo! E sembrava anche piuttosto facile.*[144]

Il mio piccolo successo mi rincuorò e spinse i leader del partito a puntare su di me. Mi candidarono per l'elezione suppletiva prevista per luglio a Oldham, nel Lancashire, dove si erano improvvisamente liberati due seggi. Così come il primo bacio non si scorda mai, a distanza di tanti anni posso confermare che lo stesso vale per la prima campagna elettorale. Di quelle settimane ricordo la fatica, l'impegno, ma anche la passione e il sentimento che riversai nei tanti discorsi che da allora in poi feci in lungo e in largo per il distretto. Alla fine però non fu sufficiente. Su ventitremila voti totali, persi di circa milletrecento contro i miei avversari Liberali. Una sconfitta di misura, soprattutto per un giovane alla prima esperienza politica, ma pur sempre una sconfitta. E come tale la vedevo in quel momento. In realtà ancora una volta il destino mi aveva preso per mano e quella che sembrava una disgrazia presto si sarebbe rivelata una provvidenziale fortuna. Se fossi entrato in Parlamento, di certo non sarei partito per il Sudafrica e la mia vita avrebbe preso un corso diverso. Ma questo ancora non potevo saperlo. Come sempre avviene in questi casi, alla disfatta immediatamente seguirono le recriminazioni. *Tutti se la presero con me, ormai ho notato che lo fanno sempre: deve essere perché do l'impressione di avere le spalle più larghe degli altri.*[145] E probabilmente è così.

Non mi persi d'animo e approfittati del tempo libero da esercitazioni militari e incombenze elettorali per dedicarmi alla stesura del mio nuovo libro: *The River War*, il resoconto della conquista del Sudan a cui avevo appena partecipato. Il programma era di andare in stampa per metà ottobre *e già contavo i giorni che mancavano alla pubblicazione dei due grandi volumi – fino a quel momento la mia opera magna – su cui avevo profuso un intero anno della mia vita. Ma quando la metà di ottobre arrivò, avevamo tutti altro a cui pensare.*[146]

Da quasi vent'anni, la Gran Bretagna aveva un conto in sospeso con i Boeri, i coloni del Sudafrica di origine olandese. Nel 1880 si ribellarono al tentativo di annessione dei territori in cui vivevano, il Transvaal e il Libero Stato d'Orange, ai possedimenti della corona e riuscirono a sconfiggere le forze inglesi nella battaglia di Majuba, ottenendo così l'autogoverno delle due repubbliche boere, pur sotto una nominale supervisione di Londra. Le due confinanti colonie del Capo e del Natal sarebbero invece rimaste britanniche. L'acredine fra i due popoli continuò a covare sotto la cenere finché il dio denaro non accese nuovamente la miccia: nel 1885 vennero scoperti ricchi giacimenti d'oro che portarono sempre più coloni inglesi a sconfinare e stabilirsi nel Transvaal. Mal visti e apertamente osteggiati dai Boeri, gli «uitlanders» – «stranieri», così venivano chiamati questi coloni – tentarono un colpo di Stato che fallì. Protestando per la discriminazione dei propri concittadini, privati anche del diritto di voto, e con la motivazione di volerli proteggere, il governo inglese cominciò ad ammassare truppe nella Colonia del Capo e fu proprio per richiedere la fine di questo armamento che l'8 ottobre il Presidente del Transvaal, Paul Kruger, decise di mandare un ultimatum, cui si unirono anche i cugini del Libero Stato d'Orange. La risposta inglese fu l'immediato invio di un corpo di spedizione sotto il comando del generale sir Redvers Buller. Tre giorni dopo, sulla nave che da Londra lo portava verso Città del Capo, oltre al suo stato maggiore e ai suoi ufficiali, c'era anche un ventiquattrenne dai capelli rossi e un leggero difetto di pronuncia appena nominato corrispondente di guerra per il «Morning Post».

Per più di due settimane navigammo, completamente all'oscuro di quanto stesse accadendo intanto sulla terraferma. Il morale era alto, l'attesa snervante. Temevamo di arrivare tardi per partecipare allo scontro e che al nostro arrivo i Boeri fossero già stati sconfitti.

Ci sbagliavamo.

Cinquant'anni erano passati dall'ultima volta che la Gran Bretagna aveva combattuto popoli bianchi[147] e la relativa facilità con cui nelle ultime due generazioni avevamo soggiogato popoli lontani, spesso vere e proprie tribù, in guerre rapide e poco costose dal punto di vista umano aveva offuscato il nostro giudizio. I nuovi avversari erano ben equipaggiati e addestrati: l'ultima guerra dell'epoca vittoriana era destinata a essere anche la più sanguinosa. Ce ne iniziammo a rendere conto nel momento stesso del nostro arrivo, quando venimmo informati di una serie di sconfitte, di generali uccisi e di migliaia di soldati presi prigionieri, di città assediate e di non aver ancora riportato nessuna vittoria. *Devo confessare che nell'ardore della gioventù fui molto sollevato nell'apprendere che la guerra non sarebbe stata del tutto a senso unico o che si sarebbe esaurita in una semplice parata o esibizione.*

Col senno dell'età e dell'esperienza però *cerchiamo di imparare la lezione. Mai, mai, mai credere che una guerra sarà facile e senza intoppi, o che chiunque si imbarchi in quello strano viaggio possa misurare le maree e gli uragani cui va incontro. Lo statista che cede alla febbre della guerra deve rendersi conto che, una volta dato il segnale, non è più padrone della politica, ma schiavo di eventi imprevedibili e incontrollabili... Ricordate sempre, per quanto possiate essere sicuri di una facile vittoria, che non ci sarebbe guerra se anche l'altro non fosse convinto di avere qualche possibilità.*[148]

Di fronte a simili notizie capii che non c'era tempo da perdere e che dovevo avvicinarmi il più possibile al fronte, prima che le linee venissero definitivamente interrotte e l'accerchiamento completato. Mentre il generale Buller rimase al Capo ad attendere che il corpo di spedizione fosse riunito e pronto a mettersi in marcia, io partii verso il Natal: *«Più lontano che puoi e il più velocemente possibile» deve essere il motto del corrispondente di guerra,*[149] e a questo mi ispirai. Riuscii a prendere l'ultimo treno per East London e da lì un battello per Durban.

Lì in un ospedale da campo incontrai il mio vecchio compagno dell'avventura cubana Reggie Barnes, ferito in un recente scontro, che mi confermò l'abilità e la preparazione dei nemici, mettendomi in guardia dal sottovalutarli. Nonostante i miei sforzi però non feci in tempo a raggiungere Ladysmith, dove si trovava il grosso delle nostre forze sotto il comando di un mio buon amico conosciuto in India e ora diventato generale, Ian Hamilton: la città era ormai accerchiata. Decisi comunque di avvicinarmi fin dove potevo e l'ultimo avamposto britannico prima delle linee nemiche era Estcourt, un borgo di meno di trecento case vicino al fiume Tugela.

Qui incontrai un'altra mia vecchia conoscenza della campagna indiana, il capitano Aylmer Haldane. Per uno strano capriccio del destino fu proprio lui a farmi la proposta che avrebbe per sempre cambiato la mia vita.

Situata in una valle aperta e di fatto indifendibile, Estcourt rischiava di essere investita da un momento all'altro dalla furia delle decine di migliaia di Boeri accampati oltre il fiume. Per questo motivo spesso venivano inviate squadre di ricognizione il più lontano possibile per valutare i movimenti del nemico e prepararsi al peggio. Fra le pochissime risorse a nostra disposizione c'era anche un treno blindato.

«Il colonnello Long mi ha ordinato di prendere un paio di compagnie e salire sul treno per vedere fin dove riusciamo ad arrivare», mi comunicò Haldane la sera del 14 novembre, «partiamo all'alba. Perché non vieni anche tu?»

La domanda mi prese alla sprovvista. Quello stesso giorno cavalieri boeri erano stati avvistati a poca distanza, precisamente nella direzione verso cui correvano le rotaie. La missione mi sembrava una follia, presentando ben più pericoli che potenziali guadagni. L'incertezza comunque, durò solo pochi istanti. *Per cameratismo, o perché pensavo fosse mio dovere raccogliere quante più informazioni possibili per il «Morning Post», e anche perché ero a caccia di guai, accettai l'invito senza obiettare.*[150]

«Splendido!» gioì Haldane. «Partiamo domattina prima dell'alba. Ci vediamo direttamente alla stazione – disse mentre già si allontanava verso altri impegni, salvo poi voltarsi dopo qualche passo – Ah, Winston... ricordati il taccuino, chissà che non ne ricavi materiale per un bell'articolo.»

Ne avrei ricavato a sufficienza per un intero libro.

Quando la mattina dopo arrivai, il grande treno riposava sui binari, avvolto dall'oscurità. Mi accesi un sigaro e mi fermai per qualche minuto a studiarlo, mentre venivano concluse le operazioni di carico. *Cinque vagoni, una locomotiva, un piccolo cannone e centoventi uomini.*[151] La motrice, con il suo tender pieno di carbone, era posizionata al centro del convoglio, preceduta e seguita da vagoni corazzati con spesse lastre d'acciaio. Facendo qualche passo indietro per coglierlo con lo sguardo nella sua interezza dovetti ammettere che dava un'impressione di grande potenza. Tuttavia il mio ormai allenato occhio militare mi suggeriva che era solo apparenza: *niente sembra più formidabile e imponente di un treno blindato, ma niente in realtà è più vulnerabile e indifeso. Bastava far saltare un ponte, o una conduttura, per lasciare il mostro arenato, lontano da casa e da aiuto, alla mercé del nemico.*[152] Nonostante i dubbi, salii a bordo. Dopotutto ero a caccia di guai.

Percorremmo una ventina di chilometri senza incontrare traccia del nemico, spingendoci così fino a Chieveley. *Appena il treno entrò nella stazione, vidi un centinaio di cavalieri boeri al galoppo verso di noi a circa un chilometro e mezzo di distanza. Oltre Chieveley una lunga collina era contornata da una sfilza di puntini neri, a dimostrazione che un'ulteriore avanzata sarebbe stata contesa.*[153] Di fronte a quel dispiegamento di forze, Haldane diede l'ordine di invertire la marcia per ritirarci lentamente verso Estcourt. Ora il vagone in cui ci trovavamo io e il capitano era il penultimo del convoglio, e fu forse questo a salvarci la vita. Era senza tetto e per vedere meglio mi ero messo *in piedi su una scatola, con la testa e le spalle oltre le lamiere di metallo del vagone. Vidi un gruppo di Boeri sulla cresta di una collina. All'improvviso in mezzo a loro apparvero tre cose su ruote e in un istante lampi di luce brillarono dieci o dodici volte.*

Il rumore arrivò dopo, così come i colpi.

Le sponde d'acciaio del vagone risuonarono di un crepitio di proiettili. Dalla parte anteriore del treno provennero uno schianto e una serie di forti esplosioni.[154] Il nemico aveva scelto il punto dell'agguato con cura. Ci trovavamo in curva e su un gradiente che andava discendendo. L'azione combinata dell'attacco e della pendenza spinse il macchinista ad accelerare per sottrarsi al fuoco nemico, cosa che in effetti avvenne: oltre la curva i cannoni non potevano più colpirci. *Mi era balenato in mente che dovesse esserci qualche trappola più avanti. Mi ero giusto voltato verso Haldane per suggerirgli di mandare qualcuno a dire di ridurre la velocità, quando all'improvviso ci fu una tremenda scossa e lui, io e tutti i soldati nel vagone fummo sbalzati a testa in giù sul pavimento.*[155] Rimasi a terra stordito per qualche istante, prima di riuscire a tirarmi su. Attorno a me regnava un caos di figure orizzontali nelle pose più scomposte.

Non c'era un attimo da perdere.

Mi affacciai di nuovo dal pertugio fra le lamiere e vidi decine di Boeri correre giù lungo il crinale e sdraiarsi o accovacciarsi fra l'erba. Immediatamente aprirono il fuoco. Il treno era immobile, il fumo della locomotiva si mischiava agli sbuffi dei fucili. Il rumore di centinaia di proiettili che colpivano il metallo copriva ogni cosa. Sentii il piccolo cannone di cui eravamo provvisti sparare tre volte, prima di venir centrato a sua volta e ridotto al silenzio. Eravamo in trappola e lo sapevo. La prima cosa da fare era valutare l'entità dei danni e così – mentre Haldane cominciava a riorganizzare i suoi uomini per rispondere al fuoco – io uscii fuori per raggiungere la testa del treno. Il primo vagone era stato sbalzato via e giaceva completamente capovolto a diversi metri di distanza. Dal suo interno giungevano le urla dei feriti straziati da quell'inferno di lamiere. I due vagoni successivi erano ancora in piedi, ma parzialmente deragliati, bloccando di fatto la via verso la salvezza alla locomotiva appena dietro di loro ma per fortuna ancora al suo posto sui binari.

In quel momento il macchinista si lanciò sull'erba, il volto ridotto a una maschera rossa. Corsi verso di lui e mi accorsi che era fuori di sé dallo shock.

«*Che sia dannato se resterò qui un minuto di più*», disse scosso da forti tremiti e aprendo e chiudendo gli occhi in una specie di tic nervoso. «*Sono un civile. Per quale diavolo di motivo pensano che io sia pagato? Per farmi massacrare sotto le bombe? Non io, nossignore.*»[156] Parlava più a sé stesso che a me, in effetti non ero neanche sicuro che avesse preso coscienza della mia presenza. Lo feci accucciare al riparo della locomotiva e lasciai che si sfogasse, prima di cercare di ricondurlo alla ragione: era l'unico che sapesse pilotare quel maledetto aggeggio e non potevamo permetterci di perderlo.

«Fatti forza e consolati – dissi indossando il mio miglior sorriso rassicurante – e pensa che *nessun uomo viene colpito due volte nello stesso giorno.*» Vidi che continuava a guardarmi scuotendo la testa, provai un nuovo approccio. «*Un ferito che continui a svolgere il suo dovere è sempre ricompensato per la sua distinta condotta e potresti non avere mai più una simile opportunità!*»[157] In pochi oggi si sognerebbero di rischiare la vita per una medaglia, ma allora era diverso. Quell'uomo dopotutto era un colono, credeva in quello che faceva, capiva perché eravamo lì. Seppi di aver toccato il punto giusto nel momento stesso in cui finii la frase. Dopo qualche secondo si pulì il sangue con la manica e salimmo insieme sulla locomotiva. Undici anni dopo – appena ne ebbi l'autorità – mantenni quella promessa e raccomandai quell'uomo per la Albert Medal, il più alto riconoscimento che un civile potesse ottenere. Ma adesso dovevamo pensare a salvarci la pelle.

Mi resi conto che i binari non erano danneggiati: a provocare il deragliamento era stato un masso, che era stato poi sbalzato a sua volta nell'urto. Usando la locomotiva come un ariete e facendola muovere avanti e indietro – ragionai – forse avremmo potuto liberare la ferrovia dai due vagoni ancora incagliati. Ma bisognava bilanciare bene la forza con cui farlo: troppo poca e non si sarebbero spostati, troppa e avremmo rischiato di far deragliare anche la motrice. Mentre i nostri soldati fornivano copertura io mi incaricai di dirigere le operazioni di sblocco. Insieme a tutti gli uomini ancora in grado di reggersi in piedi e non impegnati a sparare facemmo forza per rovesciare completamente i vagoni e liberare il passaggio.

Per più di un'ora restammo sotto un fuoco incessante e fu solo la mia solita buona stella, o forse dovrei dire il destino, a farmi uscire incolume da quell'inferno. Un quarto della compagnia era ferito o morto e la situazione sembrava disperata. Dopo diversi tentativi, l'azione congiunta della nostra spinta e della motrice riuscì a spostare i detriti. Purtroppo un colpo aveva centrato i ganci che la collegavano ai vagoni dietro di sé che restarono così inermi sui binari. Non c'era tempo per cercare di ripararli.

Caricammo quindi più feriti possibile sulla locomotiva e sul tender e finalmente ci riavviammo verso sud. Il piano era di procedere lentamente, *in modo da dare copertura alla fanteria e raggiungere un gruppo di case vicino alla stazione, a circa ottocento metri di distanza, dove cercare di resistere fintanto che la motrice non avesse raggiunto le nostre linee e portato rinforzi.*[158]

Ma era destino che le cose dovessero andare diversamente.

Dopo aver percorso qualche centinaio di metri, *pensai che solo i feriti andassero trasportati e che gli uomini sani dovessero correre. Saltai giù.* Mi ritrovai momentaneamente solo e tornai verso il punto in cui sapevo trovarsi Haldane e i suoi uomini, quando vidi due figure avanzare verso di me. All'inizio pensai fossero due dei nostri, ma poi *realizzai all'improvviso: Boeri! La mia mente conserva impresse queste due alte figure che si muovevano animatamente, avvolte in scuri abiti svolazzanti, con i loro cappelli flosci e i fucili in pugno a meno di cento metri da me. Mi voltai e corsi fra i binari e l'unico pensiero che mi passava per la mente era: «tiratori scelti boeri». Due proiettili passarono a una trentina di centimetri da me su entrambi i lati.* Continuai a correre e a muovermi a zigzag, inseguito da altri sibili mortiferi. All'improvviso vidi *dall'altro lato delle rotaie un cavaliere galoppare gridando qualcosa verso di me.* Il mio primo impulso fu di combattere: cercai istintivamente con la mano la pistola, ma trovando la fondina vuota mi ricordai di averla lasciata sulla locomotiva. Il secondo impulso fu quindi quello di continuare a correre, ma la situazione era ormai disperata. Il cavaliere era a meno di quaranta metri, difficilmente avrebbe sbagliato mira anche lui. *L'idea di un altro colpo a così breve distanza decise per me. La Morte stava davanti, la cupa, tetra Morte senza la sua spensierata compagna, l'Opportunità. Così alzai le mani e mi arresi.*[159]

Tre anni dopo, quando la guerra era ormai finita e fra i nostri Paesi regnavano una pace e un'amicizia destinate a durare a lungo, una delegazione boera si recò a Londra per chiedere aiuti economici per la ricostruzione. Io venni invitato a farne la conoscenza e fui presentato al loro leader, il generale Louis Botha. Durante la guerra non era ancora un ufficiale, ma era destinato a fare rapidamente carriera: in futuro sarebbe diventato perfino primo ministro del suo Paese. Con un simile personaggio l'argomento iniziale della nostra chiacchierata era quasi obbligato. *Parlammo della guerra e gli raccontai brevemente la storia della mia cattura. Botha mi ascoltò in silenzio. A un certo punto disse: «Non mi riconoscete? Ero io quell'uomo. Fui io stesso a prendervi prigioniero», e i suoi occhi scintillanti brillarono di divertimento.*[160]

Come posso descrivere il periodo della prigionia? Di certo fu il peggiore della mia vita. *La posizione di un prigioniero di guerra è dolorosa e umiliante. Un uomo fa del suo meglio per ucciderne un altro e dopo aver scoperto di non riuscirci è costretto a chiedergli pietà... tutto l'orgoglio militare, tutta l'indipendenza di spirito devono essere messi da parte. Forse possono essere portati nella tomba, ma non in cattività.*[161]

L'unica cosa positiva fu che durò poco.

Il luogo dove fummo portati dopo una lunga marcia forzata era la State model school, una vecchia scuola riconvertita in carcere nel cuore della capitale nemica, Pretoria. Immaginate un'ampia costruzione di mattoni, circondata da inferriate e recinzioni alte circa tre metri. *Ostacoli non insormontabili per chi abbia l'energia della gioventù, ma il fatto che fossero pattugliate da sentinelle armate a meno di cinquanta metri di distanza l'una dall'altra li rendeva una barriera pressoché insuperabile. Nessun muro è così difficile da attraversare di un muro vivente.*[162] Dal momento stesso in cui vi misi piede, non ebbi altri pensieri che escogitare un modo per andarmene.

A nulla erano servite le mie proteste per il fatto di essere un corrispondente e come tale non classificabile come prigioniero di guerra. Purtroppo i giornali britannici, ripresi da quelli locali, avevano riportato in lungo e in largo l'episodio del treno blindato e diversi testimoni avevano raccontato del mio ruolo di primo piano nel liberarlo, escludendo così la possibilità che potessi venir considerato un giornalista neutrale. Per di più, dopo aver scoperto la mia identità, i Boeri non sembravano avere nessuna intenzione di rilasciarmi tanto presto, come mi avevano detto espressamente: *«Non capita tutti i giorni di catturare il figlio di un lord»*.[163]

Di fronte alla prospettiva di chissà quanti mesi, o anni, di reclusione, mentre per di più si accumulavano voci di continue disfatte britanniche, l'unica alternativa era la fuga.

Ne parlai a lungo con Haldane e un altro ufficiale già recluso da qualche tempo, il tenente Brockie. Per giorni approfittammo della relativa libertà di circolazione di cui godevamo durante il giorno per studiare i turni e il percorso delle sentinelle.

La sera del 30 novembre, il giorno del mio venticinquesimo compleanno e appena due settimane dopo il nostro arrivo, ci incontrammo nella baracca che fungeva da dormitorio per discutere un piano.

«Sappiamo che gli alloggi delle guardie sono nell'angolo sud-orientale del recinto – esordì Haldane –. Sappiamo anche che di notte le sentinelle sono di meno, ma ovviamente ogni rumore o movimento risalta di più. Tentare di scavalcare le mura dal lato sud e ovest è impossibile, perché danno sulla strada e quindi ben illuminati: restano quello nord e quello est.»

«Quello nord è più corto – intervenne Brockie – sarebbe più difficile cercare un punto per scavalcarlo abbastanza distante dalle sentinelle che lo pattugliano...»

«Resta quello a est. Sappiamo solo che dà su una villa – disse Haldane – ma non se sia abitata. Sarebbe davvero il colmo riuscire a eludere le guardie per poi farsi prendere con le mani nel sacco da un ignaro cittadino boero.»

«Eppure è la nostra migliore possibilità – dissi –. Io non ho mai sentito voci provenire da quella direzione, io dico che è disabitata. E poi quello è il lato in cui ci sono le latrine ed è anche il meno illuminato.»

I miei due compagni sembravano pensierosi.

«Immagino tu abbia ragione – disse infine Haldane –, non potremo avere mai la certezza del successo, dobbiamo affidarci alle probabilità e questa mi sembra tutto sommato la migliore.»

«Ecco cosa faremo – disse Brockie, che sembrava essersi immediatamente ringalluzzito –: ci infileremo uno per volta nelle latrine, approfittando del momento di confusione in cui suona la campana della cena e tutti si dirigono al refettorio. Aspettiamo che le porte della mensa si chiudano e che le sentinelle si rilassino, poi scavalchiamo.»

«E a quel punto?», chiese Haldane.

«A quel punto dovremo improvvisare, saremo nelle mani del destino», dissi io pensando alla mia buona stella.

«Winston ha ragione, io parlo l'Afrikaans e come sapete sono riuscito a barattare una bussola e una mappa di contrabbando. Riusciremo a raggiungere il confine portoghese – disse Brockie investito da un'ondata di ottimismo – ci serve solo un po' di aiuto da parte della Dea bendata.»

«Spero solo che sia ben allenata – sospirò Haldane, rassegnato –. Da qui alla frontiera sono cinquecento chilometri...»

Provammo una prima volta la sera dell'11 dicembre, ma le sentinelle di guardia vicino alle latrine non si spostarono di un passo durante l'ora di cena e così dovemmo rinunciare. Ritentammo il giorno successivo. Per primi andarono Haldane e Brockie, ma entrambi giudicarono di nuovo troppo pericoloso tentare la sorte e rinunciarono. Io però sapevo che continuando a rimandare l'ansia e la paura avrebbero potuto prima o poi avere la meglio e spingermi a lasciar perdere: non potevo tollerare l'idea di un'altra giornata passata a rimuginare in attesa che calasse il sole. C'era il rischio che non avrei mai più trovato il coraggio. Decisi quindi di provare anche io ad avvicinarmi alle latrine e vedere cosa sarebbe successo.

Una volta entrato, mi appostai vicino alla parete, pronto a sgattaiolare fuori e scavalcare. *Attraverso una fessura osservai le sentinelle. Per mezz'ora rimasero imperturbabili al loro posto. Poi all'improvviso uno si girò e si incamminò verso un compagno, con cui incominciò a parlare. Mi davano le spalle. Ora o mai più! Scattai fuori dal mio nascondiglio e corsi alla recinzione, mi arrampicai sulla sommità e mi tirai su. Per due volte mi ritrassi per stucchevole esitazione, poi mi feci forza una terza volta e scavalcai... Mi lasciai cadere silenziosamente nel giardino dall'altra parte e mi nascosi fra gli arbusti. Ero libero. Il primo passo era stato fatto, ed era irrevocabile.*[164]

Scrutando l'oscurità mi resi subito conto che la villa, dopotutto, era abitata. Potevo vedere le finestre illuminate a una ventina di metri di distanza. Attesi i miei compagni per un tempo che non fui in grado di quantificare. A un certo punto *un uomo venne fuori dalla casa e si diresse verso di me. Si fermò, immobile, a meno di dieci metri da me, guardando fisso nella mia direzione. Non posso descrivere l'ondata di panico che mi sommerse. Mi avrebbe scoperto, non osai muovere un muscolo. Ma nel tumulto di emozioni la ragione, fermamente assisa sul suo trono, suggerì: «Fidati del buio».*[165] Lo feci, e fui ricompensato. Dopo poco un altro uomo uscì dalla casa e raggiunse il primo, gli porse un sigaro e se ne accese uno anche lui, per poi avviarsi in una passeggiata notturna.

Il tempo passava e dei miei compagni nessuna traccia. Evidentemente avevano avuto qualche impedimento o non se l'erano sentita. Non potevo aspettare ancora, dovevo mettere la maggior distanza possibile tra me e la prigione prima che facesse giorno e la mia fuga venisse scoperta. Mi guardai intorno. L'uscita del giardino dava sulla strada, e sapevo che lì a pochi metri c'erano le sentinelle che sorvegliavano l'esterno del carcere. Tentare di nuovo di sgattaiolare via di nascosto mi sembrava un azzardo, soprattutto perché le vie pubbliche erano ben illuminate. Decisi di gettare alle ortiche ogni precauzione e comportarmi nel modo più naturale possibile. Il consueto, la normalità, sono i migliori alleati dell'inganno. È tutto ciò che è fuori dall'ordinario che suscita il sospetto. *Mi misi il cappello in testa, camminai nel mezzo del giardino, oltrepassai le finestre senza fare nessun tentativo di nascondermi, attraversai il cancello e girai a sinistra sulla strada. La sentinella era a meno di cinque metri da me. Molte di loro mi conoscevano di vista. Se mi guardò o meno non lo seppi mai, perché non mi voltai neanche per un secondo. Ma dopo aver continuato a camminare per un centinaio di metri sapevo che anche questo ostacolo era superato. Ero in fuga a Pretoria.*[166]

Continuai la mia surreale passeggiata per parecchio tempo, incrociando diversi abitanti ignari. Nessuno mi degnò di uno sguardo. Alla fine mi imbattei in dei binari. Decisi subito che salire su un treno era la mia migliore possibilità, ma quale prendere? Non avevo idea di quando sarebbe passato il prossimo e soprattutto su quale linea mi trovassi: una che andava verso est, e quindi la libertà, o in qualsiasi altra direzione, che avrebbe significato addentrarsi ancor di più in territorio nemico? La bussola e la mappa erano rimaste con Brockie e non potevo ancora orientarmi col sole. Forse non ci crederete, ma mi affidai ancora una volta alla mia buona stella. *Orione splendeva luminosa. Meno di un anno prima mi aveva guidato verso il Nilo quando mi ero perso nel deserto. Mi aveva portato l'acqua. Ora mi avrebbe portato la libertà. Non potevo sopportare la mancanza di nessuna delle due.*[167] Basandomi sulla direzione verso cui puntava il magnifico Cacciatore celeste, stabilii approssimativamente che i binari correvano verso oriente e decisi di seguirli fin oltre i confini della città. Quando mi ritrovai in aperta campagna, mi nascosi dietro un piccolo avvallamento e aspettai.

L'attesa fu snervante, ma quando finalmente sentii lo sferragliare di un treno in arrivo tutta l'ansia e la preoccupazione accumulate sparirono di colpo. Aspettai che la locomotiva mi oltrepassasse, per non farmi vedere dal conducente, e poi con un balzo saltai su un vagone. Come avevo immaginato, a quell'ora circolavano solo i treni merci e quello trasportava sacchi di carbone. Mi nascosi lì in mezzo, sollevato per avercela fatta fino a quel momento, ma assillato da mille dubbi e paure. Il treno andava effettivamente nella direzione giusta? Le merci sarebbero state scaricate prima che potessi scendere? Erano previste ispezioni di routine in tempo di guerra? E cosa avrei fatto quando fosse spuntato il sole? *Ah, non pensarci, mi dissi. Accontentati per ora della fortuna che hai avuto. Piani nuovi per nuove contingenze. Mi obbligai a riposare, d'altronde non posso immaginare una ninna nanna più piacevole che quella cantata dallo sferragliare di un treno che ti porta a trenta chilometri all'ora sempre più lontano dalla capitale del nemico.*[168] Mi addormentai.

Non so quanto dormii, ma quando riaprii gli occhi era ancora buio. Dal portello aperto del vagone vidi scorrere un paesaggio leggermente ondulato, nell'aria il profumo della rugiada che ricopriva i prati. Saltai giù nella notte e mi diressi verso un piccolo boschetto che sorgeva poco distante, fermandomi lungo il cammino a una pozza d'acqua limpida e fresca che ebbi la fortuna di incrociare. Bevvi fino a scoppiare e mangiai un paio di barrette di cioccolata che avevo in tasca, poi mi ritirai in quello che sarebbe stato il mio nascondiglio durante il giorno. Lo raggiunsi mentre le vette dei monti in lontananza si tingevano di rosa. Esultai nel vedere che i binari correvano proprio verso la direzione del sole che sorgeva. Rinfrancato, mi preparai ad affrontare quella giornata, che sembrò non finire mai. Le ore si trascinavano lente, con una monotonia bilanciata solo dall'apprensione per la mia situazione. *Un solo pensiero mi consolava: nessuno al mondo sapeva dove fossi. Non lo sapevo neanche io.*[169]

Quando finalmente giunse il tramonto tornai alla pozza, bevvi di nuovo a sazietà e proseguii lungo i binari. Durante il lungo giorno trascorso nel mio nascondiglio avevo visto passare quattro treni e pensai ci fossero buone probabilità che, come la sera prima, ce ne sarebbe stato anche qualcuno notturno. Invece non ne passò neanche uno e dovetti quindi camminare tutta la notte, per continuare a mettere la massima distanza fra me e Pretoria, dove sicuramente già fervevano le ricerche. Marciai per ore, ma in linea d'aria non dovevo aver fatto molta strada. Ogni ponte era sorvegliato, ogni piccola stazione presidiata e il percorso era costellato da baracche e casupole abitate da operai e pastori. La luna piena regnava incontrastata in mezzo a un milione di stelle, pronta a tradirmi con la luce che irradiava sulla pianura sconfinata. Fui spesso costretto ad allontanarmi dai binari e fare ampi giri prima di ritornarvi, così da ridurre al minimo le possibilità di essere visto. Ben presto la fatica cominciò a esigere il suo tributo da un corpo stanco, affamato e fuori allenamento dopo il mese di prigionia. Ebbi la certezza che se avessi proseguito prima o poi sarei stato inevitabilmente catturato, troppo esausto per scappare.

Vidi in lontananza i bagliori di quelle che mi sembravano luci di abitazioni, salvo poi accorgermi che si trattava dei fuochi delle fornaci. Una miniera! Sicuramente fra gli operai ci sarebbero stati molti nativi, impiegati come minatori dai Boeri. Sapevo che fra la popolazione locale e i coloni non correva buon sangue e mi dissi che forse la vista di banconote inglesi avrebbe convinto quella gente, già maldisposta verso i padroni, a offrirmi rifugio. Decisi ancora una volta di affidarmi alla sorte.

Bussai alla porta. Dall'interno nessuna risposta. Bussai di nuovo. Una luce si accese al piano di sopra.

«*Wer ist da?*», *chiese la voce di un uomo.*

È finita! Pensai con orrore nel sentire la lingua del nemico.

«*Mi serve aiuto! Ho avuto un incidente*», mi sforzai di rispondere.

Seguirono alcuni mormorii. Poi sentii dei passi scendere le scale e il catenaccio della porta che veniva rimosso, la serratura girata. Si aprì all'improvviso e nell'oscurità del corridoio si presentò davanti a me un uomo alto, vestito frettolosamente, con il viso pallido e i baffi scuri.

«Che cosa volete?» chiese, questa volta in inglese.

Per quanto prevedibile, la domanda mi colse alla sprovvista e mi trovai a rispondere con una storia improvvisata al momento, qualcosa sul fatto che ero un volontario in procinto di raggiungere la mia unità quando ero caduto dal treno che mi trasportava, slogandomi la spalla. *Lo straniero mi studiò intensamente e dopo una certa esitazione mi disse: «Beh, entrate».*

Mi condusse in una sala da pranzo che doveva fungere anche da studio e mi fece accomodare.

«Credo di volerne sapere un po' di più su questo "incidente" che avete avuto», esordì sedendosi a sua volta.

«Credo sia meglio dire la verità», dissi.

«Penso proprio di sì», rispose.

Così feci il grande passo e scoprii le mie carte. «Sono Winston Churchill, corrispondente del "Morning Post". La scorsa notte sono fuggito da Pretoria. Sto cercando di raggiungere la frontiera. Ho molti soldi. Potete aiutarmi?»

Ci fu un'altra lunga pausa.

L'uomo si alzò dal tavolo e andò a chiudere a chiave la porta, un'azione che mi sembrò poco promettente e di certo ambigua. Dopo di che venne verso di me e mi tese la mano: «Grazie a Dio siete venuto proprio qui! In qualsiasi altra casa nel raggio di trenta chilometri sareste stato consegnato, ma qui siamo inglesi e vi aiuteremo».

È più facile ricordare, attraverso l'abisso degli anni, lo spasmo di sollievo che mi travolse piuttosto che descriverlo. Un attimo prima avevo creduto di essere in trappola; e ora amici, cibo, risorse, aiuto erano tutti a mia disposizione. Mi sentii come un uomo che stesse annegando e che fosse stato tirato fuori dall'acqua e informato di aver vinto il Derby![170]

Il mio salvatore, che si chiamava John Howard, era il manager della miniera e viveva lì da molti anni. I Boeri avevano permesso a lui e alla sua squadra di restare pur essendo inglesi, vista la loro perizia e abilità nel far funzionare quella piccola impresa. Ovviamente il prezzo era stato giurare di mantenere la più stretta neutralità durante il conflitto. Eppure eccolo lì, quell'onorevole suddito di sua Maestà, pronto a rischiare il plotone di esecuzione pur di aiutare un compatriota in difficoltà.

Mi informò che proprio quel pomeriggio una pattuglia era stata là a chiedere informazioni su di me, pensando evidentemente che avrei potuto cercare asilo fra loro, e mostrando una taglia sulla mia testa del valore di 25 sterline «Vivo o morto».

«Non intendo mettervi in una simile situazione. Procuratemi del cibo e una mappa e proseguirò il mio viaggio fingendo di non avervi mai incontrato», dissi io sentendomi terribilmente in colpa per aver portato un pericolo mortale fin dentro il focolare domestico di quell'uomo.

John Howard non volle sentire ragione. «Non se ne parla. È pieno di soldati e di spie, non durereste un'altra mezza giornata. Piuttosto vi nasconderemo e penseremo a un piano per farvi raggiungere la frontiera. E credo di sapere esattamente quale possa essere il posto che fa al caso nostro...» disse abbozzando un sorriso.

Per tre giorni restai sepolto nelle viscere della terra, nascosto in uno dei pozzi più profondi della miniera. La mia sola compagnia fu quella di uno sciame di topi che abitava i cunicoli, oltre al cibo, ai libri e al whisky gentilmente forniti dal mio benefattore tramite l'unica persona che vidi in tutto quel tempo: un collaboratore di Howard di nome Dewsnap che per una straordinaria coincidenza proveniva da Oldham, il distretto per il quale mi ero candidato solo pochi mesi prima. «*La prossima volta voteranno tutti per voi!*»[171] mi ripeteva sorridendo per tirarmi su il morale.

Quando finalmente i tempi sembrarono maturi e Howard giudicò sicuro farmi uscire, lasciai la miniera e tornai nella sua abitazione.

«Ormai non vi cercano più da queste parti – mi spiegò mentre mi godevo la luce e il comfort di una vera casa – sono convinti che siate nascosto a casa di qualche simpatizzante inglese a Pretoria ed è lì che si concentrano le ricerche. Ho ideato un piano: c'è un tale, un commerciante di lana di nome Burgener, che non ha nessuna simpatia per il suo governo nonostante sia olandese, ed è disposto ad aiutarci. Fra due giorni deve fare una consegna alla Baia di Delagoa, in territorio portoghese. Vi aiuterà a salire sul treno e nascondervi fra le sue merci, poi vi precederà e lo rincontrete a destinazione.»

Ero più preoccupato da una simile idea che da tutto quello che mi era capitato fino a quel momento. I rischi sembravano immensi, a cominciare dal fatto di dovermi fidare di un perfetto sconosciuto, per di più olandese. Il mio consueto ottimismo sembrava svanito. *Essere un fuggitivo, un ricercato, è una profonda esperienza innanzitutto mentale... la necessità di nascondersi e di camuffarsi coltiva un senso di colpa che fiacca il morale. Sapere che da un momento all'altro possono presentarsi i rappresentanti della legge o qualche estraneo e chiedere: "Chi sei?", "Da dove vieni?", "Dove vai?", domande alle quali non è possibile rispondere in modo soddisfacente, erode la struttura della fiducia in sé stessi.*[172] Ciononostante, in mancanza di qualsiasi alternativa, accettai.

Da un minuscolo pertugio ricavato nel mio nascondiglio di balle di lana potevo cogliere una frazione della realtà che circondava il treno in movimento. Avevo imparato a memoria il nome delle stazioni lungo il tragitto, così da tenere almeno una vaga traccia della posizione. Molte le ricordo ancora oggi, come una vecchia filastrocca «Witbank, Middelburg, Bergendal» eccetera.

Nel tardo pomeriggio del giorno seguente raggiungemmo infine la temuta Komati Poort, l'ultima stazione in territorio boero. Sapevo che qui una perlustrazione del carico da parte delle guardie di frontiera era inevitabile. Il treno restò fermo per diverse ore e io non osavo muovere un muscolo, rimanendo completamente immobile nella mia piccola tana di lana. Non sapevo neanche se fosse già iniziata l'ispezione. Il pensiero di essere a poche centinaia di metri dalla salvezza, ma impossibilitato a muovermi e ancora totalmente alla mercé del nemico mi logorava l'anima. Eppure non c'era nulla che potessi fare. Sentivo di tanto in tanto voci alternarsi sulla banchina e a un certo punto sono certo che qualcuno salì sul mio vagone, perché sentì il fruscio di alcuni teli sollevati a pochi metri da me. Per fortuna l'oscuro doganiere non si addentrò fino al mio angolo, ma ridiscese poco dopo.

Quando il treno finalmente ripartì dopo una notte infinita mi azzardai a sbirciare dal minuscolo pertugio. Con il cuore che batteva all'impazzata vidi alcuni uomini nell'inconfondibile divisa portoghese. Ce l'avevo fatta!

Mi obbligai a restare calmo e ad attenermi al piano, che prevedeva di arrivare a Lourenço Marques, dove avrei trovato Burgener ad aspettarmi. Sebbene fossi fuori dal territorio boero, infatti, non tutti i pericoli erano ancora superati. Era risaputo che la città brulicava di simpatizzanti dei nostri nemici, che avrebbero potuto perfino cercare di catturarmi e riconsegnarmi qualora ne avessero avuto l'occasione.

Eppure, fu davvero una prova di titanica forza di volontà quella che dovetti affrontare non appena vidi il treno arrestarsi in quella stessa stazione che tante volte, nelle lunghe ore di angoscia e paura, avevo dipinto nella mia mente con gli acquerelli della speranza. Invece di saltar fuori e gridare di gioia, mi costrinsi ad aspettare il momento buono per sgattaiolare via non visto verso l'uscita. *Burgener stava aspettando fuori dai cancelli. Ci scambiammo uno sguardo. Si voltò e si avviò verso la città, e io lo seguii a distanza di venti metri. Camminammo per diverse strade e svoltammo in diversi incroci. A un certo punto si fermò e rimase per un momento a guardare il tetto della casa di fronte. Guardai nella stessa direzione, ed ecco – visione benedetta! – fluttuare gli allegri colori della Union Jack. Era il consolato britannico.*[173] Ero salvo.

La fortuna, a quanto pare ben determinata a non tralasciare il benché minimo dettaglio, aveva previsto la partenza quella sera stessa del battello settimanale per Durban.[174] Raggiunsi il porto scortato da un vero e proprio picchetto d'onore, fatto di cittadini britannici armati ben decisi a impedire qualsiasi tentativo di ricattura, ora che la notizia del mio arrivo era di pubblico dominio. Una manifestazione d'affetto che mi commosse profondamente e che mi fece capire quanto fosse stato importante per tutti loro il mio piccolo successo sui Boeri.

Lo capii più che mai quando finalmente sbarcai nel tardo pomeriggio a Durban, in territorio inglese. *Fui accolto come se avessi ottenuto una grande vittoria. Il porto era decorato con bandiere. Bande e folle gremivano le banchine. L'Ammiraglio, il Generale, il Sindaco si accalcarono sul molo per stringermi la mano. Fui quasi fatto a pezzi da una gentilezza entusiasta.* Le grida di gioia sovrastavano ogni cosa. Uomini, donne e perfino bambini si accapigliavano per vedermi da vicino e darmi pacche sulla schiena. *Mi sollevarono sulle spalle e fui portato fin sui gradini del municipio, dove nulla li avrebbe accontentati se non un discorso, che dopo un'iniziale riluttanza fui indotto a pronunciare.*[175]

Ne sarebbero seguiti altri più famosi e in tempi ben più oscuri, ma fu quello il mio primo discorso di guerra.

Dopo settimane costellate di continue sconfitte e delusioni militari, l'unica cosa che quelle persone bramavano era una vittoria, per quanto piccola. Per quanto personale. Guardando quella folla che pendeva dalle mie labbra, con gli occhi pieni di lacrime e il cuore colmo di gioia, finalmente compresi cosa cercava. Cosa tutta la nazione cercava.

Cercavano un eroe.

Laggiù, ai confini più remoti dell'Impero, scandito da migliaia di voci, il mio nome risuonò nella notte.

5

Astro nascente

1900-1910

Poter fare il proprio lavoro con piacere è l'unico privilegio di classe al mondo che merita di essere perseguito.[176]

Il mio nome risuonò nell'aula e cadde il silenzio.

Dopo avermi ufficialmente concesso la parola, lo Speaker mi rivolse uno sguardo incoraggiante e io, a fatica, mi alzai.

Ancora non mi ero abituato alla maestosità del luogo. Ogni cosa su cui posassi lo sguardo riecheggiava la gloria dell'Impero, il cui cuore pulsante era proprio lì, fra quegli scranni. Mi sembrava quasi di sentirlo battere.

E ora, per la prima volta, la Camera dei Comuni attendeva di ascoltare cosa avevo da dirle.

Già, il problema era proprio quello, cosa avrei dovuto dire?

Il deputato dell'opposizione che doveva parlare prima di me, il Liberale Lloyd George, aveva appena concluso il suo intervento, stravolgendo i miei piani. Mi ero preparato a lungo per un discorso incentrato sull'emendamento che, a detta di tutti, il giovane parlamentare gallese avrebbe certamente presentato sull'argomento in questione. Solo che non l'aveva fatto, lanciandosi invece in una lunga invettiva sulla gestione della guerra boera da parte del governo.

In quei giorni, e in effetti per molti anni, non ero in grado di dire nulla (eccetto una breve replica) che prima non avessi scritto e memorizzato. Difficilmente allora qualcuno avrebbe intravisto in me l'oratore che sarei diventato. D'altronde, avendo frequentato solo l'accademia militare, non avevo mai avuto modo di impratichirmi nell'arte del dibattito e dell'improvvisazione, come si fa all'università: era il limite della mia formazione da autodidatta. *Tutto ciò che potevo fare era cercare di pre-*

vedere cosa sarebbe successo e avere a disposizione un certo numero di alternative da utilizzare all'occorrenza. Arrivai quindi con una faretra piena di frecce di diversa forma e dimensione, sperando che alcune di esse colpissero il bersaglio.

Le parole di Lloyd George però mi avevano lasciato disarmato. Non sapevo da dove iniziare. *Un senso di allarme e perfino di disperazione si insinuò dentro di me*, ma un angelo mi venne in soccorso.

L'anziano parlamentare seduto accanto a me, intuendo la mia difficoltà, mi sussurrò un attimo prima che mi alzassi: «*Potresti dire: "Invece di fare questo violento discorso senza proporre il suo emendamento moderato, l'onorevole collega avrebbe fatto meglio a proporre il suo emendamento moderato senza fare il suo violento discorso"*». *La manna nel deserto non poteva essere più gradita!*[177]

Mi alzai e seguii il suo consiglio. L'assemblea accolse la battuta con una risata e mi rincuorai. Il resto del discorso venne da sé: dopotutto si parlava di guerra in Sudafrica e in materia avevo certamente una discreta esperienza. Sostenni la necessità di usare tutta la forza disponibile per arrivare a una vittoria schiacciante, ma al tempo stesso di garantire clemenza ai Boeri una volta sconfitti.

Pronunciai il mio discorso godendo di un'attenzione che di rado veniva concessa ai deputati appena eletti, di certo a causa della recente fame acquisita, ma sapevo che non era solo questo, e lo dissi: «*Non posso sedermi senza esprimere la mia gratitudine per la gentilezza e la pazienza con cui la Camera mi ha ascoltato e che mi è stata accordata – lo so bene – non per miei meriti, ma a causa di un certo splendido ricordo che molti onorevoli membri ancora conservano*».[178]

Fra gli applausi dei miei nuovi colleghi tornai a posarmi su quello stesso scranno occupato da mio padre solo pochi anni prima. Alzando lo sguardo in galleria vidi il volto commosso di mia madre che mi sorrideva dalla tribuna degli ospiti e pensai che finalmente un Churchill sedeva di nuovo a Westminster.

Nonostante la previsione che il signor Dewsnap mi aveva fatto nelle profondità di quella miniera sudafricana si fosse avverata, e al mio ritorno fossi effettivamente stato eletto come deputato Conservatore nel distretto di Oldham, col passare dei mesi mi accorsi delle divergenze che mi separavano dal resto del partito.

La prima era di carattere militare. Per quanto oggi possa forse sembrare strano, allora ero convinto della necessità di mantenere sotto controllo le spese relative all'esercito. Così, quando il ministro della Guerra propose di aumentarne le dimensioni, mi opposi sostenendo la tesi che fosse compito della marina proteggere l'Inghilterra e che le forze terrestri erano da considerarsi poco più che una sorta di polizia imperiale da impegnare nelle colonie. *Lanciai in pratica un attacco generale, non solo alla politica del governo, ma allo stato d'animo e alla tendenza del partito Conservatore, sollecitando pace, risparmio e riduzione degli armamenti.*

Era la stessa battaglia che aveva combattuto mio padre.

E lo ricordai all'assemblea, leggendo il passaggio della sua lettera di dimissioni del 1886 nella quale diceva di rifiutarsi di sostenere la corrente prevalente, quella dei «falchi» militaristi. L'opposizione applaudì, ma i miei colleghi reagirono con freddezza. Quel discorso *segnò una netta divergenza di pensiero e di simpatia da parte di tutti coloro che occupavano gli scranni intorno a me.*[179]

Conclusi il mio intervento con una tetra previsione, frutto dei pensieri e delle riflessioni scaturiti da ciò che avevo visto sui campi di battaglia. *Il nuovo secolo di tempesta e cambiamento aveva già afferrato l'Impero britannico nella sua morsa,*[180] ma la generazione precedente, che componeva la quasi totalità della Camera e della classe dirigente, non sembrava averlo colto, abituata a conflitti circoscritti e che impegnavano una piccola quantità di uomini e risorse.

Quel tempo era tramontato per sempre, lasciando il posto a una nuova alba di cui già si intravedevano i bagliori rosso sangue.

«Una guerra europea non può che concludersi con la rovina dei vinti e il non meno fatale sconvolgimento e sfinimento dei

vincitori – dissi –. *La democrazia è più vendicativa dei governi. Le guerre dei popoli saranno più terribili di quelle dei re.*»[181] Era il 13 maggio del 1901.

La seconda e più profonda crisi che ebbi con il mio partito, quella che si sarebbe rivelata decisiva, mi avrebbe portato allo scontro con una figura di primissimo piano della politica britannica come Joseph Chamberlain.

Un cognome con cui avrei avuto ancora a che fare.

Ho molti, vivaci ricordi del famoso «Joe». È sempre stato molto buono con me. Era stato un amico, un nemico e di nuovo un amico di mio padre. Allo stesso modo in cui anche io avrei avuto una relazione altalenante con suo figlio decenni dopo. Al momento del mio ingresso in politica *Chamberlain era senza alcun dubbio la figura più viva, frizzante, ribelle e incontenibile sulla scena britannica... devo aver avuto molte più conversazioni profonde con lui di quante ne abbia mai avute con mio padre.*[182]

Eppure fu proprio contro un simile gigante che mi trovai a lottare.

Insieme a un piccolo gruppo di giovani Conservatori che come me si trovavano spesso in disaccordo con la linea ufficiale del partito, avevamo preso l'abitudine di organizzare cene settimanali alle quali invitavamo di volta in volta un esponente di maggioranza o di opposizione.

Quando fu il turno di Joe, che all'epoca era ministro per le Colonie, eravamo tutti ansiosi di confrontarci con lui.

«*A quanto pare sto per cenare in pessima compagnia*»,[183] disse sedendosi, mentre percorreva il tavolo con uno sguardo che voleva essere di rimprovero, ma che veniva tradito da un sorriso appena accennato.

«Voi, signori, rappresentate per il governo una spina nel fianco per certi versi più fastidiosa di quanto non lo sia l'opposizione. Loro, almeno, fanno il loro dovere. Ma voi...»

«Quando il governo si degnerà di ascoltare anche l'ala più moderata, forse sarà più facile per noi sostenerlo – risposi –. Alcune delle proposte presentate sono difficili da sostenere, in tutta coscienza. Basta prendere come esempio il caso di cui si è dibattuto proprio stasera, quello di Mr. Cartwright.»

Cartwright era il direttore di un giornale che aveva coraggiosamente pubblicato un articolo in cui criticava il trattamento di donne e bambini boeri, rinchiusi in campi di concentramento. Una decisione che rimarrà per sempre come una macchia indelebile sull'onore britannico e che fu presa da una mia vecchia conoscenza che nel frattempo aveva assunto il comando delle operazioni in Sudafrica: lord Kitchener. Infuriato per l'articolo, fece arrestare il giornalista. Dopo aver scontato un anno di reclusione, ora Cartwright chiedeva un visto per recarsi in Inghilterra, ma il governo si opponeva con la motivazione che fosse un sedizioso. Io e i miei amici avevamo votato con convinzione insieme all'opposizione contro questa ingiustizia.

«Miei cari signori – disse Chamberlain –. *A che serve sostenere il vostro stesso governo solo quando è nel giusto? È proprio quando si trova in guai come questi che dovreste venire in nostro aiuto.*»[184]

La cena proseguì in un clima di discussione franco, ma cordiale e educato. Prova ne fu il fatto che alla fine, mentre bevevamo l'ultimo brandy e fumavamo l'ultimo sigaro prima di accomiatarci, Joe disse: *«Signori, mi avete intrattenuto in maniera regale, lasciate che mi sdebiti con voi rivelandovi un segreto inestimabile. Tariffe! Questa è la politica del futuro, e del futuro prossimo. Studiatele con attenzione e non rimpiangerete l'ospitalità che mi avete concesso questa sera».*[185]

Lo presi in parola, ma alla fine a pentirsene fu lui.

Di lì a poco Chamberlain in effetti propose di introdurre dei dazi sulle importazioni di merci dai Paesi non facenti parte dell'Impero. La sua tesi era che così facendo si sarebbe stimolato lo scambio all'interno dell'Impero stesso, favorendone la coesione e accrescendone la ricchezza. Ma ciò che vedevo io era solo un inevitabile aumento dei prezzi, soprattutto del cibo, a discapito quindi delle classi più povere. *Pensare che l'istituzione di una tassa possa rendere un uomo più ricco* è *come se qualcuno si mettesse in un secchio convinto di potersi sollevare dal manico.*[186]

Mi scagliai contro il progetto, sostenendo la mia *totale opposizione a qualsiasi cosa modificasse il carattere del libero commercio nel Paese e considerando la questione come più importante di qualunque altra.*[187] E non ero l'unico a pensarla così. *L'intero Paese era in agitazione. Non si parlava d'altro. I vecchi libri di testo sul libero scambio venivano recuperati dagli scaffali e un uragano di discussioni infuriò per la Nazione.*[188]

Nel frattempo il vecchio lord Salisbury, la solida roccia che aveva guidato il governo per più di quattordici anni, si era dimesso lasciando il posto ad Arthur Balfour, il cui obiettivo principale divenne quello di tenere unito il partito. Mentre infatti i Liberali si riunirono compatti sotto l'insegna del libero scambio, i Conservatori erano divisi fra i sostenitori della riforma, guidati da Chamberlain, e chi vi si opponeva, fra i quali io ben presto assunsi una posizione di spicco.

Lo scontro era ormai inevitabile e io ero pronto a combattere.

Il 28 maggio del 1903, mi alzai a parlare immediatamente dopo Chamberlain, che aveva appena esposto ufficialmente alla Camera il suo progetto, chiedendo ai miei colleghi perché mai avremmo dovuto accogliere una novità che avrebbe stravolto il nostro modo di vivere: «*Qual è la causa di questo cambiamento? La ricchezza del nostro Paese non è mai stata tanto grande, o i profitti commerciali più elevati, o la lealtà delle Colonie più spiccata. Siamo forse stanchi di questi bei vecchi tempi?*».[189]

Il dibattito in Parlamento e nella Nazione infuriò per mesi, mentre Balfour manteneva la sua snervante neutralità, evitando accuratamente di prendere posizione da una parte o dall'altra. Lo attaccai per questo più e più volte, scatenando l'ira crescente dei miei compagni di partito, increduli e oltraggiati dal fatto che un così giovane membro osasse attaccare il suo stesso capo del governo.

Ma non mi importava.

Alcuni uomini cambiano partito per amore dei loro principi, altri cambiano i loro principi per amore del loro partito. Io non intendevo far parte di questi ultimi.

Durante uno dei dibattiti alla Camera avvenne un episodio di cui feci tesoro. Fino a quel momento avevo preso l'abitudine di imparare a memoria i discorsi, anche i più lunghi. Un giorno però, nel bel mezzo di una frase, la mente mi si svuotò completamente e dimenticai ogni cosa. Tornai a sedermi farfugliando delle scuse, ma attorno a me notai una certa apprensione: molti dei presenti ricordavano bene che qualcosa di simile era capitato anche a mio padre, nel momento in cui cominciò a manifestarsi la malattia che lo avrebbe in seguito portato via. Nel mio caso si trattò per fortuna solo di un incidente di percorso, ma da quel momento non ho mai più pronunciato un discorso senza avere con me un foglio con scritte le parole chiave di ogni frase, quello che io definisco «la struttura del salmo».

Quando finalmente Balfour si decise a prendere posizione a fianco di Chamberlain sul tema dei dazi, sentii che ogni mio residuo legame con i Conservatori era ormai venuto meno.

Il 31 maggio del 1904 entrai alla Camera, mi inchinai come di consueto davanti allo Speaker e senza ulteriori parole e cerimonie mi voltai e per la prima volta presi posto nei banchi dell'opposizione, fra lo sgomento dei Conservatori.

Ricordo che mi sedetti proprio accanto a quel Lloyd George che era stato il primo bersaglio della mia avventura parlamentare e che ora era il mio vicino. Presto sarebbe diventato il mio più stretto alleato.

Ero diventato a tutti gli effetti un Liberale.

Sorrisi pensando che quello stesso scranno che ora occupavo era stato di mio padre quando era all'opposizione. Il cerchio della vita si chiudeva in armonia con sé stesso.

Ero pronto a prendermi la mia rivincita.

E la sua.

Fortemente indebolito e con il partito sull'orlo della scissione, Arthur Balfour resistette alla guida del governo il più a lungo possibile, prima di dare le dimissioni alla fine dell'anno successivo. Il re nominò primo ministro il capo dei Liberali, sir Henry Campbell-Bannerman, con l'incarico di condurre il Paese alle elezioni, fissate per il gennaio 1906.

Il nuovo premier mi propose di unirmi all'esecutivo con la

carica di segretario per le finanze al Tesoro, appena un gradino sotto il rango di membro del consiglio dei ministri. Declinai con tatto e mi proposi piuttosto come sottosegretario di Stato per le colonie, un incarico che sentivo più nelle mie corde e che portava con sé un vantaggio non indifferente. Il segretario di Stato e mio diretto superiore sarebbe stato infatti il conte di Elgin, che proprio in virtù del suo titolo sedeva nell'altro ramo del Parlamento, la Camera dei Lord.

Sarei stato quindi io, in quanto suo vice, a rappresentare quell'importante Ministero lì dove contava davvero, cioè alla Camera dei Comuni.

Come previsto le elezioni furono un trionfo e assegnarono ai Liberali la maggioranza assoluta. Per non dovermi battere contro i miei ex amici di Oldham, decisi di candidarmi nel collegio di Manchester Nord-Ovest. Mi diedi da fare come non mai, ben deciso ad assestare una dura lezione ai miei ex compagni di partito. Tenni decine di comizi, non solo nel mio distretto, ma anche nel resto del Paese, parlando anche agli eventi degli altri candidati Liberali.

La mia fama di oratore infatti andava crescendo, nonostante la blesità che mi portava a pronunciare la «s» sibilante come «sh» e per la quale fin da piccolo venivo preso in giro. Per anni ho ripetuto lo scioglilingua che mi aveva suggerito un dottore che avevo consultato: *«The Spanish ships I cannot see for they are not in sight»*.[190] Inutile dire che non è servito a nulla.

Non fu un caso se scelsi proprio quel periodo per dare alle stampe l'ultimo libro sul quale stavo lavorando, che era in qualche modo anche un po' il mio manifesto elettorale: la biografia di mio padre, *Lord Randolph Churchill*. Nei lunghi mesi che impiegai a lavorarci mi resi conto di quante cose avessimo in comune lui e io, dall'avversione per la disciplina di partito alla difesa del libero commercio, passando per l'opposizione all'aumento delle spese militari, battaglia quest'ultima che gli costò l'estremo sacrificio. Lo studio approfondito di quel periodo e di come venne scaricato senza tante cerimonie dai Conservatori alimentò se possibile ancor di più il mio desiderio di rivalsa.

La vittoria elettorale fu grandiosa e garantì ai Liberali il controllo assoluto del Parlamento. Il governo di Campbell-Bannerman venne confermato e io potei mettermi al lavoro.

Il destino volle che uno dei primi incarichi che mi fu affidato nel mio nuovo ruolo fosse proprio la questione boera.

Le due repubbliche si erano finalmente arrese ed erano pronte all'autogoverno sotto l'egida della corona. Per mesi lavorai incessantemente con il loro emissario, Jan Smuts, per mettere a punto la nuova costituzione, incentrata sulla parità di diritti fra cittadini britannici e boeri, anche se per quanto riguarda i nativi mi trovai con le mani legate dal trattato di pace e non potei far nulla per estendere anche a loro il diritto di voto.

È uno dei miei rimpianti più grandi, ma i miei sforzi nondimeno portarono finalmente la pace e soprattutto contribuirono a instaurare quella che sarebbe diventata una lunga e feconda amicizia fra le nostre nazioni, testimoniata dal fatto che il Sudafrica si unì all'Inghilterra in entrambe le guerre mondiali che il nuovo secolo avrebbe rovesciato sulle nostre teste.

Nelle lunghe e difficili trattative e dibattiti di quel mio primo gravoso incarico un aiuto fondamentale venne dal mio nuovo segretario personale, Edward Marsh.

Era un funzionario del Ministero di due anni più grande di me, che avevo conosciuto qualche tempo prima e che mi era piaciuto a prima vista, decidendo quasi di impulso di assumerlo.

Ancora una volta il mio istinto non mi tradì. Sarebbe stato al mio fianco per trent'anni.

Sempre discreto, quasi nascosto così come il suo sguardo acuto celato dalle sopracciglia folte e dal monocolo, Eddie si dimostrò un grande lavoratore e un ancora più grande amico, sostenendomi e sopportandomi senza mai un'esitazione.

Tante volte il suo aiuto si rivelò inestimabile, ma mai come nel marzo del 1908, quando cambiò per sempre la mia vita con una frase, semplice quanto inaspettata.

«In nome del cielo Winston, cosa state facendo?»

Al di là della porta il tono della voce sembrava quasi incredulo.

«Che diamine, il bagno, come sempre.» Quando potevo ne

facevo due al giorno, e con un rituale ben preciso: entrare nella vasca solo quando era piena per due terzi e a 37 gradi. Poi portarla a 40 finché quasi non traboccava.

«Il bagno!», esclamò come se avesse ricevuto un'offesa personale. *«Ma a quest'ora dovevate essere già alla cena da lady St. Helier!»*[191]

«Ah, quella. No, non ci vado.»

«Non ci andate? Ma non potete farlo, lady St. Helier ci rimarrà malissimo. Sono giorni che avete ricevuto l'invito.»

«Sì, lo so, ma sarà una noia mortale, Eddie. Queste cene lo sono sempre.»

«Ma voi stesso mi avete raccontato di quanto fece per voi al tempo della spedizione in Sudan, di quando scrisse a Kitchener per convincerlo ad accettare che vi uniste a lui.» Sembrava francamente scandalizzato. Un uomo tutto d'un pezzo il buon Eddie. L'accenno al vecchio debito di gratitudine che avevo con lady St. Helier mi convinse a dargli ascolto.

«Fra l'altro senza di voi sarebbero tredici a tavola, e sapete bene quanto la signora sia superstiziosa. Sarebbe capace di mandare a monte la cena.»

«E va bene, e va bene. Arrivo, arrivo», dissi uscendo dalla vasca e avvolgendomi nell'asciugamano.

Aprii la porta e lo trovai lì sulla soglia, mentre gocciolavo copiosamente sul pavimento. «Chiamami una carrozza intanto.»

«È già sotto che aspetta», mi rispose con un sorriso.

Di tutte le numerose attestazioni di favore che la Dea bendata mi ha concesso nel corso della mia lunga vita, nessuna fu abbagliante come quella che mi riservò quella sera.

Lei era bellissima.

Ogni aggettivo sarebbe superfluo. Potrei versare fiumi di inchiostro per descriverne gli occhi grandi e intelligenti, le labbra sempre pronte al sorriso, i lineamenti delicati, la postura fiera e i folti capelli scuri raccolti sul capo come una corona.

Mi limiterò a dire che era Lei.

La riconobbi subito, e – cosa straordinaria – lei riconobbe me.

Senza saperlo, Eddie aveva indovinato la sua previsione: Clementine Hozier era stata invitata alla cena all'ultimo momento perché la padrona di casa si era accorta che altrimenti saremmo stati tredici a tavola.

La scaramanzia dell'anziana nobildonna fu il più grande colpo di fortuna della mia vita.

La stessa Clementine mi raccontò successivamente che anche lei stava per dare forfait. Aveva passato la giornata a dare lezioni di francese ed era stanca. La madre la convinse a presentarsi lo stesso, un po' come Eddie aveva fatto con me.

Per la prima e credo ultima volta da quando sono nato le parole sembravano mancarmi. Seduto accanto a lei, non sapevo cosa dire. E così me ne uscii con una frase sciocca e – temo – autoreferenziale.

«Avete letto il libro che ho scritto su mio padre?»

«Non ho ancora avuto il piacere», rispose lei garbata.

«Se ve lo spedisco domani, lo leggerete?»

«Sarà un piacere», disse educatamente.

Da lì in poi mi sciolsi un po' e parlammo amabilmente per il resto della serata. Per me non c'era nessun altro. Non ricordo neanche chi fosse seduto accanto a me dall'altro lato, tanto la mia attenzione era rivolta verso di lei.

Quando tornai a casa, ero perdutamente innamorato.

Il corteggiamento durò qualche settimana, ma il mio altro grande amore, la politica, si intromise in modo inaspettato.

Con la salute ormai a pezzi, Campbell-Bannerman si ritirò nella primavera del 1908, due settimane prima di morire. Il suo posto venne occupato dal nuovo leader Liberale Herbert Asquith, che procedette a un rimpasto dell'esecutivo. A me offrì la carica di presidente della Camera di commercio, una posizione centrale per la difesa del libero scambio e che mi dava il rango di ministro.

A trentatré anni ero a tutti gli effetti membro del Gabinetto di governo. Il più giovane da quarant'anni a quella parte.

Ma prima dovevo superare un ultimo ostacolo.

Un'antica regola parlamentare richiedeva che ogni nuovo ministro dovesse essere rieletto alla Camera dei Comuni per la propria circoscrizione. Di solito l'opposizione rinunciava a competere per il seggio in questione, riducendo il tutto a una pura formalità. Nei miei confronti però i Conservatori avevano il dente avvelenato e così annunciarono che avrebbero proposto un loro candidato.

E così mi ritrovai di nuovo catapultato nei meandri di una nuova, durissima campagna elettorale, negli stessi giorni in cui avevo invece in programma di rivedere Clementine.

I miei sforzi furono però vani.

I Conservatori mobilitarono ingenti risorse per prendersi la loro rivincita contro di me e alla fine fui sconfitto, seppur di misura.

Non nascondo la mia delusione, ma lo scoramento durò poco. Altri seggi considerati sicuri mi vennero subito offerti da diverse associazioni Liberali in varie parti del Paese. Scelsi quello di Dundee, in Scozia, dove vinsi senza difficoltà. Sarebbe rimasto mio per sedici anni.

Superato lo scoglio della rielezione, potevo finalmente dedicarmi a Clemmie.

La pioggia accarezzava la sommità del piccolo tempio.

L'uno accanto all'altra, circondati da affreschi di struggente bellezza, sentivamo le gocce scendere sul tetto e le guardavamo riversarsi in piccole cascate al di là della facciata.

Ho sempre trovato il tempio di Diana uno degli angoli più suggestivi di una tenuta che già di per sé è tuttora l'invidia del regno. Blenheim Palace: la sontuosa dimora ancestrale della mia famiglia che porta il nome della più gloriosa battaglia della guerra di successione spagnola, quella vinta dal mio avo John Churchill. Fu per omaggiare quel grande trionfo che venne edificato l'imponente palazzo che sarebbe per sempre stato la casa dei duchi di Marlborough.

A Blenheim ho preso due importanti decisioni: nascere e sposarmi. E sono molto soddisfatto di entrambe.

Grazie all'aiuto dell'attuale duca, mio cugino Sunny – figlio del fratello maggiore di mio padre –, avevo invitato Clemmie per il fine settimana, con la scusa di mostrarle quel luogo meraviglioso. «*Desidero tanto mostrarti quel bellissimo posto e nei suoi giardini troveremo molti posti in cui parlare e tante cose di cui farlo*»,[192] le avevo scritto.

Effettivamente ci trovavamo proprio nei suoi giardini, dove il connubio quasi irreale fra natura e arte faceva da preludio ideale a quello fra anime.

Sembrava quasi che la pioggia creasse una barriera intorno a noi, come un sipario che ci separava dal resto del mondo, lasciando il palcoscenico alla rappresentazione più antica e nobile che un uomo e una donna possano mettere in scena: quella dell'Amore.

In quella cornice fuori dal tempo, l'11 agosto dell'anno di grazia 1908, le chiesi la mano.

«*Non sono ricco e non ho ancora una posizione importante, ma sento che con te al mio fianco sarò abbastanza forte per affrontare qualsiasi difficoltà. Prometto di darti la felicità che meritano la tua bellezza e la tua virtù.*»[193]

Un'angosciosa apprensione, come non avevo provato neanche sotto il fuoco nemico o nel primo discorso in Parlamento, si sciolse come neve al sole mentre un sorriso faceva capolino fra le sue labbra lentamente, come se volesse assaporare ogni momento. Piantò quegli enormi occhi su di me e disse di sì.

Un mese dopo eravamo marito e moglie.

Rafforzato e ritemprato dalla presenza di una così meravigliosa creatura al mio fianco e dopo una splendida luna di miele a Venezia, tornai a buttarmi a capofitto nel lavoro.

Come mio padre prima di me, anche io sono sempre stato convinto che sia dovere delle classi superiori migliorare le condizioni di quelle più sfortunate, allo stesso modo in cui sul piano coloniale i popoli indigeni possano trarre beneficio dal sistema di governo e dalle istituzioni britanniche. Gli enormi cambiamenti che il nuovo secolo aveva portato nel mondo del lavoro richiedevano riforme urgenti a sostegno dei meno abbienti. Lo sguardo costantemente rivolto al di là dei mari ci aveva fatto perdere di vista i problemi interni. Ho sempre visto *po-*

ca gloria in un Impero che può dominare le onde ma che non riesce a svuotare le proprie fogne.[194] E così, *al di là degli abissi dell'ignoranza, cominciai a intravedere vagamente i contorni di una politica che definii dello «standard minimo».*[195]

In quegli anni io e Lloyd George, diventato nel frattempo cancelliere dello Scacchiere e quindi ministro delle Finanze, fummo il motore riformista del governo.

Passammo insieme un gran numero di legislazioni di carattere sociale. Su nostro impulso vennero create le agenzie di collocamento per mettere in contatto i disoccupati con i datori di lavoro, fu istituita una giornata settimanale di riposo per i lavoratori del commercio, fu concessa una pensione settimanale a seicentomila persone, fu introdotto il primo sistema nazionale obbligatorio di assicurazione contro la disoccupazione, furono ridotte le ore lavorative per i minatori e migliorate le loro misure di sicurezza, fu stabilito un salario minimo per gli operai.

Il concetto alla base era, per l'epoca, rivoluzionario. Le tasse non sarebbero servite più solo a finanziare i progetti del governo, ma dovevano essere considerate come veri e propri mezzi di redistribuzione della ricchezza all'interno del Paese. Insomma, quello che oggi viene chiamato comunemente welfare.

Tutte queste misure ovviamente avevano un costo elevato per lo Stato e per reperire le risorse Lloyd George presentò nella primavera del 1909 quella che chiamava «legge di bilancio del popolo», che mirava esplicitamente a colpire i redditi più elevati e le grandi proprietà terriere.

E quindi principalmente l'aristocrazia.

Da quando i Liberali erano al governo, la Camera dei Lord, composta da nobili non eletti, i più ricchi del regno e con una schiacciante maggioranza conservatrice, esercitava costantemente il proprio diritto di veto sulle delibere della Camera dei Comuni. Esasperati da questo stallo istituzionale, Asquith e Lloyd George decisero di giocarsi il tutto per tutto: se i Lord avessero posto il veto sulla legge di bilancio del popolo e interrotto la lunga consuetudine di non interferire con gli atti relativi al potere di spesa dei Comuni, non sarebbe rimasta altra scelta che sciogliere il Parlamento e indire nuove elezioni.

E fu quello che accadde.

La campagna elettorale che seguì fu una delle più dure che ricordi. Lo slogan di quelle elezioni era «il Popolo contro i Lord», il che fa capire bene il clima da guerra di classe in cui versava il Paese. Se Lloyd George, viste le sue modeste origini, era considerato un naturale alfiere della battaglia sociale, dall'altra parte io ero visto né più né meno come un traditore e un ipocrita. Nato nella «Versailles inglese», nipote di un duca e imparentato con un gran numero di nobili, ora mi trovavo a far campagna contro i privilegi della stessa casta di cui avevo sempre fatto parte.

Gli attacchi contro di me furono feroci e personali, ma si sa che è proprio degli uomini deboli usare parole forti, e che non le usano mai così forti come quando devono difendere una causa debole. Ancora una volta percorsi il Paese in lungo e in largo, arringando folle spesso composte da migliaia di persone, desideroso di far comprendere quale fosse il punto centrale di quelle elezioni, ossia *se nell'anno di grazia 1909 il popolo inglese si sarebbe lasciato dominare da una minoranza di persone con un titolo, che non rappresentavano nessuno, che non rispondevano a nessuno e che si precipitavano a Londra solo per votare nell'interesse del loro partito, della loro classe e di loro stessi.*[196]

Il patto implicito che Asquith aveva stipulato con re Edoardo VII era che in caso di chiara vittoria Liberale, qualora la Camera dei Lord non avesse rinunciato a porre il veto, egli avrebbe nominato un numero sufficiente di nuovi nobili di vedute più aperte tale da superare lo stallo.

La risposta degli elettori però fu meno netta di quanto avessi sperato.

I Liberali vinsero, ma il vantaggio sui Conservatori si ridusse a due soli seggi, rendendo il mandato popolare per un simile cambiamento costituzionale vago e fumoso. Come se non bastasse, Sua Maestà morì improvvisamente il 6 maggio 1910 e suo figlio Giorgio V non intendeva intraprendere come suo primo atto ufficiale un'azione così drastica come quella di cambiare il tessuto costituzionale del Paese. Il risultato fu una nuova elezione, la seconda in meno di un anno, che cambiò se possibile ancora meno l'equilibrio in Parlamento. Il vantaggio dei Liberali sui Conservatori ora era ridotto a un solo seggio e il governo poté rimanere al suo posto solo grazie al supporto del Partito nazionalista irlandese e dei Laburisti.

Ma tanto bastò.

Balfour decise di gettare la spugna e si dimise dalla guida del suo partito. I Lord cedettero e approvarono la legge di bilancio.

Avevamo vinto.

Dalla finestra del numero 33 di Eccleston Square guardavo la pioggia scendere sul parco di fronte.

Un sigaro spento giaceva fra le mie labbra, dimenticato sotto il flusso di pensieri che mi vorticavano nella testa.

Come sempre Clemmie se ne accorse.

«Winnie caro, va tutto bene?», mi chiese comparendo alle mie spalle con la piccola Diana in braccio.

Aveva sette mesi e ai miei occhi era la più bella creatura che si potesse immaginare. Ma immagino sia così per ogni genitore. Agli amici che mi dicevano quanto mi somigliasse rispondevo sorridendo che a ben guardare ogni bambino mi somigliava. Anche Clemmie diceva sempre quanto amasse il fatto che l'età e gli impegni non erano mai riusciti a far sparire dal mio viso l'espressione quasi fanciullesca che è sempre stata il diletto di vignettisti e disegnatori.

Le baciai entrambe sulla fronte.

«Va tutto bene, Clemmie, stavo solo pensando.»

«Pensieri tristi o felici?»

Mi limitai a sorridere e a porgerle la lettera che avevo appena finito di leggere e che giaceva sulla scrivania.

«Valuta tu stessa», le dissi consegnandogliela, mentre prendevo la bambina in braccio.

«È del primo ministro», disse guardando l'intestazione e leggendo a voce alta. «*Mio caro Winston, devo innanzitutto esprimerti i miei più sentiti ringraziamenti e le migliori congratulazioni per il lavoro svolto durante queste elezioni. I tuoi discorsi, dal primo all'ultimo, hanno raggiunto l'eccellenza, e rimarranno nella storia. Ci sarà ora una certa ristrutturazione nella composizione del Gabinetto...»*[197] Sussultò brevemente e continuò a leggere sotto voce. Aspettai che finisse.

«Winston, ma ti sta offrendo la carica di ministro dell'Interno!»

Sorrisi, mentre Diana cercava di afferrarmi il dito che le facevo roteare davanti al visino.

«Ma... – continuò – è una notizia meravigliosa! Devi essere il più giovane da... quanto?»

«Dai tempi di sir Robert Peel», risposi prontamente, «nel 1828. Ma lui aveva solo trentatré anni.»

«E tu trentacinque, direi che puoi accontentarti. È pur sempre un primato.»

«Oh sì che lo è. Ma non è quello il bello», dissi divertito.

«Ah no, e quale sarebbe?»

«Non sarò il più giovane ministro dell'Interno della storia, ma sono abbastanza sicuro di essere l'unico a essere mai finito in prigione. Non male per uno che da oggi è a capo della polizia del Paese, non trovi?»

Sorrise anche lei.

«Se è per questo, puoi star certo che sei anche l'unico a esserne evaso.»

6
Verso l'abisso

1910-1914

Ben poco potevamo prevedere quanto sarebbero state forti le maree che ci avrebbero trascinato o distrutto con forza irresistibile.[198]

Attraverso il fumo immobile del sigaro guardavo e riguardavo il documento che giaceva sulla mia scrivania, come se potesse rivelarmi qualcosa che non sapessi già.

Un indizio, un'informazione mancante, un qualsiasi suggerimento.

Ma, per quanto lo fissassi, il pezzo di carta rimaneva muto e sordo alle mie silenziose suppliche. Naturalmente, non poteva essere altrimenti. Da giorni ne svisceravo il contenuto in ogni sua pagina, ne conoscevo a memoria ogni singola virgola.

Eppure, titubavo.

Di tutti i numerosi incarichi di cui dovetti occuparmi come ministro dell'Interno, quello di valutare in ultima istanza i casi dei condannati alla pena capitale era senz'altro il peggiore.

Come ho raccontato in queste pagine, più di una volta ho personalmente preso la vita di un uomo. Ma l'ho fatto in guerra, quando la più antica delle leggi di natura richiede come prezzo per la propria sopravvivenza la morte del nemico. Tutt'altra faccenda rispetto al diabolico potere che mi trovavo ora a dover esercitare. Un colpo di pistola guardando negli occhi il proprio avversario è ben diverso dal porre una firma su un pezzo di carta.

Il risultato, però, non cambia.

Intendiamoci, non sono mai stato contrario alla pena di morte. Ma accoglierla come principio non vuol dire non sentire l'enorme responsabilità di doverla somministrare direttamente. Per questo ponderavo attentamente e per giorni interi ogni caso che veniva portato alla mia attenzione. *L'unica decisione capitale di cui sono rimasto insoddisfatto durante il mio mandato riguardava un uomo cui avevo commutato la sentenza, per motivi che non mi sento del tutto convinto fossero adeguati. In seguito si suicidò. Per la maggior parte degli uomini – inclusi tutti i migliori – una condanna all'ergastolo è peggio di una a morte.*[199]

Quello che avevo davanti in quel momento era solo il primo dei quarantatré casi che avrei esaminato nei miei due anni al Ministero. Per ventuno di questi proposi la commutazione della pena.

Ma quella volta, per quanto ne cercassi, sapevo dentro di me che non c'erano attenuanti possibili. Il condannato aveva portato un bambino in un vicolo e gli aveva tagliato la gola.

Per lui poteva esserci solo la forca.

Diedi un'ultima boccata al sigaro, senza accorgermi che era ormai spento. Presi la penna e firmai.

L'inchiostro umido sul foglio mi ricordò sinistramente il sangue che avevo appena ordinato di versare.

Fra i molti e variegati compiti che ricadevano sotto la mia giurisdizione, il primo senza dubbio era il mantenimento della legge e dell'ordine.

Il Paese veniva da un periodo di depressione economica e i primi interventi di welfare, introdotti due anni prima da me e Lloyd George, erano ancora troppo freschi perché se ne potessero apprezzare gli effetti. Il risultato fu che il malcontento sfociò in vari scioperi che, per dimensioni e livelli di tensione raggiunta, non avevano precedenti nella storia britannica.

Due furono i più preoccupanti.

Il primo scoppiò nel novembre del 1910 nella Rhondda Valley, nel Galles meridionale. Qui decine di migliaia di minatori dell'industria carbonifera protestarono per un aumento di salario. La piega degli eventi prese rapidamente un corso pericoloso. Le autorità locali, soverchiate dal numero di assalitori, richiesero l'assistenza dell'esercito. *Decisi di impiegare la polizia invece dei militari per sedare i disordini e di spostare le truppe nelle vicinanze, per mantenerle sullo sfondo finché non fosse stato certo che gli agenti erano insufficienti.*[200]

Nei violenti scontri che seguirono attorno alle miniere di carbone, gli scioperanti vennero respinti ma la loro furia si riversò nella vicina cittadina di Tonypandy, dove un manifestante venne ucciso e furono dati alle fiamme o saccheggiati decine di negozi.

Alla fine, l'ordine venne ristabilito senza che fosse necessario l'intervento dei soldati.

I militari furono invece fondamentali nel secondo caso, nell'agosto dell'anno successivo, quando iniziarono le proteste dei braccianti portuali in vari moli del Paese, cui presto si aggiunsero quelle dei ferrovieri. La combinazione rischiava di paralizzare il sistema dei trasporti dell'isola, con gravissime conseguenze per quanto riguarda il rifornimento di cibo e merci.

Di fronte al rischio di una sollevazione generale e di atti di sabotaggio alla linea ferroviaria, il 19 agosto impartii il seguente ordine: *«Gli ufficiali al comando delle varie aree militari usino la propria discrezione riguardo all'invio o meno di truppe in un punto particolare. Il Regolamento dell'Esercito che prevede la richiesta scritta di truppe da parte di un'autorità civile è sospeso».*[201]

Quattro manifestanti che avevano tentato di attaccare un treno aggredendo il macchinista furono uccisi dai militari a Llanelli, nel Galles del Sud. Soldati vennero inviati anche a Glamorgan, dove una folla prese d'assalto i negozi ebraici – in quello che venne poi chiamato il «pogrom di Tredegar» – e a Liverpool, ma senza che si registrassero feriti. Lo sciopero infine si concluse grazie soprattutto all'intervento di Lloyd George, che convinse le società ferroviarie a riconoscere i sindacati come controparte negoziale.

Fra i vari attori che in quel periodo protestarono con più forza, un posto speciale meritano le cosiddette «suffragette».

Da diversi anni un numero crescente di donne chiedeva a gran voce il diritto di voto. Personalmente, ero *ansioso che le donne fossero liberate in linea di principio da un ostacolo che era loro dannoso, poiché basato sul sesso.*[202] Già nel 1904 avevo votato in Parlamento a favore di una proposta per l'allargamento del suffragio alle donne, anche se poi non se ne fece niente.

Clemmie, poi, era una fervente femminista e più volte in quegli anni ci trovammo a discutere dell'argomento. Il copione era più o meno sempre lo stesso.

«Forse avete paura di scoprire che, dopotutto, saremmo in grado di fare quello che fate voi. Magari perfino meglio.»

«Non ho dubbi. Ma sai benissimo che quello che contesto sono le modalità...»

«Le modalità! Winston, sei troppo intelligente per nasconderti dietro a una scusa così fumosa. È facile e perfino comodo dare la colpa ai metodi violenti di un pugno di esagitate, che per di più non rappresentano di certo la maggioranza delle donne.»

«Comizi interrotti! Ingiurie continue! Attacchi fisici! E ti sei scordata di quando una di quelle arpie ha cercato di colpirmi con un frustino? O di quell'altra che mi è saltata addosso alla stazione e stava per buttarmi sui binari? Eppure, dovresti ricordarlo bene: se siamo qui a parlarne è solo perché mi hai afferrato per la giacca prima che finissi sotto le ruote del treno in movimento.»

«E tu pensi che io approvi simili metodi? Io parlo del principio che c'è alla base, che è giusto e sacrosanto. Le donne devono poter votare. Dovrebbe essere la base della democrazia!»

«È proprio questo il problema. Perlomeno allo stato attuale, un allargamento sarebbe ben poco democratico.»

Non c'era bisogno che le ricordassi come il diritto di voto fosse riservato solo agli uomini e, fra loro, solo ai capifamiglia, ai proprietari di immobili, agli inquilini che non avessero debiti o ai più istruiti. Se questo stesso sistema si fosse ampliato anche alle donne, sarebbero state ben poche quelle che sarebbero rientrate nella categoria.

E questa, all'epoca, era precisamente la mia principale riserva sull'argomento. Estendere il suffragio sulla sola base della proprietà sarebbe stato non solo antidemocratico, ma anche profondamente ingiusto perché avrebbe inevitabilmente intaccato l'equilibrio tra i partiti, concedendo una netta preponderanza ai possidenti, e cioè ai Conservatori.

Quello che proponevo io invece, senza successo, era di indire un referendum sulla questione.

Questo sì sarebbe stato democratico!

Il culmine delle proteste avvenne il 18 novembre, il cosiddetto «Venerdì nero». Centinaia di donne si riunirono davanti al Parlamento e presto i disordini si tramutarono in una vera e propria rivolta. Centodiciassette suffragette vennero arrestate dopo scontri violenti in cui la polizia venne criticata per l'eccessivo uso della forza, che spesso sfociò in vere e proprie molestie. Ordinai immediatamente il rilascio delle persone fermate: «*Era proprio quello che volevo evitare, anche a costo di qualche rischio* – scrissi al capo della polizia – *(...). In futuro devo chiedervi di attenervi scrupolosamente alla linea*».[203]

Agli occhi delle manifestanti, però, ero io il responsabile di quella che definivano una crudele e deliberata repressione.

Di lì a due anni avrei votato a favore dell'allargamento del diritto di voto alle donne, finché questo non fu finalmente riconosciuto all'indomani della Grande Guerra, grazie anche all'immenso contributo che queste generose patriote diedero allo sforzo bellico.

In realtà qualcosa per loro lo feci anche prima.

Ero convinto *che le regole carcerarie adatte ai criminali in prigione per disonestà, crudeltà o altri crimini che implicano turpitudine morale, non andassero applicate inflessibilmente anche a coloro il cui carattere in generale è buono e i cui reati, per quanto riprovevoli, non comportano disonore personale.*[204] Fra questi anche i cosiddetti prigionieri politici, comprese le suffragette. La necessità di migliorare le loro condizioni di detenzione rispetto a chi uccideva, rubava o si macchiava di chissà quali altri crimini non era solo una considerazione in linea di principio, era anche frutto della mia personale esperienza.

Ciò che più mi differenziava dai miei predecessori nella mia nuova carica era il fatto di aver provato sulla mia pelle la detestabile condizione di prigioniero. A parte i miei anni da studente, ricordo i giorni passati a Pretoria come i più odiosi della mia vita.

E questo mi portava a essere più empatico verso i carcerati. Perciò apportai una serie di novità, nella speranza di alleviare – nei limiti del buon senso – le condizioni di detenzione, come per esempio introdurre musica e biblioteche e ridurre il termine massimo previsto per l'isolamento a trenta giorni.

Mi accorsi con sgomento che degli oltre centottantamila detenuti nelle carceri di Sua Maestà, circa la metà lo era per il solo fatto di non aver pagato in tempo una multa e un terzo per motivi di ubriachezza.

Un'assurdità.

Anche perché *nel caso dell'ubriachezza l'applicazione di una multa è una condanna molto migliore che la reclusione, poiché il prigioniero tenderà a celebrare molto spesso la sua liberazione proprio ricadendo nel vizio, mentre l'effettiva applicazione di una multa significa un periodo di forzata temperanza.*[205]

Introdussi perciò il principio del pagamento dilazionato nel tempo, per dare modo a chi non avesse disponibilità di denaro immediata di poter saldare il conto senza finire in carcere.

I numeri mi diedero ragione: nei dieci anni seguenti, da quasi centomila detenuti per morosità si passò a poco più di cinquemila nel 1909. Nello stesso periodo gli arresti per ubriachezza passarono da più di sessantamila a milleseicento.

Mi adoperai anche per estendere le garanzie dei minori, prevedendo pene alternative ai più giovani che commettevano reati lievi.

In fin dei conti, il mio lascito al sistema carcerario è consistito nello svuotarlo il più possibile. Il fine ultimo della prigione dovrebbe essere quello di tenerne fuori il maggior numero di persone, in modo che a soffrire dietro le sbarre sia solo chi davvero lo merita.

E nessuno lo meritava più di Peter il pittore e la sua banda.

Alle dieci circa del mattino del 3 gennaio 1911 stavo facendo un bagno, quando fui sorpreso da un bussare frenetico alla porta.

«C'è un messaggio urgentissimo dal Ministero, vi aspettano al telefono», disse Eddie.

Sgocciolante e avvolto nell'asciugamano mi diressi all'apparecchio, dove appresi la seguente notizia: «Gli anarchici che hanno ucciso quei poliziotti sono stati circondati nell'East End, al 100 di Sidney Street, e sparano all'impazzata con pistole automatiche».[206]

Capii immediatamente che si riferivano alla banda di lettoni guidata dal cosiddetto «Peter il pittore» – così chiamato perché, quando non impegnato in rapine e assassinii, lavorava come imbianchino – che appena due settimane prima aveva ucciso tre agenti e ferito altri due durante una rapina. Da allora la caccia all'uomo infuriava in tutta la città e finalmente sembrava aver raggiunto la sua conclusione.

Diedi immediatamente disposizioni per l'invio di tutte le unità necessarie e mi vestii di corsa.

Ma non ero diretto al Ministero.

Volevo vedere di persona.

Col senno di poi *devo però ammettere che la convinzione di fare il mio dovere era sorretta da un forte senso di curiosità, che forse sarebbe stato bene tenere a freno.*[207]

Quella in cui mi trovai ben presto era una vera e propria zona di guerra.

I malviventi sparavano all'impazzata dalle finestre dell'edificio, circondato da un numero mai visto prima di poliziotti, che avevo dato ordine di rinforzare con un distaccamento di guardie scozzesi dalla vicina Torre di Londra.

La zona era piena non solo di forze dell'ordine, ma anche di passanti e di giornalisti, alcuni dei quali armati delle prime cineprese che immortalarono impietosamente il ministro dell'Interno, avvolto nel suo cappotto e con il suo alto cilindro, circondato da una schiera di poliziotti, che si sporgeva dall'androne di un palazzo per vedere meglio la situazione. Una scena che mi sarebbe stata rinfacciata a lungo.

Ma io mi sentivo perfettamente a mio agio.

La potenza di fuoco dei criminali, armati con pistole e fucili automatici in grado di sparare decine di colpi al minuto, rendeva la situazione estremamente pericolosa. Ma qualcosa andava fatto. Stavo per ordinare di rimediare delle placche di metallo dalle fonderie vicine da usare come scudi per un'irruzione, quando la situazione cambiò all'improvviso.

Dai piani superiori della casa vedemmo alzarsi quella che prima era solo una lieve colonna di fumo, che ben presto si rivelò un vero e proprio incendio. In men che non si dica, al caos generale si unirono alcune brigate di pompieri che si erano precipitate sulla scena. Ma io non intendevo rischiare altre vite innocenti. *Dissi loro, con l'autorità della mia carica, che si doveva lasciare che la casa andasse a fuoco e che avrebbero dovuto limitarsi a restar pronti qualora il fuoco avesse minacciato di espandersi agli edifici vicini.*[208]

Le fiamme consumarono l'intero palazzo, senza che nessuno degli occupanti provasse alcuna sortita. Solo quando si spensero, gli agenti entrarono. Trovarono i due corpi carbonizzati dei complici, ma di Peter il pittore nessuna traccia.

Nessuno lo rivide mai più.

Il clamore mediatico e la risonanza su giornali e nelle chiacchiere di piazza di quello che passò alla storia come l'«assedio di Sidney Street» furono senza precedenti. *Da allora abbiamo acquisito fin troppa familiarità con scene di questo tipo, e lo spettacolo dei combattimenti di strada ha perso da tempo il suo elemento di novità in Europa. Ma nulla del genere era mai stato visto a memoria d'uomo nella tranquilla, rispettosa della legge e confortevole Inghilterra; e, almeno da questo punto di vista, il mio viaggio è stato ben ripagato.*[209]

Ben presto, però, tutti noi saremmo stati nostro malgrado costretti ad abituarci a scene di violenza e carneficine di ben altra grandezza.

Anche se ancora non lo sapevamo, infatti, le ruote della Storia correvano già lungo il pendio della catastrofe.

La prima avvisaglia del precipizio imminente giunse appena sei mesi dopo, il primo luglio, in una città remota sulle coste atlantiche del Marocco di cui fino ad allora nessuno di noi o quasi aveva sentito parlare.

Ma per allora, eravamo già affacciati sull'orlo dell'abisso.

«Agadir, dove diavolo è Agadir?»

«Signore?», chiese Eddie entrando nello studio senza bussare, pensando forse che lo stessi chiamando.

La porta socchiusa mi portò in regalo il dolce suono dei vagiti del mio piccolo secondogenito, che piangeva da qualche parte al piano di sotto. Me lo immaginai fugacemente fra le braccia della mamma. Era nato da poco più di un mese e, ovviamente, gli avevo dato il nome di mio padre. Randolph.

«Oh, Eddie, bene eccoti qui. Fammi il favore, prendi l'atlante e cerca Agadir. Dovrebbe essere da qualche parte in Marocco», dissi senza distogliere lo sguardo dal telegramma appena arrivato.

Abituato a richieste ben più strampalate di questa, il mio buon segretario andò verso la grande libreria che ricopriva un'intera parete della stanza, senza chiedere ulteriori spiegazioni. Si sollevò in punta di piedi e tirò giù da uno degli scaffali più in alto un grosso volume rilegato elegantemente, che iniziò subito a consultare.

«Ecco, dovrebbe essere qui, a sud di Marrakech, lungo la costa», disse mostrandomi la pagina in cui era riprodotto il dettaglio della mappa nord-occidentale dell'Africa.

Mi misi gli occhiali e cercai di raccapezzarmi.

«Che cosa vogliono da questo posto?», chiesi più a me stesso che a lui.

«Signore?», ripeté Eddie, paziente.

«I tedeschi, Eddie. I tedeschi! Hanno mandato una cannoniera in questa Agadir. È appena arrivata la notizia.»

Eddie si avvicinò a studiare la cartina da sopra la mia spalla. «Ma il Marocco è zona di influenza francese. Perché inviare una nave da guerra?»

«È esattamente quello che dobbiamo capire.»

La Germania stava cercando un pretesto per far guerra alla Francia, o cercava semplicemente, attraverso pressione e incertezza, di migliorare la sua posizione coloniale? Quale che fosse il motivo, *tutti i campanelli d'allarme in ogni parte d'Europa cominciarono immediatamente a fremere.*[210]

Le cancellerie si misero all'opera, i ben oliati ingranaggi della diplomazia giravano a pieno ritmo.

A Parigi regnava un'angosciosa apprensione, mentre da Berlino non filtrava nulla sulle reali intenzioni del Kaiser. Silenzio assoluto. In una simile situazione di dubbio, la Gran Bretagna doveva giocare un ruolo fondamentale, sotto la guida del suo primo ministro e del ministro degli Esteri, sir Edward Grey.

Il Gabinetto fu riunito per valutare la situazione e a prevalere fu la linea della fermezza, propugnata da quello che fino a quel momento era ritenuto il più pacifista dei ministri: Lloyd George. Il suo passaggio allo schieramento di chi voleva un atteggiamento intransigente di fronte a una mossa chiaramente aggressiva portò nel giro di poche settimane a una svolta.

Col senno di poi, *sembra oggi probabile che i tedeschi non intendessero arrivare alla guerra in questa occasione, ma volessero sondare il terreno; e così facendo erano pronti ad arrivare fino all'orlo del precipizio.*

Lì è così facile perdere l'equilibrio: un tocco, un soffio di vento, un momentaneo capogiro, e tutto precipita nell'abisso.

Ma, che nel cuore dello Stato tedesco ci fosse o meno un proposito di guerra prima che la posizione dell'Inghilterra fosse stata pubblicamente dichiarata, tale intenzione da quel momento non vi fu più.[211]

La crisi si risolse pacificamente e la Germania fu costretta a ritirarsi.

Quell'episodio, comunque, ebbe effetti profondi non solo agli occhi di molti governi, ma anche ai miei.

L'oscurità delle intenzioni tedesche cominciava a essere rischiarata dalla fiamma del militarismo, di cui si delineavano chiaramente i contorni aggressivi.

Fino a quel momento la mia posizione era stata saldamente improntata al pacifismo. Mi ero opposto all'aumento delle spese per la Marina ed ero convinto che mai ci sarebbe stata una guerra contro un'altra grande potenza europea.

Forse, più che altro, lo speravo.

Due volte negli anni precedenti avevo visto con i miei occhi la formidabile macchina da guerra tedesca in azione. Nel 1906 e di nuovo nel 1909 ero stato invitato direttamente dal Kaiser ad assistere alle esercitazioni delle sue forze armate.

È ancora vivido nella mia mente lo spettacolo delle migliaia di uomini in marcia, del loro armamento moderno e della loro disciplina assoluta. Rimasi impressionato e tornai a casa ben lieto che, fra noi e quella superba armata, a separarci ci fosse un mare.

Il mare.

Era questo l'elemento centrale di ogni cosa.

Da secoli l'Inghilterra prosperava ed era inattaccabile a causa del suo predominio navale. La potenza della flotta britannica era ineguagliata, costruita appositamente per essere in ogni momento superiore a quella delle due successive maggiori Marine europee combinate, in quel momento quella francese e quella russa.

La novità di Agadir mostrava però che i tedeschi erano spinti da un crescente desiderio imperiale e colonialista, e che avevano deciso di sostenerlo puntando al rafforzamento della flotta. *Ma se per noi la Marina era una necessità, per loro era qualcosa di simile a un lusso. Il potere navale implicava per la Gran Bretagna la sua stessa esistenza.*

Esistenza per noi; espansione per loro.[212]

Era una sfida diretta che non potevamo ignorare.

Il governo lo sapeva bene e, nel caldo torrido del 23 agosto 1911, Asquith convocò una riunione segreta del Comitato per la Difesa Imperiale, di cui anche io facevo parte.

Quell'incontro avrebbe cambiato la mia vita.

Partendo dall'ipotesi, non più inverosimile, di una guerra contro la Germania, due opposte visioni strategiche si scontrarono, apparentemente inconciliabili.

Da un lato l'Esercito, il cui piano prevedeva che, nel caso di un'invasione tedesca del Belgio, il corpo di spedizione britannico venisse schierato all'estrema sinistra dello schieramento francese, per aiutare i nostri alleati a reggere l'urto. Per farlo, ovviamente, serviva che le nostre truppe fossero rapidamente trasportate al di là della Manica.

Quando però l'ammiraglio Wilson presentò il piano della Marina, *capimmo subito che c'era una profonda divergenza fra il Ministero della Guerra e l'Ammiragliato. Per lo più quest'ul-*

timo riteneva che dovessimo limitare i nostri sforzi al mare; che se il nostro piccolo esercito fosse stato inviato nel continente sarebbe stato inghiottito tra le immense schiere lì in conflitto, mentre se fosse stato impiegato sulle navi, pronto a imbarcarsi per contrattacchi lungo la costa della Germania, avrebbe distolto dalle linee di combattimento tedesche un numero di truppe maggiori rispetto al proprio peso numerico reale.[213]

Dopo lunghe discussioni e in un clima che si faceva via via più elettrico, Asquith decise di propendere per il piano dell'Esercito e io fui d'accordo, nonostante l'opposizione del primo lord dell'Ammiragliato – ossia il ministro della Marina – Reginald McKenna.

Era evidente però che le differenze di vedute fra i due rami delle forze armate costituissero un problema serio e immediato, cui era imperativo far fronte con risolutezza ed efficacia.

All'inizio di ottobre Asquith mi invitò a stare con lui in Scozia. Il giorno dopo il mio arrivo, tornando a casa dai campi di golf, mi chiese bruscamente se volessi trasferirmi all'Ammiragliato.

Non ebbi dubbi su cosa rispondere.

«Certo che sì.»

La mia mente era interamente occupata dai pericoli della guerra. Accettai con entusiasmo.

La tenue luce della sera rivelava in lontananza le sagome di due corazzate che uscivano lentamente dal Firth of Forth.

Mi sembrarono investite di un nuovo significato.[214]

Dalla sera alla mattina mi scambiai di posto con McKenna, lui passò agli Interni e io mi ritrovai a capo della Marina più potente del mondo.

Ero ora responsabile della più antica e riverita istituzione del Paese. Quella a cui gli inglesi guardavano come al loro orgoglio e al loro prestigio. Al loro inamovibile baluardo di libertà e difesa.

L'avrei rivoluzionata.

Il mio compito era cambiarne la strategia e prepararla a una guerra che mi sembrava sempre più probabile. Le cose da fare erano tante, il tempo tragicamente poco.

Ad aumentare il senso d'urgenza, arrivò la notizia che la Germania stava adottando una nuova legge navale, che incrementava il numero di vari previsti nell'immediato futuro e quello degli squadroni da battaglia da tenere costantemente operativi. Un'evoluzione che gettava una luce sinistra sulle mie già radicate preoccupazioni.

Operai una serie di cambiamenti nello staff, e cominciai da una mia vecchia conoscenza che tanta parte avrebbe avuto, nel bene e nel male, nella mia vita.

Prima di andare in pensione il vecchio lord «Jackie» Fisher era stato per cinque anni «primo lord del Mare», la più alta carica militare della flotta. Lo conoscevo da tempo e spesso avevamo discusso insieme di problemi e strategia navale. *Per almeno dieci anni tutti i più importanti passi avanti per ingrandire, migliorare e modernizzare la flotta erano stati opera sua.*[215] Compresa, per esempio, l'introduzione dei sottomarini.

Ma più grandi sono i cambiamenti, maggiore è la resistenza a essi, specialmente in un'istituzione profondamente conservatrice e legata alle sue tradizioni come la Marina. I nemici di Fisher divennero sempre più numerosi, e i suoi modi di fare di certo non aiutavano. *Fece sapere, anzi proclamò, che gli ufficiali di qualunque grado che si fossero opposti alla sua politica avrebbero visto la loro carriera professionale distrutta. Per quanto riguarda i traditori, ossia coloro che lo colpivano apertamente o segretamente, disse che «le loro mogli dovrebbero essere vedove, i loro figli orfani, le loro case un letamaio».*[216]

Eppure, la sua energia e intraprendenza erano quello di cui avevo bisogno per cambiare la rotta dell'Ammiragliato.

La riorganizzazione che operai fu profonda.

Creai uno stato maggiore della Marina, suddiviso nei dipartimenti di operazioni, controspionaggio e mobilitazioni. Avviai la costruzione di nuove corazzate armate con cannoni del calibro più grande che si fosse mai visto su una nave. Ottenni un aumento significativo dei finanziamenti. Aumentai il salario dei marinai e predisposi un sistema altamente meritocratico, che avrebbe agevolato il percorso di carriera per i più abili. Istituii il primo servizio di controspionaggio per l'intercettazione dei segnali, la cosiddetta «Room 40», dal numero della stanza dell'Ammiragliato in cui operava. Decisi di passare dal carbone all'olio combustibile come mezzo di propulsione per i nostri mezzi, rendendoli così all'avanguardia: più veloci, più leggeri e con maggiore autonomia.

Anche la strategia bellica richiese un aggiornamento.

Mi sembrava inutile essere forti in un settore bellico secondario e non avere un potere predominante in quello principale. *Il principio strategico supremo della concentrazione della forza superiore nel teatro decisivo e il principio tattico supremo descritto da Napoleone come* «frapper la masse» *devono governare tutte le disposizioni navali.*[217] Ordinai il rafforzamento della flotta del Mare del Nord a scapito di quella mediterranea, dove avremmo potuto contare sui nostri alleati francesi.

Sulla parete dietro la mia sedia avevo sistemato una valigetta aperta, all'interno delle cui ante pieghevoli era spiegata una grande carta del Mare del Nord. Su questa carta, ogni giorno, un ufficiale di stato maggiore segnava con delle bandierine la posizione della flotta tedesca. Questa cerimonia non fu mai omessa finché non scoppiò la guerra e le grandi mappe, che coprivano un intero lato della War Room, iniziarono a funzionare. Mi diedi la regola di guardare la mia carta ogni giorno come prima cosa al mio ingresso nella stanza. Non tanto per tenermi aggiornato, dal momento che c'erano molti altri canali di informazione disponibili, ma soprattutto per inculcare in me e in coloro che lavoravano con me un senso di pericolo sempre presente.[218]

Come le mie avventure giovanili o il recente episodio di Sidney Street dimostrano, ho sempre cercato di essere fisicamente presente nei vari teatri d'azione. Solo attraverso i propri occhi si può davvero valutare una situazione. Racconti, rapporti e resoconti, per quanto attendibili e dettagliati, hanno sempre lo sguardo altrui come filtro. Per capire appieno qualcosa bisogna sperimentarla attraverso i propri sensi.

Per questo decisi di ispezionare di persona ogni elemento e scenario che ricadesse sotto la mia giurisdizione.

Lo yacht Enchantress *dell'Ammiragliato diventò per gran par-*

te del tempo il mio ufficio, quasi la mia casa; e il mio lavoro la mia unica occupazione e divertimento. In tutto, nei tre anni prima della guerra, vi trascorsi a bordo otto mesi. Visitai ogni cantiere navale e stabilimento nelle isole britanniche e nel Mediterraneo e ogni nave importante. Esaminai personalmente ogni punto di importanza strategica e ogni singola proprietà dell'Ammiragliato.

Ebbi così modo di sapere come appariva e dove si trovava ogni cosa, e come una si incastonava nell'altra. Alla fine, potei mettere mano a tutto ciò che era necessario e conoscere a fondo lo stato attuale dei nostri affari navali.[219]

Per lo stesso motivo decisi di carpire tutti i segreti del volo.

Era solo da pochi anni che l'uomo aveva inventato quella meravigliosa macchina chiamata aereo. Salire a bordo di quegli apparecchi ancora rudimentali era estremamente pericoloso. I coraggiosi uomini che li pilotavano erano veri e propri pionieri moderni.

Ovviamente, questo non fece altro che accrescere il mio desiderio di provare di persona.

Feci il mio primo volo nel 1912. *Una volta cominciato a volare, per motivi in cui giocavano senso del dovere, ma anche eccitazione e curiosità, ho poi continuato per pura gioia e piacere.*[220] Cominciai a prendere lezioni di pilotaggio, per il terrore sia di Clementine sia dei poveri disgraziati che si trovavano costretti a imbarcare con loro come ingombrante passeggero il primo lord dell'Ammiragliato.

Ammetto che le loro preoccupazioni erano fondate.

Più di una volta l'aereo su cui ero stato poco tempo prima o il pilota con cui avevo appena volato furono coinvolti in incidenti mortali. Episodi che accrescono la lunga lista di debiti che devo alla mia solita buona stella. Alla fine dovetti cedere alle suppliche di mia moglie e degli amici. In pochi mesi, comunque, ero stato in aria più di un centinaio di volte e mi ero fatto un'idea ben precisa delle potenzialità del nuovo mezzo.

E soprattutto delle sue applicazioni belliche.

Creai il Royal Naval Air Service e contribuii a sviluppare il concetto di bombardamento aereo e quello di portaerei, con il primo lancio riuscito della storia di un velivolo dal ponte di un'imbarcazione.

Eppure, nonostante facessi tutto ciò che era in mio potere per farci trovare pronti, mi rifiutavo di credere che la guerra fosse inevitabile.

Presentando il mio primo bilancio preventivo della Marina in Parlamento, lanciai un monito e porsi un ramoscello d'ulivo allo stesso tempo. Proposi una sospensione dei nuovi vari qualora i tedeschi avessero fatto altrettanto, ma promisi che viceversa per ogni nuova nave che avessero costruito noi ne avremmo costruite il 60 per cento in più. Una moratoria che nei mesi successivi avrei proposto altre due volte.

Le mie parole, però, si persero nel sordo militarismo in cui sembrava sprofondato il governo del Kaiser.

I tedeschi respinsero l'offerta e a maggio la legge navale fu approvata dal Reichstag.

Non c'erano più dubbi che la Germania avesse deciso di sfidare la nostra supremazia marittima.

La corsa al riarmo era iniziata.

La tempesta in arrivo non lambiva però solo l'Europa. Nubi minacciose si addensavano anche sopra la nostra politica interna.

La questione irlandese era sul punto di esplodere.

Le ultime elezioni avevano dato ai Liberali una maggioranza minima, che consentiva al governo di lavorare solo grazie all'appoggio dei Nazionalisti irlandesi. Risolta la disputa costituzionale relativa all'equilibrio dei poteri con la Camera dei Lord, la decisione sul futuro dell'Isola di smeraldo non poteva più essere rimandata.

Da secoli sottoposta alla sovranità britannica, negli ultimi decenni la parte meridionale dell'Irlanda chiedeva a gran voce l'indipendenza. L'Ulster, le province del Nord protestanti, si opponevano, timorose che, senza più la protezione britannica, sarebbero finite inglobate dai loro più numerosi cugini cattolici del Sud. I Conservatori, compreso mio padre, erano strenuamente contrari all'autonomia, facendo dell'«Unionismo» una vera e propria bandiera politica.

Per quanto mi riguarda, *la mia opinione personale è sempre stata che non avrei mai costretto l'Ulster a sottostare a un Parlamento di Dublino con la forza, ma al tempo stesso avrei fatto tutto ciò che era necessario perché non impedisse al resto dell'Irlanda di avere il Parlamento che desiderava.*[221] La soluzione, a mio avviso, poteva essere solo quella di concedere l'autonomia, escludendo temporaneamente le province del Nord che lo avessero richiesto.

Le opposte fazioni sull'isola si stavano armando e il rischio di una guerra civile era presente e concreto. La situazione irlandese occupava per intero la mente degli inglesi e non sorprende quindi che il 28 giugno, quando arrivò la notizia dell'uccisione dell'arciduca austro-ungarico Francesco Ferdinando a Sarajevo, la sua importanza venisse sottovalutata.

Del 24 luglio 1914 ricordo che era un torrido venerdì.

Da più di due ore eravamo seduti in quella che si stava rivelando l'ennesima, infruttuosa riunione sull'Irlanda e sul corso d'azione da intraprendere nei confronti delle contee del Nord. La discussione era stantia come il fumo che ormai impregnava la sala delle riunioni di Downing Street.

Stavamo finalmente per separarci, quando *si udì il tono tranquillo e grave della voce di sir Edward Grey, che leggeva un documento che gli era stato appena portato dal Ministero degli Esteri. Era la nota che l'Austria aveva consegnato alla Serbia.*

La stava leggendo da diversi minuti, prima che potessi distogliere la mente dal noioso e sconcertante dibattito che si era appena concluso. Eravamo tutti molto stanchi, ma gradualmente, man mano che le frasi si susseguivano, cominciarono a formarsi nella mia mente impressioni di carattere completamente diverso.

Questa nota era chiaramente un ultimatum. Ma era un ultimatum scritto in termini che non si erano mai visti in tempi moderni.

Man mano che la lettura procedeva, appariva semplicemente impossibile che un qualsiasi Stato al mondo potesse accettarlo, o che qualsiasi accettazione – per quanto abietta – potesse soddisfare l'aggressore.

Le contee di Fermanagh e Tyrone svanirono lentamente nelle nebbie e nelle tempeste d'Irlanda, e una strana luce cominciò immediatamente, ma per gradazioni percettibili, a cadere ed espandersi sulla mappa dell'Europa.[222]

La Serbia accettò quasi tutte le clausole dell'ultimatum, tranne quella che prevedeva una commissione d'inchiesta guidata dall'Austria per indagare sui presunti colpevoli in territorio serbo. Nessun Paese avrebbe potuto piegarsi a una simile richiesta senza rinunciare implicitamente alla propria sovranità.

La mancata accettazione di questo singolo punto fu un pretesto sufficiente.

Quattro giorni dopo, il 28 luglio, l'Austria dichiarò guerra alla Serbia.

Il sistema di alleanze del continente mise in moto la reazione a catena che ci avrebbe trascinato nell'abisso.

La Russia, alleata della Serbia, mobilitò le proprie truppe, innescando a sua volta i preparativi della Germania, alleata dell'Austria. Anche la Francia, legata alla Russia da un trattato, cominciò a muoversi. Il Kaiser, per evitare di essere preso fra due fuochi e contando sul fatto che i russi avrebbero avuto bisogno di parecchio tempo per richiamare le proprie forze dalle profonde vastità del loro Paese, avrebbe potuto lanciare da un momento all'altro un attacco a sorpresa contro la Francia.

E questo non potevamo permetterlo.

Nonostante non avessimo un formale trattato d'alleanza con Parigi, il ruolo della Gran Bretagna negli affari europei è sempre stato quello di ago della bilancia: schierata a fianco della seconda potenza del continente per neutralizzare la prima. La prospettiva di un'egemonia tedesca sull'Europa avrebbe rappresentato un pericolo mortale per l'Inghilterra.

Oltre a questo, eravamo garanti – questo sì, formalmente – della neutralità del Belgio. Se i tedeschi avessero deciso di invaderlo, per aggirare così la poderosa Linea Maginot che difendeva la Francia lungo il confine, saremmo dovuti intervenire.

Al di là del rassicurante fossato del tempo, è difficile rievocare, a beneficio del lettore del presente e del futuro, gli stati d'animo di quei giorni.

Forse il modo migliore per riviverli è attraverso le parole e i pensieri formulati allora. E non ne esistono di più sinceri e trasparenti che quelli scritti alla mia adorata moglie, che si trovava in quel periodo in villeggiatura con i bambini e alla quale inviavo continuamente lettere per aggiornarla sulla situazione.

«*Mia cara e adorata* – le scrissi il giorno della dichiarazione di guerra austriaca –, *tutto tende alla catastrofe e al collasso. Ne sono interessato, preparato e felice. Non è orribile essere fatti così? I preparativi esercitano su di me un odioso fascino. Prego Dio che mi perdoni per questi spaventosi stati d'animo di leggerezza. Eppure, farei di tutto per la pace e niente mi indurrebbe ad attaccare ingiustamente.*

Non credo che noi, qui su quest'isola, siamo in qualche misura responsabili dell'ondata di follia che sta attraversando il mondo cristiano. Nessuno può prevederne le conseguenze. Mi sono domandato perché quegli stupidi Re e Imperatori non potessero riunirsi e rinforzare la regalità salvando le nazioni dall'inferno. Invece andiamo tutti alla deriva in una sorta di ottusa trance catalettica, come se si trattasse di azioni di qualcun altro!»

Le descrissi come tutto fosse pronto, senza nasconderle timori e perplessità, ma mostrando comunque tutto l'ottimismo di chi sa di essere nel giusto. «*I problemi sono molti e difficili. Bisogna cercare di misurare l'indefinito e soppesare l'imponderabile. Però sono sicuro che, se la guerra verrà, gli daremo una bella batosta.*»[223]

Le giornate si trascinavano, agonizzanti, nel limbo in cui la follia dell'uomo ci stava facendo precipitare.

Tre giorni dopo le scrissi di nuovo.

«*C'è ancora qualche speranza, nonostante le nuvole siano sempre più nere. Credo che la Germania stia realizzando quanto siano grandi le forze contro di lei e stia tardivamente cercando di trattenere il suo stupido alleato. Da parte nostra stiamo lavorando per ammansire la Russia, ma tutti si preparano velocemente alla guerra, che può scoppiare da un momento all'altro. Noi siamo pronti.*»

Le raccontai di come i tedeschi avessero provato a sondare il terreno. «*La Germania ci ha proposto di mantenerci neutrali, qualora si impegnasse a non conquistare territorio francese e a non invadere l'Olanda. Le colonie francesi deve invece prenderle e non può promettere di non invadere il Belgio – che per trattato è tenuta invece non solo a rispettare, ma a difendere. Grey ha risposto che queste proposte sono impossibili e vergognose. Tutto fa pensare perciò che è su questi temi che ci sarà uno scontro. Eppure, la speranza ancora non è morta.*»[224]

Morì il primo agosto.

Ricordo ancora quanto pesasse la penna con cui quella sera scrissi una nuova lettera a Clemmie.

«*Mia cara gattina,*

È tutto finito. La Germania ha spento le ultime speranze di pace dichiarando guerra alla Russia. Quella contro la Francia è attesa da un momento all'altro. Capisco profondamente le tue opinioni. Ma il mondo è impazzito. Dobbiamo prenderci cura di noi stessi e dei nostri amici.»[225]

Ed è quello che facemmo.

Due giorni dopo la Germania dichiarò guerra alla Francia e invase il Belgio.

Il governo inglese mantenne il suo impegno e inviò un ultimatum di ventiquattro ore a Berlino perché ritirasse il suo esercito.

Gli ultimi minuti di pace scivolavano via, e con essi la fine del mondo per come lo avevamo conosciuto fino ad allora. La notte che avvolgeva Londra sarebbe presto calata su tutto il pianeta.

Erano le 11 di sera – mezzanotte in Germania – quando l'ultimatum scadde.

Le finestre dell'Ammiragliato erano spalancate nella calda aria della notte. Sotto lo stesso tetto da cui Nelson aveva ricevuto i suoi ordini, un piccolo gruppo di Ammiragli e Capitani e un pugno di funzionari era riunito, con le penne in mano, in attesa.

Lungo il Mall, dalla direzione di Buckingham Palace, si diffondeva il suono di un'immensa folla che cantava God save the King.

Su questa profonda onda si infransero i rintocchi del Big Ben.[226]

Ogni altro rumore cessò all'istante, come per rispettare il momento solenne scandito dal grande campanile a guardia della nostra democrazia.

Quando anche il rintocco finale si spense nel buio, strinsi il sigaro fra le mascelle e diedi un tiro profondo, come per assorbire coraggio e risolutezza dal calore del tabacco.

Diedi un ultimo sguardo dalla finestra e mi voltai verso gli ufficiali. Mi fissavano tutti in silenzio.

Li guardai a uno a uno negli occhi.

«Date l'ordine», dissi.

Dalla grande antenna sulla sommità dell'Ammiragliato partì il segnale che attraversò ogni mare e oceano, fendendo l'aria invisibile di un mondo ormai in guerra.

Tutte le navi battenti bandiera britannica, ovunque si trovassero, ricevettero il seguente messaggio: «Cominciate le ostilità contro la Germania».

7
La tragedia dei Dardanelli

1914-1915

Non perseverare. Quello fu il crimine.[227]

Il bastone da passeggio si impantanò nel fango e per un momento sembrò quasi che il terreno umido delle Fiandre non volesse restituirmelo.

Una tetra similitudine con i miei soldati mi sfrecciò nella mente. Mi sforzai di scacciarla.

Gli uomini mi guardavano, e probabilmente si stavano chiedendo perché mai fossi vestito così in una zona di guerra. Non potevo certo dar loro torto, ma anche in una situazione del genere la forma esigeva il suo tributo. È vero che eravamo in mezzo alle trincee, ma ero pur sempre il più alto rappresentante britannico in Belgio. E poi, pensavo di aver raggiunto un buon compromesso fra eleganza e marzialità indossando il berretto da marinaio sul cappotto foderato di pelliccia.

Eppure, per qualche motivo, il mio abbigliamento continuava a sembrare inadeguato.

Ricordo che tre giorni prima, all'arrivo ad Anversa, il diplomatico belga che mi accolse rimase stupito dalla mia divisa. Era quella della Trinity House, l'antica autorità che da quattrocento anni è deputata a sorvegliare i fari britannici, composta da quello stesso berretto da marinaio con distintivo e un ampio cappotto di lana blu a doppio petto detto «caban». Quando il buon uomo mi aveva chiesto cosa significasse quell'uniforme, gli avevo risposto nel mio infelice francese: «*Moi, je suis un frère aîné de la Trinité*». Il poveretto rimase di sasso: «*Mon dieu! La Trinité?*» esclamò, pensando evidentemente che la mia autostima arrivasse al punto di considerarmi divino.

Diedi un forte strattone e finalmente riuscii a liberare il bastone. Continuai a passare in rassegna le truppe, imperturbabile. Leggevo negli occhi di quei ragazzi quanto fossero esausti. Non li biasimavo. Avevano attraversato la Manica in tutta fretta e marciato a tappe forzate dalla costa pur di arrivare in tempo record laggiù.

D'altronde, l'urgenza giustificava lo sforzo.

La prima, spaventosa battaglia della Marna si era appena conclusa, sancendo la fine delle speranze tedesche di una rapida vittoria sul fronte occidentale. Quella che era iniziata come una corsa forsennata per dare il colpo di grazia al nemico, si era ora tramutata in una corsa verso il mare. L'esercito del Kaiser spostò quindi il suo sguardo su Anversa. Inutile dire quanto per noi fosse essenziale mantenere il controllo delle spiagge e tenere aperto e sicuro il collegamento fra il continente e l'Inghilterra. *Anversa non era solo l'unica roccaforte della nazione belga: era anche il vero fianco sinistro del fronte occidentale alleato.*[228]

Ma i belgi, stremati, stavano per capitolare. Il governo ci aveva annunciato la decisione di abbandonare la città, ma eravamo riusciti a convincerli a resistere ancora qualche giorno, promettendo l'arrivo di rinforzi anglo-francesi.

Gli unici disponibili in breve tempo però erano quelli della Royal Navy Division, il corpo di fanteria di marina che io stesso avevo formato poco prima, utilizzando i riservisti in esubero che non avevano trovato posto sulle imbarcazioni. Sapevo che il loro addestramento era incompleto, ma il loro contributo sia pratico che morale sarebbe stato enorme.

I Marines non arrivarono fino alla mattina del 4 ottobre e si misero immediatamente in linea. Quando andai a trovarli, quella sera stessa, erano già impegnati con i tedeschi alla periferia di Lierre. Qui, per la prima volta, vidi soldati tedeschi avanzare furtivamente di casa in casa o sfrecciare dall'altra parte della strada. I Marines sparavano con le mitragliatrici dai balconi. I lampi dei fucili e i getti di fuoco che fuoriuscivano dalle bocche delle mitragliatrici illuminavano la scena, tra rimbombi fragorosi e sibili di proiettili.[229]

Le feroci critiche ricevute dopo l'episodio di Sidney Street erano ancora fresche, ma sentivo che era mio dovere essere lì. Non solo per farmi un quadro più chiaro della situazione, ma anche per far capire a quei soldati che non erano soli. «L'esercito di Winston», li chiamavano a Londra, visto che avevo creato io la RND.

Ne sentivo più che mai la responsabilità.

Erano alcuni di quegli ottomila ragazzi che ora mi stavano guardando.

Feci loro un rapido discorso sull'importanza della difesa di Anversa e scambiai qualche parola con alcuni di loro, fra cui Arthur, il giovane figlio del primo ministro.

Da tre giorni facevo la spola fra la città e la prima linea a bordo della mia Rolls Royce, per vedere di persona lo stato delle operazioni e dare le disposizioni necessarie.

Ma la situazione sembrava disperata.

Man mano che il fuoco dei cannoni tedeschi si avvicinava sempre più alla città e le granate cominciavano a cadere ogni giorno su nuove zone, i flussi di contadini in fuga dalle loro case in rovina scorrevano pietosamente lungo le strade, intervallati da sbandati e feriti.[230]

Lì, sul campo di battaglia, ero nel mio elemento.

Ho sempre pensato che sarei stato un ottimo generale e che avrei potuto dare un grande contributo allo sforzo bellico del mio Paese. Ero a capo della Marina, è vero, la più importante delle nostre forze armate. Ma risultava sempre più chiaro come il ruolo della nostra flotta in quella guerra fosse passivo, limitato a bloccare i porti tedeschi e a proteggere le rotte commerciali e i mezzi da sbarco. Ed era quello che stavamo facendo e avevamo fatto con successo, trasportando centinaia di migliaia di soldati attraverso la Manica senza una singola perdita.

Tutt'altra faccenda rispetto a quella che mi si parava davanti agli occhi in quel momento. Arrivai al punto di telegrafare al primo ministro *offrendogli di assumere formalmente il comando militare delle forze britanniche ad Anversa e presentando le mie dimissioni dalla carica di primo lord dell'Ammiragliato.*

Questa offerta non fu accettata.[231]

Il boato di uno dei giganteschi cannoni prodotti dalla Skoda squarciò l'aria e i soldati con cui stavo parlando corsero a riprendere posizione nelle trincee. Quei mostri metallici stavano lentamente, ma inesorabilmente, facendo a pezzi le linee fortificate una dietro l'altra, da una distanza tale che li rendeva invulnerabili.

Lanciai un ultimo sguardo di rabbia impotente verso la linea nemica e risalii in macchina, mentre quei giovani eroi si preparavano a un'altra nottata di sangue e ferro.

Non c'era altro che potessi fare.

All'Ammiragliato serviva una guida e il 6 ottobre tornai in Inghilterra.

Il 10 la città cadde.

A distanza di tanti anni posso serenamente ammettere che *non sarei mai dovuto andare ad Anversa... Coloro che sono incaricati della direzione degli affari supremi devono sedere sulla sommità della montagna del controllo; non devono mai scendere nelle valli dell'azione fisica, diretta e personale.*[232] E così agli occhi della stampa la mia iniziativa fu vista come l'ennesima intromissione non richiesta.

I massicci rinforzi promessi non riuscirono ad arrivare in tempo, ma la settimana di resistenza guadagnata rispetto alle iniziali previsioni permise alle truppe alleate di proteggere la ritirata dell'esercito belga e riorganizzarsi lungo la costa, mantenendo il controllo fondamentale dei porti sulla Manica.

L'amarezza per la perdita della città fu a ogni modo ripagata dal fondamentale vantaggio strategico raggiunto.

Ma non era l'unica notizia positiva che mi attese al mio rientro.

La sera stessa in cui sbarcai a Dover, seppi che ero diventato padre per la terza volta.

La nascita della mia piccola Sarah mi sembrò il più luminoso segnale di speranza per il futuro di qualsiasi vittoria sul campo da battaglia.

Non ricordo nessun periodo nel quale sentissi il peso della guerra schiacciarmi così potentemente come nei mesi di ottobre e novembre del 1914... La sensazione di essere alle prese e di es-

sere sopraffatti da un mostro dalla forza spaventosa e apparentemente inesauribile sulla terraferma, e tutta una serie di costanti e tormentose ansie per la sicurezza della flotta dagli attacchi sottomarini in mare aperto e nei porti, opprimevano la mia mente.

Non passava ora senza che ci fosse la possibilità di qualche disastro in qualche parte del mondo.

Non passava giorno senza la necessità di correre rischi.[233]

Ma i rischi, a quanto pareva, nessuno era disposto a correrli.

La pianificazione della guerra procedeva seguendo un copione stantio scritto con il sangue dei soldati, ma dal quale sembrava che i generali non fossero in grado di discostarsi.

Migliaia di uomini morivano per la conquista di pochi metri quadrati di terra di nessuno, che poi venivano a loro volta persi nell'assalto successivo, in un cortocircuito malato e maledetto che stava rendendo il mostruoso stallo sul fronte occidentale il più grande mattatoio della storia.

Possibile, mi domandavo, che *non ci siano altre alternative che mandare i nostri eserciti a masticare filo spinato nelle Fiandre?*

Il potere della Marina non potrebbe essere esercitato sul nemico in maniera più diretta?[234]

Decisi di dare una scossa all'Ammiragliato, ma per farlo avevo bisogno di aiuto. Così offrii il posto di primo lord del Mare a Fisher.

Fu un errore madornale.

L'originalità della sua mente e la spontaneità della sua natura lo rendevano libero da ogni tipo di convenzione. Il suo genio era profondo e autentico. Soprattutto, era in armonia con la vastità degli eventi. Al pari loro, era strutturato su scala titanica.

Ma aveva settantaquattro anni.[235]

L'immenso fardello della gestione militare della marina più grande del mondo, nel più vasto conflitto mai combattuto fino a quel momento dall'umanità, esigeva un pesante tributo. Perfino io, che di energia non sono mai stato sprovvisto, fui ben presto costretto ad apportare alcune modifiche alla mia tabella di marcia giornaliera. Ricordandomi la lezione imparata anni prima a Cuba, adesso *di solito dormivo un'ora in più al mattino – venivo svegliato alle otto invece che alle sette – e dormivo di nuovo, se possibile, per un'ora dopo pranzo. Ciò mi permetteva di lavorare ininterrottamente fino all'una o alle due del mattino senza sentirmi minimamente affaticato.*[236]

Come se i miei ragionamenti sulla necessità di dare una svolta agli eventi fossero stati origliati dal destino, lo stesso giorno che nominai Fisher l'Impero Ottomano ruppe gli indugi, abbandonando l'ambigua neutralità tenuta fino a quel momento e bombardando le forze russe sul Mar Nero.

Un nuovo scenario si apriva davanti ai miei occhi.

Uno scenario in cui, finalmente, avremmo potuto far sentire il peso della nostra schiacciante forza sul mare.

Era il momento di scatenare tutto il potere della flotta di Sua Maestà.

«Lo Zar ci chiede aiuto. La Turchia sta attaccando pesantemente nel Caucaso e i russi sono in difficoltà. Non c'è bisogno che sottolinei che disastro sarebbe se fossero costretti a spostare alcune delle truppe impegnate contro i tedeschi per affrontare i turchi...»

Fisher capì come sempre al volo. «I tedeschi potrebbero riuscire a sfondare il fronte orientale, oppure muovere le loro forze in sovrannumero su quello occidentale. In entrambi i casi sarebbe una tragedia.»

Annuii studiando la mappa. «E il Ministero della Guerra dice che non ci sono forze sufficienti per organizzare un'azione diversiva che impegni la Turchia. Tutte le truppe sono richieste in Francia.»

Fisher mi fissò in silenzio, probabilmente già intuendo quali sarebbero state le mie prossime parole.

«I Dardanelli. È lì che dobbiamo colpirli.» Indicai il punto sulla cartina, pur sapendo che il vecchio lupo di mare non aveva bisogno di nessuna mappa per figurarsi quell'angolo di mondo. Tutti noi conoscevamo perfettamente i 62 chilometri di mare che uniscono l'Egeo al Mar di Marmara e da lì, attraverso lo stretto del Bosforo, al Mar Nero.

Un collo di bottiglia largo in alcuni punti otto chilometri e in altri poco più di uno, che lo rende la cerniera naturale fra Europa e Asia.

La sua importanza strategica era indiscutibile.

Ovviamente, lo sapevano bene anche i turchi, che ne controllavano entrambe le sponde. Da tempo riflettevo su come avremmo potuto forzare lo stretto, ma adesso la questione era diventata, se possibile, ancora più vitale.

Ne avevo parlato più volte con i miei collaboratori, che avevano sempre sollevato dubbi o perplessità su un'azione navale. Di fronte alle richieste del Ministero della Guerra e degli Esteri di cercare di distogliere in qualche modo l'attenzione dei turchi dalla Russia in crescente difficoltà, avevo deciso di chiedere un parere anche al viceammiraglio Sackville Carden, comandante delle nostre forze nel Mediterraneo orientale e perciò presumibilmente la persona con più cognizione di causa al riguardo.

«Leggi qui, Jackie», gli dissi mostrandogli il telegramma. «Dice che si può fare! Che i Dardanelli si possono forzare. Non con un attacco a sorpresa, certo. Ma con una vasta operazione graduale e in più fasi che includa molte navi.»

Fisher inforcò i suoi occhiali un po' troppo piccoli per quei suoi occhi un po' troppo grandi e lesse con attenzione.

Notai gli angoli della sua bocca, già naturalmente inclinati verso il basso, piegarsi ancor più del solito mentre scorreva il testo in cui Carden esponeva il suo piano di massima, elencando le difficoltà dell'operazione: non solo i diversi forti sulle coste con i loro cannoni puntati verso l'imboccatura, ma anche l'artiglieria mobile e un sistema di mine galleggianti sparse lungo tutto il canale.

«Ascolta – lo incalzai –, siamo d'accordo che la cosa migliore da fare sarebbe un attacco anfibio, ma non ci sono truppe disponibili, lo sai. Fino a oggi siamo sempre partiti dal presupposto che ci servisse un gran numero di soldati solo per tentare, ma adesso Carden ci sta dicendo che forse potremmo riuscirci anche senza. *Anche io sono sempre stato dell'opinione che i giorni in cui si potessero forzare i Dardanelli fossero finiti... ma questa guerra ci ha portato molte sorprese.*»[237]

«Potremmo usare le navi più vecchie per aprire la strada – disse pensieroso seguendo il filo del ragionamento –. Ne abbiamo diverse inutilizzate che comunque sono troppo vecchie per combattimenti in alto mare, ma come dragamine andrebbero bene...»

«Eccellente, Jackie, eccellente! – esclamai cogliendo la palla al balzo –. Chiederò a Carden di stilare un piano dettagliato e ne parlerò alla prossima riunione del Consiglio di guerra. Forse finalmente riusciremo a dare una svolta a questa dannata guerra, dopo tutto.»

Come gli spiragli di cielo che si scorgevano attraverso le grandi finestre, anche l'atmosfera intorno al grande tavolo al numero 10 di Downing Street era plumbea.

Il generale sir John French, comandante in capo delle Forze di spedizione britanniche in Francia – e il cui nome provocava non pochi fraintendimenti nelle comunicazioni con i nostri alleati –, presentò il suo piano per avanzare lungo la costa della Manica.

La vidi subito per quello che era: l'ennesima carneficina annunciata lungo posizioni saldamente trincerate e difese dai tedeschi. E come me la pensavano anche gli altri.

«Generale, non ci sono elementi che ci facciano credere che una nuova offensiva avrebbe successo – disse Lloyd George spazientito –. Personalmente mi oppongo.»

«Concordo – disse Balfour, che faceva parte del Consiglio in quanto esponente dell'opposizione di maggior esperienza ed ex primo ministro –. Un'offensiva adesso ci dissanguerebbe e non mi pare che le nostre risorse ci consentano un simile azzardo.»

Il generale arricciò il naso come se fosse infastidito da quelle critiche. Come tutti i militari di professione, reputava i pareri dei politici poco più che fastidiose intromissioni da parte di civili senza nessuna competenza bellica.

«Forse – azzardai io prendendo la parola –... Forse, ci sarebbe un'alternativa.»

Esposi loro l'idea di forzare i Dardanelli per via navale e vidi gli sguardi delle persone intorno al tavolo farsi sempre più attenti.

«Pensate ai risultati che potremmo ottenere – dissi contando teatralmente con le dita – l'eliminazione della Turchia, l'entrata in guerra degli Stati balcanici suoi rivali al nostro fianco contro l'Austria, il ricongiungimento con le forze dello Zar da sud, la riapertura della rotta commerciale del Mar Nero per far affluire il grano russo verso di noi e le munizioni verso di loro... Diamine, potremmo perfino convincere l'Italia a scendere finalmente in campo con noi!»

Notai che, fra i presenti, il più ricettivo sembrava essere proprio quello che temevo mi avrebbe messo i bastoni fra le ruote più di ogni altro, il ministro della Guerra. E non solo perché l'apertura di un secondo fronte avrebbe impattato pesantemente con la gestione delle forze armate, di cui era responsabile, ma anche e soprattutto per ragioni personali.

Quell'uomo infatti altri non era che lo stesso lord Kitchener che così tenacemente si era opposto tanti anni prima alla mia partecipazione alla spedizione in Sudan, e ora richiamato al vertice delle forze armate allo scoppio del conflitto.

«Come avreste intenzione di procedere esattamente?», chiese il vecchio generale passandosi il dorso dell'indice sui lunghi baffi.

«Il viceammiraglio Carden ci ha inviato un piano dettagliato: bombarderemo i forti esterni da una gittata che la loro artiglieria non può coprire, li faremo a pezzi in sicurezza uno dopo l'altro, rimuoveremo le mine facendoci scudo delle nostre navi più vecchie e sacrificabili e avanzeremo fino a Costantinopoli!»

«Mi sembra che valga la pena tentare, primo ministro – disse Kitchener rivolgendosi ad Asquith –. Se dovessero sorgere difficoltà o imprevisti, basterà interrompere il bombardamento e annullare l'operazione senza grandi conseguenze.»

Il primo ministro assentì e mise il piano ai voti.

Sia lord Fisher che l'ammiraglio Wilson erano presenti. Nessuno fece obiezioni e diedi per scontato che fossero d'accordo.

La decisione del Consiglio fu unanime.[238]

Rinvigorito dalla prospettiva dell'azione e dal pensiero di poter finalmente contribuire in maniera decisiva all'andamento della guerra, mi precipitai all'Ammiragliato per impartire gli ordini necessari.

Prima di lasciare la sala delle riunioni lanciai un ultimo sguardo a Fisher, ancora rigidamente seduto al suo posto, intento a fissare le mappe sparse sul tavolo.

La sua espressione era indecifrabile.

Fino più o meno al 20 gennaio 1915 sembrò esserci un accordo generalmente condiviso a favore dell'impresa navale nei Dardanelli... Fu solo alla fine di gennaio, quando i negoziati con i governi francese e russo erano in stato molto avanzato, quando molti preparativi erano stati fatti, quando molti ordini erano stati impartiti e quando molte navi erano già in navigazione per suo stesso ordine, che lord Fisher iniziò a manifestare una crescente avversione e opposizione al progetto.[239]

Mi sono spesso interrogato sul perché, senza trovare una spiegazione definitiva e convincente. La motivazione che mi diede fu che, dopotutto, non era saggio sguarnire la grande flotta del Nord a difesa delle nostre coste e poco importava che avessimo deciso di utilizzare – su suo stesso suggerimento! – le navi in sovrannumero più antiquate.

A nulla servirono le decine di grafici e tabelle che gli sottoposi per dimostrargli come la superiorità delle nostre forze intorno alla Gran Bretagna era tale che il distaccamento di alcuni vascelli nel Mediterraneo orientale non l'avrebbe in alcun modo intaccata.

Più fondata fu la seconda motivazione che mi diede, secondo la quale l'attacco non avrebbe dovuto essere solo navale, ma supportato da massicci contingenti di fanteria. Per quanto fossi d'accordo in linea di principio, sapevamo entrambi che, a parte la nostra Royal Naval Division, truppe non ce n'erano. *Avevamo deciso di intraprendere l'operazione non perché pensassimo che fosse il metodo di attacco ideale, ma perché ci era stato detto che non era disponibile alcuna forza militare.*[240]

Sospetto infine che, fra i vari motivi che lo indussero a cambiare idea, un peso particolare lo avesse il fatto che il via libera all'operazione nei Dardanelli significava lo stop ad altre iniziative della Marina, soprattutto quelle incentrate intorno al Mare del Nord e all'isola di Borkum, un vecchio chiodo fisso di Fisher sul quale aveva investito molto tempo ed energie.

Ne parlammo a lungo e approfonditamente.

Ponderai le sue parole e soppesai i suoi dubbi con attenzione. Più volte mi sono chiesto, negli anni seguenti, cosa sarebbe successo se avessi accettato il punto di vista di Fisher e mi fossi rifiutato di intraprendere qualsiasi azione nei Dardanelli senza che fosse prima previsto l'impiego di ingenti forze militari.

La risposta, come ogni «e se...» della vita, è destinata a rimanere avvolta nelle tentatrici e seducenti, ma spesso ingannevoli, nebbie delle ipotesi.

Ma per quanto mi riguarda penso che niente meno che la dimostrazione visiva e la prova pratica del significato strategico dei Dardanelli, e degli effetti di un loro attacco su ogni potenza balcanica e mediterranea, avrebbero illuminato le menti degli uomini a sufficienza per rendere possibile una grande sottrazione di truppe dal teatro principale.[241]

Alla fine, Fisher ebbe un colloquio perfino con il primo ministro, che rimase convinto dell'utilità dell'operazione, e con Kitchener, che lo dissuase dal mettere in pratica una delle sue innumerevoli minacce di dimissioni. Il vecchio marinaio sembrava essere tornato sulla giusta rotta e acconsentì all'operazione.

Nel frattempo, però, molte cose stavano rapidamente cambiando.

Fino a quel momento, ogni nostra azione e piano erano stati formulati a partire dal convincimento che non ci fossero truppe disponibili per un'azione congiunta tra fanteria e marina.

Era unicamente su questa base che erano state prese tutte le nostre decisioni a favore di un attacco puramente navale. Ma da quel momento in poi entrarono in gioco una serie di nuovi fatti e pressioni che gradualmente, ma incessantemente, cambiarono il carattere e ampliarono enormemente la portata dell'impresa.

Sotto questi influssi, in meno di due mesi l'attacco navale, incerto ma con costi e rischi limitati, divenne sussidiario e al suo posto si ebbe un dispiegamento militare di grande portata.

Su questo nuovo piano l'Ammiragliato non aveva alcun controllo.[242]

Dal momento in cui era stato dato il via libera al piano originario, cominciarono gradualmente a spuntar fuori come per magia diverse truppe disponibili: ora che la nuova offensiva in Belgio era stata sospesa, alcuni dei rinforzi destinati al fronte occidentale potevano essere impiegati altrove, così come diverse divisioni e brigate provenienti dalle colonie e quelle che erano state posizionate di stanza in Egitto per difenderci da una probabile invasione turca, che venne però respinta. A queste si univano anche due divisioni francesi.

Così, nel giro di qualche settimana, da che non avevamo un esercito per la nostra impresa ci ritrovammo con a disposizione un'armata di centocinquantamila uomini. Questo enorme dispiegamento di forze poteva essere in tempi brevissimi concentrato nel settore orientale del Mediterraneo e usato per una grande operazione congiunta.

Era evidente che la posta in gioco fosse diventata immensa.

A parte la 29ª Divisione, la maggior parte delle altre truppe era di recente formazione e addestramento e i rischi del loro impiego in un'operazione così vasta erano lampanti.

La critica di Fisher era corretta, non mi aspettavo certo che delle navi potessero occupare delle postazioni a terra o a maggior ragione una città come Costantinopoli, senza l'aiuto di un esercito. *Ma mi aspettavo che, una volta che i forti turchi fossero cominciati a cadere, i greci si sarebbero uniti a noi e che da quel momento tutte le loro armate sarebbero state a nostra disposizione.*[243] Allo stesso modo non potevo credere che la Russia e la Bulgaria sarebbero rimaste immobili dinanzi alla reale e imminente possibilità della caduta dell'Impero Ottomano.

Comunque, se Kitchener riteneva di avere delle truppe inglesi da impiegare, di certo io non mi opponevo.

Quello a cui mi opponevo era l'indecisione.

E Kitchener era indeciso.

Il suo prestigio e autorità erano immensi... ma dietro alla sua facciata splendida e imponente si nascondevano molte debolezze, i cui segni diventavano sempre più inquietanti... prendeva decisioni ora in questa, ora in quella direzione, le quali erano marcatamente influenzate dalle impressioni quotidiane che subiva, impressioni spesso fugaci.

Di conseguenza le sue decisioni erano talvolta contraddittorie.[244]

All'interno del Ministero della Guerra due correnti potentissime si scontravano, quella che voleva concentrare tutte le nostre forze in Francia contro i tedeschi e quella che spingeva per aprire un nuovo fronte orientale. Nel mezzo, come un'antica roccia lambita da violente maree, apparentemente solida ma gradualmente erosa, stava il vecchio generale.

Fra gennaio e la metà di marzo cambiò idea almeno cinque volte sull'invio della 29ª Divisione – la più importante perché l'unica professionale formata prima della guerra –, il tutto mentre il piano avanzava spedito e le truppe venivano ammassate nell'isola di Lemnos e in Egitto, pronte a essere impiegate qualora necessario.

Ma senza un piano di attacco coordinato fra mare e terra.

Lord Fisher voleva che le truppe ora disponibili fossero utilizzate per invadere la penisola di Gallipoli, ossia la sponda sul lato europeo dello stretto, ma il massimo che si riuscì a ottenere fu che rimanessero pronte a intervenire.

In che modo, rimaneva un mistero.

L'attacco alle fortezze esterne dei Dardanelli iniziò alle dieci meno nove minuti del 19 febbraio 1915.

Come previsto, la superiorità dei cannoni navali ebbe la meglio e, nonostante alcuni ritardi dovuti al maltempo, entro il 2 marzo tutte le difese che affacciavano sul Mediterraneo erano distrutte.

Fu sulla scia dell'entusiasmo per i successi della Marina e dell'apparente calma sul fronte occidentale, che Kitchener ruppe gli indugi.

Ma, all'interno dell'inflessibile clessidra del tempo, il recipiente delle opportunità era ormai senza sabbia.

Oggi sembra chiaro che quando lord Kitchener rinunciò al suo impegno di inviare la 29ª Divisione... e ne ritardò l'impie-

go di quasi tre settimane, allora avrei dovuto essere prudente e interrompere l'attacco navale.

Sarebbe stato abbastanza semplice farlo e tutti gli accordi erano stati presi su questa base.

Non l'ho fatto e da quel momento sono diventato responsabile di un'operazione il cui controllo vitale era passato in altre mani.

Le sorti della grande impresa che avevo avviato sarebbero state ormai decise da altri.

Ma in caso di fallimento sarei stato io a doverne sopportare tutto il peso.[245]

La mia speranza di un intervento greco sembrò concretizzarsi all'inizio di marzo: ad Atene erano disposti a inviare due o tre divisioni per invadere Gallipoli. La prima tessera del domino che avevo immaginato era pronta a cadere e a trascinare al nostro fianco le forze balcaniche ancora neutrali. Ma a quel punto arrivò la prima grande delusione. La Russia dichiarò che non avrebbe permesso l'intervento della Grecia, temendo future interferenze su Costantinopoli.

Se avessimo deciso di lanciare un'invasione, avremmo dovuto contare solo sulle nostre forze. Ma per farlo, bisognava attendere l'arrivo della 29ª.

Ancora una volta maledissi l'indecisione di Kitchener.

Il tempo non giocava a nostro favore non solo dal punto di vista letterale, ma anche atmosferico. Il bombardamento metodico subì diversi ritardi a causa di pioggia, vento e scarsa visibilità.

Nel frattempo era passato quasi un mese. Un mese nel quale i turchi avevano rinforzato le loro difese, agli ordini di efficienti sovrintendenti tedeschi e di alcuni capaci comandanti locali, fra cui un giovane di nome Mustafa Kemal.

Era questo il momento che avevamo previsto fin dall'inizio, quello in cui, se le cose non fossero andate come sperato, avremmo potuto fermare l'intera operazione senza aver ancora subito praticamente perdite. *Un semplice gesto con la bacchetta magica e l'intera armata riunita ai Dardanelli o in procinto di raggiungerli si sarebbe sciolta e sarebbe svanita. La serata si sarebbe chiusa con una potente Marina impegnata in un attacco di portata mondiale, e il sole sarebbe potuto sorgere su mari vuoti e rive silenziose.*[246]

L'unica alternativa alla ritirata era rompere gli indugi e attaccare con tutta la nostra forza.

E fu quello che decidemmo di fare.

La data scelta era il 18 marzo.

La mano beffarda del fato però era già protesa su quell'angolo del pianeta.

Due giorni prima dell'attacco, Carden ebbe una specie di esaurimento nervoso e dovette lasciare il comando al suo secondo, il viceammiraglio de Robeck.

Mi misi subito in contatto con lui e fui rassicurato dall'apparente concomitanza di vedute. Si disse pronto a intraprendere l'operazione così come immaginata e pianificata fino a quel momento.

All'alba l'intera flotta avanzò lungo lo stretto.

Fu a quel punto che la mano del fato si serrò in un pugno. Lo fece nella forma di un piccolo vascello turco di nome *Nusret*, che con ogni probabilità cambiò la storia del mondo.

La notte prima dell'attacco questa nave era sgusciata lungo il canale e aveva piazzato una serie di mine in un'area che era stata appena bonificata dalle nostre forze e che quindi era segnata come sicura.

Il risultato è che, mentre i primi forti soccombevano di fronte alla potenza del nostro attacco, tre navi furono affondate. Due inglesi, di quelle considerate vecchie e «sacrificabili», e una francese, che costò la vita a più di seicento marinai.

Tanto bastò a de Robeck che, nonostante il generale successo dell'operazione, ordinò la ritirata.

Al suo ritorno, il viceammiraglio ci assicurò che avrebbe ritentato appena possibile, stilando nuovi piani per far fronte al rinnovato pericolo delle mine.

Oggi sappiamo che i turchi avevano poche munizioni rimaste e che, una volta bonificato il passaggio, la vittoria sarebbe stata a portata di mano.

E con essa, forse, la drastica riduzione della durata della guerra e la salvezza di innumerevoli vite.

Il nuovo attacco, però, non avvenne mai.

«Adesso basta, Winston. Abbiamo provato e abbiamo fallito. Non intendo sostenere nessun'altra azione navale senza l'adeguato supporto dell'esercito.» Non avevo mai visto Fisher così furioso.

«Avevamo messo in conto la perdita di alcune navi, non possiamo fermarci ora che siamo a un passo dal traguardo!»

Lord Fisher si alzò dalla sedia e batté il pugno sul tavolo, facendo sobbalzare penne e fogli. «Finora ti ho appoggiato perché il comandante sul campo pensava che l'operazione fosse fattibile. Ma adesso basta!»

Nel giro di cinque giorni de Robeck, che da allora chiamo de Rowback, «Remaindietro», aveva cambiato idea e deciso insieme al generale inviato da Kitchener, il mio amico sir Ian Hamilton, di non rinnovare l'attacco fino a che l'esercito non fosse pronto a intervenire a fianco della flotta.

«Cosa potremmo volere di più? – insistette – *Volevamo che ci pensasse l'esercito. Avrebbero dovuto farlo fin dall'inizio.»*[247]

«Le truppe non saranno pronte prima di tre settimane, almeno, ti rendi conto dei rischi? Tre settimane, Jackie, tre settimane per i turchi per far arrivare rinforzi e munizioni e trincerarsi!»

Fisher non sentì ragioni e, senza il suo appoggio, non potevo impartire l'ordine di rinnovare l'attacco.

Portai la notizia al Gabinetto di Guerra e lord Kitchener si assunse formalmente la responsabilità di organizzare un attacco terrestre.

Da quel momento la gestione dell'intera operazione passava nelle sue mani.

Quanto sarebbe stata sicura e sensata questa decisione tre mesi prima. Ma ora![248]

In attesa della prima grande operazione anfibia della storia moderna, per un altro interminabile mese quella prodigiosa *armada*, quella formidabile concentrazione di forza navale, rimase alle porte dei Dardanelli.

Immobile e alla fonda, in balia delle maree.
E io con essa.

«È stato un disastro.»

Il volto era composto come sempre, ma la voce lievemente incrinata. Sprofondato nella poltrona del mio studio, con un sigaro in una mano e un bicchiere di brandy nell'altra, ascoltai Eddie leggermi i tetri dispacci che arrivavano dalla Turchia senza dire una parola.

«Le perdite si calcolano ormai a migliaia. Le nostre truppe non riescono ad avanzare e hanno iniziato a trincerarsi. Di fatto, si sta creando uno stallo simile a quello sul fronte occidentale, con tutto ciò che ne consegue...»

Da settimane arrivavano telegrammi del genere.

Ma l'abitudine non rendeva meno doloroso quel triste rito ormai quotidiano.

Man mano che Eddie leggeva, nella mente si formavano immagini di morte e devastazione, descritte vivamente anche dalle lettere personali che ricevevo da mio fratello Jack, impegnato nell'operazione.

Quella che doveva essere un'operazione brillante e potenzialmente risolutiva si stava trasformando nell'ennesimo pantano insanguinato.

E le cose in Francia non andavano meglio.

Nuovi, insensati attacchi contro i tedeschi si erano risolti in altre migliaia di morti inutili.

Parte della colpa veniva attribuita al dispiego di armi e munizioni a Gallipoli. La carenza di munizioni era diventata di dominio pubblico proprio il giorno prima, quando il «Times» aveva pubblicato un'accurata indagine e formulato precise accuse sulla malagestione degli armamenti e dei rifornimenti.

Una crisi politica di prima grandezza era alle porte.

Non c'era nulla che potessi fare, se non dare tutto il contributo possibile alle richieste dell'esercito. E anche su questo Fisher obiettava in modo sempre più veemente, pretendendo il richiamo in patria della più potente delle nostre navi schierata nei Dardanelli, l'arresto di ogni ulteriore nuovo invio di navi e dichiarando quanto fosse stato contrario fin dall'inizio all'operazione.

Tentativi assurdi di discolparsi ai quali io replicavo mostrandogli ogni singolo ordine impartito fin dall'inizio, controfirmato dalla sua grande «F.» scarabocchiata in verde.

Fu proprio su questi rinforzi che la situazione precipitò. Per la precisione, su due sottomarini addizionali che avevo acconsentito a inviare verso la Turchia.

«Primo lord», disse un giovane attendente in divisa entrando nella stanza.

Alzai lo sguardo rimanendo in silenzio.

«Il primo lord del Mare, signore. Ha presentato le sue dimissioni...»

Sbuffai. «Di nuovo? Avvertitemi quando ci sarà qualche vera novità.» Era l'ottava volta da quando l'avevo richiamato all'Ammiragliato. Sembrava che non riuscisse a trovare nessun altro modo per attirare l'attenzione.

«Sì, signore – rispose il giovane evidentemente titubante a riferire altre brutte notizie – ma stavolta credo che sia per davvero. Ecco... non riusciamo a rintracciarlo da nessuna parte.»

Questo era davvero troppo.

Scattai in piedi, rovesciando il brandy sul tappeto. Mi infilai la giacca e il cappello e uscii a passo spedito, attraversai la Horse Guard Parade e in una manciata di minuti raggiunsi il numero 10 di Downing Street.

Ebbi così l'inedito e inaudito compito di comunicare al primo ministro che il più alto ufficiale della Marina, nel bel mezzo della più grande guerra mai combattuta, era semplicemente scomparso, sottraendosi ai suoi doveri e alle sue responsabilità.

Asquith era furioso.

Prese dalla scrivania un foglio di carta intestato, scrisse: «*In nome del Re, vi ordino di tornare immediatamente al vostro posto*»[249] e lo firmò, affidandolo a uno dei suoi segretari.

Il vecchio ammiraglio fu trovato solo molte ore dopo e, pur acconsentendo a vedere Asquith, gli confermò che non sarebbe tornato sulla sua decisione, a meno che io non fossi allontanato dall'Ammiragliato e a lui non fosse stata garantita la piena autorità sulla gestione della guerra navale.

Il primo ministro si rifiutò di cedere a un simile ricatto e le dimissioni di Fisher furono infine accettate, ma la crepa che aveva aperto stava per far crollare tutto.

La crisi all'Ammiragliato unita allo scandalo delle munizioni si rivelarono fatali.

Per continuare a esistere, il governo fu costretto a invitare i Conservatori a entrare nell'esecutivo in una grande coalizione nazionale.

Il prezzo che il loro leader, Andrew Bonar Law, richiese fu la testa dell'uomo che agli occhi della nazione era più di tutti responsabile del fallimento dei Dardanelli.

Ma, soprattutto, i Conservatori non avevano dimenticato il mio «grande tradimento» e i dieci anni e più di aspri attacchi parlamentari.

Il 26 maggio dovetti lasciare l'Ammiragliato, chino sotto l'ingiusto peso di colpe e critiche per scelte non mie. Ero diventato il capro espiatorio del Paese e il mio nuovo *status* di paria fu ben esemplificato dal fatto che nessuno dei miei colleghi del Gabinetto di Guerra prese commiato da me, quasi non mi conoscessero.

Con una sola eccezione.

Kitchener, nonostante i suoi mille impegni e preoccupazioni, venne a salutarmi. C'era ben poco che lui o chiunque altro potesse fare per rendere meno amaro il boccone che dovevo ingoiare. Ciononostante conversammo per un po'.

Quando si alzò prima di andarsene, in quel suo modo imponente e quasi maestoso che gli era naturale, si voltò e disse: «Beh, a ogni modo c'è una cosa che nessuno potrà mai contestarti: la flotta si è fatta trovare pronta».[250]

Uscì, lasciandomi da solo con il mio whisky, i miei pensieri e i miei rimpianti.

8

Dal fango alle stelle

1915-1918

Se non avessi fatto errori, non avrei fatto niente.[251]

Sferrai un colpo potente, rabbioso, liberatorio.

La tensione evaporò come pioggia nel deserto, e con lei ansia e preoccupazioni.

Era la prima volta che mi sentivo così da mesi. Forse da tutta la vita. Di certo, quella sensazione non l'avevo mai provata prima e non l'avrei più scordata dopo.

La tela, sfregiata da una singola, istintiva, pennellata di azzurro brillante sembrava aver accolto dentro di sé ogni mio malessere, regalandomi in cambio una sensazione di pace, limpida come il cielo di luglio che stavo cercando di immortalare.

Da quando avevo dovuto lasciare l'Ammiragliato, ora occupato da Balfour, Asquith mi aveva conferito la carica di cancelliere del Ducato di Lancaster. Un ruolo quasi esclusivamente onorifico, ma che mi permetteva di restare nel Gabinetto e nel Consiglio di Guerra, pur senza alcun potere decisionale.

In questa posizione sapevo tutto e non potevo fare nulla. Il passaggio dalle intense attività esecutive di ogni giorno all'Ammiragliato ai ristretti compiti di un consigliere mi lasciò senza fiato. Come una bestia marina ripescata dagli abissi, o un sommozzatore riemerso troppo velocemente, le mie vene minacciavano di scoppiare per lo sbalzo di pressione.[252]

Continuai ad assistere impotente alle sempre più dolorose riunioni nelle quali, dispaccio dopo dispaccio, apparve via via più evidente la proporzione del disastro che stava assumendo la spedizione dei Dardanelli. La mia opinione in quei lunghi e angosciosi mesi era sempre la stessa: dovevamo usare ogni risorsa per spezzare lo stallo e infliggere un colpo fatale alla Turchia, assicurando così il massimo sostegno al mio amico Ian Hamilton, impegnato con le sue coraggiose truppe nella penisola di Gallipoli.

Ero e sono tuttora certo che questo fosse l'unico modo per accorciare i tempi di una guerra che sembrava destinata a prolungarsi in eterno.

Quello che sarebbe potuto essere, non lo sapremo mai. Quello che sappiamo però, come non mancai di far notare ai miei colleghi, è che di certo una rapida soluzione non sarebbe venuta dal fronte occidentale: nei soli due mesi precedenti avevamo perso centomila uomini in offensive che *ci avevano fatto riconquistare circa 8 miglia quadrate di territorio francese e belga, sulle 19.500 in mano ai tedeschi.*[253]

Ma anche di fronte all'inutilità di simili massacri, non si decise mai di sferrare il colpo finale lì dove avremmo potuto colpire al cuore il nemico.

Di tutta la lunga, tragica, storia dei Dardanelli, l'unica operazione che ebbe realmente successo fu l'evacuazione. Quando gli ultimi soldati, fra cui il capitano Clement Attlee, abbandonarono Gallipoli, lasciarono alle loro spalle non solo trincee vuote e speranze infrante, ma anche e soprattutto centoquindicimila compagni caduti.

Era il pensiero di tutti quei giovani eroi e di quello che sarebbe potuto essere, che mi artigliava il cuore con dita di ghiaccio. E solo l'alba di un nuovo sole riuscì a sciogliere quella morsa. Quello stesso sole che ora mi accingevo a dipingere. *Fu allora che la musa della pittura venne in mio soccorso... Non conosco nient'altro che assorba in modo più completo la mente, pur senza logorare il corpo.*[254]

Come spesso accade a chi scopre qualcosa di estremamente piacevole, da allora mi domando come possa aver vissuto per i più di quarant'anni precedenti senza quella gioia per l'anima. Al pari di tante altre lezioni della vita, però, posso dire di averne fatto tesoro e da allora non ho mai smesso. Né intendo farlo, anzi *quando andrò in cielo intendo spendere una considerevole parte del mio primo milione di anni dipingendo... ma avrò bisogno di una tavolozza con colori ancora più allegri di quelli che ho a disposizione quaggiù.*[255]

Tuttora, mentre detto queste righe, uno scorcio della ridente provincia inglese riposa fiducioso sul cavalletto nel mio studio, in attesa di essere completato.

E ancora oggi, come allora, il pensiero mi solleva.

Pensieri e preoccupazioni si accumulavano come polvere e muffa in un vecchio solaio. La scoperta della pittura fu come aprire la finestra ma, nonostante la ventata di aria fresca, la stanza continuava a rimanere triste e malsana.

L'unica eccezione, a parte il mio nuovo hobby, erano quei pochi amici fedeli che sembravano essermi rimasti e, naturalmente, la mia famiglia.

Se in quel periodo non ebbi un vero e proprio crollo, lo devo principalmente all'amore purissimo di Clemmie.

«Sono finito. La mia carriera è finita.»

«Non dire così, carlino mio – disse usando il nomignolo con il quale mi chiamava da sempre, mentre mi accarezzava dolcemente la testa poggiata sul suo grembo – sei giovane, avrai modo di rifarti.»

«Mio padre aveva più o meno la mia stessa età quando anche lui lasciò il governo in disgrazia. E sai bene che la sua carriera era finita.»

«Tu non sei tuo padre. Ringraziando il cielo hai la salute e un'energia di cui lui non ha mai potuto beneficiare. Hai tutta la vita davanti.»

«E che vita potrà mai essere? Una vita senza politica, una vita senza poter servire davvero il mio Paese, una vita di potenziale inespresso. Una vita a metà.»

«Ma pur sempre una vita. E finché c'è vita c'è speranza. Non lasciare che le avversità di un momento spengano l'ottimismo che ti ha sempre illuminato. Il mondo intero soffre da un anno e non se ne vede la fine. Dovremmo allora arrenderci tutti?»

«Non dico questo. Sono pronto ad affrontare quello che verrà, ma *vorrei solo che un giorno la verità venisse a galla.*[256] Promettimelo. Promettimi che se mi dovesse succedere qualcosa non lascerai che quegli avvoltoi diano a me tutte le colpe. Quando verrà tolto il segreto sui documenti dei Dardanelli pubblica tutto, pubblica ogni cosa. Non ho niente da nascondere. Niente...»

«Lo farai tu stesso. Pubblicherai i documenti e ti potrai difendere davanti a tutti.» Il suo tono ora era più ruvido, un misto fra lo spaventato e un tentativo di spronarmi.

Anni dopo Clemmie mi confidò che in quel periodo aveva temuto seriamente che potessi morire di dolore o addirittura togliermi la vita.

Percependo la sua apprensione mi sollevai e la baciai sulla fronte. «Hai ragione, come sempre. È l'inerzia che mi logora. Mi sembra di essere tornato in quel maledetto carcere di Pretoria, confinato in un misero cortile mentre fuori dal cancello il mondo risolve le sue grandi questioni senza di me.»

Non dimenticherò mai lo sguardo che mi lanciò, né il silenzio che precedette le sue parole. Al di là dei suoi occhi limpidi potevo quasi vedere la battaglia che stava avvenendo fra il suo cuore e il suo cervello. Quando parlò si raddrizzò leggermente, come se l'importanza di ciò che aveva da dire richiedesse uno speciale contegno.

«Se ti sembra di essere nella stessa situazione di Pretoria, forse dovresti comportarti come allora.»

Ci volle qualche secondo perché il significato delle sue parole mi arrivasse in pieno, non perché non ci avessi pensato a lungo a mia volta, ma perché non mi aspettavo che potesse condividere una simile idea.

«Stai dicendo che dovrei... evadere?»

Mi fissò negli occhi e quello che lessi fu la ferrea determinazione di una donna che aveva preso una dolorosa decisione.

«Sto dicendo che dovresti combattere.»

Il 18 novembre 1915 sbarcai in Francia e presi servizio sul fronte occidentale.

Meno di due settimane prima Asquith aveva rivoluzionato la composizione del Consiglio di Guerra, restringendolo a soli cinque membri. Io non ero fra loro. Come se non bastasse, poco dopo venne ufficializzata la decisione di abbandonare i Dardanelli.

Da quel momento non c'era più nulla che mi tenesse legato al governo e di certo non potevo sopportare l'idea di venir pagato per ricoprire un incarico poco più che simbolico al Ducato di Lancaster, mentre il Paese e il mondo intero si dissanguavano per il diritto di avere un futuro. Senza più neanche la pallida prospettiva di poter collaborare alla gestione bellica, rassegnai le dimissioni.

Se non potevo dirigere la guerra, potevo sempre combatterla.

Dopotutto ero un militare. Pur avendo abbandonato il servizio attivo, rimanevo un ufficiale della riserva con il grado di maggiore.

Al mio arrivo il generale sir John French mi propose di scegliere fra un incarico allo stato maggiore e il comando di una brigata. Ovviamente volevo essere al centro dell'azione e scelsi subito il secondo, ma gli dissi che *prima di potermi assumere tale responsabilità, dovevo sperimentare in prima persona le speciali condizioni della guerra di trincea.* Avevo già combattuto, è vero, ma sapevo di trovarmi di fronte a un tipo di conflitto totalmente nuovo. Non ne ero spaventato, anzi non vedevo l'ora di assumermi la responsabilità del comando, ma *a patto di trascorrere prima un mese o due al fronte per valutare personalmente le nuove caratteristiche della Grande Guerra.*[257]

La mia richiesta venne esaudita e così mi ritrovai distaccato nei Granatieri della Guardia, che avevano il compito di difendere la linea vicino a Merville, poco distante dal confine con il Belgio.

La mia nuova vita all'inizio non fu facile.

Non a causa dei pericoli che lo stare al fronte comportava, anche se certo dovetti abituarmi a tutta una serie di precauzioni e abitudini che non mi erano familiari oppure che avevo da tempo rimosso. La prima volta che mi accesi un sigaro in un punto esposto vidi il sergente accanto a me allontanarsi di qualche passo: ripensai subito all'ufficiale spagnolo che tanto tempo prima mi aveva sgridato nella giungla cubana per lo stesso motivo. Certe cose sembriamo non volerle imparare.

A parte questi ostacoli pratici, il primo vero scoglio che dovevo superare era di natura sociale. Agli occhi di quei soldati ero uno dei «maledetti politici» che, seduti nelle loro confortevoli poltrone e riscaldati dai loro caminetti, con i loro sciagurati ordini decidevano chi viveva e chi moriva.

Avrei dimostrato loro che questo particolare politico era un po' diverso.

Sarà sempre motivo d'orgoglio per me essere riuscito a sentirmi perfettamente a mio agio con questi uomini e stringere amicizie di cui godo ancora oggi. Ci sono volute circa quarantotto ore per superare il loro naturale pregiudizio.[258] E lo feci dimostrando che non solo non mi aspettavo nessun trattamento di riguardo, ma che anzi ero ben pronto a correre più rischi di quanto richiesto.

Mi offrii per accompagnare il colonnello nei giri di ispezione che bisognava fare ogni mattina e ogni sera. *Scivolavamo, sguazzavamo o arrancavamo insieme attraverso la neve o il fango – perché il tempo si alternava in modo crudele – attraverso i campi spazzati dai proiettili e dentro al labirinto delle trincee.*[259]

Cominciai a prendere familiarità con quel dedalo infernale e malsano che era l'unico scudo fra noi e la morte che pioveva dall'alto. Chiesi al comandante di potermi sistemare lì, insieme agli uomini, nonostante in quanto ufficiale avrei potuto stabilirmi nel quartier generale del battaglione allestito in una vecchia fattoria nelle retrovie.

Non lo feci però solo per un genuino desiderio di imparare il più possibile sulle condizioni al fronte. *Devo confessare che ero spinto da un motivo che molti troveranno piuttosto inadeguato. Il quartier generale era strettamente «a secco». Non c'era nulla da bere che non fosse tè forte con il latte condensato, una bevanda molto sgradevole. Alle compagnie in trincea era invece concessa maggiore libertà. E poiché ho sempre creduto nel consumo moderato e regolare di alcool, soprattutto nel bel mezzo di una guerra invernale, spostai ben volentieri i miei averi nella prima linea.*[260]

Ben presto scoprii quanto fosse dura la vita di trincea.

Il cielo era perfido, quasi volesse uniformarsi a ciò che si svolgeva sotto di esso.

Pioggia, neve, gelo e vento si alternavano senza tregua. Nessuno era mai davvero asciutto o al caldo. Il freddo e il «piede da trincea» erano il terrore più comune, insieme ovviamente ai cecchini tedeschi.

Nonostante in quel periodo non ci fossero offensive o battaglie importanti, l'artiglieria e il rumore dei proiettili ci accompagnava continuamente e con essi le inevitabili vittime. Vidi diversi uomini cadere o orrendamente mutilati: figli, fratelli, mariti che da più di un anno mancavano dalla loro casa e che in gran parte non ci sarebbero mai tornati. Pensai all'angoscia di chi, oltre quel braccio di mare che mai era sembrato così sconfinato, li aspettava senza sapere se fossero ancora vivi o già morti.

Fra loro anche Clemmie, che cercavo di rassicurare ogni volta che potevo.

Mia anima carissima,

spero ti renda conto di quanto sia innocuo tutto ciò. Con mia sorpresa ho scoperto che ogni giorno vengono uccisi o feriti solo quindici uomini, su più di ottomila esposti! Mi renderebbe di cattivo umore sapere che tu permetta a un rischio del genere di renderti ansiosa. Volevi che ti scrivessi e ti raccontassi, e quindi lo faccio: per accontentarti e non perché io attribuisca alcuna importanza a un'esperienza così ordinaria...

Sono molto felice qui. Non sapevo cosa significasse la liberazione dalla preoccupazione. È una pace benedetta. Come ho potuto sprecare tanti mesi in una miseria impotente, quando avrei potuto trascorrerli in guerra.[261]

Sapevo che stavo esagerando, ma erano esagerazioni a fin di bene. Se potevo tranquillizzarla, anche solo in minima parte, era mio dovere farlo. Anche perché sapevo quanto si sentisse responsabile per avermi suggerito di partire.

Non preoccuparti per me – conclusi –. *Se il mio destino non si è ancora avverato, verrò di sicuro protetto.*[262]

Ben presto ne ebbi la prova.

Nel riordinare gli eventi del mio passato per poterli raccontare su queste pagine, mi sono accorto di quante volte il fato abbia giocato un ruolo cruciale.

È una riflessione che scaturisce con maggiore nitidezza quando si è avanti con gli anni e buona parte dell'esistenza è già stata vissuta, come un fotografo che per catturare il panorama debba distaccarsi da esso e trovare un buon punto di osservazione.

Più si vive, più ci si rende conto che tutto dipende dal caso, e più è difficile credere che questo onnipotente fattore negli affari umani derivi semplicemente dalla cieca interazione degli eventi. Caso, Sorte, Fortuna, Destino, Fato, Provvidenza mi sembrano solo modi diversi di esprimere la stessa cosa, vale a dire che il contributo di un uomo alla storia della sua vita è continuamente dominato da una forza esterna superiore...

E se questo è vero nella vita quotidiana, nella guerra – che è una forma di vita più intensa – il Caso getta via tutti i veli e i travestimenti e si presenta apertamente di momento in momento come arbitro diretto di tutte le persone ed eventi.[263]

Stavo scrivendo una lettera a mia madre quando lo sperimentai con i miei occhi.

Era il primo pomeriggio di un ennesimo giorno grigio e freddo. Il cielo e il nemico avevano appena finito di rovesciarci addosso quel che avevano in serbo per noi per la mattinata e approfittai della breve tregua sia dai consueti cannoneggiamenti che dalla pioggia. Mi ero seduto su alcuni dei sacchi di sabbia meno umidi che fossi riuscito a trovare e mi ero ricavato una specie di scrittoio capovolgendo una scatola di munizioni vuota.

Ero quasi a metà quando arrivò un attendente.

«Il comandante del reggimento vuole vedervi», disse senza preamboli mentre mi porgeva un telegramma.

«Adesso?», chiesi stupito. Conoscevo il generale in questione da molti anni, anche se non eravamo legati da una vera e propria amicizia. Ma convocare un ufficiale dalla prima linea così all'improvviso era un evento molto raro.

«Il generale ha detto che ci sarà una macchina ad aspettarvi all'incrocio di Rouge Croix alle 15.15.»

Non era vicino. Guardai l'orologio, avrei dovuto muovermi subito.

Non mi piaceva l'idea di percorrere tre miglia di campi fangosi, quasi del tutto in piena vista del nemico alla luce del giorno, e poi farmi tutta la scarpinata al ritorno in piena sera. Tuttavia, l'ordine non ammetteva dubbi, e con uno stato d'animo piuttosto cattivo misi via la mia lettera incompiuta, mi sistemai la divisa e mi avviai per il faticoso cammino.[264]

Presi con me un soldato che conosceva la strada e ci mettemmo in marcia.

Non avevamo percorso duecento metri che sentii lo stridio di bombe in arrivo e guardandomi intorno vidi quattro o cinque granate esplodere sopra le trincee che avevamo lasciato. Il fuoco continuò per circa un quarto d'ora prima di cessare. Non ci pensai più e proseguii il cammino.[265]

Arrancammo lungo un paesaggio reso inospitale dalla natura, impervio dall'inverno, desolato dalla guerra.

Parlammo poco, il giovane soldato e io, sia perché ogni rumore più del necessario era pericoloso, sia perché la scarpinata richiedeva ogni oncia di energia e la mia condizione fisica dopo anni passati dietro una scrivania o sugli scranni del Parlamento non era delle migliori. Dentro di me continuavo a chiedermi cosa diavolo potesse volere di così urgente quel generale per giustificare una simile fatica.

Quando finalmente giungemmo al punto d'incontro non c'era nessuno. Aspettammo mezz'ora prima che un attendente arrivasse per comunicarci che c'era stato un errore e la macchina era stata inviata in un altro posto. Per di più ormai si era fatto tardi e il generale doveva tornare al posto di comando.

Cercai di mantenere la calma.

Chiesi con la massima cordialità possibile se sapesse almeno dirmi quale fosse il motivo della convocazione.

«Oh», disse disinvolto, «non era niente di particolare. Venendo da queste parti ha pensato che gli avrebbe fatto piacere parlare con voi. Ma forse ci sarà qualche altra opportunità.»[266]

Non so come feci a mantenere il contegno. Forse ero semplicemente troppo stanco per arrabbiarmi, per di più con qualcuno che non c'entrava nulla. Mi limitai a girarmi e tornare sui miei passi.

Nel frattempo si era fatto buio. La pioggia aveva ricominciato a scendere più copiosa che mai, come se il cielo sentisse l'urgenza di lavare via il sangue di cui era imbevuta quella terra martoriata.

Quando finalmente, dopo più di due ore, raggiunsi le trincee ero esausto, zuppo e assetato. La prima cosa che feci fu infilarmi nella ridotta che usavamo come mensa per bere qualcosa.

Dopo aver consumato un graditissimo bicchiere di whisky e acqua, sguazzai di nuovo fra pioggia e fango e dieci minuti dopo raggiunsi la mia compagnia. Ero a venti metri dal mio rifugio quando un sergente, salutando, disse: «Abbiamo spostato il vostro equipaggiamento in un altro rifugio, signore».

«Perché?», chiesi.

«Il suo è saltato in aria, signore.»

«Ci sono stati danni?»

«La sua roba è a posto, signore, ma il soldato che stava lì è stato ucciso. Meglio non entrare, signore, è un disastro orribile.»

Per la prima volta fui percorso da un brivido che non aveva a che fare con l'acqua ghiacciata che continuava a corrermi lungo la schiena.

«Ma quando è successo?», chiesi.

«Circa cinque minuti dopo che siete andato via, signore. Una granata ha sfondato il tetto e gli ha fatto saltare la testa.»

All'improvviso ogni indignazione per quel generale svanì completamente dalla mia testa.

Non per la prima volta, ma forse mai così intensamente, *ebbi la forte sensazione che una mano fosse stata tesa per spostarmi dal punto fatale al momento giusto.*

Se fosse la mano di quel generale oppure no, non so dirlo.[267]

Il periodo di guerra in trincea servì a rinforzare la mia convinzione della sua insensatezza.

Per sfondare quelle linee rinforzate non si poteva contare solo sul numero degli assalitori, bisognava sfruttare una netta superiorità qualitativa.

Mi appariva sempre più chiaro come la guerra ormai fosse una faccenda non solo di uomini, ma soprattutto di macchine. Fin dai tempi dell'Ammiragliato, avevo sostenuto l'idea di corazzare in qualche modo dei trattori, armarli di mitragliatrici e spedirli verso le trincee nemiche per distruggere il filo spinato e aprire la strada alla fanteria. Investii anche una grossa quantità dei fondi del mio Ministero per sviluppare quest'idea, nonostante non avesse nulla a che fare con le questioni legate alla Marina. Per questo fui criticato duramente, ma il tempo mi avrebbe dato ragione: da quel rudimentale progetto nacque l'arma che contribuì a consegnarci la vittoria finale, il carro armato.

Il 1916 si aprì con la mia promozione a tenente colonnello. Il periodo di «prova» era finito, adesso avevo un mio comando, quello del 6° battaglione dei Fucilieri Scozzesi Reali. Il nostro compito era difendere circa mille metri di prima linea nei pressi del villaggio di Ploegsteert, subito ribattezzato dagli uomini Plug Street, vicino Armentieres.

Per quattro mesi ebbi la responsabilità di quei valorosi uomini che imparai a conoscere e rispettare. Per quanto sia sempre stato un aristocratico *sui generis*, lottando per i diritti e il miglioramento di vita delle classi lavoratrici e anzi per questo odiato e bollato come traditore dai Conservatori, fu quella la prima volta che vissi davvero al loro fianco. Condividevamo tutto: cibo, giaciglio, pensieri, sogni, preoccupazioni e ovviamente rischi.

Non esiste fratellanza più grande di quella che si instaura in trincea.

Una fratellanza sociale, umana, quasi trascendentale, come la consapevolezza di essere tutti nelle mani del fato, che continuava a darci continuamente prova della sua totale arbitrarietà.

Per esempio, *se non fossi tornato indietro per prendere la scatola di fiammiferi che avevo lasciato nel mio rifugio, come avrei potuto non imbattermi nella granata che si piantò senza fare danni un centinaio di metri davanti a me?*[268]

Era un tipo di riflessione che capitava di fare spesso nelle conversazioni fra commilitoni. La costante presenza della morte stimolava ogni genere di discorso, profondo o meno che fosse.

«L'idea stessa di trincea non è poi così distante dal concetto di tomba», disse un giorno all'improvviso Archie Sinclair, un maggiore con cui avevo stretto una di quelle amicizie forgiata nel fuoco della guerra che sarebbe durata tutta la vita.

Lo guardai sorpreso. Stavamo facendo un giro di ispezione serale lungo la linea e fino a quel momento avevo notato che era più taciturno del solito. Ora avevo capito perché.

«Pensaci un attimo – continuò –, scaviamo buche profonde per proteggerci dal nemico, piuttosto che erigere muri, parapetti o palizzate. Capisco che sia più pratico e veloce, certo, ma non può sfuggirti il fatto che così facendo sembriamo quasi inconsapevolmente volerci preparare alla sistemazione eterna.»

«Non ci avevo mai pensato, ma immagino che faccia parte dell'essenza della guerra. Invece di innalzarci, ci fa sprofondare.»

Archie annuì. «Hai paura della morte, Winston?»

Scrollai le spalle. «Sinceramente no. *La morte è solo un episodio, e neanche il più importante fra quelli che ci accadono nella nostra condizione esistenziale.*[269] Semmai è l'incompiutezza che mi disturba.»

«In che senso?»

«Credo che ognuno di noi abbia un destino, una meta verso cui tutta la vita lo conduce. Ma che a volte non si avvera. Alcuni ne sono più consapevoli di altri, certo. Prendi me per esempio. *La convinzione che la più grande delle mie opere sia ancora da compiere è forte dentro di me.*[270] Ma non saprei dirti quale.»

Mi guardò inarcando un sopracciglio, come se stesse decidendo se fossi solo un pallone gonfiato o se ci fosse altro.

«Sono sicuro che la tua carriera è tutt'altro che finita. Il tuo sacrificio e il tuo valore laveranno via le maldicenze agli occhi del popolo. Solo, non farti prendere dalla fretta di tornare, potrebbero accusarti di opportunismo e di aver solo finto di volerti mettere al servizio del tuo Paese.»

Era un consiglio saggio, detto da un uomo che aveva uno spiccato senso politico, come dimostra il fatto che un giorno sarebbe diventato il leader del partito Liberale.

«È la stessa cosa che mi dice mia moglie. Immagino quanto possa pesarle dovermi suggerire di restare qui…»

«E questa è la prova migliore che sia il consiglio più saggio possibile, il momento verrà. Verrà per tutti. Sia per noi, che anche per loro», disse indicando con la testa verso la terra di nessuno che separava le nostre linee da quelle tedesche.

La cappa nera che la notte aveva gettato sul mondo era squarciata solo da occasionali bengala sparati per illuminare la zona e dal tenue bagliore di qualche piccolo fuoco che ardeva sul fondo delle loro trincee. Forse stavano cuocendo qualcosa, o si stavano semplicemente riscaldando. Pensai a quei soldati, a quegli uomini così simili a noi ma con indosso una diversa uniforme. Anche loro attendevano la fine di quella guerra facendo progetti sul futuro? Anche loro sognavano un avvenire di pace?

Gettai un ultimo sguardo verso la profondità di quel paesaggio straziato.

Da qualche parte, a meno di quindici chilometri dal punto in cui mi trovavo, in quel preciso momento prestava servizio fra loro anche un caporale, che probabilmente stava a sua volta pensando al domani.

Ma quello che immaginava lui era un domani molto diverso. Sia per il suo Paese che per il mondo intero.

Il suo nome era Adolf Hitler.

Alla fine il momento giusto di cui parlavano sia Archie che Clementine arrivò.

In quanto membro del Parlamento mi sarei potuto congedare dall'esercito senza particolari problemi, ma dovevo tener conto di quanto mi sarebbe costato politicamente un ritiro prematuro. Per fortuna il mio battaglione venne fuso con un altro, al cui comando c'era un ufficiale più anziano di me. Mi trovai così libero di tornare a Londra con onore.

Senza più vincoli di fedeltà ad Asquith e alla sua combriccola, che mi avevano scaricato senza tante cerimonie e di fatto – impedendomi di pubblicare i documenti secretati – addossato la colpa dei Dardanelli, potei scatenare la mia oratoria contro il governo e la malagestione della guerra.

Per tutto il resto dell'anno gli scranni di Westminster diventarono la mia nuova trincea, da cui sferrare attacchi e ripararsi dai colpi.

La carneficina della battaglia della Somme, che si concluse con l'ennesimo stallo sanguinoso, fu l'ultimo errore di Asquith, che dovette dimettersi. Il suo posto venne affidato al mio vecchio amico Lloyd George, il collega dei tempi delle riforme sociali. *Il nuovo primo ministro avrebbe voluto includermi nel suo governo; ma questa idea fu accolta con estremo sfavore da personaggi importanti la cui influenza durante questa crisi fu decisiva.*[271] Inutile descrivere lo stato d'animo con cui ricevetti la notizia.

Ma nel frattempo avevo altre battaglie da combattere. Finalmente era stata istituita una commissione d'inchiesta sui Dardanelli ed ero ben deciso a dimostrare le responsabilità del Gabinetto di Guerra, e soprattutto di Kitchener, ma il fato lo risparmiò da questa prova nel modo più crudele. In viaggio verso la Russia per accordarsi sui rifornimenti di munizioni, la sua nave venne affondata e il vecchio generale sparì fra le onde con tutto l'equipaggio. Di certo non sarei stato io a infangare l'onore di un eroe caduto e che non poteva difendersi, ma ciò nonostante nel suo rapporto finale la commissione riconobbe che la campagna era stata frutto di una serie di errori e calcoli sbagliati, senza una chiara catena di comando.

Di fatto, venivo finalmente scagionato. Non intendo nascondere o sminuire le mie responsabilità, ma venne fatta giustizia nel riconoscere che non ero io l'unico o il supremo artefice di quel disastro.

La mia piccola personale vittoria venne ben presto oscurata da una serie di eventi che, all'inizio del 1917, erano destinati a cambiare profondamente il destino della guerra e del mondo.

La Germania decise di ricorrere alla guerra sottomarina indiscriminata. Il governo del Kaiser annunciò che qualunque vascello mercantile, anche di Paesi neutrali, diretto verso i porti dell'Intesa, sarebbe stato considerato un bersaglio legittimo.

I tedeschi non capirono né capiranno mai l'orrore e l'indignazione con il quale i loro avversari e il mondo neutrale considerarono il loro attacco… affondare navi di Paesi non bellige-

ranti senza provvedere al salvataggio dell'equipaggio, lasciandolo perire sulle scialuppe o affogare fra le onde, era agli occhi di tutti i popoli marinari un atto macabro, che fino ad allora non era mai stato intrapreso deliberatamente da nessuno se non dai pirati.[272]

Le conseguenze di questa politica sarebbero state immense, anche se nell'immediato l'unico risultato fu un pericolo spropositato per i nostri approvvigionamenti e per i nostri convogli. Fu quello il momento in cui più di ogni altro sarei voluto essere ancora all'Ammiragliato: la sfida sui mari ora acquistava un'importanza di prima grandezza.

Ma anche sulla terra, nonostante la mortale stasi sul fronte occidentale, il vento stava per cambiare. E lo avrebbe fatto con la forza di un uragano, rosso come le bandiere sventolate da Lenin e i suoi compagni. La rivoluzione comunista fece precipitare il Paese nella guerra civile, dando finalmente respiro ai tedeschi impegnati lungo i suoi confini.

Di sicuro nei confronti di nessuna nazione il fato è stato così maligno come nei confronti della Russia. La sua nave affondò in vista del porto. In effetti aveva resistito alla tempesta quando tutto sembrava perduto. Era stato fatto ogni sacrificio; lo sforzo era stato compiuto. Disperazione e tradimento usurparono il posto di comando nel momento stesso in cui l'impresa era stata portata a termine.

Ma le sue azioni non furono vane.

Il gigante colpito a morte ebbe appena il tempo, con le ultime forze, di passare la fiaccola verso est, attraverso l'Oceano, a un nuovo Titano da tempo sprofondato nel dubbio che ora si sollevò e cominciò ad armarsi pesantemente.

L'Impero russo cadde il 16 marzo, il 6 aprile gli Stati Uniti entrarono in guerra.[273]

Quando seppi della decisione americana, svanì ogni dubbio e incertezza. Adesso ero certo che avremmo vinto la guerra. Era solo una questione di tempo.

Provai anche una soddisfazione personale. Nonostante la guerra sottomarina indiscriminata avesse portato Washington alla rottura delle relazioni diplomatiche con Berlino, il *casus belli* fu determinato da un episodio nel quale, indirettamente, un certo ruolo lo avevo giocato anche io.

Il ministro degli Esteri del Kaiser, Zimmermann, nel tentativo di distogliere l'attenzione americana dall'Europa, aveva inviato un telegramma segreto all'ambasciatore tedesco in Messico, *incaricandolo di stringere un'alleanza con quel Paese in caso di guerra tra Germania e Stati Uniti e di offrire come incentivo ai messicani i territori americani del Texas, dell'Arizona e del Nuovo Messico.*[274] Il telegramma fu intercettato e decrittato da quella «Room 40» dell'Ammiragliato che io stesso avevo creato e su cui avevo profuso risorse ed energia. Sforzi per i quali ora l'intero Impero veniva ripagato. Trasmesso a Washington causò l'immediata decisione del Presidente Wilson di schierarsi finalmente a fianco dell'Intesa.

Mentre il mondo dilaniato dalla guerra affrontava questi nuovi avvenimenti, io contribuivo allo sforzo bellico con l'unica arma che avevo a disposizione, la più potente. La mia voce.

Di tutti i talenti conferiti agli uomini, nessuno è tanto prezioso quanto il dono dell'oratoria. Colui che ne gode esercita un potere più duraturo di quello di un grande re. Egli è una forza indipendente nel mondo. Abbandonato dal suo partito, tradito dai suoi amici, spogliato dei suoi uffici, chiunque possa controllare questo potere è comunque formidabile.[275]

Se ne accorse ben presto Lloyd George, il quale arrivò alla conclusione che era meglio avermi all'interno del governo che fuori. Accadde un giorno, dopo una seduta segreta in cui – potendo parlare liberamente – avevo infiammato il Parlamento con un discorso di un'ora e un quarto, proponendo di astenersi da qualsiasi nuova offensiva sul fronte occidentale, ma di mantenere un atteggiamento difensivo e di concentrarci sullo sradicamento del pericolo degli U-Boot. La nostra priorità doveva essere quella di rendere sicure le vie di comunicazione atlantiche per far affluire i milioni di soldati americani sul continente e solo allora sferrare l'attacco decisivo.

Alla fine della sessione Lloyd George mi prese da parte dietro la sedia dello Speaker e mi offrì la carica di ministro delle Munizioni. Dopo venti mesi tornai così al governo, non in uno dei dicasteri direttamente impegnati nella gestione delle forze armate, ma in uno pur sempre centrale per la guerra. *Non avendo il permesso di fare piani, mi concentrai sul costruire le armi... Tre anni di lotta avevano impegnato quasi tutta la potenza della nazione. La produzione di munizioni di ogni tipo era già su scala gigantesca. L'intera isola era un arsenale.*[276] Io spinsi i giri di questo immenso motore al massimo delle sue possibilità.

Mi trovai al comando della più grande impresa industriale del mondo, con dodicimila funzionari che supervisionavano tre milioni di dipendenti. Fu una sfida logistica come non ne avevo mai sperimentate prima e, come già avevo fatto all'Ammiragliato, rivoluzionai l'organizzazione rendendola più efficace e soprattutto veloce. *Invece di muovermi a fatica a piedi attraverso la giungla, cavalcavo comodamente un elefante la cui proboscide poteva con la stessa facilità afferrare uno spillo o sradicare un albero, e dalla cui schiena si offriva alla vista un ampio panorama.*[277]

Profusi tutte le energie nella produzione di ogni tipo di armamenti, dai proiettili per i fucili ai grossi calibri per i cannoni, passando dalle armi chimiche ai carri armati. I frutti si rivelarono inestimabili nella sequela di grandi offensive che seguirono e che rischiarono di sconvolgere il risultato della guerra.

Passchendaele, Caporetto, la Marna, Amiens. Nomi scolpiti nel sacrario della Storia, come quelli delle centinaia di migliaia di uomini che vi persero la vita sono scolpiti su altrettante lapidi.

Attraversammo a caro prezzo le varie tempeste che la Germania e i suoi alleati riversarono su di noi. Per la prima volta nella storia tutto il mondo era sceso in guerra, ogni continente aveva partecipato alla follia collettiva che era costata milioni di vite.

Alla fine i grandi Imperi che per secoli avevano regnato su numerosi popoli si sgretolarono sotto i colpi dell'Intesa.

«Winston, c'è Clementine», disse Eddie affacciandosi alla porta del mio ufficio all'Hotel Metropole, la sede del Ministero delle Munizioni. Notai che la sua voce tremava leggermente e sembrava fare fatica a contenere l'emozione. Da sempre facile alle lacrime, quel giorno aveva tutto il diritto di essere sopraffatto dai sentimenti.

«Falla entrare, Eddie, anzi resta anche tu. Oggi è un giorno fatto per stare insieme. Versati da bere, amico mio.»

Le mie parole ebbero l'effetto di commuoverlo ancora di più. Si soffiò il naso con il suo fazzoletto di seta, fece entrare Clemmie e si diresse verso il piccolo bar dove tenevo le bevande necessarie per affrontare le lunghe giornate.

«Non posso credere che sia vero», disse entrando e muovendosi un po' a fatica a causa della pancia al nono mese. Mi si gettò fra le braccia. Un gesto che mi stupì perché sapevo bene quanto fosse riservata e pudica davanti ad altre persone, per quanto Eddie fosse ormai quasi di famiglia.

Quell'abbraccio mi trasmise tutto il calore che solo un certo tipo di gioia può dare, quella che arriva dopo una grande tristezza. Per quattro, interminabili anni, a combattere contro il buio della paura c'era solo la fiamma della speranza, spesso ridotta a poco più di un tenue bagliore nei momenti più drammatici. Ora quella lunga notte veniva finalmente spazzata via dalla più gloriosa delle albe.

Sentendo la sua pancia contro la mia, ebbi la prova materiale che ad attenderci dopo il grande incubo, c'era la vita. Mia figlia era stata concepita poco prima che la Germania lanciasse l'ultima poderosa offensiva, che per poco non ci costò ogni cosa. All'apice della guerra.

Sarebbe nata proprio quella settimana, in un mondo in pace.

Accarezzai dolcemente Clemmie, sapendo che quella carezza sarebbe arrivata anche alla piccola Marigold. «È vero. È tutto vero», le sussurrai.

Restammo così, abbracciati, rivolti verso la grande finestra che affacciava su Northumberland Avenue verso Trafalgar Square.

Una doppia dolce attesa.

Mancavano pochi minuti all'undicesima ora dell'undicesimo giorno dell'undicesimo mese. Il momento in cui sarebbe diventato effettivo il cessate il fuoco, sancendo ufficialmente la resa dei nostri nemici.

Come il resto dei londinesi, aspettavo che il Big Ben ci portasse la notizia della fine della guerra.

La mia mente tornò indietro, oltre quegli anni spaventosi, alla scena e alle emozioni della notte all'Ammiragliato quando ascoltai quegli stessi rintocchi per dare il segnale di guerra contro la Germania alle nostre flotte e squadroni in tutto il mondo.

E ora tutto era finito![278]

Con estremo garbo Eddie si avvicinò e mi porse un bicchiere di champagne, tenendone in mano un altro per sé. Era ormai tempo di fare il brindisi che aspettavamo da cinquantadue mesi. E come noi altri milioni di persone in tutto il mondo, che fossero nelle loro case, nelle fabbriche, negli uffici o nelle trincee.

All'improvviso arrivò il primo rintocco della campana. Guardai di nuovo l'ampia strada sotto di me.

Era deserta.

Dal portone di uno dei grandi alberghi adibiti a Dipartimenti governativi saettò l'esile figura di una giovane impiegata, che gesticolava distrattamente mentre risuonava un altro rintocco.

Allora, da ogni parte, uomini e donne si precipitarono in strada. Dagli edifici uscivano fiumi di persone. Tutte le campane di Londra suonarono a festa. Northumberland Avenue ora era gremita di centinaia, anzi migliaia di persone, che correvano qua e là in modo frenetico, gridando e urlando di gioia. Trafalgar Square stava già brulicando di gente.

Voltandomi vidi che Eddie non si sforzava più di trattenere le lacrime e singhiozzava apertamente. Subito Clemmie andò ad abbracciare anche lui, piangendo a sua volta.

Vedendo la scena, mi accorsi di avere anche io gli occhi lucidi.

Il tumulto crebbe. Crebbe come una tempesta, da tutti i lati simultaneamente. La strada era ormai una massa ribollente di umanità. Bandiere apparvero ovunque come per magia. Fiumi di uomini e donne scorrevano lungo l'Embankment. Si mescolavano ai torrenti che si riversavano lungo lo Strand, acclamando il Re.

Prima che l'ultimo rintocco si spegnesse, le rigide strade di Londra, fino a quel momento severamente regolamentate e limitate per motivi di guerra, diventarono un pandemonio trionfante.

Le catene che avevano immobilizzato il mondo si erano finalmente spezzate.[279]

Eravamo liberi, eravamo vivi, eravamo in pace.

Il futuro ci apparteneva.

Il domani non poteva sembrare più roseo.

Nel violento temporale che quello stesso pomeriggio si abbatté all'improvviso su Londra, nessuno poteva leggere un oscuro presagio.

9
Albe e tramonti

1919-1922

Sono sicuro che non esista quasi nessun periodo sul quale si sia registrato di più, si sia dimenticato di più e si capisca di meno, dei quattro anni che seguirono l'armistizio.[280]

Alle 8 e mezzo della mattina dell'8 febbraio fui convocato d'urgenza al Ministero della Guerra.

Mentre mi dirigevo lì a bordo della mia auto, osservai un battaglione di Guardie schierato lungo il Mall. Passai attraverso l'Arco dell'Ammiragliato e raggiunsi il mio ufficio senza notare nient'altro di insolito.[281]

Se avessi voltato nella strada precedente mi sarei accorto con i miei occhi di cosa stava avvenendo. Ma l'autista proseguì lungo il solito itinerario che da meno di un mese a quella parte percorrevo ogni giorno per raggiungere il mio nuovo posto di lavoro. Alla vittoria militare era seguita quella elettorale, con Lloyd George che venne confermato alla guida del Paese e della coalizione di governo dalla gratitudine di milioni di cittadini.

Nel nuovo esecutivo che formò, mi offrì la carica di ministro della Guerra e dell'Aviazione.

Era al gigantesco palazzo bianco in stile neobarocco, sul quale per cinque anni era gravata la gestione quotidiana dello sforzo bellico in ogni angolo del pianeta, che mi stavo dirigendo.

Al mio arrivo trovai Eddie in uno stato di grande agitazione, correva qua e là portando fogli e rispondendo a un telefono che sembrava impazzito, ricominciando a squillare ogni volta che veniva messo giù.

«Si può sapere cosa sta succedendo?» chiesi prima ancora di togliermi il cappello.

Eddie alzò lo sguardo. Nei suoi occhi preoccupati intravidi un guizzo di sollievo nel sapere che ero arrivato.

«Le truppe – disse –. Sono le truppe...»

«Le ho viste le truppe, sul Mall. Sarà un'esercitazione, perché tutta questa agitazione?»

«Non le truppe sul Mall. I soldati!», sembrava incapace di articolare una frase di senso compiuto. Il telefono continuava impietosamente a squillare.

«Quali soldati, Eddie, vuoi calmarti?»

Trasse un respiro e socchiuse brevemente gli occhi. «I soldati in partenza, quelli che erano in congedo e che stamattina dovevano tornare sul continente. Non vogliono partire. Sono arrivati qui all'alba da Victoria Station e *hanno riempito la Horse Guards Parade armati e in uno stato di completo disordine.*[282] Credo, credo che si stiano ammutinando.» Le ultime parole le disse in un soffio, come se la stessa idea gli togliesse il fiato.

Guardai istintivamente verso ovest, anche se dal mio ufficio non potevo vedere il punto in questione. Ora che ci facevo caso mi parve di cogliere da quella parte voci e suoni che arrivavano attutiti dagli spessi muri del palazzo.

«Chiamami il generale Fielding.»

Mentre chiudeva l'ennesima conversazione per liberare la linea e mettersi in contatto con il comando militare del distretto di Londra, mi sedetti e mi accesi un sigaro, cercando di riordinare le idee.

Da settimane rapporti di malcontento fra le truppe si susseguivano senza sosta. La gestione della smobilitazione di tre milioni e mezzo di uomini rappresentava una sfida logistica e organizzativa senza precedenti per un Paese coinvolto fino ad allora solo in operazioni coloniali relativamente ristrette. Gli uomini, vittoriosi ma esausti, volevano solo tornare a casa. Bisognava però procedere con ordine e mantenere un esercito lungo il Reno per accertarsi che i termini dell'armistizio venissero rispettati, oltre che i vari distaccamenti in tutto l'Impero.

Inizialmente il criterio scelto fu dettato dalla necessità di far ripartire l'economia. Venne data precedenza al congedo a quanti avessero un impiego o un'offerta di lavoro. Era un sistema ingiusto, anche perché molto spesso questi fortunati erano stati, per lo stesso motivo della loro necessità al funzionamento delle varie industrie, anche gli ultimi a essere arruolati. Trovavo assurdo che ci fossero soldati sotto le armi fin dal 1914 costretti a rimanere ancora in servizio mentre chi aveva indossato l'uniforme solo da qualche mese poteva tornare a casa e così, appena insediato, ordinai che fossero rimpatriati per primi i veterani e i feriti.

Il sistema venne accolto con favore, ma evidentemente non bastava.

«C'è il generale Fielding in linea», disse Eddie passandomi l'apparecchio.

«Generale, di quante truppe disponiamo?», chiesi senza preamboli.

«Un battaglione di riserva dei Granatieri e due di Cavalleria, signore.»

«Sono leali?»

Fece una brevissima pausa. «Pensiamo di sì, signore.»

«Generale, arresti i sediziosi.»

Attaccai senza aspettare risposta. *Rimasi nella mia stanza in preda all'ansia. Una situazione estremamente seria era sorta nel cuore stesso dello Stato.*

Dieci minuti passarono lentamente...

Poi, all'improvviso, apparvero sul tetto della Horse Guards alcuni civili, forse venti o trenta, disposti in una lunga sagoma nera e che evidentemente guardavano qualcosa che stava accadendo, o che stava per accadere, nella Parade Ground sotto di loro. Di cosa potesse trattarsi non avevo modo di saperlo, sebbene mi trovassi a meno di cento metri di distanza.[283]

Quando lo stesso generale Fielding entrò dopo un'altra mezz'ora di dolorosa apprensione nel mio ufficio per darmi la notizia che i tremila rivoltosi erano stati arrestati senza spargimento di sangue, sentii la tensione finalmente sciogliersi.

Una grave crisi era stata scongiurata, molte altre questioni urgenti richiedevano la mia attenzione.

La giornata di lavoro poteva iniziare.

Mentre da Londra supervisionavo i numerosi problemi che la guerra ci aveva lasciato in eredità, a Parigi i grandi della Terra decidevano il futuro del mondo. In ogni piazza o strada delle grandi città vittoriose si levavano potenti richieste di «Impiccare il Kaiser» e «Spremere dai tedeschi ogni scellino». La mia voce si levava inascoltata e quasi solitaria nell'avvertire dell'insensatezza di una punizione così feroce come quella che gli Alleati stavano preparando per la Germania. La vendetta di cui erano assetati i francesi li rendeva ciechi di fronte ai rischi che loro stessi stavano creando.

In tutta la mia vita ho sempre sostenuto la necessità di combattere con ogni mezzo e con tutta la furia possibile fino alla vittoria, ma porgendo poi la mano al nemico sconfitto.

Una massima che riassumo così. *In guerra: risolutezza. Nella sconfitta: resistenza. Nella vittoria: magnanimità. In pace: buona volontà.*[284]

Se solo i nuovi signori del mondo riuniti a Parigi avessero seguito questo principio.

Le clausole economiche del trattato erano maligne e sciocche al punto da renderle palesemente inutili. La Germania fu condannata a pagare risarcimenti di proporzioni favolose. Anche sulla forma di governo che venne instaurata non fui d'accordo. Gli americani, per natura diffidenti verso ogni corona, insistettero perché il nuovo Stato che stava sorgendo a Weimar fosse repubblicano. Quanto sarebbe stato più saggio mantenere una monarchia costituzionale nella persona di uno dei nipoti del Kaiser, attorno al quale si sarebbero potuti radunare tutti i potenti elementi militari e feudali che da sempre sono l'ossatura dello Stato prussiano. La Repubblica così imposta, invece, *non poteva mantenere viva la lealtà o l'immaginazione del popolo tedesco. Per un po' cercarono di aggrapparsi disperatamente all'anziano maresciallo Hindenburg. Da allora in poi, forze potenti andarono alla deriva, il vuoto si aprì e in quel vuoto, dopo poco, entrò a grandi passi un maniaco dal genio feroce, depositario ed espressione degli odi più virulenti che abbiano mai corroso il petto umano: il caporale Hitler.*[285]

Ma se tutto questo era ancora avvolto dalle nebbie imperscrutabili del futuro, c'erano altre questioni, presenti e immediate, che gettavano un'ombra oscura sulla prospettiva di una vera pace. Su tutte, la tragedia che stava avvenendo in Russia. La guerra civile fra i rossi di Lenin e i bianchi ex zaristi infuriava in tutto quello sterminato Paese. L'Impero russo era imploso in una miriade di nuovi Stati che si dichiararono indipendenti: Estonia, Lettonia, Lituania, Polonia, Ucraina, Finlandia alzarono la testa per rivendicare la loro volontà di non far parte del nuovo incubo sovietico.

Un contingente di soldati alleati era presente in alcune città costiere e in altri punti nevralgici, per proteggere le enormi quantità di munizioni inviate all'esercito russo quando ancora combatteva contro i tedeschi e che ora erano minacciate dai rivoluzionari.

Fin dall'armistizio la mia politica ideale sarebbe stata: «Pace con il popolo tedesco, guerra alla tirannia bolscevica».[286] Da subito mi schierai a favore di un deciso intervento per stroncare la minaccia comunista prima che potesse solidificarsi. Il clima in Europa e negli Stati Uniti era però decisamente avverso a una nuova avventura militare a così poca distanza dalla tremenda prova appena conclusa. Capivo perfettamente lo stato d'animo dei miei concittadini: volevano la pace, tutti volevamo la pace.

Ma la pace, come avrebbe crudelmente dimostrato il prossimo futuro, necessita di una robusta scorta armata. *Se fossi stato adeguatamente sostenuto nel 1919, penso che avremmo strangolato il bolscevismo nella sua culla, ma tutti alzarono le mani e dissero: «Questo è sconvolgente!».*[287]

Per sostenere la mia tesi mi recai anche a Parigi, dove partecipai a una seduta della Conferenza di pace.

Raggiunsi il Ministero degli Esteri francese il 14 febbraio, dopo un viaggio movimentato nel quale l'auto su cui viaggiavo con il capo di stato maggiore imperiale sir Henry Wilson ebbe un incidente. Lo sterzo si danneggiò e il parabrezza si ruppe, in una giornata ovviamente piovosa, con il risultato che quando arrivammo a destinazione eravamo zuppi e intirizziti dal freddo.

Incurante del nostro malessere fisico, il grande salone in cui erano riuniti i grandi del mondo ci accolse in tutta la sua magnifica opulenza.

Il primo ministro francese *Clemenceau presiedeva, cupo, ru-*

de, bianco come la neve con un cappello nero; di fronte a lui il maresciallo Foch, molto formale, molto sommesso, grave, illustre, amabile. Da una parte e dall'altra, su sontuose sedie, sedevano i rappresentanti delle potenze vittoriose. Tutto intorno arazzi Gobelin, specchi, ornamenti dorati e luci scintillanti. Fu quella l'unica volta in cui incontrai il Presidente americano Wilson.[288]

Era ormai sera e il Presidente aveva in programma di cominciare il lungo viaggio di ritorno in patria proprio quella notte. Mi apparve perciò molto sbrigativo e stanco dopo lunghe giornate di colloqui incessanti. Quando si alzò per andarsene, capii che il momento non era dei migliori per sollevare una questione spinosa come quella, ma non avevo alternative.

«*Non dovremmo prendere qualche decisione riguardo alla Russia?*», chiesi prendendo la parola. «*Signor Presidente, i combattimenti proseguono, uomini vengono uccisi e feriti. Qual è la nostra linea? Pace o guerra?*»

Il Presidente, contrariamente alle mie aspettative, si dimostrò affabile. Si voltò verso il tavolo e, appoggiando il gomito sulla sedia di Clemenceau, ascoltò senza sedersi ciò che avevo da dire.

«*Non pretendo di avere una soluzione al problema russo – disse –. Sono ansioso di ritirare ogni forza dalla Russia, ma sono disposto, se necessario, a incontrare i bolscevichi. Tuttavia, se l'incontro non porterà a nulla, sono pronto a fare la mia parte, al fianco degli Alleati.*»[289]

Era la ricetta perfetta per non fare nulla. E infatti nulla fu fatto.

La Russia veniva lasciata a sé stessa e da lì a poco le truppe alleate sarebbero state richiamate in patria, lasciando aperta la porta alla vittoria definitiva dei bolscevichi. La Germania era prostrata, ma infiammata dal sogno della vendetta. L'Impero austriaco era imploso in una miriade di frammenti statali e nazionali che singolarmente non avrebbero mai avuto la forza di opporsi a un'eventuale rinascita tedesca. La Turchia era ridotta a una frazione di quello che fu l'Impero ottomano e si raggomitolò in un pericoloso nazionalismo.

Come se non bastasse, il grandioso e visionario progetto della Lega delle Nazioni, così fortemente caldeggiato dal Presidente Wilson come strumento per evitare qualsiasi futuro conflitto, subì un colpo fatale ancor prima di nascere, quando il Senato americano rifiutò di ratificarne il trattato e lo rese di fatto un guscio vuoto e sterile.

Sia in Europa che in Asia, in maniera repentina, i vittoriosi Alleati crearono così le condizioni che, in nome della pace, in realtà sgombrarono la strada per la ripresa della guerra.[290]

Fra i molti problemi irrisolti e spazzati momentaneamente via come polvere sotto il tappeto della guerra, uno in particolare minacciava di esplodere da un momento all'altro.

Il nuovo sole aveva portato un'alba di pace, ma aveva anche dissipato quella nebbia dietro la quale, il giorno dell'ultimatum austro-ungarico, mi erano parse scivolare le contee d'Irlanda.

Nessun atto della politica statale britannica in cui io sia mai stato coinvolto ha suscitato emozioni più violentemente contrastanti dei negoziati che portarono alla soluzione irlandese.[291] La questione era tornata al centro del dibattito politico subito dopo le elezioni, quando i settantatré eletti del nuovo partito indipendentista Sinn Féin si rifiutarono di sedere a Westminster, fondando a Dublino una propria assemblea alternativa chiamata Dáil Éireann.

Quello che volevano era una completa separazione dall'Inghilterra e non l'ampia autonomia – di fatto l'autogoverno – che era stato concordato. Per questo di lì a poco il braccio militare di questa nuova organizzazione, l'Irish Republican Army, o Ira, cominciò una violenta campagna di guerriglia e assassinii. *Ufficiali, soldati, poliziotti, funzionari – spesso disarmati – venivano abbattuti a bruciapelo da persone che, pur considerandosi appartenenti a un esercito ostile, non portavano segni distintivi e non si adeguavano in alcun modo alle antiche leggi e consuetudini di guerra.*[292]

In quanto ministro della Guerra ricadeva su di me la responsabilità della protezione di questi uomini e del mantenimento dell'ordine.

Sebbene fossi ansioso di trovare un accordo che portasse all'autonomia irlandese, se c'è un principio che ha sempre guidato la mia vita è quello di non cedere alla prepotenza. Finché la campagna di terrore scatenata dall'Ira non fosse terminata, avrei risposto al fuoco con il fuoco.

Per farlo vennero create unità paramilitari come le «Black and Tans», così soprannominate per il loro abbigliamento che comprendeva giubbe scure e pantaloni color kaki. Chiamati a fronteggiare la spaventosa ondata di violenza questi uomini *svilupparono una fortissima attività antiterroristica, agendo in modo simile alle squadre anti gang della polizia di New York e Chicago.*[293]

Il risultato fu una spirale sanguinosa di omicidi e rappresaglie. Fra i metodi dell'Ira era previsto anche il rapimento di personaggi influenti e per questo per la prima volta mi venne assegnata una scorta: l'ispettore Walter Thompson sarebbe stata la mia fedele e discreta ombra per molti anni, mettendo a rischio la sua vita per proteggere la mia.

Nelle trattative per trovare un compromesso e fermare le violenze ebbi un ruolo di primo piano. Quando finalmente si raggiunse una tregua che permise l'avvio dei negoziati con i rappresentanti irlandesi, la mia esperienza nella questione boera di tanti anni prima, quando avevo raggiunto un accordo con i miei vecchi nemici e carcerieri che portò all'autonomia del loro Paese, mi fu di grande aiuto.

In senso letterale.

Ricordo una sera, quando il leader del Sinn Féin Arthur Griffith e il capo militare dell'Ira, Michael Collins, vennero a casa mia a Londra, dove avevo organizzato un incontro ai massimi livelli con Lloyd George.

Era un momento di grande crisi e i negoziati sembravano appesi a un filo.

Griffith salì al piano di sopra per parlare a quattr'occhi con il primo ministro. Io restai di sotto con Collins. Era di pessimo umore, colmo di disapprovazione e con un atteggiamento di sfida, era molto semplice per chiunque perdere le staffe.

«Lei mi ha fatto dare la caccia notte e giorno – esclamò –. Ha fatto perfino mettere una taglia sulla mia testa.»

«Aspetti un attimo – dissi – lei non è stato l'unico.»

Presi dal muro la copia incorniciata del mio avviso di taglia emesso dai boeri.

«Almeno il suo era un buon premio: 5.000 sterline. Guardi invece quanto offrivano per me: 25 sterline vivo o morto. Le sarebbe piaciuto?»

Prese il foglio e leggendolo proruppe in una sonora risata. Tutta la sua irritazione era svanita.[294]

I contatti personali che si instaurarono fra i leader britannici e irlandesi permisero nel giro di qualche mese di raggiungere un accordo: nasceva così, nella parte meridionale dell'isola, lo Stato Libero d'Irlanda, con una totale indipendenza interna e un'ampia autonomia in politica estera, ma pur sempre all'interno del Commonwealth britannico e formalmente sotto la corona inglese.

Anche di fronte a condizioni così generose e favorevoli, una parte degli irlandesi si oppose a tutto ciò che non fosse un pieno e totale distacco dalla Gran Bretagna, accusando di tradimento chi aveva sostenuto l'accordo. Ne seguì una guerra civile fratricida che per quasi un anno tinse di rosso la verde Irlanda, portando lutti in entrambi i Paesi, fra cui anche il mio amico sir Henry Wilson, che fu assassinato da sicari dell'Ira mentre rincasava a Londra.

La sera dell'incontro a casa mia, prevedendo quello che sarebbe successo una volta accettati i termini dell'accordo, Collins mi aveva confidato: *«Mi aspetto di essere ucciso presto. Sarebbe utile. La mia morte sarà più d'aiuto alla pace di quanto potrei mai fare da vivo.»*

In effetti ben presto avrebbe sigillato il Trattato di Riconciliazione con il suo stesso sangue.[295]

Da quattromilacinquecento anni quel momento si ripeteva ogni giorno.

Assistere a quel rito quotidiano e antichissimo aiutava a ricongiungersi con l'idea stessa di infinito. Avevo deciso di provare a immortalarlo, nonostante l'umiltà delle mie doti riverberasse insignificante di fronte alla maestosità delle piramidi di Giza.

Armato di pennello e col cavalletto posizionato su una duna, attesi il momento in cui i raggi del sole baciavano la sommità dei monumenti, come due amanti che si ricongiungano ogni giorno, consapevoli di ritrovarsi ogni volta a discapito di tutto.

Lo spettacolo mi lasciò senza fiato.

Dopo l'apocalisse a cui eravamo appena scampati, poter vedere con i propri occhi quanto in alto possa innalzarsi l'ingegno dell'uomo mi fece riflettere sul destino della civiltà.

La storia dell'umanità è guerra.

Fatta eccezione per brevi e precari intermezzi, nel mondo non c'è mai stata pace. E prima che la storia avesse inizio, il conflitto omicida era universale e senza fine. Ma fino a oggi i mezzi a disposizione dell'uomo non hanno tenuto il passo con la sua ferocia. Lo sterminio reciproco non era possibile nell'Età della Pietra.[296]

Anche ai tempi dei faraoni – la cui immortale eredità che si schiudeva davanti ai miei occhi era stata conseguita al prezzo della vita e della fatica di innumerevoli schiavi – la limitatezza dei mezzi, l'incolmabile distanza geografica e la scarsità di grandi centri urbani in cui trovare ammassate ampie quantità di persone rendevano impraticabile il massacro su scala globale.

La Grande Guerra aveva dimostrato in maniera definitiva che tutto questo era cambiato.

L'umanità non si era mai trovata in una simile posizione prima di allora. Senza essere migliorata in modo apprezzabile nella virtù o godere di una più saggia guida, per la prima volta aveva nelle sue mani gli strumenti con cui poter infallibilmente portare a compimento il proprio sterminio...

La Morte si erge sull'attenti, obbediente, in attesa, pronta a servire, pronta a mietere in massa interi popoli; pronta, se richiesta, a polverizzare senza speranza di riparazione ciò che resta della civiltà.

Aspetta solo un comando.

E lo attende da un essere fragile e smarrito, che per lungo tempo è stato la sua vittima e che ora – per questa sola e unica volta – è il suo padrone.[297]

La speranza però non è morta.

La speranza non muore mai.

Mentre la luce di un nuovo giorno ammantava le vestigia di

un tempo remoto, non volevo credere che quei raggi non si estendessero anche al futuro.

Intinsi il pennello nella tavolozza e cominciai a dipingere.

Dopo il bagno di sole di Giza, l'ampio salone dell'Hotel Semiramide del Cairo – per quanto arioso e ben illuminato – sembrava poco più che una grotta.

Ero in Egitto nella mia nuova veste di segretario delle Colonie. Lloyd George aveva deciso, nell'ambito di un nuovo rimpasto di governo all'inizio del 1921, di affidarmi uno dei Ministeri più delicati, con lo specifico compito di mettere ordine nel caos del Medio Oriente.

La dissoluzione dell'Impero ottomano aveva portato alla luce tensioni e rivendicazioni che minacciavano la stabilità dell'area. L'accordo Sykes-Picot siglato tra Inghilterra e Francia durante la guerra aveva definito le rispettive aree di influenza: la Siria e il Libano a Parigi, la Palestina e la Mesopotamia a Londra. Questa suddivisione aveva creato degli attriti con gli arabi che, sotto la guida dello sceriffo della Mecca Hussein ibn-Ali, si erano schierati con noi nella guerra contro la Turchia, convinti che avrebbero poi governato su quei territori.

Se i francesi ebbero non pochi problemi ad affermare la propria supremazia su Damasco, dovendo impiegare la forza per scacciare il figlio di Hussein, l'emiro Feisal, che vi si era insediato, a noi non andava molto meglio.

A quel tempo avevamo recentemente represso una ribellione molto pericolosa e sanguinosa in Iraq, e per preservare l'ordine erano necessari più di quarantamila soldati per un costo di trenta milioni di sterline l'anno. Non poteva andare avanti così. In Palestina il conflitto tra arabi ed ebrei minacciava da un momento all'altro di trasformarsi in vera e propria violenza. I capitribù arabi, cacciati dalla Siria con molti dei loro seguaci – tutti nostri vecchi alleati – si aggiravano minacciosi nel deserto al di là del Giordano. L'Egitto era in fermento.

Insomma, l'intero Medio Oriente presentava un quadro quanto mai cupo e allarmante.[298]

Per cercare di sciogliere tutti questi nodi, avevo convocato una conferenza al Cairo, avvalendomi della consulenza dei più importanti esperti dell'area.

Fra loro c'era anche l'uomo seduto accanto a me, che si sporse per dirmi: «È la miglior scelta non c'è dubbio – disse riferendosi a Feisal –, deve essere lui a governare l'Iraq.»

Tenevo la sua opinione in gran conto, non solo per la sua intelligenza, ma anche per la sua straordinaria esperienza e per la conoscenza personale che aveva dei personaggi e dei popoli coinvolti. Lui stesso aveva riunito e condotto gli eserciti arabi in guerra.

Quell'uomo era Thomas Edward Lawrence, conosciuto al mondo e scolpito nella memoria della storia come Lawrence d'Arabia.

Lo avevo voluto personalmente come consulente e la scelta si stava rivelando inestimabile. La popolazione locale lo rispettava enormemente, certa che avrebbe parlato nel suo interesse.

«Feisal è conosciuto e rispettato dal popolo – continuò – e sono sicuro che sia solo attraverso la stabilità che può portare che potremo diminuire la nostra presenza militare e risparmiare un mucchio di soldi.»

Assentii pensieroso, scrollandomi la cenere del sigaro che mi era caduta sui pantaloni. Guardai lo straordinario mosaico di umanità seduto attorno al tavolo: ufficiali in divisa, diplomatici nei loro abiti impeccabili, amministratori locali e governatori regionali avvolti nei tradizionali vestiti variopinti. Uno di loro si era portato con sé perfino due cuccioli di leone, per lo sconcerto del personale dell'albergo.

«Tu che ne pensi?», chiesi rivolgendomi all'uomo seduto dall'altro lato.

«Non posso esprimermi nel merito della scelta di Feisal, ma il colonnello Lawrence ha senz'altro ragione sul risparmio. Potremmo perfino pensare di ritirare tutte le truppe e controllare la regione solo con le forze aeree.» Il mio vecchio amico Archie Sinclair, dopo aver condiviso con me le avventure in trincea, mi aveva seguito come segretario sia al Ministero dell'Aviazione, sia ora alle Colonie.

«E per la Transgiordania?», chiesi.

«Affidiamola a suo fratello, Abdullah. Non è capace come Feisal ma aiuterebbe a tenere unita l'area tramite i vincoli famigliari. Potremmo affiancargli un commissario britannico per supervisionare tutta la questione», disse Lawrence.

«Rimane la questione della Palestina...» disse sir Herbert Samuel, alto rappresentante britannico in quel territorio appena affidato come mandato alla Gran Bretagna dalla Conferenza di pace.

«Già, la Palestina.» Sapevo che su quell'argomento dovevo trasmettere decisione e risolutezza più che su ogni altro. «Ho studiato a lungo la questione e ascoltato sia i rappresentanti arabi che i sionisti. Confermo la volontà del governo di Sua Maestà di mantenere la promessa espressa nella Dichiarazione Balfour.»

Nel 1917, a guerra ancora in corso, l'allora ministro degli Esteri Balfour aveva solennemente dichiarato l'impegno inglese ad agevolare la creazione di un «focolare nazionale ebraico» in Palestina.

«Ci saranno problemi con le popolazioni residenti...», disse uno degli emiri, prontamente tradotto da Lawrence.

«I problemi possono essere superati, tutti possono vivere in pace sotto la supervisione britannica. Penso anzi che anche la popolazione araba residente possa trarre frutti dall'operosità e dalle migliorie che i coloni ebrei stanno già apportando. *Se invece di condividere le miserie attraverso il dissenso vi adopererete per raccogliere le benedizioni tramite la cooperazione, un futuro luminoso e tranquillo si estende dinanzi alla vostra terra.*»[299]

L'emiro fece per ribattere ma lo interruppi facendo segno a Lawrence, che già era pronto a tradurre. Sapevo già cosa stesse per dire.

«Per quanto riguarda le vostre preoccupazioni voglio rassicurarvi: ho già espresso ai leader sionisti la mia contrarietà a un'espansione del focolare ebraico al di là del Giordano. La terra riservata all'immigrazione sarà solo quella che va dal fiume al mare. E comunque, il fatto che a governare sarà direttamente l'Inghilterra offre le migliori garanzie del rispetto degli accordi.»

Non pensavo certo di aver trovato una soluzione perfetta per tutti, ma un compromesso è proprio questo: un punto d'incontro accettabile, che lascia inevitabilmente una certa dose di scontento. Le basi comunque mi parevano solide per guardare al futuro con un ragionevole ottimismo.

La conferenza si protrasse per altre due settimane, raggiungendo risultati importanti. Due nuovi Stati arabi erano sorti, l'Iraq e la Transgiordania, confini erano stati tracciati (smentisco la voce secondo cui la sezione concava della frontiera che mi dicono soprannominata «Singhiozzo di Winston» sia dovuta ai postumi di un pranzo alcolico, ma fu bensì frutto di studi e analisi approfonditi), la rotta terrestre verso l'India e il petrolio persiano erano sotto il controllo britannico, migliaia di soldati – e milioni di sterline – potevano essere risparmiati e le premesse per l'emigrazione ebraica in Palestina erano state poste.

Era il massimo che potessimo fare per mantenere gli impegni presi con entrambe le parti.

Con la coscienza a posto e la sensazione di aver fatto un buon lavoro, lasciai Il Cairo per vedere con i miei occhi i territori il cui futuro avevo appena tracciato. Visitai Gaza, Tel Aviv e diversi insediamenti. Mi confrontai con rappresentanti musulmani, ebrei e cristiani. Parlai con tanta gente comune che desiderava solo la pace per sé e per i propri figli.

Quando infine giunsi a Gerusalemme, mi fermai a osservare dall'alto del monte Scopus il tramonto che accompagnava la città santa verso il meritato riposo.

Avevo preso le decisioni giuste? Solo il tempo avrebbe potuto dirlo. Non mi facevo grandi illusioni. Sulle reali possibilità di successo, come in tutte le cose umane, il risultato sarebbe dipeso solo dalla buona volontà degli attori coinvolti. E da un'immancabile dose di fortuna.

Se il futuro rimaneva imperscrutabile come le ombre della sera che pian piano si allungavano sui tetti di Gerusalemme, l'unica certezza era il presente. Ed era di struggente bellezza.

Tirai fuori il cavalletto e cercai di fissarlo sulla mia inadeguata tela.

La corsa forsennata del treno verso la costa mi ricordava tragicamente quella che avevo fatto appena due mesi prima a piedi.

Allora erano stati poco più di duecento metri, quelli che separavano la mia casa di Sussex Square da quella di mia madre a Westbourne Street.

Qualche settimana prima era caduta dalle scale, fratturandosi gravemente la caviglia. La cancrena che ne era seguita aveva reso necessaria l'amputazione di una parte della gamba. Niente più balli per la splendida lady Jennie. Niente più abiti ricercati per esaltare il suo fascino. Niente più passeggiate nei parchi londinesi. Forse, per una delle donne più belle della sua epoca, questo pensiero faceva più male del dolore fisico.

Sembrava essersi ripresa, il pericolo sembrava scampato. Poi, all'improvviso, ebbe un'emorragia e venni chiamato di corsa.

Quei duecento metri parevano infiniti.

Quando arrivai era già tardi. Il coma l'aveva strappata alla sofferenza e l'aveva accompagnata nel lungo oblio che è la fine di ogni preoccupazione terrena.

Non si svegliò più. Aveva sessantasette anni.

Non provavo una sensazione di tragedia, ma solo di perdita. La sua era stata un'esistenza piena. Il vino della vita scorreva nelle sue vene. Dolori e tempeste erano stati vinti dalla sua natura e nel complesso ebbe una vita soleggiata. Le sofferenze di quelle ultime settimane erano state crudeli, ma le diedero modo di vedere quanto fosse amata.[300]

Un pensiero mi rincuorava e sono certo che avrebbe rincuorato anche lei.

Non avrebbe mai conosciuto la vecchiaia, la decrepitezza, la solitudine... Appariva splendida e bellissima. Insieme ai dolori del mattino, le erano scomparsi trent'anni dalla fronte.[301]

Si era sposata tre volte, ma il suo cuore era appartenuto a una persona sola.

Seguendo le sue volontà, riposa accanto a mio padre.

Anche per Clementine fu un duro colpo, reso più crudele dalla fragilità in cui si trovava. Aveva appena vissuto una tragedia famigliare, quando poche settimane prima suo fratello trentaquattrenne Bill si era tolto la vita a causa di debiti di gioco.

Le avevo detto che insieme avremmo superato ogni cosa.

Ma questo no. Buon Dio, questo no, pensavo mentre il treno sferragliava verso la costa del Kent.

Mi aveva telegrafato d'urgenza per dirmi che la piccola Marigold stava male. Lei stessa era corsa nella casa di vacanza dove i bambini stavano trascorrendo l'estate, accuditi dalla bambinaia francese.

Sapevo che la violenta faringite che l'aveva colpita, in un'epoca in cui ancora non c'erano antibiotici, poteva essere gravissima.

La villetta, che doveva essere un'oasi di felicità e spensieratezza sotto il caldo sole d'agosto e che avrebbe dovuto risuonare delle voci giocose dei bambini, era avvolta nel silenzio.

Entrai trafelato nella sua cameretta e trovai Clementine seduta in ginocchio accanto al suo letto.

«*Mamma* – bisbigliò Marigold a fatica – *cantami* Bubbles.»

Clementine provò a intonarle la sua canzone preferita.

«*I'm forever blowing bubbles, pretty bubbles in the air...*»

La voce le si ruppe e dovette fermarsi prima di riprendere.

«*They fly so high, nearly reach the sky,*
Then like my dreams, they fade and die...»[302]

Si interruppe di nuovo, incapace di fermare i singhiozzi. Le misi un braccio intorno alle spalle, sforzandomi a mia volta di trattenere le lacrime per dar forza alla bimba. Ma era lei la più forte di tutti noi.

Marigold le tese la mano e le disse: «Non stasera... la finirai domani».

Ma Clementine non la finì mai.[303]

Piangendo e pregando restammo al suo fianco fino alla fine, impotenti. Soli e insieme nel nostro dolore.

Quella sera stessa la nostra dolce bambina se ne andò in cielo, come le bolle della sua canzone.

Aveva solo due anni e nove mesi.

Tornare alla quotidianità fu la prova più difficile che abbia mai dovuto affrontare. Ma la vita continuava, doveva continuare.

Continuò.

Un anno dopo nacque la nostra quinta e ultima figlia, Mary.

Un raggio di sole nel buio di uno dei momenti peggiori non solo dal punto di vista personale, ma anche politico.

Il governo era caduto. La maggior parte dei Conservatori, guidati da Bonar Law e da un ministro fino allora considerato di secondo piano di nome Stanley Baldwin, decise di porre fine all'esperienza della coalizione con i Liberali di Lloyd George, che dovette dimettersi.

Seppi di non essere più ministro da un letto di ospedale.

Proprio in quei giorni ero stato colpito da un attacco di appendicite. *Dovetti subire un'importante operazione, che venne eseguita appena in tempo e che mi lasciò una cicatrice di diciotto centimetri sull'addome. Mia moglie e alcuni amici dovettero fare campagna al posto mio.*[304]

Quando fui dimesso e potei partecipare ai comizi nella mia circoscrizione di Dundee, mancavano solo quattro giorni al voto, ed ero debolissimo. *Non potevo stare in piedi e la mia ferita era ancora aperta. Dovevo essere trasportato su una sedia per invalidi sulla piattaforma e da un posto all'altro.*[305]

Feci del mio meglio, ma il vento era cambiato.

Milioni di nuovi elettori si affacciavano sulla scena politica, donne comprese. Se all'indomani della vittoria le differenze con il passato erano rimaste celate dietro al comune desiderio di vendicarsi della Germania, adesso tutto era diverso.

I Conservatori tornarono al potere per la prima volta dal 1905, ai tempi in cui avevo cambiato schieramento. I Laburisti si imposero come la grande novità e come primo partito di opposizione, facendo implodere i Liberali, divisi fra Lloyd George e Asquith. Non avrebbero mai più governato.

In mezzo al cambiamento epocale che stava attraversando l'Inghilterra, e che presto avrebbe attraversato tutto il mondo, dovevo trovare un nuovo collocamento.

Ma prima, dovevo riprendere le forze.

Per la prima volta in ventidue anni, dei quali tredici come ministro, ero fuori dal Parlamento.

E così, *in un batter d'occhi, mi ritrovai senza carica, senza seggio, senza partito e senza appendice.*[306]

10

La penna e la voce

1923-1929

Non c'è niente di sbagliato nel cambiamento, se va nella direzione giusta. Migliorare significa cambiare, quindi per essere perfetti bisogna cambiare spesso.[307]

Oltre la finestra dello studio, il sole benediceva tutta la vallata. I prati ondulati che digradavano dolcemente, costellati qui e lì da boschetti di faggi, querce e castagni, e impreziositi da laghetti e ruscelli, sembravano creati apposta per essere dipinti. E la cosa più straordinaria era che finalmente potevo chiamare «casa» quegli ottanta acri di bucolica bellezza.

Inizialmente anche Clemmie era rimasta incantata da Chartwell, ma poi all'entusiasmo era subentrata l'apprensione per gli ingenti costi che avremmo dovuto sostenere per riparare e ammodernare la struttura, risalente all'epoca di Enrico VII. Ma quell'angolo di paradiso del Kent, a soli trentacinque chilometri dal centro di Londra, mi aveva rubato il cuore fin dalla prima volta che vi avevo posato lo sguardo.

La acquistai lo stesso giorno in cui nacque Mary, senza dirlo a Clemmie.

Fu una scommessa, ma a distanza di quattro decenni posso serenamente affermare che fu una scommessa vinta. Il tempo ha ammantato di quella bellezza tutta particolare che chiamiamo familiarità quel panorama idilliaco, rendendolo se possibile ancora più struggente.

Ma Clemmie aveva ragione, sobbarcarsi simili spese in quel momento fu un rischio. Senza più una carica ministeriale né un seggio in Parlamento, non avevo uno stipendio fisso cui affidarmi e, come tante volte prima e dopo di allora, per mantenere la mia famiglia dovetti ricorrere all'unico strumento – oltre alla voce – che nessuno poteva togliermi: la mia penna.

Scrivere un libro è un'avventura. All'inizio è un giocattolo, poi un divertimento. Poi diventa un'amante, poi un padrone, poi un tiranno e, infine, proprio quando stai per rassegnarti alla servitù, uccidi il mostro e lo scagli al pubblico.[308]

Cominciai a scrivere una monumentale opera sulla Grande Guerra, che intitolai *Crisi mondiale*, e per la quale ricevetti cospicui anticipi. Eddie si occupava suo malgrado della correzione delle bozze.

«*Sei molto prodigo di virgole* – gli dicevo –. *Io cerco di ridurle al minimo e uso "e" oppure "o" come sostituti e non come aggiunte. Discutiamone.*»

«*Mi considero un acerrimo nemico delle virgole superflue e penso che potrei fornire delle buone motivazioni per quelle che ho aggiunto, ma non lo farò più!*», prometteva esasperato.

«*No, no, continua. Per il momento ti seguo. Ma voglio discutere con te!*»[309]

Di pari passo con le fatiche letterarie andava avanti anche l'attività giornalistica: i miei articoli erano sempre molto richiesti, e molto ben pagati.

Ed era un'occupazione meravigliosa.

Sedersi al proprio tavolo in una mattina soleggiata, con quattro ore libere di ininterrotta sicurezza, un sacco di bella carta bianca a disposizione e una penna. Questa è vera felicità. Assorbire in modo completo la mente in una piacevole occupazione: cos'altro si potrebbe desiderare?[310]

Cercammo di fare economie dove possibile. Arruolai i miei figli, Eddie e perfino l'ispettore Thompson per fare alcuni lavoretti con le nostre mani. Piantammo alberi e ortaggi, creammo un giardino acquatico che riempimmo di splendide carpe, una piscina riscaldata, una serra e diversi altri ampliamenti e migliorie. Scoprii una nuova passione nella muratura, e costruii con le mie mani diversi muretti e gran parte di due villette. *Duecento mattoni e duemila parole al giorno*,[311] così passavano quelle giornate fatte di scrittura, lavori manuali e l'immancabile pittura.

Riempii la tenuta di animali di ogni tipo: negli anni vi furono cani, gatti, cigni, oche, pappagalli e pesci tropicali. I miei preferiti, però, erano i maiali. *I cani ti guardano dal basso verso l'alto, i gatti dall'alto in basso. Ma datemi un maiale! Ti guarda negli occhi e ti tratta da pari a pari.*[312]

Provammo anche ad avviare delle attività di allevamento con bestiame, greggi e pollame, ma non andò bene, soprattutto perché avevo una regola ferrea: non si poteva macellare nessun animale a cui avessi dato il buongiorno.

E io, le creature di Chartwell, le amavo tutte.

Che sollievo dopo tutti quegli anni non avere un mucchio di ansie ed enigmi sulle spalle. Il governo marciva placidamente, ma devo confessare come fossi più interessato al passato che al presente.[313]

Mentre io ero impegnato nella mia vecchia vita di scrittore e nella nuova di proprietario terriero, la politica inglese andava avanti senza di me.

Nel 1922 un nuovo leader sorse in Gran Bretagna. Stanley Baldwin era rimasto sconosciuto o ignorato nel dramma mondiale e aveva giocato un ruolo modesto nella politica interna.

Ma la sua abilità dietro le quinte era già ben visibile a un occhio attento. Divenne evidente quando uscì alla luce della ribalta, succedendo all'ormai malato e dimissionario Bonar Law e *divenne la forza dominante nella politica britannica dall'ottobre 1922, quando aveva estromesso Lloyd George, fino al maggio 1937.*[314]

Dopo aver perso a Dundee, partecipai ad altre due elezioni: a quelle generali del 1923, che portarono al potere per la prima volta i Laburisti guidati da Ramsey MacDonald, e a quelle suppletive di Westminster l'anno successivo, in cui fui battuto per soli quarantatré voti su un elettorato di ventiduemila persone.

E così avevo accumulato tre sconfitte consecutive in due anni. Con buona pace di chi si ostina a dipingermi come un politico di straordinario successo.

L'ascesa dei Laburisti, che io vedevo come pericolosi surrogati del socialismo, unita all'appoggio che ottennero dai Liberali, mi avvicinò sempre di più ai miei vecchi colleghi Tories, i Conservatori.

Il ritorno al mio partito d'origine fu lento, ma inevitabile. E ovviamente, non esente da critiche.

Ma io *sono quello che sono sempre stato, un «Conservatore democratico»* – come amava definirsi mio padre –. *La forza delle circostanze mi aveva costretto a prestare servizio in un altro partito, ma le mie opinioni non sono mai cambiate.*[315]

Alle elezioni del 1924 mi presentai nella circoscrizione di Epping, formalmente come «costituzionalista e antisocialista», ma in realtà con il pieno appoggio dei Conservatori. Fu una grande vittoria sia per il mio vecchio, nuovo partito, che per me. Dopo due anni di assenza, tornai finalmente in Parlamento, mentre Stanley Baldwin tornò al numero 10 di Downing Street come primo ministro.

Quando mi convocò il giorno dopo aver ricevuto l'incarico dal Re, pensai che volesse congratularsi per il mio rientro a Westminster e scambiare qualche chiacchiera informale sulla legislatura che si apriva. Di certo *non pensavo possibile che volesse offrirmi un posto nel suo governo, visto che la maggioranza schiacciante che aveva ottenuto rendeva assai probabile che fosse composto solo da Conservatori impeccabili.*[316]

A ogni modo, fu con una certa dose di curiosità che mi recai nel suo ufficio.

Mi accolse con la consueta cordialità e *dopo aver parlato un po' del più e del meno gli chiesi se gli dava fastidio il fumo del sigaro. Rispose di no e prese a sua volta la sua famosa pipa.*

Ci osservammo a vicenda al di sopra delle mani curve sui rispettivi cerini, impegnati ad accendere il tabacco. Quell'uomo non aveva nulla del leader, semmai del funzionario, pensai. Ma era forse proprio quella sua ordinarietà a renderlo affascinante. La pettinatura con la riga perfettamente centrale e la mascella forte a fare da contraltare a uno sguardo tranquillo gli conferivano quell'aspetto tipicamente britannico che chiunque facesse una passeggiata per Regent Street potrebbe individuare in decine di passanti.

«Allora, Winston – disse all'improvviso arrivando dritto al punto –. Anche se non sei ufficialmente nel partito, ti andrebbe lo stesso di aiutarci?»

«Certamente, se posso...» risposi guardingo.

Non solo non pensavo che fosse sua intenzione darmene la possibilità, ma io stesso *non avevo alcuna intenzione di unirmi al governo, se non in una posizione di primo piano e continuavo a non avere idea – come non la aveva nessuno – di cosa avesse in mente.*

Quindi quando disse: «Ti andrebbe di diventare cancelliere dello Scacchiere?» io rimasi di stucco.

Era la più alta carica che potesse offrirmi, un ruolo secondo solo a quello di primo ministro. Lui stesso, così come Bonar Law, Lloyd George e Asquith prima di lui, aveva guidato quel dicastero prima di arrivare alla carica più alta. Era la porta di accesso al numero 10 di Downing Street, e non solo perché la sede del Tesoro era al numero 11 e condivideva il giardino con la residenza del premier, ma perché era unanimemente considerato il trampolino di lancio per la vetta.

Rimasi per qualche secondo immobile, mentre lui mi guardava placidamente al di là della nuvoletta di fumo della sua pipa. Lo fissai negli occhi mentre aspiravo a mia volta una lunga boccata dal sigaro.

Avrei voluto rispondergli: «Sa nuotare, una maledetta anatra?», ma poiché si trattava di una conversazione formale e importante gli risposi: «Ciò soddisfa la mia ambizione. Ho ancora la toga da cancelliere di mio padre. Sarò orgoglioso di servirla in questo splendido incarico».[317]

Ci salutammo con grande cordialità e, ancora frastornato, tornai a Chartwell, dove *ebbi non poche difficoltà a cercare di convincere mia moglie che non la stavo prendendo in giro.*[318]

Mi sono interrogato a lungo sul perché Baldwin mi abbia fatto un'offerta così generosa in un momento in cui disponeva di una massiccia maggioranza parlamentare da cui attingere. La risposta che mi sono dato è una sola: ancora una volta, come già era avvenuto nel 1917 con Lloyd George, il primo ministro aveva preferito avermi nella sua squadra, piuttosto che lasciare che la mia voce potesse alzarsi in Parlamento contro il governo.

La mia penna e la mia voce.

Sono sempre state le mie armi più formidabili.

La mia fama di oratore non era mai stata così elevata.

Ogni volta che era previsto un mio intervento, la Camera si riempiva. Come scrivevano i giornali, *l'annuncio: «Winston è in piedi» svuotava la sala fumatori più velocemente di qualsiasi altro.*[319] Quando dovevo fare discorsi importanti, come per esempio presentare la legge finanziaria, la richiesta di biglietti per la galleria di Westminster raggiungeva livelli paragonabili a quelli di grandi eventi sportivi.

Immagino che, assistendo a tutto questo, Baldwin potesse essere ben contento della sua scelta.

La voce, ma anche la penna.

Quando il 3 maggio 1926 cominciò il primo e finora unico sciopero generale della storia britannica, il primo ministro mi incaricò di dirigere il giornale del governo. Per nove, frenetici e convulsi giorni, tornai così a pieno titolo a svolgere a tempo pieno la professione della mia gioventù.

Le difficoltà economiche del dopoguerra, l'inflazione, la disoccupazione che colpiva quasi il 10 per cento della forza lavoro, la devastazione che si era abbattuta su molti dei nostri maggiori partner commerciali prebellici e l'aumento della concorrenza internazionale avevano inferto un duro colpo alle nostre capacità di esportazione, soprattutto per quanto riguarda una delle produzioni principali del Paese: il carbone.

Anche la mia decisione di tornare alla parità aurea, sospesa durante la guerra, non ebbe l'effetto risolutivo che avevo sperato. *Tutti dicono che sono stato il peggior cancelliere dello Scacchiere della storia e ora sono incline a concordare con loro. Così adesso il mondo è unanime.*[320] A mia parziale discolpa, posso dire che presi quella scelta sulla base dei consigli di alcune delle più alte personalità finanziarie del Paese. Ma non intendo esimermi da una responsabilità che, in ultima istanza, ricadeva comunque su di me.

Il ritorno a una sterlina legata all'oro la rese troppo forte e poco competitiva per l'esportazione del carbone e i proprietari delle miniere si videro costretti a tagliare gli stipendi dei minatori. Provvedemmo a elargire sussidi statali per quasi un anno, ma alla fine i sindacati dichiararono lo sciopero generale.

Inizialmente la mia posizione, come quella di molti altri ministri, era di solidarietà per quei lavoratori impegnati ogni giorno fra mille fatiche, rischi e pericoli nelle profondità più oscure delle viscere della terra. Ma la mia simpatia per la loro causa era *una cosa completamente diversa dalla minaccia concepita, e deliberatamente organizzata, di uno sciopero generale per costringere il Parlamento a fare qualcosa che altrimenti non avrebbe fatto.*[321] Come sempre, quello che mi fece irrigidire era la prospettiva di una minaccia.

E lo sciopero generale era una minaccia grave al funzionamento dello Stato.

Sei milioni di lavoratori incrociarono le braccia. Gli operai disertarono le fabbriche, i portuali i moli, gli autisti abbandonarono gli autobus e i ferrovieri i treni. Il Paese era paralizzato e ben presto cominciarono a registrarsi le prime carenze di scorte di cibo e beni di prima necessità.

La notizia che i tipografi del «Daily Mail» avevano bloccato le rotative del giornale perché non d'accordo col tono degli articoli fu la goccia che fece traboccare il vaso. Nessuno nel governo, a cominciare dal primo ministro, era disposto a cedere di fronte a un tentativo di imbavagliare la stampa.

Il proprietario del «Daily Mail» mise a disposizione la sua struttura per produrre un nuovo giornale governativo, che battezzammo «British Gazette, e Baldwin mi chiese di dirigerlo. Il mio obiettivo era di *stampare un quotidiano potente, che contenesse non solo notizie, ma che potesse portare anche sollievo alla mente delle persone.*[322]

Fu quello che feci. Nei suoi nove giorni di vita, tanti quanti durò lo sciopero, il nuovo giornale uscì quotidianamente in otto edizioni. Molti degli articoli erano scritti di mio pugno, su tutti gli altri esercitavo un controllo che spesso esasperava i molti collaboratori volontari che si erano uniti nell'impresa.

Comunque, feci del mio meglio per creare un ambiente di lavoro ottimale. Quando la prima sera notai, nel caos della redazione, un mucchio di tazze smaltate gettate in un angolo, chiesi a cosa servissero.

«Sono per la birra, signore», risposte qualcuno.

«E ce n'è abbastanza?», chiesi.

«Oh sì, signore, a sufficienza.»

«Sciocchezze! – esclamai tirando fuori una banconota da una sterlina dalla giacca – non esiste una cosa simile. Mandi qualcuno a prenderne dell'altra.»[323]

La circolazione del giornale fu immensa, superando verso la fine i due milioni di copie. Siccome lo sciopero aveva fermato gran parte delle cartiere nazionali, dovemmo importare tonnellate di carta dall'estero, facendola arrivare sotto scorta militare alle tipografie.

Cercai di mantenere toni per quanto possibile conciliatori, ma non potevo certo fingere neutralità. Dalle sue colonne guidai la resistenza contro il ricatto dei sindacati, evidenziando i rischi che stavamo correndo come società e a livello economico.

A quanti mi accusarono di partigianeria, rispondo come ho sempre fatto nel corso della mia esistenza: *rifiuto con decisione di essere imparziale fra i pompieri e il fuoco.*[324]

Alla fine lo sciopero fu spezzato e solo allora ricominciammo a parlare, mediare e negoziare fra le parti. Seguendo lo stesso principio che ho sempre propugnato contro un nemico in guerra, sintetizzai il mio suggerimento in una breve nota che passai al primo ministro durante una riunione di uno di quei giorni frenetici: *«Stasera resa, domani clemenza».*[325]

È quello che facemmo.

È quello che ho sempre fatto.

Quella stessa massima l'avrei voluta applicare fin dall'armistizio anche alla Germania sconfitta, ma il clima antitedesco che imperversava fra le nazioni vincitrici aveva reso vano ogni tentativo.

Ora, forse, il tempo era maturo per cercare di porre fondamenta più solide, e giuste, alla pace.

Mi sembrava che l'interesse supremo del popolo britannico in Europa fosse la mitigazione della faida franco-tedesca, e che non avesse altri interessi paragonabili o contrari a esso.

Questa è ancora oggi la mia opinione.[326]

Adoperai ogni mezzo di pressione a mia disposizione per convincere i miei colleghi del Gabinetto che il miglior modo per assicurare la pace era quello di far rientrare la Germania nel circuito della diplomazia internazionale come attore attivo, e non come soggetto passivo delle decisioni altrui. Ma bisognava innanzitutto vincere la storica – e sacrosanta – diffidenza francese.

Il primo, fondamentale passo, fu la firma del Patto di Locarno, che ebbe il merito non solo di fissare e riconoscere finalmente i confini occidentali imposti da Versailles, ma di apportare una concreta garanzia di sicurezza. *Nel caso della Francia e della Germania,* infatti, *la Gran Bretagna si impegnava solennemente ad aiutare qualunque di questi due Stati fosse stato oggetto di un'aggressione non provocata.*

Questo impegno militare di vasta portata fu approvato dal Parlamento e appoggiato calorosamente dalla nazione. Si potrebbe cercare invano nella storia un parallelo con una simile impresa.[327]

Alcune voci si levarono critiche per una tale vaghezza, che impegnava di fatto Londra a entrare in guerra con l'una o con l'altra a seconda delle circostanze. Ma *la mia opinione su questa garanzia bilaterale era che, mentre la Francia rimaneva armata e la Germania disarmata, la Germania non poteva attaccarla; e che d'altro canto la Francia non avrebbe mai attaccato la Germania se ciò avesse implicato automaticamente che la Gran Bretagna diventasse alleata della Germania.*[328]

Anche Italia e Belgio si impegnarono come garanti del Patto, che portò inoltre Berlino a entrare nella Società delle Nazioni e a tornare a far parte a pieno diritto della Comunità Internazionale, pur sempre nel quadro delle limitazioni militari previste a Versailles.

Locarno fu il culmine della restaurazione europea e il momento in cui sembrò di poter finalmente guardare al futuro con ottimismo. *Sebbene i vecchi antagonismi stessero in realtà solo dormendo e si sentisse in lontananza già il rullo dei tamburi delle nuove leve, eravamo legittimati a sperare che il terreno così solidamente conquistato potesse aprire la strada a ulteriori progressi.*[329]

Quello che non potevamo pensare, quello che non potevamo prevedere, quello che non potevamo neanche immaginare era che una nuova tempesta stesse per abbattersi sul mondo.

Una tempesta diversa, i cui lampi e tuoni scaturivano non dalle armi degli eserciti in marcia, ma da un nemico ancora più subdolo, capace di colpire chiunque e dovunque.

E contro il quale ci trovammo impreparati.

Per uno strano capriccio della Storia, io mi trovai proprio nel punto e nel momento esatto in cui l'uragano si scatenò.

«Cosa è stato?»

La voce di Randolph mi strappò dal sonno.

Nella confusione del dormiveglia percepii che non era l'unica. Urla e richiami indefiniti di altre persone riempivano l'aria e si facevano lentamente strada nella mia coscienza.

Il mio primo pensiero fu che era strano che si fosse svegliato prima di me. Conoscevo bene quanto mio figlio amasse dormire fino a tardi, come tutti i diciottenni d'altronde.

Il secondo, fu che doveva essere successo qualcosa di grave.

«Di cosa parli?», chiesi alzandomi velocemente dal letto.

Lo vidi andare alla finestra della camera, con indosso la vestaglia che riportava ricamate le iniziali dell'hotel di New York di cui eravamo ospiti.

Si girò verso di me e la vista del suo volto mi svegliò completamente.

Era pallido, trasfigurato. Con gli occhi sgranati indicò verso il basso, la bocca semiaperta ma incapace di articolare parole.

Mi avvicinai e guardai giù.

Urla e sirene si unirono alla cacofonia di rumori di Manhattan.

Sotto la mia finestra un uomo si era gettato dal quindicesimo piano del palazzo ed era ridotto a brandelli, provocando un selvaggio trambusto e l'arrivo dei vigili del fuoco.[330]

Dalle altre camere dell'hotel decine di persone si sporgevano per vedere cosa fosse successo.

Randolph era sotto shock.

Lo abbracciai. «È tutto a posto figliolo. È tutto a posto...»

«Quel rumore terrificante... Ma perché? Perché?», chiedeva quasi singhiozzando.

Era una domanda, la cui risposta apparteneva solo a quell'uomo.

Ma di lì a poco avrei capito tutto.

Tranquillizzai per quanto possibile Randolph e lo accompagnai nella camera a fianco, dove alloggiavano mio fratello Jack con suo figlio Johnny.

Alla fine dei cinque anni di legislatura, le elezioni avevano portato nuovamente al governo i Laburisti e mi ero trovato così di nuovo senza carica, anche se pur sempre con il mio seggio parlamentare riconfermato dai buoni elettori di Epping. Avevo deciso perciò di concedermi una vacanza di tre mesi in Nord America.

Attraversammo il Canada a bordo di un treno che ci portò dal Quebec fino a Vancouver, alla scoperta di quell'affascinante e sterminato Paese. Giunti sulla costa del Pacifico attraversammo la frontiera e ci ritrovammo nell'America del proibizionismo. In California potemmo toccare con mano l'opulenza hollywoodiana, partecipando a feste e cene illuminate dalle stelle dello spettacolo, fra cui il grande Charlie Chaplin con cui strinsi una sincera amicizia. Attraversammo in senso contrario gli Stati Uniti fino ad arrivare a New York per quella che doveva essere la fine di un lungo e piacevole viaggio, ma che si rivelò in realtà quasi un appuntamento col destino.

Gli eventi che quel giorno ebbero inizio in una piccola strada di quella grande metropoli presto sarebbero riverberati in tutto il mondo, con conseguenze devastanti con le quali avremmo dovuto confrontarci tutti quanti.

Era il 24 ottobre 1929, per noi un normale giovedì di vacanza, per la Storia il giovedì nero.

L'istinto da giornalista riemerse in tutta la sua forza. Qualche rapida domanda nella hall dell'albergo mi aiutò a farmi un'idea su cosa potesse essere successo. Dovevo vedere di persona. Presi il cappello e il bastone e mi incamminai verso il luogo dove in quello stesso istante stavano evaporando i risparmi e le fortune di milioni di persone.

Mi capitò di camminare per Wall Street nel momento peggiore del panico, e un perfetto sconosciuto che mi riconobbe mi invitò a entrare nella galleria della Borsa. Mi sarei aspettato di vedere un pandemonio; ma lo spettacolo che si presentò ai miei occhi era di sorprendente calma e ordine.[331]

Sapevo che le ferree regole del posto imponevano di non correre né gridare, ma il contrasto con quanto stava avvenendo fuori di lì non poteva essere più assoluto. All'esterno del palazzo, centinaia se non migliaia di persone si stavano già radunando per cercare di capire cosa stesse accadendo.

Non lo sapevano ancora, ma tutta quella gente era già diventata più povera. Io stesso ero stato vittima della febbre da investimento e possedevo dei titoli americani. Nel giro di una notte avevo perso diecimila sterline.[332]

Il gesto di quell'uomo in albergo mi apparve subito chiaro in tutta la sua drammaticità.

Ma il peggio doveva ancora venire.

Per i tre anni successivi il mondo sperimentò una crisi mai provata prima. La grande depressione annichilì la produzione, fece calare i redditi, salire alle stelle la disoccupazione e impose ai vari governi di istituire un ferreo protezionismo, spazzando via il commercio internazionale.

Se le conseguenze economiche furono devastanti ovunque, in un Paese in particolare crearono anche le condizioni per un disastro perfino peggiore.

Sprofondato nella miseria, il popolo tedesco era alla disperata ricerca di un nuovo leader.

Una nuova minaccia stava sorgendo in Germania, alla luce del sole eppure invisibile agli occhi degli osservatori.

In pochi capirono la portata catastrofica degli eventi che si stavano innescando.

Fra questi, io avrei presto ricoperto un ruolo di primo piano.

Ma per fronteggiare la nuova minaccia avrei avuto solo due armi a mia disposizione.

La mia penna e la mia voce.

11
Nel deserto
1929-1933

Il nostro obiettivo supremo doveva essere non andare in guerra. A tal fine, dovevamo fare del nostro meglio per impedire agli altri di andarci.[333]

Osservando le onde dell'oceano infrangersi contro lo scafo della nave, non potevo fare a meno di chiedermi se anche io sarei riuscito a farmi strada fra le difficoltà come quella prua fra i flutti.

Il transatlantico non ci stava solo riportando dagli Stati Uniti in Inghilterra, ci stava riportando anche e soprattutto ai problemi di ogni giorno.

E i problemi erano aumentati immensamente a causa del crollo di Wall Street.

Le preoccupazioni economiche sono sempre stata una costante nella mia vita. Strano a dirsi per il nipote di un duca nato nelle stanze del più sontuoso palazzo d'Inghilterra. Ma a differenza degli altri aristocratici io non avevo rendite, né terreni o antiche proprietà da far fruttare e di cui godere gli utili.

Per questo, per mantenere il mio stile di vita – di certo non spartano – ho sempre seguito un principio: piuttosto che risparmiare, meglio guadagnare di più. E ho cominciato ad applicarlo fin da giovanissimo. Durante i miei anni nell'esercito non mi sono accontentato della paga militare, ma mi sono fatto in quattro, lanciandomi contemporaneamente nella carriera giornalistica. Grazie alla mia penna a venticinque anni ero probabilmente il corrispondente più pagato del mondo.

Articoli, saggi, libri, conferenze. Quando non potevo disporre di uno stipendio ministeriale, erano queste le principali fonti di reddito, assieme ad alcune provvidenziali eredità di lontani parenti senza discendenti, deceduti improvvisamente.

Adesso, con il crollo della Borsa e la perdita di gran parte dei miei investimenti, il solo lavoro non sarebbe bastato. Con mio sommo dolore, chiudemmo temporaneamente Chartwell, mettendola in vendita. Per fortuna nessuno si fece avanti per comprarla e, nel frattempo, ricominciai a scrivere ancora più di prima, riscuotendo sontuosi anticipi dalle case editrici.

Scrissi un'autobiografia della mia giovinezza, ma la più importante – e complicata – delle mie nuove imprese letterarie, furono i quattro volumi sul mio glorioso antenato, il duca di Marlborough. Fu un lavoro appassionante, che mi permise di ripercorrere le antiche gesta della mia famiglia, ma estremamente impegnativo. Una crescente passione per il cinema mi portò a cimentarmi anche nella stesura di alcune sceneggiature, che però non videro mai la luce – anzi, il buio – delle sale.

Spaziai fra vari generi, da quello documentaristico, con un lungometraggio su Re Giorgio V, a quello biografico, con un progetto sul mio amico personale Lawrence d'Arabia. Provai perfino la commedia, abbozzando, d'accordo con lui, alcune scene comiche per un film su Napoleone da far interpretare a un'altra mia conoscenza, Charlie Chaplin, con cui continuai a tenermi in contatto e che ospitai diverse volte a Londra.

Come sempre, però, nei miei piani personali tornò a intromettersi la politica.

Ero ancora a bordo della nave quando mi arrivò la notizia che a Londra si stava discutendo sulla concessione dell'autonomia all'India.

Guardando le onde infrangersi irrimediabilmente, mi chiesi se anche il mio amato Impero fosse destinato a fare la stessa fine.

Avevamo concesso lo status di *dominion*, di fatto l'autogoverno, già a Canada, Australia, Nuova Zelanda, Sudafrica e, naturalmente, Irlanda.

Ma l'India!

Era da sempre considerato il gioiello più luminoso della corona imperiale britannica. Perderlo sarebbe stata una tragedia nazionale.

Eppure, le cose si muovevano in quella direzione. Una grande conferenza fu convocata a Londra per discutere il problema su indicazione del Viceré dell'India. Allora si chiamava lord Irwin, di lì a pochi anni avrebbe ereditato il titolo con cui è ricordato dalla Storia: lord Halifax.

Le nostre strade si sarebbero incrociate ancora, nel turbinio di quel frenetico decennio, ma già allora le nostre posizioni non potevano essere più divergenti.

Per come la vedevo io, da generazioni avevamo investito in quel Paese sangue, denaro e risorse britanniche. Avevamo portato la pace, avevamo portato la sicurezza, avevamo portato una prosperità fino ad allora sconosciuta e, soprattutto, avevamo portato giustizia.

Autogoverno? Impossibile. Non per una *comunità che marchiava e trattava sessanta milioni di persone, altri loro esseri umani, che lavoravano al loro fianco, come «Intoccabili», la cui vicinanza era un affronto e la cui stessa presenza significava contaminazione. Lo status di* dominion *non avrebbe dovuto essere concesso fintanto che l'India fosse stata preda di feroci dissensi razziali e religiosi e quando il ritiro della protezione britannica avrebbe significato l'immediata ripresa di guerre medievali.*[334]

Quella che veniva presentata dai Laburisti come la richiesta proveniente da un grande movimento popolare era ai miei occhi solo l'espressione della cupidigia di una classe dirigente ansiosa di mettere le mani sulle ricchezze portate dall'Impero, e che di certo non rappresentava i trecentocinquanta milioni di indiani e le loro divisioni razziali, religiose, sociali e culturali. Perché un simile crogiolo di umanità potesse prosperare, la guida illuminata di un Paese terzo e imparziale mi sembrava l'unica possibilità di successo.

Trovavo allarmante e nauseante vedere Gandhi, un sedizioso avvocato del Middle Temple, che ora si atteggiava a fachiro di un tipo ben noto in Oriente, salire seminudo i gradini del palazzo del Viceré per negoziare da pari a pari con il rappresentante del Re Imperatore, mentre era ancora impegnato a organizzare e condurre una provocatoria campagna di disobbedienza civile.[335]

Se solo i vari Viceré che si erano avvicendati nel tempo invece di *occuparsi a negoziare con leader non rappresentativi si fossero concentrati sui problemi materiali e morali che sono alla base della vita indiana, penso sarebbe stato molto meglio.*[336]

Avvertii i miei colleghi e l'opinione pubblica che, se una maggiore autonomia – specialmente sul piano locale – sarebbe stata la strada migliore da perseguire, di certo la piena indipendenza non lo era. Nel momento stesso in cui l'ultimo soldato britannico avesse abbandonato l'India, sarebbero ricominciate le guerre civili fra musulmani e indù e i confini sarebbero stati alla mercé di quelle tribù contro le quali io stesso avevo combattuto da giovane.

Ma ormai era troppo tardi e le forze schierate nel campo avverso troppo forti.

Con il rilascio dal carcere di Gandhi affinché potesse diventare l'inviato dell'India nazionalista alla conferenza di Londra, raggiunsi il punto di rottura nei miei rapporti con Baldwin... Ero sicuro che alla fine avremmo perso l'India e che disastri incommensurabili si sarebbero abbattuti sui popoli indiani. Pertanto dopo un po' mi dimisi dal Gabinetto Ombra su questo tema.[337]

Nei mesi successivi mi trovai ancora una volta nella spiacevole posizione di dover criticare la politica del mio stesso partito, trovandomi così sempre più isolato.

Lo spettro di mio padre riempiva i miei pensieri.

Anche lui si era dimesso senza poter contare sull'appoggio di altri colleghi, finendo così irrimediabilmente ai confini più remoti della rilevanza politica, fino a sparirne del tutto.

Mi ero giurato che non avrei mai fatto lo stesso errore, che non mi sarei mai trovato di mia iniziativa in una simile situazione di vulnerabilità.

Eppure, eccomi lì, relegato nelle panche di fondo della Camera dei Comuni, vittima della maledizione dei Churchill.

Il risultato fu che, quando la crisi economica rese necessario ricorrere a un governo di unità nazionale guidato ancora da MacDonald, io non fui invitato a farne parte. Né lo fui dopo le elezioni del 1931, quando i Conservatori vinsero una netta maggioranza e io stesso fui rieletto a Epping con un margine doppio rispetto alle consultazioni precedenti.

Baldwin, sempre contento che altri ricoprissero la posizione di primo piano fintanto che era lui a mantenere davvero il potere, era disposto a servire sotto MacDonald.[338] Del nuovo governo, uno strano ibrido guidato da un Laburista, ma sostenuto da una schiacciante maggioranza Tory, faceva parte come cancelliere dello Scacchiere anche quello che era considerato sempre più il successore di Baldwin, Neville Chamberlain.

Costretto a osservare i cambiamenti da lontano, come semplice spettatore, mi domandavo se non avessi appena buttato via l'unica e ultima possibilità di arrivare al premierato. I miei comizi continuavano a essere molto frequentati, ma sempre più persone mi davano ormai per finito. Ero tentato di dar loro ragione, ma *talvolta, quando la Fortuna ti guarda di traverso con il massimo disprezzo, sta in realtà preparando i suoi doni più stupefacenti.*[339]

Quello che era sembrato un azzardo, uno spreco di capitale politico in una causa considerata persa in partenza, come la mia crociata contro l'indipendenza dell'India, contribuì invece a porre le basi per la fama e il prestigio di cui potei godere qualche anno dopo, nel momento cruciale.

Il popolo britannico mi vedeva come qualcuno che lottava per le proprie idee, senza fare calcoli o pensare alle conseguenze personali.

Qualcuno che parlava sempre con sincerità.

E questo, in un momento in cui il mondo si apprestava a correre verso il suo appuntamento con la Storia, si sarebbe rivelato decisivo.

La salute e i poteri di MacDonald stavano declinando rapidamente e regnò in crescente decrepitezza al vertice del sistema britannico per quasi quattro, fatidici, anni.

E molto presto, in quei quattro anni, arrivò Hitler.[340]

«Una telefonata per lei, signore.»

Il tono formale del cameriere del Waldorf Astoria si sposava perfettamente con il suo aspetto e il suo portamento. Rigido come un caporale sull'attenti e lo sguardo fisso davanti a sé, mi fece segno di seguirlo nell'atrio.

Mi scusai con Clemmie, che stava ancora finendo l'ultima portata della cena, e mi alzai per seguirlo.

Era il mio vecchio amico Bernard Baruch, con il quale avevo fatto amicizia nella mia precedente visita negli Stati Uniti. Mi invitava a raggiungerlo nella sua casa sulla Fifth Avenue per incontrare alcuni amici che voleva presentarmi. Sempre pronto a stringere rapporti sociali e a incontrare nuove persone, salutai Clemmie, che si scusò per non accompagnarmi a causa della stanchezza, e uscii per prendere un taxi.

Ero tornato in America per un ciclo di conferenze, che mi avrebbero fruttato abbastanza denaro per risollevarmi dalle recenti difficoltà economiche. La frizzante aria dicembrina di New York mi accolse facendomi rabbrividire. Fu con sollievo che salii sulla vettura e ordinai al conducente di portarmi verso nord, all'altezza di Central Park. Avevo dimenticato di chiedere l'indirizzo esatto a Bernard, ma ero ragionevolmente certo di poter riconoscere la casa, in cui ero già stato ospite due anni prima, una volta che l'avessi vista.

Evidentemente avevo sottovalutato l'uniformità del paesaggio metropolitano newyorkese. Per un'ora girammo in lungo e in largo, mentre cercavo di orientarmi in quel labirinto di cemento e luci al neon. Alla fine, esasperato dalle continue soste imposte da quelle diavolerie tecnologiche ancora sconosciute in patria che gli americani chiamavano «semafori», pensai che a piedi avrei avuto modo di studiare meglio la situazione e chiedere informazioni ai portieri di quei grandi palazzi, così scesi dal taxi al lato del grande parco.

Ingannato dal senso di marcia cui ero abituato in Gran Bretagna, guardai dal lato sbagliato e cominciai ad attraversare la strada, quando all'improvviso percepii qualcosa alle mie spalle.

Ci fu un momento – non posso misurarlo in ordine di tempo – di un mondo abbagliante, di un uomo inorridito. Sicuramente pensai abbastanza velocemente da realizzare l'idea: «Verrò investito e probabilmente ucciso».

Poi arrivò il colpo.

Lo sentii sulla fronte e sulle cosce. Ma oltre al colpo ci fu un impatto, uno shock, una commozione di indicibile violenza.[341]

L'uomo alla guida dell'auto, Mario Constasino, si precipitò fuori dalla vettura per prestarmi soccorso. Lo spettacolo che videro lui e altri passanti che accorsero sulla scena doveva essere drammatico.

Non capisco perché non mi fossi rotto come un guscio d'uovo o schiacciato come uva spina... di certo dovevo essere molto robusto, o molto fortunato, o entrambe le cose.

Nel frattempo, non avevo perso conoscenza nemmeno per un istante.

La mente funzionava perfettamente, e formulò il seguente pensiero: *Sono stato investito da un'auto in America. Tutte le preoccupazioni sull'arrivare in ritardo erano state spazzate via. Non contavano più.*

Ecco una vera catastrofe. Forse, la fine.[342]

Come in un sogno, fui issato da qualcuno sul fondo di un taxi, cui venne impartito l'ordine di portarmi al più vicino ospedale.

Allora vidi, mentre giacevo sul fondo dell'auto, le mie mani incrociate sul petto, bianchissime e coperte di sangue. Provai a muoverle, così come provai a muovere le dita dei piedi. Niente. *Avrebbero potuto appartenere a qualcun altro, per tutta l'attenzione che prestarono alla mia volontà. Fu allora che mi allarmai davvero per la prima volta... l'espressione «paralizzato a vita» si fece largo nei meandri della mia mente.*

Mi vidi arrivare all'ospedale e portare dentro dai medici, come se fossi stato uno spettatore esterno. Osservai un dottore visitarmi e un infermiere chiedermi le generalità. Chiesi di informare mia moglie, mi risposero chissà come che era già in viaggio per raggiungermi. La cosa seguente che vidi, l'ultima che ricordo, fu la luce abbagliante della sala operatoria e la maschera di un inalatore di protossido di azoto.

Ogni volta che mi sono sottoposto ad anestesia ho seguito questa regola. *Mi immagino seduto su una sedia, con le spalle rivolte a una bella piscina verso la quale devo essere inclinato, e mi lascio cadere all'indietro. Oppure, come se ci si abbandonasse su un'ampia poltrona dopo una giornata faticosa. Questo aiuta meravigliosamente il processo di anestesia. Pochi respiri profondi e non si ha più la forza di parlare al mondo.*[343]

Quando mi risvegliai, scoprii che i danni erano seri, soprattutto su un uomo di cinquantasette anni, ma più contenuti di quanto avrebbero potuto essere. La mia stazza e il cappotto imbottito avevano in qualche modo attutito il colpo e così me la cavai con una profonda ferita alla testa, due costole rotte e la pleurite. *Fui molto fortunato a non essere colpito dalle ruote, che mi passarono solo sulla punta delle dita dei piedi, rompendole.*[344]

Rimasi in ospedale per una settimana e al Waldorf Astoria per le due successive. Il regalo migliore che mi derivò dalla mia disavventura fu il certificato di validità universale che mi rilasciarono i medici, in cui veniva scritto nero su bianco che il paziente «*a causa della convalescenza necessitava di consumare alcolici, soprattutto durante i pasti*».[345] Un documento niente male da possedere, nell'America proibizionista.

Nonostante fossi ancora affaticato e dolorante, i venti giorni di completo relax che mi concessi alle Bahamas mi fecero recuperare energie a sufficienza per iniziare il tour di conferenze posticipato fin troppo a lungo.

New York, Chicago, St. Louis, Cleveland, Detroit, Washington, Philadelphia. *Vivevo tutto il giorno sdraiato sulla schiena nel mio scompartimento privato del treno, rivolgendomi poi in serata a un vasto pubblico. Nel complesso, ritengo che quello sia stato il periodo più difficile della mia vita.*[346]

Riuscii comunque a mantenere una media di un impegno al giorno, che mi fruttò in tre settimane più di quanto guadagnasse il primo ministro in un anno.

Il tema delle conferenze si incentrava su un concetto che da tempo stavo sviluppando, relativo alla fratellanza dei popoli di lingua inglese: vedevo nel futuro delinearsi un inevitabile scontro fra mondo occidentale, che doveva essere guidato da Gran Bretagna e Stati Uniti, e comunismo.

Il tempo mi avrebbe dato ragione, ma quel che allora non sapevo era che prima di quella sfida ne avremmo dovuta affrontare un'altra.

Come già era avvenuto la volta precedente, fu in mezzo alle onde dell'Atlantico che avvenne il mio incontro con la Storia.

Ero sulla nave che mi riportava in patria, quando giunse la notizia che alle elezioni presidenziali tedesche il candidato che aveva sfidato l'immensamente popolare presidente Paul von Hindenburg era stato sconfitto, ma aveva ottenuto lo strabiliante appoggio di undici milioni di elettori.

Ne avevo già sentito parlare, ovviamente. Sapevo che aveva tentato un *putsch*, un'insurrezione, nel 1923 e che era stato condannato a quattro anni di reclusione, poi ridotti a uno. Una volta scarcerato, aveva cambiato strategia e deciso che avrebbe raggiunto il potere attraverso le elezioni, piuttosto che con le rivolte armate. Il suo partito passò da dodici seggi in Parlamento nel 1928 a duecentotrenta nel 1932.

Le lotte incessanti e il graduale emergere di Adolf Hitler come figura di livello nazionale furono poco notati dai vincitori, oppressi e vessati com'erano dai loro stessi problemi e conflitti di partito.[347] Ancora abbagliati dalle false promesse di pace di Locarno e addirittura impegnati in negoziati su un mutuo disarmo generale, i governi occidentali non colsero immediatamente quanto la scena europea stesse cambiando.

Se loro sottovalutarono i segnali del rafforzamento del partito nazista, io non avrei fatto lo stesso errore.

Di certo, adesso, Adolf Hitler aveva tutta la mia attenzione.

La hall dell'Hotel Regina era lo specchio della Germania.

La patina di decadenza ammantava, ma non nascondeva, lo scintillio delle passate glorie dell'Impero del Kaiser. I ricami d'oro non più brillante delle poltrone, il legno intarsiato ma opaco delle cornici dei quadri e degli specchi, i tappeti riccamente decorati ma un po' impolverati.

Ogni oggetto sembrava reclamare il ritorno all'antico splendore, esattamente come avveniva nel cuore di ogni tedesco.

Nei giorni passati in quella terra avevo potuto vedere con i miei occhi quanto ardente fosse il desiderio di rivalsa. Nonostante la situazione economica disastrosa, si respirava nell'aria un'elettricità marziale. Persone che mi sarei aspettato di vedere curve sotto il peso delle preoccupazioni e della miseria, camminavano con la schiena dritta, con uno scintillio di sfida negli occhi che spesso mi parve di cogliere al passaggio della nostra auto. Gruppi di camicie brune, appartenenti alle organizzazioni paramilitari del partito nazista, si potevano incontrare in ogni angolo della città. Le birrerie erano affollate, le strade piene.

Uno scenario che non apparteneva a un Paese sconfitto e prostrato.

Mentre attraversavamo queste bellissime regioni da un'antica e famosa città all'altra, naturalmente feci molte domande sul movimento nazista e scoprii che era l'argomento principale nella mente di ogni tedesco. Percepii un'atmosfera hitleriana.[348]

Negli occhi delle persone c'era una scintilla che avevo già visto tanti anni prima, dall'altra parte del mondo. Gli sguardi che incrociavo erano sguardi di fanatici, gli stessi che avevo incontrato sia lungo la frontiera nordoccidentale dell'India che nel deserto del Sudan. Il nazismo stava diventando la religione fondamentalista dei tedeschi. Forse fu a causa delle mie esperienze giovanili che riconobbi prima di molti altri i sintomi che vedevo intorno a me. E sapevo che la malattia che portavano con sé non poteva essere debellata solo con la diplomazia.

Ero in Germania per studiare i campi di battaglia sui quali si era battuto Marlborough, nell'ambito delle mie ricerche per il libro che stavo scrivendo su di lui. Il momento non avrebbe potuto essere più propizio: l'estate del 1932 offriva un'inestimabile quanto cupa finestra sul prossimo futuro.

«Esperienza interessante», disse con il suo classico tono da docente Frederick Lindemann, come se stesse puramente constatando un fatto, edulcorato da opinioni e giudizi. Lo conoscevo da diversi anni ed eravamo diventati grandi amici. Titolare della cattedra di Filosofia Sperimentale a Oxford, era un genio della fisica e si interessò ai principi dell'aeronautica, al punto da imparare a pilotare personalmente un aereo per affrontare e risolvere il problema della caduta in vite, che allora sembrava senza soluzione. Ci riuscì, dimostrando un coraggio personale e uno sprezzo del pericolo che non poté non far colpo su di me. La sua capacità di spiegare in maniera semplice e concisa argomenti complicati e astrusi lo rendevano insostituibile. *«Il Prof.», come lo chiamavamo, divenne il mio principale consigliere sugli aspetti scientifici della guerra moderna e in particolare della difesa aerea, nonché su questioni statistiche di ogni genere.*[349]

«Interessante, sì. Ma anche inquietante», risposi espirando una lunga boccata dal sigaro, facendo ben attenzione a non rivolgerla verso di lui. Il Prof. non fumava e non beveva e il fatto che mi stesse simpatico nonostante questi difetti è la miglior prova della straordinarietà delle sue virtù.

«L'inquietudine, mio caro Winston, è uno stato di alterazione dell'animo che non può che provocare interesse.»

«Non dovrebbe essere un Paese smilitarizzato?», chiese Clementine.

«Dovrebbe, sì. Le clausole di Versailles lo obbligano ad avere un esercito non superiore ai centomila uomini, una flotta ridotta all'osso e senza sommergibili e nessuna forza aerea», spiegò il Prof.

«E ti sei guardato intorno, Frederick? Tutti quegli energumeni in camicia bruna a me sembrano soldati, e se solo qui a Monaco ce ne sono così tanti non posso credere che in tutta la Germania siano meno di centomila.»

«Clemmie, quelle sono unità paramilitari, non fanno parte dell'esercito. Non ufficialmente, almeno...»

«Beh, mettetela come volete, a me sembra una truffa bella e buona», disse in tono offeso, come se i nazisti stessero raggirando proprio lei personalmente.

Aveva ragione, ovviamente. La continua ascesa di Hitler e del suo partito aveva portato a un incremento senza precedenti anche delle sue camicie brune. E di pari passo era cresciuta la violenza.

Mentre eravamo impegnati in questa discussione, si avvicinò un uomo, distintamente vestito. Era tedesco, ma parlava un perfetto inglese e si presentò come Ernst Hanfstaengl. Era un imprenditore e un intimo amico di Hitler. Aveva sentito che parlavamo di lui e, riconoscendomi, si era permesso di inserirsi nella conversazione. Ben lieto di poter avere qualche informazione di prima mano, lo invitai a unirsi a noi per la cena.

Conversammo a lungo in modo piacevole, anche se non potei fare a meno di notare che, quando si virava sull'argomento principale, sembrava anche lui vittima di quella specie di *trance* nazionalista che avevo già osservato in tanti tedeschi.

«Sa che le dico, signor Churchill? – disse mentre fumavamo dopo aver finito l'ultima portata di un'ottima cena –. Dovrebbe conoscerlo. Nulla di più facile, il Führer viene spesso in questo hotel e potrei organizzare un incontro già per domani, se ritiene.»

La prospettiva non mi dispiaceva e mi dissi interessato. *A quel tempo non avevo ancora pregiudizi nazionali contro di lui. Sapevo poco della sua dottrina o dei suoi precedenti e nulla del suo carattere. Ammiro gli uomini che difendono il loro Paese sconfitto, anche se io sono dall'altra parte. Aveva il pieno diritto di essere un patriota tedesco, se lo desiderava.*

«Come sa non ho alcun incarico ufficiale e sono un semplice parlamentare britannico, quindi un eventuale incontro sarebbe puramente informale – gli dissi, sporgendomi verso di lui e guardandolo negli occhi – ma mi spieghi una cosa. *Perché il suo capo è così violento nei confronti degli ebrei? Posso capire benissimo il fatto di essere arrabbiato con ebrei che abbiano agito male o che si schierano contro il Paese, e capisco la resistenza contro di loro qualora cercassero di monopolizzare il potere in qualsiasi ambito della vita. Ma che senso ha essere contro un uomo semplicemente per via della sua nascita? Come può qualcuno decidere come nascere?*»[350]

Lo vidi impallidire e per un momento sono sicuro che stesse sul punto di esplodere, pronto a urlare qualcuno dei concetti con cui il suo cervello era stato avvelenato da anni di comizi e propaganda. Ma la ragione ebbe la meglio e si obbligò a mantenere la calma.

«Sono certo che il Führer saprà spiegarglielo meglio di quanto non potrei mai fare io, purtroppo non essendo tedesco lei non capisce quale male siano gli ebrei e cosa abbiano fatto a questo Paese, il tradimento mostruoso che sono stati capaci di compiere.»

Capii che era meglio cambiare argomento e la serata procedette senza ulteriori eventi degni di nota, finché Herr Hanfstaengl non ci salutò, dandoci appuntamento per il giorno dopo insieme al suo capo.

Ma dovette aver ripetuto le mie parole a Hitler, perché l'indomani, verso mezzogiorno, si ripresentò con un'aria piuttosto seria, dicendo che l'appuntamento non poteva aver luogo perché il Führer quel pomeriggio non sarebbe venuto all'albergo...

E così Hitler perse la sua unica possibilità di incontrarmi.

Tempo dopo, quando raggiunse il potere, avrei ricevuto da lui diversi inviti.

Ma a quel punto molte cose erano successe e così declinai.[351]

Per quanto riguarda Herr Hanfstaengl, non lo rividi mai più, ma so che nel 1937 cadde in disgrazia agli occhi del suo amato capo e dovette fuggire negli Stati Uniti, dove andò a lavorare come consigliere per un suo vecchio amico dei tempi di Harvard: Franklin Delano Roosevelt.

Ciò che avevo visto con i miei occhi in Germania, unito a quel che leggevo sui giornali, ai racconti di conoscenti informati sui fatti e ai documenti governativi cui avevo accesso, mi convinsero sempre di più del mortale pericolo cui stavamo andando incontro.

Cominciai a sferzare il Parlamento, chiedendo conto dello stato di preparazione delle nostre forze e di cosa si stesse facendo per limitare quello che sempre più chiaramente era il tentativo tedesco di stravolgere l'ordine imposto a Versailles, se necessario con la violenza. Non ero disposto a farmi intimidire, *sono sempre stato pronto a usare la forza per sfidare la tirannia o scongiurare la rovina.*[352]

Nessuno però sembrava voler ascoltare. Le grandi democrazie – perlomeno, le poche rimaste – erano pervase da un'anacronistica, quanto mortale, utopia pacifista. Nel momento in cui avremmo dovuto mostrarci forti e solidi, pronti a imporre il rispetto dell'ordine internazionale con ogni mezzo necessario, i leader europei si incontravano a Ginevra per discutere di mutuo disarmo nella convinzione che tutto ciò che i tedeschi volevano fosse il riconoscimento dello stesso *status* degli altri Paesi.

Consideravo niente meno che una follia chiedere alla Francia di diminuire le proprie forze, mentre veniva concesso ai tedeschi di aumentare le loro. Per fortuna i francesi lo sapevano e cercavano di resistere per quanto possibile alle pressioni internazionali. *Finché la Francia fosse stata forte e la Germania adeguatamente disarmata, non c'era possibilità che i francesi fossero sopraffatti e perciò non ci sarebbe stato nessun obbligo per noi, secondo quanto stabilito a Locarno, di correre in loro soccorso.*[353]

Già isolato per la questione dell'India, mi trovai ancor più solo nell'attaccare la politica del disarmo comune.

Ero nel deserto.

Ma non demorsi e continuai a fare discorsi, comizi e scrivere articoli riguardo al pericolo incombente. E non perché fossi, come amavano additarmi i molti critici, un guerrafondaio. *Era una bugia. Avevo lavorato per la pace anche prima della Grande Guerra e, se la moratoria navale che avevo consigliato e proposto allora fosse stata adottata, il corso della storia avrebbe potuto essere diverso.*[354]

Fin dal mio ritorno dalla Germania avvertii il Parlamento che, proseguendo lungo la strada attuale, ci aspettava la guerra.

Ricordo una seduta in particolare, nella quale sperimentai in tutta la sua dolorosa crudezza quella deliberata sordità nei confronti della realtà che sembrava aver contagiato la quasi totalità dell'assemblea e del Paese.

«*Tutte quelle bande di robusti giovani teutonici, che marciano lungo le strade della Germania con negli occhi la luce del desiderio di soffrire per la loro patria, non sono alla ricerca di un uguale* status – dissi alla Camera –. *Stanno cercando armi e quando le avranno, credetemi, chiederanno la restituzione dei territori e delle colonie perdute.*»

Feci una pausa e guardai i volti che mi circondavano. Cercai di scrutarne il più possibile, prima di proseguire. «*Non riesco a ricordare un momento in cui il divario tra il tipo di parole usa-*

te dagli statisti e ciò che sta realmente accadendo in molti Paesi fosse così grande come lo è adesso. L'abitudine di dire cose piacevoli ed esprimere pie banalità e sentimenti allo scopo di ottenere applausi, senza alcuna relazione con i fatti sottostanti, è più pronunciata ora di quanto lo sia mai stata nella mia esperienza.»

Mi voltai verso la panca dove sedevano i membri del governo, rivolgendomi direttamente a loro. «*Dite la verità al popolo britannico!*» Qualcuno fischiò, altri si alzarono sventolando l'ordine del giorno, oltraggiati da quell'attacco all'esecutivo.

Lasciai che il clamore si attenuasse prima di continuare, imperterrito.

«*Voglio dire in modo piuttosto franco, a costo di dover scioccare la Camera, che preferirei di gran lunga vedere altri dieci o vent'anni di pace unilaterale, che una guerra tra potenze ugualmente ben armate.*»

Altri fischi.

L'anno prima avevo pubblicato una raccolta di saggi e articoli dal titolo *Thoughts and Adventures*, pensieri e avventure, una miscellanea degli argomenti più disparati: dai miei ricordi elettorali, alle memorie del periodo in trincea, passando per come immaginavo il futuro di lì a cinquant'anni e come la pittura fosse diventata il principale dei miei hobby. Nel saggio che scrissi su Mosè, c'era un passaggio che forse nel momento in cui lo avevo partorito era dettato dall'inconscio, quasi cercassi conforto nell'idea che tutti gli sforzi non si rivelassero vani: «*Ogni profeta deve provenire dalla civiltà, ma ogni profeta deve andare nel deserto. Deve avere una profonda conoscenza di una società complessa e di tutto ciò che ha da offrire, per poi trascorrere periodi di isolamento e meditazione. Questo è il processo con cui si produce la dinamite psichica*».[355]

Aspettai che si calmasse il clamore prima di concludere.

«C'è un solo modo per affrontare le sfide del futuro ed è quello di cercare di *rimuovere le cause delle lamentele dei vinti, piuttosto che disarmare i vincitori. Realizzare qualcosa di simile all'uguaglianza degli armamenti, se fosse in nostro potere farlo – cosa che per fortuna non è – finché queste lamentele riman-*

gono irrisolte, significherebbe quasi fissare il giorno per un'altra guerra europea.»[356]

Ripresi posto nel mezzo di una salva di imprecazioni e insulti, supportato solo da pochissimi amici che la pensavano come me. Mi sentii investire da una rabbia impotente, che nulla poteva contro una simile cecità e sordità.

Era il 23 novembre 1932.

Hitler non era ancora cancelliere, ma lo divenne poco più di due mesi dopo, il 30 gennaio 1933, ed entro la fine di marzo aveva consolidato il suo potere in modo pressoché assoluto.

Adolf Hitler era infine arrivato.

Ma non era solo. Aveva richiamato dagli abissi della sconfitta le furie oscure e selvagge latenti all'interno della razza più numerosa, più servizievole, spietata, contraddittoria e perseguitata dalla sfortuna d'Europa.

Aveva evocato lo spaventoso idolo di un Moloch divoratore, di cui era sacerdote e incarnazione.[357]

Quel che si stagliava ai suoi occhi era un mondo ancora inconsapevole, timoroso e indifeso. Come l'aquila che aveva eletto a suo simbolo di sangue, scrutava dalle sommità del cielo la vastità del deserto di resistenza che gli offrivano le grandi democrazie, punteggiato qui e lì da piccoli Stati vulnerabili.

Doveva solo scegliere la prima preda.

12

L'addensarsi della tempesta

1934-1939

Tutte le parole e le azioni di cui fui responsabile nel periodo tra le due guerre avevano come obiettivo solo la prevenzione di una seconda guerra mondiale; e, naturalmente, di assicurarci che, se fosse accaduto il peggio, avremmo vinto, o almeno saremmo sopravvissuti.[358]

«È ufficiale, la Germania si è ritirata dalla Conferenza sul disarmo e dalla Lega delle Nazioni.»

Brendan Bracken era entrato come una furia nel soggiorno della mia casa londinese, al numero 11 di Morpeth Mansions, lasciando dietro di sé la porta aperta e una domestica sconvolta.

Non avevo sentito il campanello suonare, tanto ero assorto nella conversazione con Lindemann e Eddie.

«Come, sei sicuro?», chiese il Prof. quasi incredulo.

«Assolutamente, lo ha annunciato poco fa Hitler stesso», rispose il nuovo arrivato, togliendosi il cappello e l'impermeabile zuppi di pioggia.

Bracken aveva ventisette anni meno di me e lo conoscevo dagli anni Venti, ma era ben presto diventato il mio migliore amico. Di lui amavo la rapidità di pensiero, l'umorismo e l'immensa affidabilità. Si era fatto da solo, prima nell'imprenditoria e ora come membro del Parlamento, e del suo passato parlava pochissimo, al punto che ben presto si diffusero dicerie che fosse un mio figlio illegittimo, alimentate anche da una certa somiglianza e dal fatto che avesse anche lui i capelli rossi.

Quando Clemmie raccolse il coraggio per chiedermelo direttamente, le risposi scherzando che avevo fatto delle ricerche, ma che le date non coincidevano, in quanto nel periodo in questione mi trovavo in Sudafrica. Non la prese molto bene, ma ben presto imparò anche lei ad apprezzarlo e divenne, al pari del Prof., uno di famiglia e l'unico in assoluto che avesse il permesso di entrare non annunciato in qualsiasi riunione.

Come aveva appena fatto.

«Di cosa ti stupisci, Prof., era solo questione di tempo. Perlomeno ora forse i signori del governo si sveglieranno con le loro fantasie – dissi –, e capiranno che *il disarmo non porterà la pace più di quanto un ombrello non prevenga la pioggia.*[359] Stavamo parlando proprio di questo, Brendan, vieni, siediti e unisciti a noi. Prendi un sigaro, lì sulla mensola sopra il camino.»

«Quale pensi che sarà la loro prossima mossa, Winston?», mi chiese Eddie rigirandosi il bicchiere di brandy fra le mani, visibilmente agitato.

Lui, Lindemann e Bracken formavano il nucleo di un manipolo di parlamentari, funzionari e diplomatici che cominciavano a intravedere il pericolo mortale profilarsi all'orizzonte, e grazie ai quali avevo iniziato ad accumulare ogni informazione possibile riguardante la Germania e il suo nuovo padrone. *Per la mia lunga esperienza in alte cariche ero entrato in possesso dei più preziosi segreti dello Stato. Tutto ciò mi permise di formare e mantenere opinioni che non dipendevano da ciò che veniva pubblicato sui giornali, anche se vi erano molti elementi importanti che non sarebbero sfuggiti a un occhio attento.*[360]

Ma in realtà non era poi necessario scavare così a fondo nei documenti più reconditi e nascosti, era tutto alla luce del sole. A cominciare dall'opera scritta da Hitler stesso durante il suo periodo di prigionia, il *Mein Kampf. Quando arrivò al potere non c'era libro che meritasse maggior studio da parte dei vertici politici e militari degli Alleati. Era tutto lì: il programma di una rinascita nazionale tedesca, la tecnica della propaganda di partito, il piano per combattere il Marxismo, il concetto di uno Stato nazional-socialista, il diritto della Germania a una posizione al vertice del pianeta.*

Ecco il nuovo Corano di fede e guerra: pomposo, prolisso, informe, ma gravido del suo messaggio.[361]

«Difficile a dirsi, ma penso sarà l'Austria – risposi –. È l'obiettivo più naturale e Hitler stesso è austriaco. E poi basta leggere il suo dannato libro, *la prima pagina del* Mein Kampf *contiene la frase: "l'Austria tedesca deve tornare alla grande madrepatria tedesca".*»

«Ma Mussolini di certo si opporrà!», disse Brendan.

Il Duce governava l'Italia dal 1922.

Lo avevo incontrato due volte, a Roma nel 1927, quando ero cancelliere dello Scacchiere e come tale dovevo supervisionare anche il saldo e la riscossione dei vari debiti di guerra.

Negli anni in cui il comunismo mirava espressamente a espandersi in tutto il mondo, il fascismo mi sembrava un argine resistente per un Paese esposto in modo particolare alla propaganda marxista come era l'Italia.

Arrivai a definirlo perfino *il più grande legislatore vivente.*[362] *Non potevo fare a meno di essere affascinato, come lo erano tante altre persone, dal suo portamento gentile e semplice e dal suo atteggiamento calmo e distaccato, nonostante i tanti fardelli. Se fossi stato italiano, sono certo che sarei stato con tutto il cuore al suo fianco dall'inizio alla fine nella sua trionfante battaglia contro gli appetiti e le passioni bestiali del Leninismo.*[363] Ma era solo e unicamente questo ad aver offuscato il mio giudizio in quel periodo. Né avevo mai pensato per un solo istante che la sua ricetta autoritaria sarebbe stata auspicabile in Inghilterra, dove la nostra democrazia parlamentare è considerata sacra.

Dopotutto allora l'Italia era ancora un Paese alleato, saldamente schierato a fianco dei vincitori con i quali aveva combattuto la guerra contro gli Imperi centrali. Erano ancora lontane le avventure spericolate in Etiopia, l'unione con il nazismo e le leggi razziali.

All'inizio Mussolini non aveva guardato con favore all'ascesa di Hitler. *Il nazismo era visto come una versione cruda e brutalizzata del fascismo. Le ambizioni di una Grande Germania nei confronti dell'Austria e dell'Europa sudorientale erano ben note. Mussolini prevedeva che in nessuna di queste regioni gli interessi italiani avrebbero coinciso con quelli della nuova Germania.*[364]

«Sì, Mussolini si opporrà – risposi a Brendan –, ma non penso che questo fermerà Hitler. Potrebbe rallentarlo, certo, ma non lo fermerà. Ricordati che *in una dittatura militare ci sono uomini che, per liberarsi dai gravi pericoli che devono affrontare internamente, potrebbero lanciarsi in un'avventura straniera del tipo più pericoloso e catastrofico per il mondo intero.»*[365]

In effetti poco dopo, nel luglio del 1934, i nazisti tentarono di provocare un colpo di Stato in Austria, uccidendo il primo ministro Engelbert Dollfuss. I tempi però non erano ancora maturi: Mussolini schierò immediatamente tre divisioni lungo la frontiera del Brennero per mandare un chiaro messaggio a Hitler che, consapevole di non essere ancora abbastanza forte, abbandonò i suoi piani.

Ma, come avevo previsto, si trattava solo di una ritirata momentanea, in attesa di un momento più propizio e, nel frattempo, il Führer aumentò a dismisura il suo potere.

Gli eventi ora si susseguivano frenetici.

Prima, la grande purga interna, con cui si sbarazzò dei suoi avversari nella Notte dei Lunghi Coltelli, poi, la morte dell'anziano presidente Hindenburg, che gli consentì di diventare contemporaneamente capo del governo e dello Stato.

Entro la metà del 1934, Adolf Hitler regnava supremo sulla Germania.

«Non abbiamo appreso nessuna lezione dal passato, non abbiamo imparato nulla, e la situazione adesso è incomparabilmente più grave!»

Ero furioso. Le pareti del soggiorno di Chartwell non sembravano in grado di contenermi. Percorrevo l'ampia stanza in tutta la sua lunghezza già da diversi minuti, avanti e indietro, sotto lo sguardo preoccupato di Clemmie. La placida campagna del Kent si stagliava fuori dalla finestra, un beffardo contrasto con lo stato d'animo che mi pervadeva.

«Sono certa che sia grave, ma forse stai vedendo tutto in modo troppo catastrofico, tesoro. Dopotutto è ancora quello francese l'esercito più potente e la Germania non ha attaccato nessuno. E se pure dovessero tentare, chi ti dice che anche stavolta non li spazzeremo via, come abbiamo fatto nella Grande Guerra?»

«Non fare lo stesso errore di quegli stupidi dei miei "onorevoli" colleghi, Clemmie, sei troppo intelligente *tu!* Non capisci come sia tutto diverso questa volta? *Allora avevamo la Marina e nessuna minaccia aerea. La Marina era lo scudo dell'Inghilterra... non possiamo dire lo stesso oggi. Quest'invenzione maledetta e infernale e lo sviluppo della guerra aerea hanno rivoluzionato la nostra posizione. Non siamo più lo stesso tipo di Paese che eravamo quando eravamo solo un'isola, appena vent'anni fa.*»[366]

La guardai cercare le parole giuste da dire, e la vidi fallire.

Non ce n'erano, non ce ne potevano essere. Continuai il mio sfogo impotente.

«Hitler ha formalmente denunciato le clausole di Versailles, ora non ha più neanche bisogno di nascondersi! E quale credi sia la prima cosa che ha fatto, oltre all'istituzione di un esercito di leva? Ha creato una forza aerea militare, la stramaledetta Luftwaffe o come diavolo si dice. E già me li vedo, quei suoi squadroni di morte, attraversare la Manica e arrivare su Londra in men che non si dica. *In poche ore, l'esplosione delle bombe, una pioggia di detriti, fuoco e fumo ci avvertiranno di ogni inadeguatezza che abbiamo permesso alle nostre difese aeree. Siamo vulnerabili come non lo siamo mai stati prima.*»[367]

Mi sembrava quasi di poterla vedere, quella scena.

Mi vennero le lacrime agli occhi.

Clemmie posò la tazza di tè che stava bevendo, visibilmente turbata. Non ha mai dubitato di me, la mia Clemmie. Certo, mi aveva visto e sentito fare previsioni errate o esagerate, mi aveva visto fallire e cadere, nei tanti anni passati insieme, ma continuava a riporre una fiducia assoluta nelle mie parole. Quel tipo di fiducia inestimabile perché non scevra da critiche, quando necessario. Con lei parlavo di tutto, soprattutto di politica. Era la mia migliore amica. E la mia miglior consigliera.

«Non riesco a capire perché il governo non faccia nulla per correre ai ripari. Possibile che nessuno si renda conto del pericolo?»

«Non lo capisco neanche io, Clemmie. Ci provo. Io ci provo, credimi. Ma non vogliono ascoltarmi. *Essere così convinti e a ragione in una questione di vita o di morte per il proprio Paese e non riuscire a richiamare l'attenzione del Parlamento e della*

Nazione sui segnali ammonitori, e non essere in grado di farli inchinare di fronte all'evidenza, è un'esperienza dolorosissima.[368] Nei miei discorsi mi sto concentrando sull'aviazione, perché so che è da lì che proviene il più grande rischio per noi. Non riusciranno mai in poco tempo ad avere una Marina alla nostra altezza, ma una forza aerea sì. Forse già la hanno...»

Restò in silenzio per qualche secondo, prima di darmi l'ennesimo, inestimabile consiglio partorito dal suo cuore gentile.

«Forse è il modo in cui lo dici.»

Non me lo aspettavo. «In che senso, il modo in cui lo dico? In cui dico cosa?»

«Non ti offendere, i tuoi discorsi sono sempre eccellenti e sai quanto li apprezzi. Ma forse, e dico forse, potrebbero suonare un po' troppo... pomposi?»

«Pomposi!» borbottai, preso alla sprovvista.

«È un retaggio di un'epoca passata, Winston. La regina Vittoria è morta da più di trent'anni. Parla in modo più semplice, parla direttamente, trova un modo per arrivare al cuore delle persone. Come diceva tuo padre: fidati della gente. Ti capirà.»

Fu come un colpo di frusta interiore, mi rimescolò dentro.

La più grande delle mie certezze, la mia abilità oratoria, veniva messa in discussione dalla persona di cui mi fidavo di più al mondo. Era possibile che avesse ragione?

Un dubbio del genere non si sarebbe neppure insinuato, se a pronunciarlo fosse stato qualcun altro. Ma lei...

Decisi di darle ascolto. *A sessant'anni cominciai a modificare il mio modo di parlare, in gran parte aiutato da Randolph* – chi meglio di un giovane per parlare ai giovani? – *e iniziai a rivolgermi alla Camera in un flusso loquace e non remeditato. Sembravano gradire. Che mistero è l'arte di parlare in pubblico! Tutto consisteva nel mettere insieme, seguendo il mio (maturo) giudizio, tre o quattro argomenti assolutamente validi ed esporli nel modo più colloquiale possibile.*

A quanto pareva, lo stile letterario che avevo perseguito per quarant'anni non era servito a nulla.[369]

Ancora una volta, dovetti essere grato a Clemmie per il suo suggerimento.

E, oltre a me, immagino che dovrebbe esserlo anche molta altra gente.

Forse, interi popoli.

Fino alla metà del 1934, il controllo degli eventi era ancora largamente nelle mani del governo di Sua Maestà senza che si rischiasse una guerra. Avrebbe potuto in ogni momento, in concerto con la Francia e attraverso la Lega delle Nazioni, schierare un potere schiacciante sul movimento hitleriano.[370]

Ma, dal momento in cui prese il potere in modo assoluto e annunciò di ricreare la sua micidiale forza militare, il Führer aveva accelerato il corso degli eventi, che cominciarono a correre in modo frenetico.

Diverse pietre miliari segnano il rapido percorso verso l'abisso.

All'inizio del 1935, Hitler annunciò trionfante che la Luftwaffe aveva ormai raggiunto la parità con la nostra Royal Air Force e lo stesso Baldwin dovette ammettere pubblicamente di aver sbagliato le sue previsioni. Da quel momento il divario aumentò sempre di più e la timida e tardiva corsa al riparo del governo non fu in grado di sopperirvi.

La palese violazione del trattato di Versailles comportò un ultimo, tenue, barlume di resistenza collettiva al riarmo tedesco. Mentre gli Stati Uniti giacevano nel loro illusorio isolamento, Gran Bretagna, Francia e Italia si riunirono a Stresa per ribadire la volontà di *«opporsi, con tutti i mezzi possibili, a qualsiasi ripudio unilaterale dei trattati che avrebbe potuto mettere in pericolo la pace d'Europa, e di agire in stretta collaborazione a questo fine».*

Il dittatore italiano nel suo discorso aveva sottolineato in modo evidente le parole «Pace d'Europa», facendo una pausa significativa dopo «Europa».[371]

Il suo messaggio divenne evidente poco dopo, il 3 ottobre, quando l'Italia invase l'Abissinia. Si trattava di un altro colpo durissimo, forse quello definitivo, all'autorità della Lega delle Nazioni, di cui fra l'altro entrambi i Paesi facevano parte. Da parte mia, mi espressi a favore di una risposta contro questa aggressione, a patto che fosse collettiva e concertata con gli alleati. Non potevamo permetterci di agire da soli, non con la drammatica situazione delle nostre forze armate di fronte al riarmo tedesco.

Ancora una volta, però, la reazione fu confusa e inefficace e – in ultima analisi – disastrosa. Baldwin, che nel frattempo aveva preso il posto del vecchio e malato MacDonald alla guida del governo, aveva *dichiarato che l'applicazione di sanzioni avrebbe significato guerra, che era fortemente risoluto affinché non scoppiasse, e che bisognava applicare sanzioni. Era con ogni evidenza impossibile riconciliare questi tre propositi.*[372]

Il risultato fu il divieto di esportare in Italia una serie di beni e materiali a uso bellico, ma non il petrolio, perché Mussolini lo avrebbe considerato un *casus belli.* Alla fine, come era ovvio, le sanzioni non solo non impedirono l'invasione dell'Abissinia, ma spinsero l'Italia nel campo tedesco, che così per la prima volta non era più isolata. *La gravità di questa involuzione nell'equilibrio di sicurezza opprimeva la mia mente.*[373]

Nel frattempo, la vita parlamentare britannica andava avanti e le elezioni confermarono la maggioranza di Baldwin. Anche i miei voti a Epping aumentarono e lessi nella rinnovata fiducia dei miei costituenti un chiaro mandato a proseguire nella mia opera di risveglio della coscienza nazionale. *Fino a quel momento, in tutti quegli anni, non avevo desiderato ricoprire cariche... ma la crescente minaccia tedesca mi aveva ora reso ansioso di mettere le mani sulla nostra macchina militare. Potevo vedere molto chiaramente cosa stava per arrivare.*

Ma l'attesa chiamata a far parte del governo non arrivò.

La stampa si prese diffusamente gioco di me per la mia esclusione.

Ma col senno di poi posso vedere chiaramente quanto fossi stato fortunato, ancora una volta.

Su di me battevano le ali invisibili del mio angelo custode.[374]

Se fossi stato membro dell'esecutivo, sarei stato ritenuto anche io responsabile della politica di *appeasement* che fu portata avanti in maniera spericolata, criminale e autolesionista con Hitler, che adesso si sentiva abbastanza forte da gettare al vento ogni residua precauzione.

All'alba di sabato 7 marzo 1936, l'esercito tedesco entrò nella zona demilitarizzata della Renania.

Era non solo una palese violazione del trattato di Versailles, che prevedeva l'assenza totale di forze tedesche sulla sponda occidentale del Reno ed entro cinquanta chilometri da quella orientale, ma anche del patto di Locarno, siglato dalla Germania di sua volontà e con cui venivano riconosciuti e garantiti tali confini.

Nonostante lo shock, la Francia non si mosse per reagire, titubante a intraprendere azioni militari senza il supporto inglese. Baldwin non intendeva rischiare la guerra e così nessuno fece nulla. Se solo i francesi avessero mobilitato le loro truppe! Ecco di nuovo uno dei grandi «se», destinati a rimanere imperscrutabili al di là della curva della Storia.

Da parte mia, però, ho pochi dubbi: in quel momento l'esercito di Parigi era ancora il più potente del continente e oggi sappiamo che Hitler aveva dato precise indicazioni ai suoi generali di ritirarsi al primo accenno di resistenza.

Non ce ne fu e così ebbe un'ulteriore prova, forse la definitiva, che le democrazie occidentali erano troppo deboli, o spaventate, o entrambe le cose, per opporsi a lui.

Quella stessa estate, il rinnovato fuoco della guerra incendiò anche l'altro grande Paese europeo rimasto fino ad allora ai margini della politica internazionale. Il 17 luglio 1936 una parte dell'esercito spagnolo si ribellò al governo, innescando una sanguinosa guerra civile.

Pensavo fosse *meglio per la sicurezza di tutti che i comunisti venissero schiacciati,*[375] e così in un primo momento le mie simpatie andarono alle truppe nazionaliste al comando del generale Francisco Franco. Propugnavo comunque la necessità di mantenere una stretta neutralità, cosa che promisero di fare anche la Francia, la Germania e l'Italia. Ma Hitler e Mussolini ben presto ruppero anche questo impegno, spedendo armi e «volontari» a combattere per Franco, il cui movimento assunse sempre di più i caratteri del fascismo e che alla fine uscì vincitore dal conflitto.

Mentre un grande e antico Stato veniva dilaniato dal suo interno a opera dei suoi stessi figli, un altro andava incontro al suo destino per mano di uno solo di essi.

Ora che l'Italia era passata al suo fianco, per Hitler i tempi erano maturi per ritentare la tanto agognata annessione dell'Austria. Nella notte tra l'11 e il 12 marzo 1938, diede perciò ordine alle sue truppe di superare la frontiera ed entrare nella sua terra natia senza che venisse opposta resistenza. Pochi giorni dopo il Führer poté annunciare l'*Anschluss*, l'annessione di quell'antico Stato al Terzo Reich nazista.

«*La gravità di quanto è accaduto non può essere esagerata* – dissi in Parlamento durante il dibattito che ne seguì –. *L'Europa si trova di fronte a un programma di aggressione ben calcolato e programmato, che si sviluppa passo dopo passo, e c'è solo una possibilità aperta e non solo per noi, ma anche per gli altri Paesi che osservano con preoccupazione: sottomettersi, come l'Austria, oppure adottare misure efficaci mentre ancora resta il tempo per scongiurare il pericolo e, se non può essere scongiurato, per affrontarlo.*»[376]

Ancora una volta le democrazie occidentali si erano dimostrate inermi. Chamberlain, succeduto a Baldwin, si decise ad accelerare il riarmo, ma era troppo poco.

Ed era troppo tardi.

Mi sembrava evidente che Hitler non si sarebbe fermato lì. E sapevo quale sarebbe stato il suo prossimo obiettivo. Lo dissi chiaramente, in quello stesso dibattito, all'aula: «*Alle orecchie degli inglesi, il nome "Cecoslovacchia" suona stravagante...*»,[377] ma molto presto avremmo imparato a conoscerlo.

La nuova nazione, sorta dopo la fine della Grande Guerra dalle ceneri dell'Impero austro-ungarico, raccoglieva all'interno dei suoi confini diverse minoranze come slovacchi, polacchi, ucraini, ungheresi. E, soprattutto, tre milioni e mezzo di cittadini di etnia tedesca, concentrati nella regione dei Sudeti, al confine con la Germania. Ben presto Hitler li avrebbe usati come scusa per le sue mire espansionistiche.

Come una freccia incuneata nel fianco meridionale del Reich, fra Austria e Sassonia, i cui confini arrivavano a poche centinaia di chilometri da Berlino, la Cecoslovacchia rappresentava anche dal punto di vista geografico un affronto intollerabile per il Führer e una potenziale minaccia nel caso di una guerra europea.

Quello che io proponevo per contenere la rapacità nazista era una grande alleanza con la Francia e i Paesi della cosiddetta «Piccola Intesa», cioè la stessa Cecoslovacchia, Romania e Jugoslavia, e perfino l'Unione Sovietica, se necessario. Ero certo che la pace in Europa potesse essere preservata solo attraverso *l'accumulo di deterrenza contro il nemico.*[378]

Chamberlain era invece ostinatamente contrario a impegnarsi sia in uno schema più ampio sia anche in una formale alleanza con la sola Francia, e con lui il suo ministro degli Esteri, quel lord Halifax con il quale mi ero scontrato ai tempi dell'autonomia indiana.

«*Per cinque anni ho parlato alla Camera di questi argomenti* – proseguii –, *ma non con grande successo. Ho osservato questa famosa isola scendere, senza controllo e incautamente, la scalinata che conduce verso un golfo oscuro. All'inizio è una bella scala ampia, ma dopo un po' il tappeto finisce. Un po' più in là ci sono solo scalini di pietra, che ancora più avanti si sgretolano sotto i piedi...*

Fra mille anni gli storici saranno ancora sconcertati di fronte al mistero dei nostri affari. Non capiranno mai come sia stato possibile che una Nazione vittoriosa, con ogni risorsa a disposizione, abbia accettato di essere umiliata e di aver gettato via tutto ciò che aveva guadagnato con un sacrificio incommensurabile e una vittoria assoluta: tutto via col vento!»[379]

E il vento che spirava era di tempesta.

Gli occhi del gatto mi fissavano.

Sapevo che non era possibile, perché erano fatti di legno, ma giuro che mi fissavano.

Avevo fondato l'Other Club nel 1911, quando ero ministro dell'Interno, insieme a quello che è stato uno dei miei migliori amici fino alla sua morte, F.E. Smith. Lo avevamo pensato come un luogo di incontro e scambio di idee fra politici appartenenti a schieramenti diversi. Io stesso all'epoca ero Liberale, mentre F.E. fu per tutta la vita un Conservatore. Col tempo fra i membri si annoverarono anche imprenditori, editori, artisti, scrittori e professionisti di vario genere. L'unico requisito per l'ammissione era essere gentiluomini interessanti e di compagnia.

Lo avevamo chiamato «Other Club» per distinguerlo dal ben più antico e rinomato «The Club» e ci incontravamo per cena a giovedì alterni quando il Parlamento era in seduta, presso la Sala Pinafore dell'Hotel Savoy. Quando eravamo in tredici a tavola, per evitare la malasorte, posizionavamo su una quattordicesima sedia la statua in legno di un gatto nero che avevamo chiamato Kaspar, a cui venivano servite tutte le portate e le bevande previste per gli altri ospiti. Quella sera eravamo trentadue, ma ormai Kaspar era diventato una specie di mascotte e sedeva a tavola con noi, a prescindere dalla scaramanzia.

E quel gatto mi stava fissando.

«Winston, mi hai sentito?»

La voce di Brendan mi fece sobbalzare.

«Eh?»

«Sono tre volte che ti chiamo, va tutto bene?»

«Sì, scusami ero... distratto.»

All'improvviso mi arrivò tutto il vociare che fino a quel momento il vagare della mente aveva ovattato. Gli ospiti parlavano fra loro, molti in modo serio e concitato, ma altri ridevano e scherzavano. Perfino lì, in un circolo creato apposta per riunire alcune delle menti più brillanti della società britannica, non tutti sembravano aver chiaro cosa stesse per succedere.

«Sei preoccupato per Monaco?», chiese con perspicacia mio fratello Jack, seduto alla mia sinistra.

«Non riesco a pensare ad altro. Vorrei essere lì, spero solo che non facciano un disastro...»

Come avevo previsto, nel giro di poco tempo il nome Cecoslovacchia non suonava più stravagante. In tutta la Gran Bretagna, anzi, in tutta Europa, non si parlava di altro da quando Hitler aveva espressamente indicato la sua volontà di proteggere «l'oppressa» minoranza tedesca nei Sudeti.

Febbrili negoziati erano in corso per cercare di evitare una guerra, con Chamberlain e il primo ministro francese Édouard Daladier che facevano pressioni sul premier cecoslovacco per concedere l'autogoverno a quel territorio.

Ma a Hitler non bastava.

Il giorno prima, mentre stava parlando alla Camera, Chamberlain aveva ricevuto un invito dal cancelliere tedesco per un summit a Monaco in cui stabilire una volta per tutte la questione. Mentre lasciava l'aula per prepararsi alla partenza, gli strinsi la mano e gli augurai buona fortuna. Ne avremmo avuto bisogno.

Ora, attendevamo il responso.

«Un disastro – disse sprezzante Brendan – e cosa altro dobbiamo aspettarci? Sono le stesse premesse della conferenza a essere un disastro. Come si può pensare di risolvere la situazione cecoslovacca senza il governo cecoslovacco?»

Aveva ragione. A Monaco erano presenti solo Chamberlain, Daladier, Hitler e Mussolini. Nessun invito era stato esteso al governo di Praga, che avrebbe dovuto semplicemente accettare le decisioni altrui.

«Sembra che siamo molto vicini alla triste scelta tra guerra e vergogna – dissi –. *La mia sensazione è che sceglieremo la vergogna e poi, poco dopo, avremo comunque la guerra, ma in termini ancora più avversi di quelli attuali.»*[380]

In quel momento entrò Archie Sinclair, facendosi largo tra i camerieri in livrea. In mano brandiva l'edizione serale del «Times».

«Guardate qui! Pare abbiano raggiunto un accordo, sul giornale ci sono i termini», disse, cominciando a leggere velocemente l'articolo.

«Hanno ceduto su tutta la linea!», esclamò Eddie che sbirciava il giornale da sopra la spalla di Archie.

«Che cosa?» esclamò Lindemann, alzandosi per andare a sua volta verso il capannello che si stava formando.

«Li hanno obbligati a concedere l'autonomia?», chiese Brendan, uno degli unici oltre me a non essersi alzato.

«Peggio. Hanno ceduto i Sudeti a Hitler», disse Eddie sgranando gli occhi al di là del monocolo.

«Qui dice che domani le truppe tedesche entreranno nella regione e che Hitler ha giurato che questa è – leggo testualmente – "l'ultima rivendicazione territoriale che ha da fare in Europa"», recitò Archie.

«Ma è inconcepibile! – disse Lindemann, perdendo per un attimo il suo consueto *aplomb* da professore – cedergli la regione significa rinunciare a tutte le sue difese, è una follia! È un suicidio!»

«Questo vuol dire anche che in un solo anno, fra Austria e ora i Sudeti, Hitler ha annesso al Reich dieci milioni di cittadini: dieci milioni di operai, lavoratori e potenziali soldati», fece notare mestamente Bracken.

Guardai i volti dei miei commensali.

Esprimevano tutti sconcerto e... rabbia?

Sì, doveva essere rabbia. Finalmente si rendevano conto anche loro della vergogna cui ci eravamo sottoposti, abbandonando un piccolo Stato alla prepotenza del suo grande vicino senza muovere un dito, senza che potesse neanche obiettare.

Mi alzai e abbandonai la cena, accompagnato da Eddie. La serata per me era finita, di certo non avevo più alcuna voglia di fare banchetti, non mentre un intero popolo veniva violentato con la connivenza delle democrazie che avrebbero dovuto proteggerlo.

Uscendo dall'Hotel passammo davanti a un'altra sala dalle cui porte aperte provenivano risate e schiamazzi. All'interno doveva evidentemente esserci una qualche festa.

Accelerai il passo, incapace di reggere quello spettacolo.

«Povera gente – dissi – *non sanno cosa li aspetta.»*[381]

Diedi una rapida occhiata all'orologio.

Erano le 17.10 del 5 ottobre 1938, quando lo Speaker chiamò il mio nome e mi alzai per prendere la parola.

Ricordo che in quel momento ripensai alla prima volta che era successo, quasi quarant'anni prima. La stessa Camera, un altro Speaker, un altro governo, un'altra epoca.

Nonostante le innumerevoli occasioni in cui quel rito si era ripetuto nel corso del tempo, quel giorno sentivo di nuovo le gambe tremare. Non più per il timore di dovermi rivolgere a quella famosa assemblea, ma perché mi sentivo come un anziano ed esausto Atlante, costretto a sorreggere sulle spalle un macigno troppo pesante per le sue sole forze.

Come ormai da tempo avveniva, il silenzio che precedette il mio intervento non era un segno di rispetto – non solo, almeno –, ma era carico di ostilità e quasi repulsione, come se i miei colleghi sapessero cosa avrei detto e lo aborrissero. Come se ne fossero nauseati.

Forse perché, nel profondo dei loro cuori, si annidava il dubbio che potesse essere la verità.

«*Inizierò col dire la cosa più impopolare e più sgradita. Inizierò col dire ciò che tutti vorrebbero ignorare o dimenticare, ma che tuttavia va affermato, e cioè che abbiamo subito una sconfitta totale e assoluta...*»[382]

Ricordo bene che la bufera che si scatenò quando pronunciai queste parole rese necessaria una pausa, prima che potessi continuare.[383]

«*Il massimo che il primo ministro è stato in grado di garantire con tutti i suoi immensi sforzi, con tutte le grandi fatiche e mobilitazioni che hanno avuto luogo in questo Paese, e con tutta l'angoscia e la tensione attraverso le quali siamo passati, il massimo che è riuscito a ottenere...*»

«*È la pace!*» gridarono diversi membri all'unisono, quasi si fossero messi d'accordo, a testimonianza di quanto radicata fosse la convinzione di aver evitato definitivamente il pericolo.

Erano state le stesse parole scandite da Chamberlain al ritorno da Monaco davanti a una folla in tripudio, mentre sventolava trionfante il documento firmato da Hitler: *Pace per il nostro tempo*.

«Ordine! Ordine!» urlò lo Speaker al di sopra del trambusto.

Proseguii.

«*Il massimo che è riuscito a ottenere per la Cecoslovacchia e riguardo alle questioni che erano in esame è che il dittatore tedesco, invece di strappare il cibo dal tavolo, si è accontentato di lasciarselo servire, un piatto dopo l'altro.*»

Guardai Chamberlain.

Sembrava ascoltare con attenzione e la solita compostezza. Se fosse colpito o risentito dalle mie parole non lo dava a vedere. Non ne aveva bisogno, c'erano i suoi sostenitori a fare tutto il possibile per mostrare lo sdegno e il disprezzo per quello che dicevo.

«*Tutto è finito. Silenziosa, triste, abbandonata, distrutta, la Cecoslovacchia sprofonda nell'oscurità. Ha sofferto sotto ogni aspetto per la sua associazione con le democrazie occidentali e con la Lega delle Nazioni, di cui è sempre stata una servitrice obbediente.*»

Ai molti che si illudevano, o volevano illudersi, della sincerità delle parole di Hitler quando affermava di non avere più altre richieste territoriali e di aver finalmente raggiunto la pace, le mie parole dovettero suonare incredibili quando mi spinsi oltre, prevedendo cosa sarebbe successo di lì a poco.

«*Mi azzardo a pensare che in futuro lo Stato cecoslovacco non potrà più mantenersi come entità indipendente. Scoprirete che in un periodo di tempo che può essere misurato in anni, ma anche solo in mesi, la Cecoslovacchia sarà inghiottita dal regime nazista.*»

Le immagini della folla festante che spontaneamente aveva accolto il primo ministro di ritorno da Monaco solo qualche giorno prima si riaffacciarono dolorosamente alla mente. Non li biasimavo. Non sapevano, non capivano davvero le implicazioni di quel documento e della devastante sconfitta che avevamo subito senza combattere.

Ma dovevano sapere.

«Fidati della gente», era sempre stato il motto di mio padre e la più grande delle lezioni politiche che mi abbia mai impartito.

«Fidati della gente», mi aveva suggerito Clementine per arrivare al cuore del popolo.

«*Gli Inglesi dovrebbero conoscere la verità.*

Dovrebbero sapere che c'è stata grave negligenza e carenza nelle nostre difese; che abbiamo subito una sconfitta senza che ci fosse stata una guerra, le cui conseguenze ci accompagneranno lungo il nostro cammino; dovrebbero sapere che abbiamo superato una terribile pietra miliare nella nostra storia, in cui l'intero equilibrio dell'Europa è stato sconvolto, e che in questo momento per le democrazie occidentali sono state pronunciate le parole terribili: "Sei stato pesato sulla bilancia, e trovato mancante"[384] – dissi citando l'omonimo versetto della Bibbia di Daniele – *E non crediate che questa sia la fine.*

Questo è solo l'inizio della resa dei conti. Questo è solo il primo sorso, il primo assaggio, di un calice amaro che ci sarà offerto anno dopo anno a meno che, con un supremo recupero della salute morale e del vigore marziale, non ci rialzeremo a riprendere posto a difesa della libertà come nei tempi antichi.»[385]

Tornai a sedermi, esausto, mentre intorno a me i fischi e il clamore si facevano più forti che mai.

«Cerchiamo di vedere il lato positivo, Winston – mi disse Brendan seduto accanto a me –, almeno abbiamo guadagnato un po' di tempo per correre ai ripari e armarci come si deve.»

Apprezzavo enormemente il suo tentativo di tirarmi su il morale mentre tutto intorno risuonavano ancora le risate e gli insulti dell'aula, ma ero certo che *anche la tregua acquistata a così caro prezzo sarebbe stata sprecata.*[386]

Scossi la testa, sconsolato. «*Entro un anno da oggi sapremo se la politica di* appeasement *avrà avuto successo, o se avrà solo stimolato un appetito ancora più feroce.*»[387]

Dovemmo aspettare molto meno.

Come ogni domenica la piazza davanti alla Cattedrale ribolliva di umanità.

Dalla finestra del mio studio si potevano apprezzare i caleidoscopici giochi di luce prodotti dall'incontro dei raggi del sole con le enormi vetrate colorate.

Come profeta ero stato, mio malgrado, particolarmente preciso.

Era passato meno di un anno da quel discorso in Parlamento e dalla tetra previsione che avevo fatto a Brendan.

Un lasso di tempo che Hitler usò per preparare le sue mosse sia verso l'esterno che verso l'interno.

La spaventosa, sistematica persecuzione degli ebrei era stata avviata fin dalla sua presa del potere e codificata nelle disumane leggi di Norimberga. Gli ebrei non erano più cittadini tedeschi e non potevano ricoprire incarichi pubblici, contrarre matrimoni misti, arruolarsi nell'esercito. I bambini non potevano andare a scuola con i loro coetanei ariani.

Ridotti alla miseria ed esclusi da ogni aspetto della vita sociale, politica e culturale dello Stato, gli ebrei erano sempre più oggetto di violenze fisiche e psicologiche da parte delle camicie brune e del loro corpo di élite dalla divisa nera come il loro cuore, le SS. Nella notte tra il 9 e il 10 novembre 1938, la cosiddetta «Notte dei cristalli», scoppiò in tutta la Germania un violento *pogrom* antisemita, sancito e permesso dallo Stato. Centinaia di persone furono uccise, migliaia di negozi e abitazioni saccheggiati e distrutti, le sinagoghe vennero incendiate e migliaia di ebrei furono arrestati e portati nei primi campi di concentramento.

Per loro, era solo l'inizio dell'incubo.

Sul piano internazionale, dopo cinque mesi appena dalla vergogna di Monaco, la minoranza slovacca, aizzata dai nazisti, aveva proclamato la nascita di uno Stato indipendente nel cuore della Cecoslovacchia. Hitler aveva utilizzato la scusa per la sua mossa finale.

La trappola era scattata.

Il 15 marzo 1939 le truppe tedesche avevano invaso e occupato ciò che restava dello sfortunato Paese, la cui carcassa fu divorata anche da Polonia e Ungheria.

Oltre che l'onore e la giustizia, gli Alleati avevano subito così anche perdite materiali colossali.

Le trentacinque divisioni di cui disponeva l'esercito di Praga, e che avrebbero tenuto impegnato il grosso delle truppe tedesche in caso di guerra generale, si dissolsero come neve al sole, mentre le poderose fabbriche della Skoda da quel momento furono poste al servizio di Hitler. Dalle sue catene di montaggio fuoriuscì un terzo dei carri armati utilizzati successivamente per l'invasione della Francia, oltre a un numero incalcolabile di munizioni e pezzi di artiglieria.

La vergogna fu resa se possibile ancora peggiore dal fatto che, all'indomani di Monaco, Inghilterra e Francia avevano garantito l'inviolabilità del restante territorio della Cecoslovacchia, pur non essendo ormai in grado di difenderlo in alcun modo per via terrestre.

La dichiarazione di indipendenza slovacca alterava però – secondo l'interpretazione di Chamberlain – l'impegno alleato alla difesa dello Stato, dal momento che questo ufficialmente si era dissolto per questioni interne.

Ricordo che ero seduto nella sala fumatori della Camera con Anthony Eden – che era stato ministro degli Esteri di Chamberlain fino all'anno prima, quando si era dimesso in protesta alla crescente politica di *appeasement – quando erano arrivate le edizioni serali dei giornali che registravano questi eventi.*

Anche quelli che, come noi, non si facevano illusioni e avevano testimoniato le proprie convinzioni con sincerità rimasero sorpresi dall'improvvisa violenza di un simile oltraggio.[388]

Fu la scossa finale, che convinse anche i più strenui pacifisti del fatto che Hitler non si sarebbe fermato. Lo stesso Chamberlain cambiò tono e atteggiamento, indignato e furioso per essere stato apertamente e personalmente raggirato dall'ex caporale tedesco.

E con lui, anche gli inglesi.

Il clima nel Paese era cambiato con la repentinità di un temporale estivo.

Voci si levarono da ogni parte per assumere un atteggiamento intransigente, per dare ai nazisti un messaggio chiaro, vero, definitivo e credibile che non avremmo più arretrato di un passo.

Il coro si fece sempre più assordante sui giornali, nei club, nei pub e nelle strade. *Migliaia di enormi poster vennero affissi sui cartelloni: «Richiamate Churchill». Decine di giovani volontari, uomini e donne, portavano cartelli con slogan simili su e giù davanti alla Camera dei Comuni.*

Io non avevo niente a che fare con questa campagna, ma sarei certamente entrato nel governo se fossi stato invitato.

Anche in questo caso, la mia fortuna mi sostenne e tutto il resto si svolse nella sua logica, naturale e orribile sequenza.[389]

Eravamo tutti consapevoli di quale sarebbe stato il successivo obiettivo di Hitler e stavolta il primo ministro, sorretto dalla titanica volontà dell'opinione pubblica, non aveva intenzione di cedere.

La Gran Bretagna e la Francia si erano impegnate così ufficialmente a garantire l'indipendenza della Polonia contro eventuali aggressioni esterne.

Guardando dalla finestra le nuvole correre veloci nel cielo quanto gli eventi sulla terra, ripercorsi amaramente le pietre miliari che ci avevano accompagnato verso il disastro.

Avevamo permesso alla Germania di riarmarsi, di raggiungere la superiorità nelle forze aeree, di occupare la Renania, di allearsi con l'Italia, di annettere l'Austria, di occupare prima i Sudeti e poi il resto della Cecoslovacchia. Il tutto senza opporre alcuna resistenza. E adesso ci eravamo impegnati per difendere la Polonia, quella stessa Polonia che aveva partecipato voracemente alla dissoluzione del suo martoriato vicino.

Quanto sarebbe stato più saggio stringere un simile patto nel 1938 nei confronti della Cecoslovacchia, quando i tedeschi avrebbero potuto impiegare sul fronte occidentale solo una frazione delle forze francesi, andando incontro così a una sicura disfatta.

Ma ora...

Ora avrebbero potuto concentrare tutto il loro potere proprio contro l'antico nemico.

Mancava un unico, ultimo tassello.

La priorità di Hitler era evitare la catastrofe della Grande Guerra, quando l'esercito tedesco era stato dissanguato dalla necessità di combattere su due fronti contemporaneamente. Il Führer voleva evitarlo a tutti i costi. Eliminata la Cecoslovacchia, rimaneva solo un passo da fare per garantirsi di avere le spalle coperte, un passo che, per quanto ai suoi occhi dovesse sembrare abominevole e contro natura, non esitò a fare.

L'Unione Sovietica aveva assistito con crescente preoccupazione alle mosse tedesche e Stalin, ignorato a Monaco, aveva perfino proposto la creazione di un fronte comune con le democrazie occidentali. La Russia era di fatto l'unica che potesse opporsi a un'invasione della Polonia, ma la stessa Polonia non voleva saperne di permettere il passaggio sul suo territorio dell'Armata Rossa. Con lei, anche *Romania, Finlandia e i Paesi Baltici non sapevano che cosa li terrorizzasse di più, se l'aggressione tedesca o l'aiuto sovietico.*

Fu questa odiosa scelta a paralizzare la politica di Gran Bretagna e Francia.[390]

Mi schierai apertamente per accettare l'offerta di Stalin, nonostante io stesso fossi uno dei più ferventi anticomunisti del Paese. Ma i governi di Londra e Parigi continuavano a temporeggiare, indecisi sul da farsi, incapaci di prendere una posizione netta.

E così l'ultimo tassello del diabolico puzzle di Hitler era andato a incastrarsi al suo posto.

Il 23 agosto 1939, i ministri degli Esteri di Germania e Unione Sovietica avevano firmato un patto di non aggressione.

Ora Hitler aveva le spalle coperte.

Capendo che la situazione stava ormai precipitando, il 30 agosto avevo detto a Clemmie di tornare immediatamente dalle sue vacanze francesi.

Avevo abbastanza informazioni per convincermi del fatto che Hitler mi vedesse come un nemico, più volte mi aveva citato espressamente nei suoi comizi nonostante non ricoprissi alcun incarico, ma fossi solo un parlamentare e neanche tanto ascoltato. A riprova di quanto mi percepisse come una minaccia per i suoi progetti.

Sapevo che secondo il Ministero dell'Interno c'erano in Inghilterra circa ventimila tedeschi sospettati di simpatie naziste. Sarebbe stato ampiamente in armonia con il loro consueto *modus operandi* l'avvio di una campagna di assassinii mirati e sabotaggi, come preludio alla guerra vera e propria. Decisi di non correre rischi.

La mia ex guardia del corpo, l'ispettore Thompson, era in pensione. Gli dissi di venire da me e di portare la pistola. Io rispolverai a mia volta le mie armi, che erano ancora in buono stato. Mentre uno dormiva, l'altro stava di guardia, in modo che nessuno ci avrebbe sorpresi con facilità.

In quelle ore sapevo che se fosse scoppiata la guerra – e chi poteva più dubitarne? – su di me sarebbe ricaduto un peso enorme.[391]

All'alba di due giorni prima, il primo settembre 1939, Hitler aveva fatto la sua mossa e invaso la Polonia.

Sapevo che, quella stessa mattina, il governo di Sua Maestà aveva inviato un ultimatum alla Germania, intimandole di interrompere immediatamente l'attacco e ritirarsi.

Il sole brillava su Westminster.

Le peculiari bande di pietra bianca che avvolgevano i mattoni rossi della cattedrale formavano una specie di strana meridiana orizzontale, sulla quale un occhio allenato avrebbe potuto facilmente calcolare che ora fosse.

Io preferivo regolarmi alla vecchia maniera.

Guardai l'antico orologio a pendolo nello studio segnare le undici e un quarto e allo stesso tempo udii in lontananza dei passi affrettati salire le scale.

Sapevo di chi erano.

Sapevo cosa avrebbero portato.

Aspirai una lunga boccata dal sigaro e continuai a guardare quel magnifico sole che illuminava la domenica di Londra.

Per un attimo ancora, il mondo mi sembrava in pace.

Seconda parte

13
«Winston is back»
1939-1940

Penso che nella vita della maggior parte delle persone la fortuna e la sfortuna si bilancino abbastanza bene… la sfortuna di oggi può portare al successo di domani.[1]

Il nostro rifugio si trovava a un centinaio di metri lungo la strada, e consisteva unicamente in un seminterrato aperto, sprovvisto perfino di sacchi di sabbia, nel quale erano già riuniti gli inquilini di una mezza dozzina di appartamenti.

Tutti erano allegri e scherzosi, come di consueto sono gli inglesi quando devono affrontare l'ignoto.

Guardando dalla soglia lungo la strada vuota e la stanza affollata sottostante, la mia immaginazione mi portò a figurarmi scene di rovina, carneficine ed enormi esplosioni che squassavano la terra; di edifici crollati nella polvere e ridotti in macerie; di brigate di pompieri e ambulanze correre nel fumo, sotto il ronzio di aerei ostili.[2]

Per fortuna si trattò poco più di una prova generale.

Nessun aereo nemico solcò i cieli inglesi, non quel giorno.

Dopo una decina di minuti una seconda sirena segnalò il cessato allarme e tutti si riavviarono verso i propri impegni o affari. Per quanto si potesse pensare ai propri impegni o affari in una giornata come quella.

Diedi un bacio a Clemmie e anche io mi avviai verso la mia destinazione: il Parlamento.

La Camera si riunì d'urgenza a mezzogiorno in un'atmosfera prevedibilmente febbrile.

Gli oratori si susseguirono uno dopo l'altro, dicendosi pronti ad affrontare ancora una volta le terribili sfide della guerra, finalmente compatti in una ritrovata risolutezza.

Percepii chiaramente il cambiamento di clima rispetto ai mesi precedenti, non solo nei confronti della situazione internazionale, ma anche nei miei. Da ogni angolo della Camera, intercettai sguardi, saluti, cenni da parte di colleghi che fino a poche settimane prima mi avevano fischiato e dato del ciarlatano e del guerrafondaio.

Forse per l'unica volta in vita mia, però, avrei preferito di gran lunga non avere ragione.

Mentre sedevo al mio posto, ascoltando i vari discorsi, fui pervaso da un fortissimo senso di calma, dopo le intense emozioni degli ultimi giorni.

Sentivo una serenità mentale ed ero consapevole di una sorta di elevato distacco dalle questioni umane e personali.[3]

Mentre un parlamentare dell'opposizione prendeva la parola, un commesso della Camera mi recapitò un biglietto. Era una nota scritta a mano da Chamberlain, che mi chiedeva di incontrarlo nel suo ufficio non appena fosse finito il dibattito.

Seduto accanto a me, Brendan lesse a sua volta la nota. «Ci siamo. Finalmente ci siamo. Ma prima – disse indicando con la testa il centro dell'aula – si aspettano che tu dica qualcosa.»

«Anche io non aspettavo altro», dissi alzandomi per prendere la parola.

Ogni brusio cessò.

Centinaia di teste si voltarono per guardarmi. L'aria sembrava immobile.

«In quest'ora solenne, è consolante ricordare e soffermarci sui nostri ripetuti sforzi per la pace. Sono stati tutti sfortunati, ma fedeli e fatti con sincerità e questo è del più alto valore morale...

Là fuori, le tempeste della guerra possono soffiare e le terre possono essere sferzate dalla furia dei suoi venti, ma nei nostri cuori, in questa domenica mattina, c'è pace.

Le nostre mani possono essere attive, ma le nostre coscienze sono quiete», dissi, rivivendo le sensazioni provate un attimo prima e cercando di trasmetterle all'assemblea.

«Non dobbiamo sottovalutare la gravità del compito che ci attende, né la difficoltà della prova, dalla quale non ci faremo trovare impreparati. Dobbiamo aspettarci molte delusioni e molte

spiacevoli sorprese, ma possiamo essere certi che il compito che abbiamo liberamente accettato non va al di là della portata e della forza dell'Impero britannico e della Repubblica francese...

Non si tratta di combattere per la Polonia.

Combattiamo per salvare il mondo intero dalla pestilenza della tirannia nazista e a difesa di tutto ciò che c'è di più sacro per l'uomo!»[4]

Invece di sedermi, mi avviai direttamente verso l'uscita e il mio appuntamento con il primo ministro.

Per la prima volta dopo tanto tempo, ad accompagnarmi non c'erano fischi, ma solo applausi.

Neville Chamberlain sembrava invecchiato.

Immagino fossero le enormi preoccupazioni e il carico di responsabilità che ricadevano sulle sue spalle, o forse erano i primi effetti della malattia che lo avrebbe ucciso di lì a poco più di un anno. Probabilmente, una combinazione di entrambe le cose.

Osservandolo seduto alla sua scrivania, l'impressione era quella di trovarsi di fronte a un uomo stanco. Il bianco dei capelli stava rapidamente avendo ragione dei rimanenti ciuffi grigio ferro e gli occhi raccontavano di lunghe notti insonni.

Quando entrai nel suo studio, lo trovai in compagnia di un segretario e di un ufficiale, impegnati a sottoporgli una serie di documenti. È difficile sottostimare la quantità di impegni che il primo ministro del Regno Unito deve adempiere a poche ore dall'entrata in guerra della sua Nazione. Eppure, decise di dedicarmi diversi minuti del suo preziosissimo tempo, a riprova non solo dei suoi modi impeccabili, ma anche dell'importanza che dava al nostro colloquio.

Fece cenno ai due uomini di uscire e attese che richiudessero la porta dietro di loro prima di parlare.

Mi offrì da bere dalla caraffa di cristallo sulla scrivania e se ne versò anche lui.

«Avevi ragione, Winston. Fin dall'inizio.» Dritto al punto, senza giri di parole. Ammirai la sua sincerità. Solo i grandi uomini ammettono i loro fallimenti.

Diedi un sorso dal bicchiere, scoprendo che si trattava di brandy.

Non risposi alla sua osservazione, dopotutto non aveva fatto nessuna domanda. E comunque, in certi casi, è meglio tacere.

«Voglio solo che tu sappia – proseguì – che ho sempre tenuto in gran conto le tue parole, sebbene avessi le mie idee ed ero certo di poter preservare la pace. Mi sbagliavo, ma Dio solo sa se mi sbagliavo in buona fede.»

«Primo ministro, nutro solo rispetto per gli uomini che si prodigano per la pace. Io stesso, per quanto ne dicano le malelingue, ho sempre e soltanto lavorato a questo fine. A dividerci, immagino, sono state solo le modalità con cui cercare di conseguirla.»

Annuì stancamente. «E le tue erano senz'altro quelle più sagge, ora lo capisco», sospirò, passandosi il dito all'interno del colletto inamidato come se tentasse di alleviare la pressione sulla gola. «Beh, immagino che tu sappia il motivo per cui sei qui. Il popolo e la stampa lo chiedono già da tempo, io stesso sapevo che se mai questo momento fosse arrivato saresti dovuto tornare al governo. Winston, sei pronto a fare il tuo dovere?»

«Con ogni fibra del mio corpo, primo ministro», dissi convintamente. Era vero, ero pronto a dare il mio contributo in qualsiasi modo, ma di sicuro preferivo farlo da una posizione che mi consentisse di lavorare direttamente alla gestione della guerra.

Sapevo che il primo passo sarebbe stata la creazione di un Gabinetto di Guerra, come era avvenuto venticinque anni prima, ma avrei preferito un incarico preciso, piuttosto che un ruolo da ministro senza portafoglio. *È più facile dare indicazioni che consigli. Ed è più adeguato avere il diritto di agire, anche in una sfera limitata, piuttosto che il privilegio di parlare in generale. Se il primo ministro mi avesse offerto di scegliere fra l'Ammiragliato e un posto nel Gabinetto, avrei naturalmente scelto l'Ammiragliato.*[5] Ma questo non lo dissi e rimasi in silenzio aspettando di sentire la sua offerta.

Quando disse che mi avrebbe dato sia l'Ammiragliato che il

Gabinetto fui naturalmente sorpreso e felice. Ora sì che avrei potuto fare la differenza e farlo da una posizione preminente.

Dopo anni passati a utilizzare solo la mia voce e la mia penna, adesso avevo finalmente a disposizione come arma anche la più potente flotta del pianeta.

L'avrei sguinzagliata contro le orde di Hitler.

Mi alzai e strinsi la mano di Chamberlain, assicurandogli che avrei fatto tutto ciò che era in mio potere per non deludere la sua fiducia e quella del Paese. Mi accomiatai, lasciandolo ai suoi gravosi impegni e ai suoi non meno gravosi pensieri.

Uscii da Downing Street e percorsi a piedi la breve distanza che mi separava dall'edificio dell'Ammiragliato. Anche se non ero ancora ufficialmente in carica e non lo sarei stato fino alla formale nomina da parte di Sua Maestà, decisi comunque di mettermi subito al lavoro.

Non c'era un momento da perdere.

Quelle poche centinaia di metri che percorsi mi restituirono uno spaccato della nuova vita cui Londra stava rapidamente adattandosi. Notai sentinelle sui tetti scrutare il cielo, uomini in divisa portare sacchi di sabbia e scatole ricolme di ogni bene e vettovaglia verso gli edifici governativi di Whitehall, volontari scavare buche nei prati del parco di St. James. Ovunque, civili e militari si muovevano in modo spedito, come se finalmente il Paese si fosse adeguato al passo degli eventi.

Quando entrai all'Ammiragliato fui accolto da funzionari e impiegati con un calore che mi commosse. La notizia si era già sparsa, nessuno sembrava sorpreso di vedermi lì. Salii le scale che conoscevo così bene ed entrai nell'ufficio *che avevo lasciato nel dolore e nella tristezza quasi un quarto di secolo prima.*

Il tempo sembrava essersi fermato, quasi tutto era come lo ricordavo.

Qualche metro dietro di me, mentre andavo verso la mia vecchia poltrona, c'era la custodia di legno che avevo fatto sistemare nel 1911, con al suo interno la mappa del Mare del Nord sulla quale, ogni giorno, avevo fatto registrare all'intelligence navale i movimenti e la disposizione della flotta d'alto mare te-

desca, allo scopo di focalizzare l'attenzione di tutti sull'obiettivo supremo.

Da allora erano passati tanti anni, *ma ancora una volta un pericolo mortale ci minacciava, per mano della medesima nazione.*

Ancora una volta la difesa dei diritti di uno Stato più debole, oltraggiato e invaso da aggressioni immotivate, ci aveva costretto a sguainare la spada.

Ancora una volta dovevamo combattere per la vita e l'onore contro tutta la forza e la furia della valorosa, disciplinata e spietata razza tedesca.

Ancora una volta!

E così sia![6] pensai, prendendo posto alla scrivania.

In quello stesso istante, da qualche parte sopra la mia testa, la grande antenna sul tetto dell'edificio che venticinque anni prima aveva impartito il mio ordine di aprire le ostilità contro la Germania stava trasmettendo un nuovo messaggio.

L'Ammiragliato stavolta aveva deciso di spedire un segnale che tutti avrebbero potuto comprendere. Un segnale di speranza, un segnale di forza, un segnale di risolutezza e coraggio. Un segnale che da allora in poi non saremmo più arretrati.

Tutte le navi di sua Maestà in navigazione verso la nuova, terrificante prova ricevettero in quel preciso istante tre sole parole, accolte dal giubilo delle migliaia di marinai a bordo, in rotta verso la guerra.

«Winston is back.»[7]

«Winston è tornato.»

Adesso si faceva sul serio.

«Ditemi degli U-Boot», dissi agli ammiragli riuniti intorno al grande tavolo ottagonale.

Al di là della densa nuvola di fumo generata da sigari e sigarette, il primo lord del Mare sir Dudley Pound mi rispose con la consueta prontezza. «Stimiamo che il nemico ne abbia attualmente circa sessanta, e che arriveranno a cento entro l'inizio del prossimo anno.»

Sapevo che se sulla superficie del mare non c'era paragone

fra il numero e la forza delle nostre navi e quelle del nemico, sotto di essa la situazione era molto diversa.

Era nelle profondità delle acque che si annidava il pericolo peggiore per le nostre imbarcazioni, sia militari che civili. C'era da aspettarsi che l'obiettivo principale di Hitler sarebbe stato quello di ostacolare le nostre rotte commerciali, né dovemmo aspettare a lungo conferma.

Lo stesso giorno della dichiarazione di guerra la nave di linea *Athenia* fu affondata a trecento chilometri dalle coste irlandesi da un U-Boot e centododici persone morirono annegate, compresi ventotto cittadini americani. Il governo tedesco diede subito prova che avrebbe combattuto quella guerra anche dal punto di vista della propaganda, diffondendo la menzogna *che io personalmente avessi ordinato di piazzare una bomba a bordo della nave, al fine di pregiudicare le relazioni tedesco-americane.*[8]

Per fortuna non ci riuscirono, come provò la lettera che ricevetti appena una settimana dopo dal più gradito dei mittenti.

Il presidente degli Stati Uniti in persona, Franklin Delano Roosevelt, mi scrisse per congratularsi della mia nomina, il cui valore lui comprendeva bene essendo stato a sua volta viceministro della Marina americana durante la Grande Guerra. Che il capo della più grande democrazia del mondo scrivesse a un singolo ministro di un Paese ancora non alleato era un gesto tutt'altro che scontato, anzi, probabilmente senza precedenti. Conservo ancora la sua lettera.

«Mio caro Churchill,

È perché lei ed io abbiamo occupato posizioni simili durante la Guerra Mondiale che voglio che sappia quanto sia felice del suo ritorno all'Ammiragliato. Mi rendo conto che i suoi problemi sono complicati da nuovi fattori, ma l'essenziale non è molto diverso. Quello che voglio che lei e il suo primo ministro sappiate è che sarò ben lieto in ogni momento se vorrete tenervi personalmente in contatto con me e aggiornarmi su tutto ciò che riteniate opportuno.»[9]

L'importanza di questa prima missiva mi era chiara già allora, ma neanche io avrei potuto immaginare quanto cruciale sarebbe diventato – sia per i nostri Paesi che per tutto il mondo – questo canale diretto fra me e il presidente negli oscuri anni che ci attendevano.

Lo presi in parola e, d'accordo con Chamberlain, cominciai a intraprendere con lui una fitta corrispondenza che, stando ai calcoli di Eddie, alla fine della guerra ammontava a più di mille messaggi inviati e ottocento ricevuti.

Nella sua lungimiranza e grazie alla sua esperienza specifica nel settore, il presidente aveva colto lo stesso punto che stavo sollevando io, i «nuovi fattori».

«L'altra volta ci abbiamo messo tre anni per imparare la lezione – dissi in un tono che non ammetteva repliche – stavolta vi concedo tre giorni: voglio che approntiate un sistema di convogli, non voglio sapere di navi mercantili in navigazione solitaria o senza protezione. Devono viaggiare in gruppo e ogni gruppo deve essere scortato da almeno tre vascelli.»

«Sissignore», risposero gli ammiragli. Notai con soddisfazione la compattezza di quel gruppo di lavoro, ben diversa dalle continue fratture che avevo sperimentato ai tempi di Fisher.

«Signore – intervenne Pound – rimane la questione degli aerei. Molte delle nostre basi non sono provviste di adeguate difese contro minacce dall'alto.»

Ancora una volta maledissi il governo per non aver provveduto, quando ancora ce n'era il tempo.

«Fantocci», esclamai suscitando un generale moto di sorpresa. Attorno al tavolo tutti mi guardarono e si scambiarono uno sguardo fra loro, come se non fossero certi di aver capito bene.

«Fantocci – ripetei –, pupazzi, scenografie, riproduzioni. Chiamatele come volete. *La ricognizione aerea può sorvolare ogni porto e fotografare il ponte, ma non la sagoma, delle navi...* Se costruiamo delle finte imbarcazioni, non potranno accorgersene dall'alto *e potremmo indurli a intraprendere lunghi ed estenuanti attacchi, mentre le vere navi staranno facendo il loro lavoro altrove.*»[10]

La luce delle lampade danzava sul capo calvo di Pound, conferendogli una specie di aura mistica, accentuata dal fumo tutto intorno. Mi guardò intensamente e forse fu in quel momento che capì che la gestione della Marina da ora in poi sarebbe stata più… creativa. Fece un cenno di assenso con la testa e diede un ordine al suo aiutante, che prese diligentemente appunti mentre lui dettava qualcosa.

Notai che fra il fascio di appunti e documenti che portava in mano spuntavano qui e lì delle etichette colorate di rosso. Pur non riuscendo a leggere da quella distanza, sapevo bene cosa ci fosse scritto, perché le avevo ideate io stesso e subito diffuse ovunque nell'Ammiragliato.

Ce n'erano di tre tipi: «Riferire il più presto possibile», «Riferire entro tre giorni» e quella in rosso «Agire oggi». Le applicavo personalmente su memorandum, rapporti e minute che passavano per il mio ufficio, per far capire ai destinatari che non c'era tempo da perdere.

Inutile dire che ben presto cominciai ad applicare quasi esclusivamente quelle con su scritto «Agire oggi».

Li osservai tutti, attentamente. Mi ero promesso che avrei imparato dagli errori fatti durante la Grande Guerra e non solo per quanto riguardava il sistema dei convogli, ma anche nella sfera dei rapporti personali e professionali. Troppe volte avevo dovuto interpretare il silenzio dei miei collaboratori, esponendomi così a fraintendimenti spesso fatali, come aveva dimostrato bene la questione con Fisher ai tempi della campagna dei Dardanelli.

Presi quindi l'abitudine di chiedere espressamente il parere dei militari e dei funzionari, includendo in quasi ogni mia direttiva le parole «La prego di farmi sapere che ne pensa» o «La prego di spiegare». Ben presto vennero soprannominate «le preghiere di Winston».

«Signori, la minaccia principale per noi sono gli U-Boot, non mi stancherò mai di ripeterlo. Quello che propongo di fare, oltre che avviare subito come detto il sistema dei convogli, è di interrompere la costruzione di corazzate e altre navi pesanti: dobbiamo concentrarci sulle cacciatorpediniere e dobbiamo installare su ogni nave un radar, *soprattutto su quelle impegnate nella caccia dei sommergibili. È della massima urgenza.*»[11]

Le mie parole furono seguite da altri cenni di assenso e il solito indistinto rumore delle penne dei vari aiutanti e assistenti che scrivevano sui loro appunti.

«Un'ultima cosa – dissi alzandomi dal tavolo, soddisfatto da quello che avevo visto – sono certo che molti di voi lo sappiano già e che altri lo avranno intuito già da questi primi giorni, ma voglio che sia chiaro a tutti: *non potrei mai rendermi responsabile di una strategia navale che escludesse il principio offensivo e ci relegasse unicamente a mantenere aperte le linee di comunicazione e il blocco dei porti.*[12] Dobbiamo andare all'attacco e sferzare il nemico! Sferzarlo senza pietà! E adesso, al lavoro, signori. Abbiamo una guerra da vincere.»

Per vincerla, però, avremmo dovuto prima combatterla.

E per il momento gli Alleati non combattevano, non sulla terra, almeno.

Per la seconda volta in venticinque anni era ricaduta su di me l'enorme responsabilità di trasferire le forze di spedizione britanniche dall'altra parte della Manica, e per la seconda volta in venticinque anni l'operazione fu un assoluto successo. Ma comunque, non si combatteva.

Le armate francesi non attaccarono i tedeschi; nonostante la loro mobilitazione fosse completa rimasero in contatto con il nemico lungo tutto il fronte, ma senza muoversi. Nessuna azione aerea – a parte la ricognizione – venne intrapresa contro la Gran Bretagna; né i tedeschi sferrarono alcun attacco dal cielo contro la Francia. Il governo di Parigi ci chiese di astenerci da qualsiasi attacco aereo sulla Germania, preoccupati che ciò avrebbe provocato ritorsioni contro le loro indifese fabbriche di armi. E così ci accontentavamo di lanciare ai tedeschi volantini...

Questa strana fase della guerra terrestre e aerea stupì tutti. Francia e Gran Bretagna rimasero impassibili mentre la Polonia in poche settimane fu distrutta e soggiogata da tutta la potenza della macchina bellica tedesca. Hitler non aveva certo motivo di lamentarsi.[13]

Ma se la guerra a terra – escludendo i valorosi polacchi – si stava rivelando una farsa, sul mare si combatté davvero.

Alla *Athenia*, seguirono molti altri affondamenti, che il sistema dei convogli aiutò progressivamente a contenere, ma che non poteva evitare del tutto. Perdemmo anche delle importanti navi militari, compresa una portaerei e una corazzata. Naturalmente anche noi mettemmo a segno diversi importanti colpi, distruggendo varie navi tedesche e obbligandole anche a ingaggiare la prima battaglia sui mari della guerra, al largo del Rio de la Plata in Uruguay.

Ma non era abbastanza.

Proposi diversi piani piuttosto audaci per dare una svolta in senso offensivo alla nostra azione, che rimaneva principalmente di contenimento. L'operazione «Catherine», che prevedeva lo sfondamento nel Baltico per impedire le comunicazioni fra la Germania e le ricche miniere scandinave, e l'operazione «Royal Marine», per lanciare mine galleggianti lungo il Reno e danneggiare il commercio e le infrastrutture fluviali tedesche.

Per il momento non se ne fece nulla.

Gli Alleati attendevano lo sviluppo degli eventi, cui venne impressa una svolta dall'azione di un altro attore rimasto fino a quel momento nell'oscurità.

La Russia, *un indovinello avvolto in un mistero dentro un enigma,*[14] il 17 settembre invase a sua volta da oriente la Polonia, come previsto nel patto segreto firmato coi nazisti. Attaccata da due fronti e senza possibilità di ricevere aiuti, Varsavia cadde alla fine del mese. Non sazio, Stalin il 30 novembre attaccò anche la Finlandia.

Mi sembrava chiaro che le truppe di Hitler aspettassero solo il ritorno della bella stagione, prima di volgere finalmente la loro attenzione a ovest.

Suggerii al Gabinetto di Guerra di utilizzare quel lasso di tempo per *fortificare notte e giorno la frontiera con il Belgio con ogni mezzo possibile.*[15] Sapevo che la possente barriera difensiva eretta dai francesi, la Linea Maginot, correva solo lungo il confine con la Germania, interrompendosi proprio in prossimità di quello belga. Mi sembrava un punto di una vulnerabilità cruciale e feci di tutto per spingere il ministro degli Esteri Halifax a convincere i belgi a collaborare con noi, ma si opposero. Nonostante il 10 gennaio avessero catturato un aereo con a bordo degli ufficiali tedeschi in possesso dei piani dettagliati di un'invasione di Belgio, Olanda e Francia, si ostinarono ad attenersi alla più scrupolosa neutralità.

La stessa neutralità che ci impediva di agire in Scandinavia.

Giudicavo assurdo, irresponsabile e perfino vigliacco l'atteggiamento di questi piccoli Paesi, che di fatto per difendersi dalla furia nazista dipendevano in tutto e per tutto dal nostro aiuto, ma che si ostinavano a rifiutarci il loro. *Ognuno di essi si illudeva che, nutrendo a sufficienza il coccodrillo, questo lo avrebbe mangiato per ultimo. Tutti loro speravano che la tempesta passasse prima che venisse il loro turno di venire divorati, ma io temevo – e temevo grandemente – che la tempesta non sarebbe passata. Sarebbe infuriata e avrebbe ruggito in modo sempre più forte, estendendosi sempre di più.*[16]

Proposi di minare le acque territoriali norvegesi, per obbligare le navi tedesche che facevano la spola con i porti che le rifornivano di ferro ad affrontare il mare aperto e la flotta inglese. Se fossimo riusciti a bloccare l'afflusso di minerale verso la Germania *le avremmo inferto una sconfitta equivalente a una grande vittoria terrestre o aerea, senza nessun serio sacrificio in termini di vite umane. Avrebbe potuto rivelarsi immediatamente decisiva.*[17]

Mi misi in contatto perfino con l'ambasciatore americano a Londra, Joseph Kennedy – padre del futuro presidente John Fitzgerald – per chiedergli di informarsi sulla reazione di Roosevelt a una simile mossa. La risposta che mi diede fu più possibilista di quanto sperassi, ma ancora una volta il governo decise di rispettare la sovranità altrui.

È senza dubbio lodevole il principio alla base di simili gesti, ma le guerre non si vincono con i principi lodevoli. *Nel momento dell'emergenza suprema le leggi non dovrebbero ostacolare coloro che sono incaricati della loro protezione e applicazione... l'umanità, più che la legalità, avrebbe dovuto essere la nostra guida.*[18] Anche perché nel frattempo Hitler non si faceva di certo alcuno scrupolo di questo tipo, affondando diversi vascelli neutrali e britannici nelle acque territoriali della Norvegia.

Il massimo che ottenni fu l'avvio di studi approfonditi su come eventualmente procedere a una simile operazione e sulle sue conseguenze politiche e diplomatiche. Ma fu espressamente stabilito che nel frattempo l'Ammiragliato non intraprendesse nessuna azione militare nelle acque norvegesi.

Il Gabinetto di Guerra continuava a deliberare come se fosse padrone della situazione, soprattutto del tempo.

E il tempo era precisamente ciò che non avevamo.

Mentre noi tergiversavamo, i tedeschi aspettavano solo la fine dell'inverno per la mossa successiva e, nel frattempo, portavano avanti le loro preparazioni.

Hitler aveva già impartito l'ordine.

All'improvviso, la politica passiva o su piccola scala degli Alleati fu spazzata via da un violento diluvio di sorprese.

Stavamo per imparare cosa significasse la guerra totale.[19]

«Eccola la pace per il nostro tempo!», gridò qualcuno dal fondo dell'aula.

«E così Hitler avrebbe perso l'autobus, eh?», gli fece eco qualcun altro, riferendosi alla sfortunata espressione usata da Chamberlain solo poche settimane prima.

«Ordine, onorevoli colleghi, ordine!», urlò lo Speaker.

In piedi, fiero ma spezzato, il primo ministro attendeva che cessasse il clamore per proseguire il suo intervento.

La Camera era stata riunita all'indomani di quella che ormai era chiaramente la prima sconfitta subita dal Regno Unito per mano dei tedeschi.

Il giorno stesso in cui finalmente era stato dato il via libera alle operazioni in Norvegia era anche il medesimo scelto da Hitler per scatenare la sua micidiale macchina di guerra. Nel giro di qualche ora, aveva invaso la Danimarca e la Norvegia e a nulla servì l'eroica resistenza delle truppe locali, né il tardivo aiuto inviato dagli Alleati.

In capo a pochi giorni, le forze britanniche e francesi dovettero cominciare a ritirarsi, lasciando il Paese nelle mani dei nazisti, padroni delle fondamentali rotte per l'approvvigionamento di ferro.

Il furore del popolo per quella sconfitta si rispecchiava perfettamente nel dibattito a Westminster.

«Sono certo che la nostra evacuazione abbia creato un profondo shock sia nella Camera che nella nazione», disse Chamberlain cercando di riprendere il filo del discorso.

«In tutto il mondo!»[20], lo interruppe qualcuno.

Il primo ministro si voltò infastidito verso il punto da cui era arrivata quella puntualizzazione e continuò nella difesa dell'operato del suo governo, ma mi sembrò che lo facesse in modo scialbo e incolore. Nel momento in cui avrebbe dovuto mostrare tutto il vigore e l'energia indispensabili per dare un nuovo corso alla guerra, dalle sue parole trasudava la stanchezza che doveva provare egli stesso.

Quando tornò a sedersi in mezzo alle urla dell'opposizione e al silenzio di molti dei suoi sostenitori, non potei che immedesimarmi. Per anni ero stato io a trovarmi nella sua stessa situazione.

Non lo avrei abbandonato.

Ascoltai in silenzio e attentamente il lungo dibattito che seguì. L'operazione era stata in larga parte navale e non era affatto da escludere che i miei colleghi pensassero che fossi io da biasimare in primo luogo. Ma divenne ben presto evidente che sul banco degli imputati non c'era solo la campagna di Norvegia, ma anche e soprattutto la completa impreparazione e disorganizzazione delle nostre forze a seguito degli sciagurati anni di *appeasement. Era chiaro che la loro rabbia non era diretta verso di me, ma verso il primo ministro, che cercai di difendere al massimo delle mie abilità e senza riguardo per qualsiasi altra considerazione.*[21]

Quando Clement Attlee si alzò e cominciò a parlare in quanto capo dei Laburisti e leader dell'opposizione, capii che quello sarebbe stato un vero e proprio dibattito sul destino di Neville Chamberlain.

«Non è solo la Norvegia. La Norvegia rappresenta il culmine di molti altri malcontenti... La Norvegia segue la Cecoslovacchia e la Polonia. Ovunque la storia è la stessa: troppo tardi! Il primo ministro ha parlato di autobus persi, che dire di tut-

ti quelli che lui e i suoi soci hanno perso dal 1931? Avete perso tutti gli autobus per la pace, ma siete riusciti a prendere quello per la guerra!», disse fra gli applausi.

Notai quanto tiepidi fossero i tentativi di sostegno per il governo da parte dei Conservatori. Fu lì che capii che quella seduta sarebbe stata perfino più importante di quanto pensassi.

«Per vincere vogliamo persone diverse al timone, rispetto a chi ci ha condotto fin qua!»,[22] concluse Attlee tornando a sedersi.

Il suo intervento fu seguito da diversi altri sullo stesso tono. Ogni tanto lanciavo un'occhiata di lato a Chamberlain, seduto lungo la mia stessa fila. Non riuscivo a coglierne appieno lo sguardo, ma era chiaro che anche lui non si aspettasse una simile serie di attacchi personali.

E il peggio doveva ancora venire.

Uno dopo l'altro, gli oratori di entrambi gli schieramenti attaccarono il governo, e il suo capo in particolare, con insolita amarezza e veemenza e si videro sostenuti da crescenti applausi da tutte le parti.[23]

Ben presto al coro di accuse si unirono anche alcuni parlamentari Conservatori. Leo Amery, alzandosi dalle panche alle spalle del primo ministro, lo indicò espressamente dall'alto in basso, come il giudice biblico di un dipinto rinascimentale. *«Vi siete seduto troppo a lungo qui, per quanto bene possiate aver fatto. Io dico: andatevene! E lasciate che sia finita con voi. In nome di Dio, andatevene!»*[24]

In una seduta dominata dal caos, dalle urla, dagli insulti e dalla rabbia, ci furono solo due momenti in cui l'aula fu ridotta al silenzio non dagli ordini dello Speaker, ma dal puro e semplice rispetto.

Il primo fu quando fece il suo ingresso sir Roger Keyes, che prese l'inedita decisione di presentarsi con la sua sgargiante divisa da Ammiraglio della flotta, ricoperta da sei file di medaglie e mostrine.

Così vestito, quando si alzò, sembrava che stesse parlando il millenario spirito marittimo della nostra isola. La sua cruda analisi militare, le sue parole affilate sulla *«sconvolgente storia di inettitudine»*[25] che era stata la gestione di quella campagna, continuarono a risuonare nella Camera a lungo anche dopo che tornò al suo posto.

Il secondo momento fu anche quello che inflisse il colpo di grazia, perché proveniva dall'unico uomo presente che aveva a sua volta portato sulle spalle il peso di guidare il Paese in guerra.

Osservai con attenzione Lloyd George alzarsi, anche lui anziano, ma fiero e ancora in grado di trasmettere energia. Accusò Chamberlain di aver messo il Paese nella *«peggior posizione strategica in cui si fosse mai trovato»*, tracciando un nefasto parallelismo fra la nostra situazione nella Grande Guerra e adesso.

«Non penso che il primo lord sia responsabile per tutto ciò che è successo in Norvegia», disse.

«Mi assumo ogni responsabilità per le azioni dell'Ammiragliato e mi prendo tutta la mia parte del fardello», dissi io interrompendolo.

I nostri occhi si incrociarono. *«Il mio collega non deve lasciarsi trasformare in un rifugio antiaereo per proteggere i suoi colleghi dai frammenti delle esplosioni* – disse, prima di sferrare l'attacco finale –. *Il primo ministro ha parlato di sacrifici da compiere... io dico che dovrebbe essere lui a darne un esempio, perché non c'è nulla che possa contribuire alla vittoria più delle sue dimissioni!»*[26]

Mentre Lloyd George tornava a sedersi in un tripudio di acclamazioni, Chamberlain ebbe finalmente una scossa e scattò in piedi, raccogliendo la sfida ed esortando i suoi sostenitori a schierarsi al suo fianco in un voto di fiducia.

Parlai per ultimo.

Quando mi alzai, la sera era ormai scesa su Londra.

Dopo ore di dibattito i parlamentari erano stanchi e desideravano solo procedere con il voto. La mia posizione era delicatissima. Dovevo difendere il governo di cui facevo parte, naturalmente, ma per farlo dovevo sorvolare su tutte le mancanze, tutte le disattenzioni, tutti gli avvertimenti inascoltati dei mesi e degli anni precedenti che ci avevano portato a dover combattere la guerra in una condizione di inferiorità.

Feci del mio meglio nonostante le continue interruzioni, provenienti soprattutto dai banchi dell'opposizione laburista. Lo feci di buon cuore, pensando ai loro errori e al loro pacifismo degli anni passati e come solo quattro mesi prima dello scoppio della guerra avevano votato contro la coscrizione. Sentivo che ero io, e i pochi amici che avevano agito con me, ad avere il diritto di infliggere queste censure, ma non loro.[27]

Il voto che seguì si rivelò catastrofico per Chamberlain, la sua maggioranza di oltre duecento parlamentari si era ridotta a ottantuno.

Il primo ministro abbandonò l'aula fra i cori di scherno e gli insulti.

Quando anche io uscii, le note dell'antico canto intonato dall'opposizione risuonavano nella notte.

Rule Britannia! Rule the waves:
Britons never will be slaves.[28]

Il sole di maggio regalava i suoi ultimi, tiepidi raggi al St. James Park.

In un'altra epoca, in un altro mondo, sarebbe stato un venerdì di gioia e spensieratezza, l'inizio di un fine settimana di scampagnate, passeggiate, picnic e relax.

Ma, nel 1940, quel 10 maggio era il giorno in cui venne scatenata la guerra totale.

L'alba aveva portato con sé la notizia che Hitler aveva infine lanciato le sue orde di fanatici verso occidente.

L'invasione di Belgio, Olanda e Lussemburgo era iniziata.

Quando quella mattina ero arrivato a Downing Street, avevo trovato seduti ad aspettarmi Chamberlain e Halifax.

«Siete tutti al corrente delle spaventose notizie che giungono dal continente», aveva esordito il primo ministro, «è mio dovere informarvi anche di quelle che giungono dal Congresso laburista in corso a Bournemouth. Come sapete, dopo il voto dell'altro giorno, era mia intenzione tentare di costruire un governo di unità nazionale. Attlee però mi ha appena comunicato che i Laburisti hanno votato all'unanimità per non far parte di alcun esecutivo guidato da me.»

Aveva fatto una pausa per bere un bicchiere d'acqua. Halifax aveva tirato fuori un fazzoletto di seta dal taschino e si era asciugato le labbra. Io ero rimasto immobile.

«La questione a questo punto, alla luce dell'invasione tedesca, è della massima urgenza, e va risolta seduta stante. Signori – aveva detto guardandoci negli occhi – devo fare un nome a sua Maestà su chi reputo sia la migliore alternativa per succedermi.»

Nella mia vita ho avuto tanti colloqui importanti e questo era certamente il più importante di tutti.

Di solito parlo molto, ma quella volta ero rimasto in silenzio.[29]

Era seguita una lunga, interminabile pausa.

Era stato Halifax a romperla. «Primo ministro. La mia condizione di Pari del Regno mi impedisce, secondo la Costituzione, di partecipare alle sedute della Camera dei Comuni. E senza poter lavorare nel centro di gravità del Parlamento, non penso che sarei in grado di portare avanti in maniera efficace la politica di coalizione necessaria.»

Mi ero obbligato a rimanere ancora in silenzio. Non era un segreto che Chamberlain, il Re e gran parte del partito Conservatore preferissero lui a me. Per come si stavano mettendo le cose, però, rimaneva un'unica strada percorribile, e lo sapevo bene.

Halifax si era voltato verso di me e aveva detto con grande sincerità: «A differenza di Winston, non ho alcuna esperienza bellica e il mio ruolo nei negoziati precedenti allo scoppio della guerra temo potrebbe rivolgersi contro di me agli occhi dell'opinione pubblica.»

Quando aveva finito di parlare, era chiaro che l'incarico sarebbe toccato a me, che di fatto era già toccato a me.[30]

Assaporai ogni minuto della breve corsa dall'Ammiragliato a Buckingham Palace. Le notizie che provenivano dal continente avevano messo in secondo piano gli eventi politici interni e quando arrivai alle porte del palazzo non c'era nessuna folla ad attendermi.

Un valletto aprì la portiera della mia auto e mi scortò su per le scale, verso gli alloggi di Sua Maestà. Re Giorgio VI era seduto dietro alla sua scrivania quando entrai. Spense la sigaretta che stava fumando, si alzò allisciandosi la divisa e venne verso di me per accogliermi.

Il nostro rapporto era offuscato da una nube del passato, quando nel 1936 avevo sostenuto il diritto di suo fratello Edoardo VIII a rimanere in carica contro la maggioranza dell'opinione pubblica e parlamentare, oltraggiata dalla volontà del Re di sposare una donna americana divorziata. Mi battei con convinzione perché anche il sovrano, così come l'ultimo dei suoi sudditi, avesse il diritto di amare chi volesse. Ma alla fine fu costretto ad abdicare in favore del fratello, che ora mi osservava, studiandomi.

Mi guardò per alcuni istanti con aria indagatrice e interrogativa, e poi disse: «Immagino che non sappiate perché vi ho convocato?»

Adottando lo stesso tono risposi: «Signore, non riesco proprio a immaginarlo».

Il Re rise e disse: «Voglio che formiate il nuovo governo».

Risposi che lo avrei sicuramente fatto.[31]

Parlammo per qualche minuto di ipotetici nomi per il Gabinetto, ma la conversazione durò poco perché ero ansioso di mettermi al lavoro.

In effetti quel giorno un'enorme quantità di questioni richiesero la mia attenzione e riuscii ad andare a letto solo alle 3 del mattino.

Per la prima volta da solo da quando avevo ricevuto la nomina da Sua Maestà, *provai un profondo senso di sollievo.* Ripensai ai dieci anni di esilio politico, agli avvertimenti inascoltati, ai tentativi di mettere in guardia il Parlamento e il popolo sui rischi enormi cui stavamo andando incontro, agli sforzi per imprimere un senso di urgenza al governo e alle forze armate.

Sempre inascoltato, sempre ostacolato, spesso deriso e impotente.

Ora, finalmente, avevo l'autorità di dirigere l'intera scena.

Mi sentivo come se stessi camminando di pari passo col de-

stino, e che tutta la mia vita precedente non fosse stata altro che una preparazione a quest'ora e a questa prova...

Sapevo di conoscere a fondo la situazione ed ero sicuro che non avrei fallito.

Perciò, sebbene fossi impaziente di giungere al mattino, dormii profondamente, senza alcun bisogno di sogni che addolcissero il mio sonno.

La realtà è migliore di qualsiasi sogno.[32]

14

L'ora più buia

1940

Le parole sono l'unica cosa che dura per sempre. I monumenti più straordinari o i prodigi dell'ingegneria crollano sotto la mano del Tempo. Le piramidi marciscono, i ponti arrugginiscono, i canali si riempiono e l'erba copre i binari delle ferrovie. Ma le parole pronunciate due o tremila anni fa restano con noi oggi, non come semplici reliquie del passato, ma con tutta la loro immutata forza vitale.[33]

«*Buona fortuna, Winnie! Che Dio ti benedica!*»

Non riuscii a cogliere il volto della signora la cui voce, per un momento, era stata in grado di sovrastare il clamore della piccola folla radunata davanti a Downing Street. Mi rimane di lei solo un'impressione, un guizzo di colore nel turbinio di quella moltitudine, quel suo cappello rosa che sbucava appena dietro le spalle di qualcun altro, e quel fazzoletto che agitava verso di me.

Ebbi come la sensazione che parlasse a nome di tutti, che in qualche modo alla sua voce fosse stato permesso di risuonare in rappresentanza delle altre.

Nella confusione e nella fretta di salire in auto non riuscii a risponderle, ma mi giurai che lo avrei fatto quel giorno stesso. Avrei risposto a tutta la Nazione.

«*Povera gente* – dissi con gli occhi lucidi non appena partì la macchina al generale Hastings «Pug» Ismay, seduto accanto a me –, *povera gente. Si fidano di me e per molto tempo non potrò dar loro altro che disastri.*»[34]

Si sporse verso di me, porgendomi un fazzoletto di seta. «Tenga, primo ministro, e non si preoccupi di questo. Gli inglesi non si scoraggiano tanto facilmente.»

Il suo volto sereno illuminato da quegli occhi bonari mi rincuorò. Amavo il fatto che, sotto quella divisa, battesse un cuore colmo di sentimenti e capace di vera empatia e ancora di più che convivesse in modo così superbo con una mente militare di prima grandezza.

Nell'assumere l'incarico di primo ministro avevo anche creato per me stesso il ruolo di ministro della Difesa. Avevo imparato dalla guerra precedente e dall'inizio di quella attuale quanto fosse importante per il capo del governo avere un contatto diretto e un'autorità indiscussa sulla gestione militare. L'unione di queste due cariche mi conferiva entrambe le cose, e avevo scelto proprio l'uomo che sedeva accanto a me come mio personale rappresentante e ufficiale di collegamento con lo Stato maggiore delle forze armate.

«Ha ragione, Pug, è solo che avrei voluto poter fare di più. Avrei voluto evitare a questa gente tutte le sofferenze che ci aspettano. Se solo mi avessero ascoltato prima...»

Inutile piangere sul latte versato, mi dissi. Bisogna guardare avanti. *Nessuno aveva più diritto di me di dare un colpo di spugna a ciò che era stato, ma dovevo oppormi a queste tendenze negative.*

Se il presente cerca di giudicare il passato, perderà il futuro.[35]

«Signorina Hill! – dissi riscuotendomi e voltandomi verso la mia segretaria personale – È pronto il salmo?»

«Sissignore, eccolo qui. Ho apportato tutte le modifiche che mi aveva chiesto», disse con la consueta sollecitudine, porgendomi i fogli stampati e rilegati come piaceva a me.

«Molto bene, molto bene.»

Diedi un'ultima occhiata al discorso che avevo preparato.

Ero primo ministro da appena tre giorni e per la prima volta in vita mia ora mi sarei rivolto alla Camera dei Comuni in qualità di capo del governo di Sua Maestà.

Un momento che avevo sempre sognato e spesso immaginato, ma che mi era sempre sfuggito, come il ricordo dei dettagli di un sogno.

Un sogno, sì, ma all'interno di un incubo.

Sapevo che molti dei Conservatori avevano dubbi o veri e propri ripensamenti per aver fatto cadere Chamberlain. Dalla drammatica seduta in cui era stato di fatto sfiduciato il vecchio premier, la Camera non si era più riunita e molte cose erano cambiate nel frattempo, a cominciare dalla *Blitzkrieg* scatenata sull'Occidente da Hitler.

I Tories avevano una maggioranza di oltre centoventi seggi su tutti gli altri partiti messi insieme ed era la loro fiducia che dovevo conquistarmi.

Doveva essere evidente alla maggior parte di loro come avessi trascorso la mia vita in attrito o in vero e proprio conflitto con il partito Conservatore, come li avessi lasciati sulla questione del libero scambio e come fossi tornato da loro in veste di cancelliere dello Scacchiere. Da allora ero stato per molti anni il loro principale oppositore nei confronti dell'India, della politica estera e della mancanza di preparazione alla guerra.

Accettarmi come primo ministro per loro era molto difficile.[36]

Come se non bastasse, le notizie che portavo erano pessime.

I tedeschi avevano sfondato il fronte attraverso la foresta delle Ardenne ed erano entrati in Francia, sfruttando una micidiale combinazione di mezzi corazzati e aviazione. La loro avanzata era fulminea e sembrava inarrestabile.

Dovevo informare il Parlamento della situazione e allo stesso tempo rassicurare i deputati sulla gestione della guerra. Sapevo che mi attendeva un compito difficilissimo e che per farlo avevo a disposizione solo la mia voce.

Solo le parole.

Non si può dire che non fossi abituato.

Quando entrai nell'aula, l'accoglienza che mi riservarono i Conservatori fu ben più tiepida di quella ricevuta pochi istanti prima da Chamberlain. Gli unici applausi e incitazioni verso di me provenivano dall'opposizione.

Presi dalla tasca i fogli e li appoggiai sul tavolo centrale. Guardandoli non potei fare a meno di apprezzare la precisione con cui la signorina Hill li aveva redatti, con le righe disposte come le strofe di una poesia e gli «a capo» rientrati. Sapeva che li volevo così, che erano il risultato di molte prove non solo riguardo al contenuto, ma anche al suono e all'intonazione.

Misi gli occhiali, lanciai un ultimo sguardo intorno a me e cominciai a leggere, seguendo la struttura del salmo.

«Vorrei dire alla Camera,
come ho detto a coloro che si sono uniti al Governo:
"Non ho niente da offrirvi se non sangue,
fatica, lacrime e sudore".

Abbiamo di fronte a noi un calvario dei più atroci,

Abbiamo di fronte a noi molti,
molti lunghi mesi di lotta e sofferenza.

Chiederete: qual è la nostra politica?

Risponderò:
fare la guerra, sul mare, sulla terra e nei cieli,
guerra con tutta la nostra potenza
e tutta la forza che Dio può darci.

Fare la guerra contro una tirannia mostruosa,
insuperata nell'oscuro e deplorevole catalogo
del crimine umano.

Questa è la nostra politica.

Chiederete: qual è il nostro obiettivo?
posso rispondere con una sola parola.

Vittoria.

Vittoria ad ogni costo.
Vittoria nonostante tutto il terrore.
Vittoria, per quanto la strada
possa essere lunga e impervia.
Perché senza vittoria
non c'è sopravvivenza.»[37]

Alzai gli occhi e incontrai il silenzio.
Più che vedere, sentivo centinaia di occhi puntati su di me.

Percepivo la tensione, la preoccupazione, lo sgomento. Nessuno aveva mai parlato così apertamente dei rischi cui andavamo incontro, forse semplicemente perché non erano mai stati tanto grandi.

Ma non li volevo spaventati.

Dovevano sapere, dovevano rendersi conto di cosa ci aspettava. Ma dovevano farlo con la stessa, incrollabile fiducia che avevo io.

Mi tolsi gli occhiali e percorsi l'aula con lo sguardo.

Volevo guardarli tutti in faccia.

«*Ma assumo il mio compito con ottimismo e speranza. Sono certo che tra gli uomini non si tollererà il fallimento della nostra causa.*

In questo momento mi sento in diritto di chiedere l'aiuto di tutti e dico: "Venite allora, andiamo avanti insieme, unendo le nostre forze!".»

Sette minuti.

Il mio discorso era durato solo sette minuti.

Vidi diversi parlamentari in lacrime.

Ero stato di parola.

Ora toccava alla fatica e al sudore.

Ora toccava al sangue.

Squarciato il velo delle nubi, il mondo era nel caos.

Guardando dal finestrino dell'aereo potevo vedere accanto a noi i caccia della RAF che ci scortavano e, man mano che scendevamo, il pandemonio sotto di noi.

Interminabili file di persone, animali, carri e mezzi di ogni tipo sciamavano lungo le strade di campagna intorno a Parigi, in fuga dalla Wehrmacht di Hitler. Intere comunità costrette a lasciare la propria casa, ad abbandonare ogni cosa che non entrasse in una valigia o in un baule.

La pioggia battente rendeva se possibile ancor più tetro lo spettacolo.

Ripensai alla telefonata del giorno prima, quando il premier francese Paul Reynaud mi aveva buttato giù dal letto. *Aveva parlato in inglese, in un evidente stato di agitazione.*

«Siamo stati sconfitti.»

Poiché non avevo risposto subito, aveva ripetuto: «Siamo battuti, abbiamo perso la battaglia.»

Avevo risposto: «Di certo non può essere successo così presto».

«Il fronte è stato spezzato vicino a Sedan, stanno affluendo in gran numero con carri armati e auto blindate.»

Lo shock mi aveva svegliato più di quanto avrebbe potuto fare un secchio di ghiaccio sulla schiena.

Nonostante il trauma, avevo cercato di rassicurare il mio collega, dicendogli come, per forza di cose, le offensive a un certo punto dovessero interrompersi per i rifornimenti, come era avvenuto nella Grande Guerra, e a quel punto seguiva sempre una controffensiva. Sicuramente anche stavolta sarebbe stato così.

Tuttavia, il premier era tornato sulla frase di partenza, che si sarebbe rivelato fin troppo vera: «Siamo sconfitti. Abbiamo perso la battaglia».

Gli avevo risposto che stavo arrivando per parlare con lui.[38]

Vedendo quelle scene non potei fare a meno di ripensare alle sue parole.

Ma se il cielo offriva alla vista una situazione disperata, la terra non aveva neanche il privilegio di nascondersi dietro l'ipocrisia della distanza.

Il caos era lì, tangibile, concreto, quasi palpabile.

Parigi era un pandemonio e sembrava che regnasse la più completa anarchia. Sotto la pioggia battente e un vento incessante, la gloriosa capitale francese pareva piegare il capo e non solo agli elementi.

Insieme a Pug Ismay ci recammo il più velocemente possibile al Quai d'Orsay, il Ministero degli Esteri. Ad attenderci c'erano Reynaud, il ministro della Guerra Daladier e il comandante supremo alleato, il generale Gamelin.

Erano tutti in piedi. In nessun momento ci sedemmo attorno a un tavolo.

Su ogni volto si leggeva uno sconforto totale. Davanti a Gamelin, su un cavalletto, c'era una mappa di circa due metri quadrati, con una linea di inchiostro nero che mostrava il fronte al-

leato. In questa linea si vedeva un piccolo ma sinistro rigonfiamento nei pressi di Sedan.[39]

Fu quello il punto che il generale indicò per illustrare la situazione. Parlava lentamente e in maniera semplice, affinché potessimo seguire il suo francese, non che ce ne fosse bisogno. La lingua parlata dalla mappa era tragicamente universale. «Signori, i tedeschi hanno sfondato a nord e a sud di Sedan, una breccia di decine di chilometri. Le nostre forze in quell'area sono distrutte...»

Gamelin continuò per circa cinque minuti senza che nessuno dicesse una parola. Quando concluse ci fu un silenzio significativo.

A quel punto chiesi: «Dov'è la riserva strategica?» e, irrompendo nel mio francese, che usavo con indifferenza (in tutti i sensi): «Où est la masse de manœuvre?».

Il generale si girò verso di me e, scuotendo la testa e alzando le spalle, disse: «Aucune».

Ci fu un'altra lunga pausa.

Andai alla finestra. La pioggia, almeno quella, sembrava aver concesso una tregua.

Fuori, nel giardino del Quai d'Orsay, nuvole di fumo si alzavano da grandi falò e dalla finestra vidi anziani funzionari spingerci dentro intere carriole cariche di archivi. Già si preparava l'evacuazione di Parigi.[40]

Aucune. Nessuna.

Le parole di Gamelin mi rimbombavano in testa.

Com'era possibile?

Avevo passato il decennio precedente ringraziando il cielo per l'esercito francese, elogiandolo pubblicamente come il più formidabile baluardo della democrazia, la più grande e disciplinata forza armata del continente. E ora, in meno di una settimana, i tedeschi erano riusciti a fare quello che non erano stati in grado di compiere durante l'intera guerra precedente.

Aucune. Nessuna.

Nessuna riserva strategica. Come pensavano di difendere un fronte di ottocento chilometri senza una massa di manovra da tenere pronta per essere indirizzata nel punto critico?

Come avevano potuto essere così ciechi e sprovveduti da disperdere tutte le loro forze? E come potevano essere crollati così velocemente?

Ero esterrefatto... confesso che quella fu una delle più grandi sorprese di tutta la mia vita.[41]

Continuavo a fissare dalla finestra quel fuoco quasi sacrilego alimentato dai documenti della Repubblica, distrutti per non finire nelle mani di un nemico che ci si aspettava arrivasse da un momento all'altro. Sentii distrattamente Gamelin spiegare a Ismay che stavano richiamando truppe dalla ormai ridondante e aggirata Linea Maginot e molte altre erano in arrivo dalle colonie africane. Ma ci avrebbero impiegato giorni, se non settimane.

Non avevo compreso quanto violenta fosse stata la rivoluzione provocata dall'introduzione di masse corazzate in rapido movimento. Ne ero a conoscenza, ma non aveva alterato le mie convinzioni quanto avrebbe dovuto. Non che avrei potuto farci nulla, comunque.[42]

Ancora una volta maledissi la nostra impreparazione. Hitler ci stava stritolando sotto la potenza micidiale dei suoi tank, mentre noi, il Paese che li aveva inventati, stavamo ancora completando la formazione della prima divisione corazzata, che per di più si trovava dall'altra parte della Manica.

«Signor primo ministro – disse Daladier nel tipico inglese musicale che spesso parlano i francesi –, ci servono subito aerei da combattimento se vogliamo cercare di respingerli.»

«Ho autorizzato l'invio di altri quattro squadroni, che arriveranno oggi stesso. Ma non possiamo sguarnire le nostre forze.»

Sapevo che rimanevano trentuno squadroni a disposizione della RAF. Il ministro dell'Aeronautica mi aveva espressamente detto che venticinque era il numero limite sotto al quale non si sarebbe potuti scendere per alcun motivo, altrimenti non avremmo avuto alcuna speranza di resistere a un'incursione della Luftwaffe.

«Monsieur Churchill – si inserì Reynaud – deve capire che è una questione di vita o di morte. Dobbiamo ridare fiducia alle nostre truppe, e sapersi protetti dal cielo può riuscire nell'impresa.»

Dubitavo che un pugno di caccia potesse fare qualche differenza, a quel punto.

Mi sembrava che i rischi fossero di gran lunga maggiori dei possibili benefici. Se avessimo perso i nostri squadroni in Francia, non avremmo potuto difenderci in Inghilterra. Eppure, sentivo che era nostro dovere fare tutto il possibile per aiutare i nostri alleati in difficoltà. Quella sera stessa chiesi al Gabinetto riunito a Londra di autorizzare l'invio di altri sei squadroni, gli ultimi di cui potevamo privarci.

La mia richiesta fu prontamente accolta.

Mi voltai verso il generale Gamelin. La corona dorata ricamata sul suo chepì raccontava la gloria della Francia. I suoi occhi che quella gloria era passata.

«Quando pensate di attaccare i fianchi del punto in cui hanno sfondato le linee?», gli chiesi.

«Siamo inferiori in numero, siamo inferiori in equipaggiamento, siamo inferiori in tattica», disse il comandante supremo degli Alleati scuotendo le spalle.

Non ci furono discussioni.

Non c'era bisogno di discutere.[43]

Fuori, il fumo cresceva sempre di più.

«Non è più questione di sconfiggere la Germania, si tratta di salvaguardare l'indipendenza del nostro Impero...»

Dall'alto dei suoi quasi due metri, lord Halifax sembrava ergersi come un gigante su tutti gli altri membri del Gabinetto di Guerra. Il suo approccio, però, non faceva onore alla sua statura, né alla grandezza che richiedevano i tempi.

Il recente passato di sostenitore dell'*appeasement* non sembrava avergli insegnato niente. «*Ieri sera ho incontrato l'ambasciatore italiano, il signor Bastianini,* – continuò – *il quale mi ha detto che il desiderio di Mussolini è la pace in Europa. Gli ho detto che la pace e la sicurezza in Europa è anche il nostro stesso obiettivo e che avremmo considerato ogni strada possibile per raggiungerlo, a patto di mantenere la nostra libertà e indipendenza.*»

«Pace e sicurezza in Europa! Sì, ma sotto il dominio nazista.

Non lo possiamo accettare.[44] Dobbiamo assicurarci la nostra indipendenza, non ci sarà alcun negoziato!»

Ero stato d'accordo ad autorizzare l'incontro di Halifax con Bastianini, ma solo per sondare le condizioni a cui il Duce avrebbe acconsentito a mantenere la neutralità. Era essenziale che la Francia potesse impiegare tutte le sue forze contro la Germania senza doversi preoccupare di essere attaccata anche dall'Italia.

Io stesso avevo scritto a Mussolini una lettera pochi giorni prima: «*Ripenso ai nostri incontri a Roma e sento il desiderio di rivolgerle, in quanto capo della nazione italiana, parole di buona volontà attraverso quello che sembra essere un abisso in rapida espansione. È troppo tardi per fermare il fiume di sangue che può scorrere fra i nostri popoli?*».[45]

Ma la sua risposta non mi aveva lasciato molte speranze.

Non solo non si era dimenticato delle sanzioni che gli avevamo imposto ai tempi dell'Abissinia, e non mancò di farlo notare, ma aveva aggiunto: «*Se è stato per onorare i vostri patti che avete dichiarato guerra alla Germania, comprenderete che lo stesso senso dell'onore e del rispetto degli impegni assunti nel Trattato Italo-Tedesco guida la nostra politica oggi come lo farà domani, di fronte a qualsiasi evento*».[46]

E adesso, di fronte a un uomo che chiaramente stava meditando di pugnalare alle spalle i nostri alleati francesi, avremmo dovuto farci vedere deboli, implorarlo di intercedere per noi con Hitler?

Halifax, però, sembrava irremovibile. «*La Francia potrebbe cadere da un momento all'altro e a quel punto la nostra capacità di combattere da soli dipenderebbe soprattutto dal mantenimento della superiorità aerea* – disse, sventolando il documento che avevano appena fatto circolare lungo il tavolo i capi di Stato maggiore e che confermava le sue parole –. *Se la Francia cade, i tedeschi potranno investire tutte le loro risorse sull'aviazione...*»

«Dobbiamo sperare che la Francia resista, ma se anche ciò non dovesse avvenire, allora continueremo da soli! – dissi – *Hitler pensa di avere il coltello dalla parte del manico, l'unica cosa da fare è dimostrargli che non può conquistare quest'isola.*»[47]

«Sono i francesi stessi che ci chiedono di avviare trattative con l'Italia, non possiamo negar loro un approccio diplomatico in un momento del genere. E per di più *non dobbiamo ignorare il fatto* – insistette Halifax, che adesso stava visibilmente cercando di mantenere la calma – *che potremmo ottenere termini migliori prima che la Francia esca dalla guerra e le nostre fabbriche siano bombardate, piuttosto che fra tre mesi.*»[48]

«Primo ministro – intervenne Chamberlain col suo solito tono pacato – *non vedo cosa avremmo da perdere se dicessimo di essere pronti a valutare termini ragionevoli, salvo il fatto che combatteremo fino alla fine per preservare la nostra indipendenza.*»[49]

Sapevo di muovermi su un terreno estremamente delicato.

Non potevo permettermi di disunire il governo, non in un momento del genere. La mia reputazione di «guerrafondaio» rischiava di far passare la mia determinazione per ostinazione. Ma non potevo credere che quelle stesse persone che avevano avuto innumerevoli incontri faccia a faccia con Hitler, che si erano fatti raggirare guardandolo negli occhi, che avevano causato la rovina di interi popoli con il loro *appeasement*, che avevano firmato gli accordi di Monaco e li avevano celebrati come «pace per il nostro tempo», pensassero ancora di fidarsi delle parole del Führer.

«Come potete pensare che quell'uomo possa offrirci condizioni accettabili? Ci ritroveremmo alla sua mercé. *Non avremmo termini migliori di quelli che potremmo ottenere continuando a combattere, anche se fossimo sconfitti.*» Scossi la testa sconsolato. Quando avrebbero imparato la lezione? «La storia ci insegna che *le nazioni che sono cadute combattendo si sono rialzate, ma quelle che si sono arrese docilmente si sono estinte.*»[50]

Guardai i volti intorno al tavolo e lessi una perplessità che rasentava pericolosamente la rassegnazione. Attlee, da buon ex soldato, mi sembrava il più pronto a combattere. Il suo collega laburista Arthur Greenwood era più tiepido. Halifax era chiaramente convinto che solo una pace negoziata potesse salvarci. Chamberlain era il più difficile da decifrare, sicuramente il più cauto.

E il suo sostegno era fondamentale, dal momento che la maggior parte dei Conservatori in Parlamento lo consideravano ancora il loro leader.

Se volevo che il governo sopravvivesse, dovevo portarli dalla mia parte. Ma come?

Decisi che, se non riuscivo a convincere i capi, avrei sempre potuto provare con i loro sottoposti.

Non appena la riunione finì, presi il cappello e percorsi la breve distanza che separa Downing Street dal Parlamento. Jock Colville, il mio nuovo segretario personale da quando Eddie era andato in pensione, trotterellava dietro di me cercando di tenere il passo. E io cercavo di tenere il passo con i miei pensieri. La pericolosa deriva che stava prendendo il Gabinetto di Guerra, certo. Ma anche e soprattutto la situazione sul campo.

Le nostre forze erano state spinte dai tedeschi verso la costa ed erano circondate. Di fronte alla prospettiva del loro totale annientamento avevo ideato un piano folle, che in quello stesso momento era in atto: un'evacuazione di militari portata a termine da civili. L'operazione «Dynamo» prevedeva l'impiego di centinaia di imbarcazioni private, qualsiasi peschereccio, barca da diporto o chiatta che fosse in grado di attraversare la Manica per caricare i nostri soldati assediati a Dunkirk e portarli a casa.

Sapevo che era dalla sopravvivenza di quell'esercito che dipendeva la nostra capacità di continuare la guerra. Senza, non avremmo avuto possibilità.

Perché le operazioni di carico avessero successo, tuttavia, serviva che il perimetro difensivo intorno al molo reggesse. E per farlo, bisognava distrarre i tedeschi, impedirgli di usare tutta la loro forza su Dunkirk.

Avevo dovuto prendere una delle decisioni più difficili della mia vita, quando avevo ordinato al generale Nicholson e alla sua brigata a difesa della vicina Calais di combattere fino alla fine, comunicandogli che la loro evacuazione non avrebbe avuto luogo. Fu quello che fecero, donandoci tre giorni preziosi, forse cruciali.

Il pensiero di quell'eroico sacrificio e di tutte le persone comuni che in quel momento sfidavano le onde e la morte per salvare i loro compatrioti, e con loro l'intera nazione, mi accompagnò nella mia marcia verso Westminster.

Non avrei permesso che il loro sangue venisse versato invano.

Quando entrai nel mio ufficio al piano superiore della Camera, trovai ad attendermi venticinque persone. Venticinque ministri che non facevano parte del Gabinetto di Guerra ristretto e che non avevo mai avuto modo di riunire fino a quel momento.

Era giusto che anche loro sapessero, che anche a loro venissero presentate le due opinioni prevalenti.

La strada della guerra a oltranza o quella dei negoziati di pace?

Diedi a Jock il mio cappello e andai alla scrivania, ma non mi sedetti. Anche loro erano tutti in piedi.

Fu una delle uniche volte che improvvisai da che mi ero ripromesso tanti anni prima di non parlare mai più in pubblico senza avere un appunto davanti. Il momento richiedeva gesti straordinari e quello era ben poca cosa rispetto a quanto stava avvenendo sulle coste della Manica.

«Signori, la situazione in Francia è drammatica. Le nostre forze si stanno facendo largo verso il mare, dove in questo preciso momento è in corso una delle più audaci e generose operazioni di salvataggio che la storia ricordi. Non sappiamo quanti riusciremo a riportare a casa, speriamo di arrivare a cinquantamila, centomila sarebbe un successo assoluto... Ma le difficoltà sono immense e non dobbiamo farci illusioni. *Questa è certamente l'ora più buia per la causa degli Alleati.*[51] Ci aspettano tempi duri e dobbiamo fare in modo che il popolo sia preparato. Per questo ho deciso di rendervi partecipi di quanto sta avvenendo all'interno del Gabinetto di Guerra.»

Il silenzio era totale, l'immobilità della stanza completa.

L'unica cosa a muoversi era il fumo delle sigarette lasciate bruciare fra le mani, dimenticate.

«Ho riflettuto attentamente, in questi ultimi giorni, se fosse mio dovere prendere in considerazione dei negoziati con "quell'uomo"... Ma è irrealistico pensare che strapperemmo

condizioni migliori ora, piuttosto che se combattessimo... Diventeremmo uno Stato schiavo, con un governo fantoccio nelle mani di Hitler!»[52]

«No!»

«Mai!»

«Non lo permetteremo!»

Le esclamazioni di indignazione spazzarono via il silenzio.

La loro reazione mi rincuorò. Dopotutto, a quanto pareva, non ero solo.

Feci cenno di farmi finire.

Senza gli argini di un discorso preparato, le parole sgorgavano come un fiume in piena. Volevo che li travolgesse. Alzai la voce, perché tutti sentissero bene.

«Sono certo che ciascuno di voi si solleverebbe e mi tirerebbe giù dal mio posto se per un solo momento contemplassi l'idea di parlamentare o di arrenderci.

Se la lunga storia di quest'isola deve giungere al termine, che finisca solo quando ognuno di noi giacerà a terra soffocato dal suo stesso sangue!»[53]

Nonostante l'ultima frase l'avessi praticamente urlata senza rendermene conto, fu comunque inghiottita dal boato di acclamazione che seguì.

Venticinque uomini di governo, ognuno con la propria sensibilità e appartenenza partitica, tutti esperti e veterani della politica, finalmente uniti nella ferrea determinazione che da tempo cercavo di instillare nei cuori inglesi.

Adesso non ero più solo. Adesso non dipendevo più dall'appoggio di Chamberlain o Halifax, non dovevo più temere le loro minacce di dimissioni. Adesso avevo con me tutto il governo.

Alcuni di loro corsero verso di me gridando e dandomi pacche sulle spalle. Non c'era dubbio che a quel punto, se avessi vacillato nel guidare la nazione, sarei stato cacciato dall'incarico. Ero sicuro che ogni ministro fosse pronto a farsi uccidere e a vedere la propria famiglia e i propri averi distrutti, piuttosto che arrendersi. In questo rappresentavano la Camera dei Comuni e quasi tutto il popolo.

Sarebbe toccato a me, nei giorni e mesi a venire esprimere i loro sentimenti nelle occasioni opportune.

Fui in grado di farlo perché erano anche i miei.[54]

«Fidati della gente.»

Fra le centinaia di deputati, lord, giornalisti e spettatori assiepati nella Camera ero certo che a guardarmi ci fosse anche lo spirito di mio padre.

Pochi giorni prima, nel momento più delicato dell'operazione «Dynamo», avevo avvisato il Parlamento di prepararsi a ricevere notizie dure e pesanti. Sembrava che da un momento all'altro il fronte potesse cedere, o la Luftwaffe distruggere l'unico molo di imbarco e con esso le residue speranze di portare a casa i nostri ragazzi.

Ma era andato tutto oltre le migliori aspettative.

Nella notte era stato imbarcato l'ultimo di oltre trecentotrentamila soldati inglesi e francesi. Avevamo perso ogni mezzo, ogni cannone, tonnellate di munizioni ed equipaggiamento, ma l'esercito era salvo. Potevamo continuare a combattere.

Era mio dovere darne notizia ai rappresentanti del popolo a Westminster.

Avevo cominciato il mio discorso spiegando nel dettaglio la situazione sul campo e i risultati dell'operazione, sottolineando che non dovevano farsi illusioni, *le guerre non si vincono con le evacuazioni.*[55]

Avrei detto loro la verità.

Tutta la verità.

L'Olanda e il Belgio si erano arresi, la Francia avrebbe potuto farlo da un momento all'altro.

Ma noi no. Noi mai.

Anche se vasti tratti d'Europa e molti antichi e famosi Stati erano caduti o sarebbero potuti cadere nella morsa della Gestapo e di tutto l'odioso apparato del dominio nazista, noi non avremmo ceduto. Noi non avremmo fallito.[56]

«Fidati della gente.»

Aspettai che gli applausi cessassero dopo la notizia del salvataggio del nostro esercito, spiegai i fogli dattiloscritti sul banco centrale dell'aula e ancora una volta ringraziai in cuor mio la signorina Hill per la sua cura e precisione.

«Andremo avanti fino alla fine.
Combatteremo in Francia,
combatteremo sui mari e sugli oceani
combatteremo con crescente fiducia
e crescente forza nel cielo.

Difenderemo la nostra isola
a qualsiasi costo

Combatteremo sulle spiagge,
combatteremo sui luoghi di sbarco,
combatteremo nei campi e nelle strade,
combatteremo sulle colline.

Non ci arrenderemo mai!»

La Camera proruppe in un'ovazione spontanea e commossa.

In quel momento, in quel preciso istante, eravamo tutti un'unica entità, una sola, ferrea determinazione.

Il mio discorso era fatto a nome degli inglesi e per gli inglesi, ma era destinato anche ad altri. Sapevo che la mattina seguente sarebbe stato riportato sui giornali di tutto il mondo. Paesi vicini e lontani. Amici, nemici o neutrali che fossero.

La parte finale del messaggio era per tutti loro.

«E se,
cosa che non credo neanche per un momento,

Quest'isola o larga parte di essa
venisse sottomessa o affamata,

Allora il nostro Impero al di là dei mari,
armato e protetto dalla Flotta Britannica,
proseguirà la battaglia.

Fino a che, quando Dio lo vorrà,
il Nuovo Mondo, con tutto il suo potere e la sua ricchezza,
si farà avanti per soccorrere
e per liberare il Vecchio.»[57]

Erano tutti in piedi, il pubblico in galleria così come i deputati nell'aula.

Laburisti, Liberali, indipendenti, anche i Conservatori. Anche Chamberlain.

Nel marasma di abbracci, pacche e mani che cercavano di stringere le mie, cercai in alto con lo sguardo lord Halifax, ma non riuscii a individuarlo in mezzo a tutta quella folla urlante.

Non aveva importanza, c'erano tutti gli altri.

Ero sicuro che ci fosse anche una certa splendida presenza, in piedi come gli altri, ad applaudire quel suo figlio di cui forse ora, per la prima volta, scorgeva le doti. Il pensiero mi commosse, ma non ero l'unico.

Vidi occhi lucidi e sguardi di sfida. La nobiltà della commozione ammantata dall'armatura della risolutezza. Il cuore e il pugno.

Adesso sapevano. Adesso erano tutti con me. Adesso erano pronti a combattere.

Mi ero fidato della gente e la loro risposta fu un ruggito.

Un ruggito che fece tremare Westminster, che sarebbe riverberato attraverso il mare e le terre, che avrebbe portato il suo messaggio a tutti i popoli.

A quelli che ancora combattevano, affinché ritrovassero fiducia.

A quelli soggiogati, perché non perdessero mai la speranza.

A quelli che ancora esitavano, allo scopo di esortarli a imbracciare le armi in difesa della libertà.

E agli invasori, per far loro sapere che eravamo pronti e per consegnare la nostra sfida.

Fate del vostro peggio, noi faremo del nostro meglio.[58]

15
Soli

1940-1941

Lontano, sulle grigie acque del Mare del Nord e della Manica, navigavano e pattugliavano le fedeli, attente flottiglie che scrutavano nella notte. In alto nel cielo sfrecciavano i piloti dei caccia o aspettavano sereni il momento del decollo attorno alle loro stupende macchine. Fu un tempo in cui era ugualmente bello vivere e morire.[59]

Nel momento stesso in cui arrivai a Tours, il 13 giugno 1940, capii che quella volta era diversa dalle altre.

Avevo ragione. Non avrei più messo piede in Francia per esattamente quattro anni, per il semplice motivo che la Francia non sarebbe più esistita fino ad allora.

Era il mio quinto viaggio in quel Paese da quando ero diventato primo ministro, poco più di un mese prima, e ognuno si era svolto in condizioni più disperate e rischiose del precedente. Nell'ultimo, appena il giorno prima, avevamo dovuto volare praticamente a pelo d'acqua per sfuggire a due caccia tedeschi che, per nostra fortuna, erano troppo impegnati a mitragliare le imbarcazioni nel porto per accorgersi del grosso e indifeso aereo britannico con il suo prezioso carico a bordo.

Il fatto stesso che il premier francese mi avesse chiesto di tornare appena ventiquattro ore dopo la mia partenza faceva presagire il peggio ma, se fossero rimasti dubbi, lo spettacolo che si presentò all'arrivo li spazzò via. L'aeroporto era stato pesantemente bombardato la notte precedente e feci i complimenti ai piloti per aver eseguito un atterraggio perfetto, nonostante i numerosi crateri sulla pista.

Ma fu l'ultimo motivo di orgoglio di quella visita.

La sensazione era quella di un invitato a una festa che si presenti qualche ora prima del suo inizio. Non c'era nessuno ad attenderci, solo un gruppo di aviatori e meccanici che fumavano appoggiati su delle casse accanto agli hangar e che ci lanciarono appena un'occhiata prima di tornare ai fatti loro. Scambiai uno sguardo interrogativo con i miei compagni di viaggio, fra cui Pug Ismay e lord Halifax. Anche loro sembravano increduli di fronte a una simile disorganizzazione. Jock Colville andò nei piccoli uffici dell'aeroporto e riuscì a farsi prestare dalla guardia di turno la sua auto per arrivare in città.

Ci stringemmo nella vettura – un'impresa tutt'altro che semplice a causa della mia mole e della statura di Halifax – e percorremmo la strada dissestata fino alla prefettura di Tours, divenuta il quartier generale del governo dopo l'evacuazione di Parigi.

Una volta arrivati, scoprimmo che anche lì non c'era nessun dignitario o ministro ad attenderci, ma ci venne detto che Reynaud stava arrivando. Quel viaggio stava diventando surreale e decisi perciò che un tocco di normalità avrebbe giovato in mezzo a quella follia. Visto che era ora di pranzo, proposi di andare a mangiare qualcosa. *Attraversammo strade affollate di auto di profughi, la maggior parte delle quali con un materasso sul tettuccio e stipate di bagagli. Alla fine trovammo un bar, che era chiuso, ma dopo aver spiegato la situazione riuscimmo a farci dare qualcosa da mangiare.*[60]

Quando finalmente il premier francese arrivò, ci condusse con lui nella più grande delle sale della prefettura, il luogo dove stava per tenersi l'ultimo Consiglio supremo di guerra anglo-francese. Prendendo posto, percorsi il tavolo scrutando i volti che mi stavano davanti. Oltre a Reynaud c'era il suo nuovo vice, il maresciallo Philippe Pétain, e poi Maxime Weygand, che aveva preso il posto di Gamelin come comandante in capo, l'ammiraglio François Darlan e un giovane generale appena nominato sottosegretario alla Difesa di nome Charles de Gaulle. Quest'ultimo mi parve l'unico fra tutti a non avere l'espressione di un condannato in attesa di conoscere la sentenza.

«Il nostro esercito è allo stremo – esordì il premier – la situazione è disperata. Molto presto non potremo più offrire una resistenza organizzata e con la dichiarazione di guerra dell'Italia adesso dobbiamo anche proteggere il confine meridionale.»

Nonostante le mie lettere personali e i tentativi di approccio di Halifax con l'ambasciatore Bastianini, il Duce aveva rotto gli indugi tre giorni prima e dichiarato guerra. Quando Jock Colville mi aveva svegliato per darmi la notizia mi ero limitato a commentare: «*In futuro le persone che vanno in Italia per vedere le rovine non dovranno più spingersi fino a Napoli o Pompei*».[61]

«Capisco perfettamente le vostre difficoltà, ma non dovete arrendervi – risposi, cercando di infondere un po' di ardore in quegli spiriti piegati –. Anche il nemico sta affrontando il momento di massimo sforzo: i tedeschi hanno subito molte perdite, le loro truppe sono stanche e le linee di approvvigionamento estese al massimo delle loro possibilità. Come sapete, due divisioni inglesi e canadesi stanno sbarcando per portare soccorso, oltre alle tre già schierate e...»

«Primo ministro, con tutto il rispetto, lei non sembra afferrare la situazione – mi interruppe Weygand –. Abbiamo perso trentacinque divisioni. Trentacinque! Oltre mezzo milione di uomini, e lei ci presenta un pugno di soldati come la soluzione a tutti i nostri mali.»

«Naturalmente non era mia intenzione dire che tutto si risolverà subito, ma resistendo e continuando a combattere riusciremo a esercitare una forza sempre maggiore. Anche gli Stati Uniti presto entreranno in guerra, devono farlo!»

«Se davvero pensate che la resistenza sia possibile, *perché non inviate ogni caccia della RAF ancora in Inghilterra qui a combattere insieme a noi? Ora, qui e adesso è il punto e il momento decisivo!*», esclamò Weygand.

«*No, generale. Non è questo il punto né il momento decisivo. Lo sarà quando Hitler scatenerà la Luftwaffe contro l'Inghilterra. Se riusciremo a mantenere il controllo dei cieli sopra la nostra isola – e non chiedo altro – riconquisteremo tutto quanto perduto.*[62] Vi daremo tutto l'aiuto possibile, ma dobbiamo mantenere le nostre difese aeree intatte e voi, voi dovete combattere! Che i tedeschi sudino e sanguinino per ogni metro di territorio francese che cercheranno di conquistare!»

De Gaulle si intromise per la prima volta: «Potremmo condurre operazioni di guerriglia, colpirli alle spalle e nelle retrovie, distruggere i loro rifornimenti, ritirarci in Nord Africa se necessario...». Decisamente, mi piaceva quell'uomo.

Pétain sbuffò e parlò con il tono di un adulto che spieghi qualcosa di estremamente semplice a un bambino: «Continuare a combattere significherebbe infliggere altre sofferenze alla popolazione, la distruzione delle nostre città. E il risultato finale non cambierebbe».

«Signor primo ministro – intervenne Reynaud –, se la Francia dovesse capitolare, Hitler userà tutta la sua forza contro di voi e quando il suo esercito sbarcherà sulle vostre coste cosa pensate di fare?»

Mi sporsi sul tavolo e lo guardai dritto negli occhi. *«Ne affogheremo quanti più possibile e nous va a frapper à la tête, daremo una botta in testa a chiunque riesca a mettere piede sulla riva.*[63] Non importa quello che succederà – ringhiai – *l'Inghilterra continuerà a combattere. Toujours! Sempre! Ovunque! Partout! Senza pietà! Pas de grâce! Puis la victoire!»*[64]

Inglese, francese, non c'era lingua che avrebbero compreso.

Ebbi l'impressione di parlare al vento.

Se non c'era nulla che potessi dire per risollevare lo spirito di quegli uomini, di certo però non gli avrei permesso di trascinarci a fondo con loro.

«Ammiraglio – dissi a Darlan sulla porta mentre abbandonavamo quella fatidica riunione – *qualsiasi cosa accada, i tedeschi non devono mettere le mani sulla flotta francese.*»

Mi promise solennemente che non sarebbe mai avvenuto.[65]

Il giorno dopo le truppe di Hitler entrarono trionfalmente a Parigi.

«Signorina Hill!», gridai per farmi sentire al piano di sotto.

La mia segretaria arrivò subito, portando con sé il suo sorriso gentile e una risma di fogli sotto il braccio. «Buongiorno, primo ministro, ha dormito bene?», chiese prendendo posto alla scrivania nell'angolo della stanza e infilando un foglio nella macchina da scrivere.

«Uhm? Ah sì sì, buongiorno anche a lei», dissi chiudendo il giornale che stavo leggendo e buttandolo nel mucchio insieme agli altri e ai rapporti mattutini provenienti dai vari dipartimenti e ministeri, che esigevo rigorosamente composti di una singola pagina. Come avevo più volte ripetuto ai miei collaboratori: *è pura pigrizia non comprimere il pensiero in uno spazio ragionevole.*[66]

In quel momento entrò il mio fedele maggiordomo, che prese la pila di quotidiani e li sistemò sul vassoio che conteneva i resti della colazione appena consumata e che mi aveva portato lui stesso mezz'ora prima, alle otto in punto: uova, bacon, salsicce e caffè.

«Grazie, Frank», lo ringraziai mentre sparecchiava e usciva dalla camera. Mi concessi un attimo per apprezzare l'automatismo che si era ormai instaurato anche al numero 10 di Downing Street così come si era sempre svolto anche a casa mia. In pace come in guerra, non vedevo perché avrei dovuto alterare una routine che si era sempre rivelata proficua e che mi consentiva di massimizzare le energie. Avrei lavorato dal letto per tutta la mattina, prima di fare il bagno e pranzare. Poi avrei fatto un sonnellino di un'ora che mi avrebbe permesso di continuare a lavorare fino all'una o alle due di notte.

Mi accesi il primo sigaro della giornata e mi appoggiai sui cuscini accatastati alle mie spalle. Solo allora, assiso in quel rudimentale quanto confortevole e personale quartier generale che era il mio letto, cominciai a dettare alla signorina Hill la consueta raffica di memorandum, comunicazioni e telegrammi. Nonostante l'allenamento, perfino la mia capace segretaria faceva fatica a starmi dietro. Troppi ordini da impartire, troppe questioni da risolvere, troppi interrogativi da porre e preparazioni da effettuare.

Dettai e dettai.

Ad Anthony Eden, che avevo nominato ministro della Guerra, perché mi aggiornasse sul numero, equipaggiamento e stato di addestramento del neo formato gruppo di volontari che costituivano la guardia nazionale a difesa delle nostre spiagge in vista di un sempre più probabile sbarco tedesco.

A Pug Ismay, perché mi fornisse un resoconto sullo stato di sviluppo delle «bombe appiccicose», rudimentali ma efficaci prototipi di esplosivi da lanciare a breve distanza e in grado di attaccarsi ai carri armati nemici infliggendo enormi danni, dal momento che la maggior parte delle nostre armi pesanti giaceva abbandonata o distrutta a Dunkirk.

Al Prof. Lindemann, che ora era «consulente scientifico» del governo, per sapere a che punto fosse la creazione della rete di radar a protezione dell'isola e per sondare le possibilità di installare questi apparecchi direttamente sugli aerei.

Dettai a generali e ministri, a funzionari e diplomatici. Fui interrotto da qualche telefonata e ogni tanto un ufficiale o un segretario veniva a consegnare di persona un documento, il tutto sempre accompagnato in sottofondo dal suono attutito dei tasti della macchina da scrivere, che per mio ordine era stata modificata appunto per produrre il minor rumore possibile. Il dannato ticchettio mi avrebbe altrimenti impedito di mettere in ordine pensieri e parole.

«Infine, signorina Hill, il più importante. Questo è per Roosevelt.»

Diedi una lunga boccata al sigaro e riflettei in silenzio per qualche istante, mentre le dita della segretaria attendevano le mie istruzioni, figurandomi mentalmente il volto del presidente americano, cercando le parole giuste per far breccia nel suo cuore.

«Signor Presidente – cominciai a dettare –, sebbene le ribadisca la nostra ferrea determinazione a combattere, non posso parlare a nome dei miei eventuali successori qualora le cose dovessero volgere al peggio e fossimo sconfitti. Di fronte alla totale rovina l'unica moneta di scambio che avremmo con la Germania sarebbe la nostra Marina. *Il destino della nostra flotta, come sa, sarebbe decisivo per gli Stati Uniti, perché a quel punto le forze congiunte di Germania, Giappone, Francia e Italia sarebbero nelle mani di Hitler... Se dovessimo soccombere potreste trovarvi di fronte a degli Stati Uniti d'Europa sotto il dominio nazista, molto più numerosi, molto più forti e molto più ben armati del Nuovo Mondo... C'è un passo preciso, pratico e forse decisivo che può essere compiuto immediatamente:* inviateci trentacinque o quaranta dei vostri cacciatorpediniere in modo da aiutarci ad affrontare il pericolo dei sottomarini.»

Sapevo che quell'uomo era dalla nostra parte, ma che le sue

mani erano legate da un Congresso isolazionista e dall'approssimarsi delle elezioni presidenziali. Dovevo comunque fare tutto ciò che era in mio potere per convincerlo a schierarsi al nostro fianco.

«So bene, signor Presidente, che i suoi occhi avranno già scrutato queste profondità, ma sento di avere il diritto di mettere agli atti il modo vitale in cui gli interessi americani sono in gioco nella nostra battaglia e in quella della Francia.»[67]

Chiesi alla signorina Hill di rileggere e ascoltai con gli occhi chiusi e il sigaro in bocca. Aveva appena terminato che Jock entrò nella stanza senza bussare. Per la prima e penso unica volta, mi parve di vedere un ciuffo dei suoi capelli neri fuori posto, immaginai che avesse fatto le scale di corsa.

«Primo ministro – esordì prima ancora che la porta fosse aperta del tutto – Pétain. Ha chiesto l'armistizio, la Francia si arrende.»

Kathleen Hill si portò le mani alla bocca, passando lo sguardo da lui a me.

A quanto pare, dopotutto, quel giorno non avrei potuto rispettare la mia amata routine. Il bagno caldo che già pregustavo avrebbe dovuto aspettare.

Adesso eravamo davvero soli.

«Signorina Hill, prepari un altro foglio. Devo dettarle un discorso. E che Dio ci aiuti, dovrà essere perfetto.»

Quel microfono era l'Inghilterra.

Piuttosto piccolo, all'apparenza quasi insignificante. Un'isola nella vastità della grande scrivania ingombra di carte e documenti.

Eppure, celava una forza nascosta, una capacità sopita e inutilizzata finché non fosse stato attivato.

Si nutriva di parole.

Assorbiva la voce e la tramutava letteralmente in impulsi, in energia, che diffondeva in milioni di radio, in milioni di orecchie, in milioni di cuori.

Con le giuste parole, quell'energia poteva diventare immensa.

Sì, quel microfono era l'Inghilterra, pensai nel momento in cui la luce rossa si accese e lo studio sprofondò nel silenzio.

Il fonico della BBC mi fece un cenno e cominciai a leggere il salmo che avevo finito di dettare poco prima alla signorina Hill.

Quella che il generale Weygand ha chiamato
la Battaglia di Francia è finita.

La Battaglia d'Inghilterra sta per cominciare.

Da questa battaglia dipende
la sopravvivenza della civiltà cristiana.

Tutta la furia e la potenza del nemico
sarà rivolta molto presto contro di noi.

Hitler sa che dovrà sconfiggerci
su quest'isola oppure perderà la guerra.

Se riusciremo a resistergli,
tutta Europa potrà essere liberata
e la vita del mondo
potrà andare avanti
su ampi altopiani
illuminati dal sole.

Ma se falliremo,
allora il mondo intero,
inclusi gli Stati Uniti,
incluso tutto ciò che abbiamo conosciuto e amato,
sprofonderà negli abissi
di una nuova Età Oscura
resa più sinistra
e forse ancor più protratta
dalle luci di una scienza perversa.

Prepariamoci dunque
a compiere il nostro dovere e comportiamoci in modo che
se l'Impero britannico
e il suo Commonwealth dureranno
per altri mille anni, gli uomini
diranno ancora:

«Quella fu la loro ora più bella».[68]

Alzai gli occhi e guardai il fonico.

Rimase per un istante come stordito, prima di premere un tasto e chiudere la trasmissione.

La luce rossa si spense.

La luce rossa si accese.

E poi un'altra e un'altra e un'altra ancora.

«A quanto pare assisterà a una vera battaglia, primo ministro», disse il vicemaresciallo dell'Aria Keith Park, comandante degli stormi a difesa delle regioni intorno a Londra.

«Non chiedo di meglio», risposi accendendomi un sigaro e prendendo posto accanto a Clemmie, che mi aveva accompagnato in quel sopralluogo che si stava rivelando più interessante del previsto.

In quei giorni estivi del 1940 che seguirono la caduta della Francia eravamo completamente soli.

I Dominion, le colonie o l'India non potevano inviarci aiuti decisivi e nemmeno inviare per tempo ciò che avevano.[69] Dietro allo sterminato esercito tedesco, rinforzato dagli arsenali catturati agli Alleati sconfitti, si stagliavano innumerevoli minacce.

C'era l'Italia, con cui eravamo formalmente in guerra e che sfidava le nostre forze nel Mediterraneo e in Egitto; c'era la Spagna, che da un momento all'altro avrebbe potuto colpirci a Gibilterra, troncando le nostre linee di comunicazione e approvvigionamento; c'era il Giappone, le cui intenzioni rimanevano imperscrutabili, ma chiaramente bellicose; c'era l'Unione Sovietica, legata al patto di non aggressione con la Germania e che ai nazisti forniva anche diverse materie prime fondamentali; e c'era la Francia di Vichy, dove si era formato il governo fantoccio di Pétain, che avrebbe potuto essere obbligata da Hitler a dichiararci guerra.

Di certo, quello che non ci mancava erano i nemici.[70]

Compresi gli ex alleati.

Come avevo espressamente detto a Darlan nell'ambito di quell'ultima riunione a Tours, qualsiasi cosa fosse accaduta alla Francia, la sua flotta non doveva cadere in mano nemica. La nostra supremazia sui mari era l'unica cosa che ci proteggesse dal rischio di invasione e nulla doveva metterla in discussione. Quando l'armistizio venne firmato e nessun ordine di salpare verso l'Inghilterra o le colonie venne impartito alle navi francesi, ma bensì verso il Nord Africa, dove sarebbero state a portata di mano sia dei tedeschi che degli italiani, capii che dovevamo agire subito.

Il 3 luglio avevo dato l'ordine di avviare l'operazione «Catapult», la cattura o se necessario la distruzione della flotta ancorata a Mers El Kebir, in Algeria. Di fronte al rifiuto delle truppe leali al governo di Vichy di arrendersi, non ci era rimasta altra scelta che autorizzare ad aprire il fuoco. Avevamo affondato, danneggiato o spiaggiato diverse navi e nella battaglia erano morti milletrecento francesi, milletrecento marinai al fianco dei quali avevamo combattuto fino a due settimane prima, ma che ora rappresentavano una minaccia mortale. *Fu una decisione odiosa, la più innaturale e dolorosa nella quale fui mai coinvolto.*[71]

Nei giorni e nelle settimane seguenti alla resa della Francia, avevo visitato ogni settore dell'Inghilterra orientale e meridionale in cui sarebbe potuta avvenire l'invasione. Spesso viaggiavo e dormivo nel mio treno personale, da cui potevo mantenermi sempre in contatto con il governo e lo Stato maggiore. Visto il poco tempo che ero in grado di dedicare alla vita privata in quel periodo, spesso in questi lunghi sopralluoghi mi facevo accompagnare da Clemmie.

Avevo ispezionato ogni spiaggia e luogo d'approdo, interrogato gli ufficiali al comando dei vari settori sui piani operativi

– fra i quali un generale che non avevo mai conosciuto prima di nome Montgomery – e parlato con i soldati semplici e i volontari, per conoscere il loro stato fisico e soprattutto emotivo.

Avevo potuto constatare soddisfatto che quel piccolo microfono, dopotutto, aveva fatto la sua magia.

Militari e civili erano pronti. Come mi aveva detto uno di loro durante uno di quei sopralluoghi, dopo i miei discorsi loro *volevano* che i tedeschi arrivassero.

Avevo osservato dimostrazioni ed esercitazioni di ogni tipo, sia di tattica sia di combattimento con le nuove armi che finalmente iniziavano a giungere dagli Stati Uniti. Roosevelt era riuscito a sbloccare la vendita di mezzo milione di fucili con relativi proiettili e più di trecento cannoni da 75 mm.

Uomini e donne avevano lavorato giorno e notte per renderli utilizzabili. Entro la fine di luglio eravamo una nazione armata, per quanto riguardava un'invasione di paracadutisti o truppe aviotrasportate.

Eravamo diventati un «nido di calabroni».[72]

Tutta la regione era costellata di intricati sistemi di fortificazione, sbarramenti anticarro, nidi di mitragliatrici, batterie di difesa antiaerea.

La Fortezza Inghilterra era pronta.

Mi sono chiesto spesso cosa sarebbe successo se duecentomila truppe d'assalto tedesche fossero effettivamente riuscite a sbarcare. Il massacro sarebbe stato enorme e feroce da entrambe le parti. Non ci sarebbe stata né pietà né quartiere. Avrebbero usato il Terrore e noi eravamo pronti a fare tutto quanto fosse necessario.

Avevo anche pensato a uno slogan da usare: «Puoi sempre portarne uno con te».[73]

Io stesso mi assicurai che ci fosse sempre un fucile mitragliatore nel bagagliaio della mia auto e spesso facevo pratica con l'ispettore Thompson.

Per fortuna non dovetti mai usare né il mitra né lo slogan.

Nonostante provassi un enorme sollievo nel constatare quanto fosse robusta la corazza di cui si era ricoperta l'Inghilterra, continuavo a spronare i generali perché non ci riducessimo solo alla difensiva. *Quanto sarebbe stato meraviglioso fare in modo che i tedeschi dovessero chiedersi dove li avremmo colpiti, invece di lasciare che ci obbligassero a trincerarci nella nostra Isola! Bisognava fare uno sforzo per scrollarsi di dosso la prostrazione mentale e morale alla volontà del nemico di cui soffrivamo.*[74]

Non potendo contare su un'armata d'invasione, per portare la guerra fin sull'uscio di Hitler avevamo solo due armi: la nostra flotta, che però poteva ben poco contro la massa terrestre dell'esercito tedesco, e i nostri bombardieri, le cui missioni erano estremamente rischiose e poco efficaci, vista l'enorme distanza che dovevano percorrere per arrivare in Germania, mentre i tedeschi potevano far partire i loro dai Paesi occupati lungo la costa.

Avevo deciso così di istituire un corpo altamente addestrato di uomini e donne, anzi, di eroi, lo Special Operations Executive o SOE, pronti a paracadutarsi dietro le linee nemiche per sabotare, uccidere e rendere la vita dura agli occupanti, coordinando in ogni modo la resistenza locale.

La loro missione era perfettamente sintetizzata nell'ordine che avevo impartito al comandante Hugh Dalton al momento della creazione del corpo: «*E adesso vada ad appiccare il fuoco all'Europa*».[75]

Quello stesso fuoco che ora insanguinava il nostro cielo.

Seduto accanto a Clemmie, notai il paradosso di dirigere una battaglia in aria dalle profondità della terra.

Eravamo nel bunker del comando della RAF di Uxbridge, quindici metri nel sottosuolo.

Lo spettacolo cui stavo per assistere era, nella sua drammaticità, degno di una grande tragedia greca. E in effetti, guardandomi intorno, notai come *la sala del gruppo operativo fosse come un piccolo teatro, largo circa venti metri e a due piani. Avevamo preso posto in quella che potremmo definire la galleria. Sotto di noi c'era il grande tavolo cartografico, attorno al quale erano riuniti una ventina di giovani uomini e donne altamente qualificati insieme ai loro assistenti al telefono. Di fronte a noi, a coprire tutta la parete, dove si sarebbe trovato il sipario in un teatro, c'era una gigantesca lavagna, divisa in sei colonne con diverse lampadine elettriche.*[76]

«Che significano quelle luci, comandante?», chiese Clementine visibilmente emozionata.

«Si riferiscono ai vari squadroni, signora. La fila più bassa indica quali sono in "stand by", ossia con un preavviso di due minuti al decollo, la successiva quelli "pronti" in cinque minuti e quella ancora dopo quelli "disponibili" nel giro di venti minuti.»

«E quelle rosse?», chiese mia moglie nel tono di chi conosca già la risposta.

«Quelle, signora, indicano gli squadroni che sono in battaglia – disse Park – e ora scusatemi, la mia presenza è richiesta di sotto.»

Studiai attentamente quanto stava avvenendo intorno a me. In un angolo alcuni ufficiali erano impegnati a trascrivere le informazioni che ricevevano al telefono. Sapevo che dall'altro capo dell'apparecchio c'era qualcuno dei cinquantamila volontari del corpo degli Osservatori: uomini, donne e ragazzi che, armati di binocolo, erano gli occhi dell'Inghilterra.

Il radar era ancora agli inizi, ma avvisava delle incursioni in avvicinamento alla nostra costa. Erano gli osservatori, con i loro cannocchiali e telefoni portatili, la nostra principale risorsa di informazioni sui commando che volavano sopra di noi. Durante un'azione si ricevevano perciò migliaia di messaggi.[77]

Sul tavolo cartografico sotto di noi gli addetti posizionavano dei dischi per segnalare gli aerei nemici avvistati.

«Winston», disse Clementine prendendomi la mano, «guarda quanti sono. Santo cielo.»

Dieci, venti, trenta... gli ufficiali al telefono raccoglievano le informazioni e comunicavano agli addetti alla mappa il numero e la posizione dei velivoli individuati.

In breve tempo arrivai a contarne almeno ottanta.

Guardai la parete con i bulbi luminosi, adesso erano tutti rossi.

La posizione dei dischi sulla mappa cambiava continuamente, rendendo difficile seguire l'andamento della grande battaglia che stava avendo luogo in cielo.

Mi resi conto dell'ansia del comandante, che ora se ne stava in piedi immobile dietro la sedia del suo subordinato. Fino a quel momento avevo osservato in silenzio, ma ora chiesi: «Quali altre riserve abbiamo?».

«Non ce ne sono», rispose Park.

Aucune. Nessuna. Le parole pronunciate da Weygand così poco tempo prima.

In un resoconto che scrisse in seguito al riguardo, Park affermò che a questo punto «assunsi un atteggiamento serio».

Beh, è certamente verosimile...

I rischi erano grandi, i nostri margini ristretti, la posta in gioco infinita.[78]

Seguii con grande apprensione, e con non poca eccitazione, quell'enorme scontro riprodotto in piccolo su carta. Guardai gli ufficiali spostare e rimuovere le pedine e ripensai alle battaglie di soldatini che organizzavo nella mia stanza tanti anni prima. Stavolta però in gioco c'era la sopravvivenza del nostro Paese.

Da metà luglio i tedeschi avevano avviato la loro campagna di bombardamenti aerei, prima lungo la Manica e i porti meridionali, poi sulle basi della RAF e sulle industrie aeronautiche. Il maresciallo dell'Aria Göring sapeva che per poter attuare il piano di invasione di Hitler, l'operazione «Leone Marino», doveva prima conquistare la supremazia nei cieli. Nessun soldato tedesco avrebbe potuto sbarcare senza il controllo dello spazio aereo.

Ogni battaglia poteva perciò rivelarsi decisiva, il destino del nostro Paese, del nostro Impero, probabilmente del mondo intero, era nelle mani di quel pugno di giovani eroi che sfrecciavano a bordo dei loro Hurricane e dei loro Spitfire, sulle ali del destino.

Mai, nella storia dei conflitti umani, così tanti hanno dovuto così tanto a così pochi.[79]

I minuti scivolarono via, accompagnati da ordini, squilli di telefono e un gran movimento di uomini e di dischi sulla mappa.

Alla fine risultò che avevamo assistito a uno dei più importanti scontri della Battaglia d'Inghilterra.

Erano le 16.30 quando tornai a casa e immediatamente andai a fare il mio riposo pomeridiano.[80]

Al mio risveglio scoprii che avevamo abbattuto cinquantasei aerei nemici, perdendone meno di quaranta.

Due giorni dopo, il 17 settembre, Hitler rimandò l'operazione «Leone Marino» a data indefinita.

L'avevo vista, l'avevo immaginata, l'avevo descritta a Clementine tanti anni prima, all'apice dell'*appeasement* e della nostra incapacità di arrestare il riarmo tedesco.

Ora, quella scena era davanti ai miei occhi.

Di nuovo. Ma mai così grande.

Macerie, fumo, un cumulo di detriti dove fino alla sera prima c'erano state case, negozi.

Dove c'era stata vita.

I pompieri stavano ancora spegnendo gli incendi quando arrivai nel West End. Decine di persone scavavano alla ricerca di sopravvissuti o di qualsiasi cosa fosse rimasta delle loro esistenze precedenti per portarla con sé nella nuova, che per loro cominciava oggi.

Erano fieri, quei londinesi.

Erano abituati.

Dal 7 settembre al 3 novembre una media di duecento bombardieri aveva attaccato Londra ogni notte.[81]

Cinquantasette giorni consecutivi in cui ogni abitante della più grande città del mondo aveva atteso con ansia l'arrivo della sera, in cui tutti temevamo il tramonto e quello che il buio avrebbe portato con sé.

Quando la sera del 4 novembre per la prima volta non era suonata nessuna sirena, più che sollievo c'era quasi un senso di spaesamento.

Ma al silenzio innaturale che era improvvisamente sceso su Londra, facevano da contraltare i boati delle esplosioni nelle altre città britanniche. I nazisti avevano cambiato strategia, scegliendo di colpire i grandi centri industriali del Paese. Bristol, Southampton, Liverpool, ovunque ci fosse una fabbrica c'era anche un bersaglio, ma ben presto il bersaglio divennero i civili stessi, come dimostrò tragicamente il destino di Coventry, che venne rasa al suolo la notte del 14 novembre.

Ma era solo l'inizio del *Blitz*, l'attacco indiscriminato sui nostri centri abitati.

Dopo aver fallito il suo tentativo di distruggere la RAF in vista dell'invasione, Hitler aveva deciso che avrebbe piegato il popolo britannico lanciando una vera e propria campagna di terrore sulle città, sperando che con il morale dei civili sarebbe crollato anche il Paese.

Non conosceva gli inglesi.

Ben presto l'obiettivo principale di quei raid era tornato a essere Londra con i suoi sette milioni di abitanti.

La sera prima il Führer aveva scatenato sulla capitale il più distruttivo dei raid effettuati fino ad allora. Alle bombe ad alto potenziale, vennero affiancate quelle incendiarie. Più di duemila roghi arsero per tutta la notte e buona parte del giorno dopo a causa anche dei danni alla nostra rete idrica, che rendeva disperato il lavoro dei pompieri. Anche la Camera dei Comuni venne colpita e distrutta.

Era in quell'ingrato compito che trovai impegnate le brigate di vigili del fuoco e volontari al mio arrivo.

Scesi dall'auto accanto a un autobus a due piani divelto e mi feci strada attraverso le macerie e i calcinacci verso il punto in cui erano radunate la maggior parte delle persone. Dovetti appoggiarmi al bastone da passeggio per farmi largo fra i detriti, accompagnato da Pug Ismay.

Quando la gente mi vide, per un secondo temetti che avrebbero potuto rivolgere verso di me la loro frustrazione e impotenza, tutta la rabbia per non sentirsi adeguatamente protetti dal governo.

Nel momento stesso in cui questi pensieri si affacciarono alla mia mente, furono scacciati da acclamazioni e saluti. Vecchi, donne, uomini e bambini accorsero verso di me per stringermi la mano, in una manifestazione di affetto che mi commosse.

Quelle persone avevano appena perso tutto, eppure il loro desiderio in quel momento sembrava solo quello di stringersi al loro rappresentante, coloro che era riuscito a dare voce alla loro rabbia e alla loro ferrea volontà di vittoria.

Intorno a noi il fumo si alzava ancora alto, come in alto si sollevavano i loro cuori. Ai loro occhi il fatto stesso che fossi lì significava che ero uno di loro, che li vedevo, che li sentivo. Ed era esattamente così.

Per un momento incespicai su un calcinaccio e un uomo, completamente coperto di fuliggine, venne prontamente a sorreggermi. Perfino l'ispettore Thompson, perennemente preoccupato di attentati e in generale di qualsiasi minaccia fisica alla mia persona, lo lasciò fare, capendo il momento, capendo che quell'uomo, come tutti gli altri lì, erano una minaccia non per me ma solo per Hitler e il suo tentativo di piegarli.

«Caro vecchio Winnie», mi disse. «Sapevamo che saresti venuto a trovarci. Possiamo farcela e gliela faremo pagare.»

Da qualche parte sentii un'anziana donna dire a qualcuno: «Vedi, gli importa davvero di noi: sta piangendo».[82]

L'attacco era stato lanciato il 10 maggio 1941, esattamente un anno dopo la mia nomina a primo ministro.

Da quel momento in poi, le incursioni aeree diminuirono progressivamente. Pensavamo fosse uno stratagemma per indurci ad abbassare la guardia, ma in realtà il motivo era che quegli aerei ora servivano al Führer altrove.

Il suo sguardo si era spostato verso est.

Evidentemente Hitler teneva in gran conto gli anniversari, perché scelse il 22 giugno seguente, 365 giorni esatti dopo la firma della resa francese, per dare il via alla più grande delle sue scommesse.

Alle 3.15 del mattino, tre milioni di uomini, tremilaseicento carri armati, settemiladuecento pezzi di artiglieria e seicentomila veicoli meccanizzati vennero lanciati lungo un fronte di mille chilometri.

Era l'operazione «Barbarossa», l'attacco nazista all'Unione Sovietica.

La più grande invasione dell'intera storia umana aveva avuto inizio.

Per i russi era l'inizio di un atroce calvario.
Per Hitler sarebbe stato il principio della fine.
Ma per noi...
Per noi significava che non eravamo più soli.

16

La Grande Alleanza

1941-1942

Questa è la lezione: non arrendersi mai, non arrendersi mai. Mai, mai, mai, mai, in niente, grande o piccolo, importante o futile. Mai arrendersi se non per motivi di onore e buon senso. Non cedere mai alla forza, non cedere mai alla potenza apparentemente schiacciante del nemico.[83]

La luce che accarezzava le onde era fredda e lontana, come le stelle da cui proveniva.

Il mare si dibatteva, come se cercasse di scrollarsi di dosso quella coperta luminosa.

Sul ponte della nave, avvolto nel più pesante dei miei cappotti, anch'io ero agitato.

Incapace di prendere sonno, camminavo avanti e indietro già da qualche ora, con l'unica compagnia di un bicchiere di brandy, di un buon sigaro e dei miei pensieri.

Guardando sopra di me gli immensi cannoni che vegliavano silenti sull'oceano, per un momento lasciai vagare la mente. Immaginai come dovevano apparire tre mesi prima, nel momento in cui avevano aperto il fuoco contro la più potente delle navi tedesche, la leggendaria *Bismarck*.

Erano stati proprio i colpi partiti dalla *Prince of Wales*, su cui mi trovavo, quelli che avrebbero inflitto i danni cruciali all'ammiraglia nemica, costringendola a modificare la rotta e ad andare così incontro al suo destino.

La *Bismarck* giaceva ormai sul fondo del mare, lì dove la luce delle stelle non l'avrebbe mai più raggiunta. Il ricordo della frenetica caccia alla corazzata tedesca, che aveva affondato il nostro incrociatore *Hood* uccidendo i suoi millequattrocento uomini di equipaggio, riportò in superficie tutta l'angoscia di quei giorni. Il pensiero del passato, però, non era niente rispetto all'agitazione per il futuro, per il domani. Letteralmente, per il domani.

Sapevo che di lì a poche ore sarei stato protagonista di un episodio che avrebbe potuto rivelarsi cruciale per la guerra, forse per la storia. Non una grande battaglia o qualche fondamentale decisione strategica, bensì un incontro.

Un incontro da cui dipendeva il nostro destino.

La missione era segretissima e, per sfuggire agli U-Boot, eravamo costretti a mantenere il silenzio radio. *Si verificò così una pausa nella mia routine quotidiana e uno strano senso di svago che non avevo conosciuto dall'inizio della guerra.*

Per la prima volta dopo molti mesi potei leggere un libro per piacere. Il nostro plenipotenziario al Cairo mi aveva regalato Il capitano Hornblower, *di Cecil Scott Forester, che trovai immensamente piacevole. Quando si presentò l'occasione scrissi al plenipotenziario: «Trovo Hornblower ammirevole». Ciò provocò scompiglio nel quartier generale del Medio Oriente, dove si immaginava che «Hornblower» fosse la parola in codice per qualche operazione di cui non erano stati informati.*[84]

Le sei lunghe giornate di traversata erano trascorse così, il poco lavoro che si poteva fare relegato a riunioni con i presenti, per il resto svago. La sera giocavamo a carte o a backgammon e venivano proiettate delle pellicole. Ricordo in particolare un film di Stanlio e Ollio e un cartone animato con Paperino, oltre al mio preferito, *Lady Hamilton*, che non mi stancavo mai di rivedere. Ma nulla riusciva a tenere la mia mente lontana dalla guerra troppo a lungo.

Pensavo alla Russia, che si batteva con tutta la sua forza per arrestare l'avanzata nazista. Il sollievo per non essere più soli contro Hitler stava rapidamente tramutandosi nella stessa apprensione provata per la Francia: di nuovo, ci trovavamo costretti a dirottare aiuti, armi e munizioni vitali a un alleato in difficoltà, a costo della nostra sicurezza. Nonostante questi generosi sacrifici, i rapporti con i sovietici erano tiepidi. Immaginando la loro vergogna per il patto di non aggressione con i tedeschi, per l'occupazione della Polonia, per l'invasione della Finlandia e per aver assistito immobili alla capitolazione francese, pensai fosse compito mio fare il primo passo per rompere il ghiaccio e scrissi a Stalin.

Nonostante la mano che tendevo, il suo tono era freddo come il vento che sferza la steppa del suo Paese. *Ricevetti molti rifiuti e solo raramente una parola gentile. In molti casi i telegrammi rimasero senza risposta del tutto o per molti giorni.*[85] Pur sapendo che era materialmente impossibile, fin da subito il dittatore chiese l'apertura di un «secondo fronte» in Europa, per alleviare la pressione della Wehrmacht sui suoi confini. Ogni aiuto inviato era considerato insufficiente e provocava proteste da parte del loro ambasciatore a Londra, cui non mancai di far notare che *di tutti i popoli, loro erano quelli che non avevano alcun diritto di rimproverarci.*[86]

La superbia di Stalin era tale che non mi aveva neanche voluto credere quando gli avevo detto che i tedeschi si preparavano all'invasione. Le nostre informazioni, ricavate dalla decrittazione del codice Enigma dei nazisti, indicavano chiaramente le intenzioni di Hitler, ma nulla fu fatto per rafforzare la frontiera.

E adesso veniva a esigere il nostro aiuto, lamentandosi della sua scarsezza.

Le nostre risorse erano limitate, anche se finalmente in crescita grazie all'approvazione a Washington della *Legge degli affitti e prestiti*, che ci permetteva di ricevere aiuti militari dagli Stati Uniti senza doverli pagare subito. Una svolta fondamentale, dal momento che le nostre riserve finanziarie si stavano rapidamente esaurendo.

E ora dovevamo dirottare gran parte di quei provvidenziali aiuti ai russi, con il rischio che facessero la fine dei cannoni, dei carri armati e dell'equipaggiamento abbandonati sulle spiagge di Dunkirk o catturati dal nemico.

Hitler era davvero così invincibile da riuscire a spazzar via la titanica Armata Rossa?

In quel momento sembrava proprio di sì.

Padrone dei Balcani grazie all'alleanza con Ungheria, Romania e Bulgaria, in meno di due settimane aveva conquistato anche la Jugoslavia, per poi accorrere in aiuto di Mussolini, in difficoltà in Grecia. Ben presto lì dove per primo nell'antichità era sorto il sole della democrazia, calarono le tenebre del totalitarismo. Atene cadde e di nuovo ci trovammo costretti a organizzare in fretta e furia l'evacuazione delle nostre forze da Creta.

In Nord Africa, dopo i successi iniziali contro gli italiani, l'arrivo delle truppe tedesche corazzate al comando del generale Rommel ci aveva costretto ad arretrare sempre di più.

Eravamo in difficoltà su tutti i fronti.

Sì, Hitler sembrava davvero invincibile.

Per come la vedevo io, c'era una sola possibilità di rovesciare le sorti della guerra. Ed era precisamente il motivo per cui mi trovavo a bordo della *Prince of Wales* in quel momento.

Immerso nei miei pensieri, non mi accorsi che il Prof. Lindemann si era avvicinato.

«Ecco dove eri finito, ti cerco da mezz'ora. Di tutti i posti, proprio qui fuori con questo freddo – disse sfregandosi le mani per scaldarle –, parola mia non so come tu faccia.»

«Questione di abitudine, e di un piccolo aiuto», risposi sollevando il bicchiere.

«Il comandante dice che ci siamo, quella laggiù davanti a noi è la baia di Placentia. Arriveremo fra poco, dovresti scendere a prepararti.»

«Grazie Prof., arrivo subito», risposi gettando il mozzicone ormai spento nell'oceano.

Mentre un timido chiarore si accendeva alle nostre spalle, puntai lo sguardo verso la prua.

I primi raggi del sole avevano iniziato la scalata del promontorio che cingeva l'insenatura.

Presto avrebbero raggiunto le acque della baia, strappando il mare all'oscurità.

Laggiù, in quell'angolo d'oceano che andava risvegliandosi, mi aspettava Roosevelt.

La sua sola vista mi commosse.

Non solo per quello che rappresentava e per l'affetto sincero che si era sviluppato tramite la nostra lunga corrispondenza, ma anche per quella cortese fierezza che irradiava, e che doveva costargli grandi sofferenze vista la sua disabilità.

Il Presidente era in piedi sul ponte dell'incrociatore *Augusta*, *sostenuto dal braccio di suo figlio Elliot. Mentre suonavano gli inni nazionali, mi diede il più caloroso dei benvenuti.*[87]

Avvolto nel suo cappotto beige, mi strinse la mano con sorprendente forza.

«Finalmente ci incontriamo», disse sorridendo.

«Signor Presidente, dirle che è un piacere sarebbe davvero riduttivo.»

Capii subito che quell'uomo mi sarebbe piaciuto.

Concluse le formalità ci mettemmo al lavoro, avevamo tanto di cui discutere. Oltre alle riunioni allargate allo staff, trovammo spesso il modo di pranzare o passare un po' di tempo da soli per conoscerci meglio. La sintonia che si instaurò fra noi era sincera e profonda.

So riconoscere un grande uomo quando mi si para davanti, e lui lo era.

Incontrare Roosevelt, con tutta la sua allegra brillantezza, la sua personalità iridescente e la sua sublime fiducia in sé stesso era come aprire la prima bottiglia di champagne.[88] Il paragone mi venne in mente proprio mentre un attendente ci riempiva due calici, durante una di quelle cene a quattr'occhi.

«Allora siamo d'accordo – disse accendendosi una sigaretta – aumenteremo le forniture di petrolio, armi e cibo sia per voi che per la Russia. È fondamentale che Stalin non crolli.»

«Ogni aiuto sarà ben accetto, signor Presidente – dissi assaggiando quell'ottimo champagne e accendendo a mia volta il sigaro – naturalmente capisco quanto sia delicata la vostra situazione politica interna.»

«Vorrei fare di più, mi creda. Purtroppo, ho le mani legate. Già la faccenda della *Affitti e prestiti* ha suscitato un vespaio, non credo che il Paese sia pronto a un maggior coinvolgimento», spiegò con quella sua voce chiara e limpida come il colore dei suoi occhi. La stessa voce che ogni settimana per radio aveva riscaldato i cuori dei suoi compatrioti, accompagnandoli per mano fuori dalla Grande Crisi.

«Ascolti – continuò sporgendosi verso di me – non siamo pronti psicologicamente e, mi dicono i miei generali, neanche militarmente per entrare in guerra. Questo però non significa che non possiamo prenderci qualche responsabilità in più e sollevare voi da qualche preoccupazione. Per esempio, potremmo incaricarci del pattugliamento navale e aereo a ovest dell'Islanda, liberando così le vostre forze da quell'area, e potremmo far scortare i convogli diretti in Gran Bretagna da navi americane. Hitler non oserà attaccarle, e se lo facesse... beh.»

Non finì la frase, ma si limitò a sollevare il bicchiere e ad ammiccare.

«Sarebbe un gesto davvero magnifico e ci aiuterebbe molto nell'Atlantico. Ma, come sa, sono sempre più preoccupato per il Pacifico. Il Giappone continua la sua guerra di conquista in Cina e nell'Indocina francese ed è ogni giorno più aggressivo. Non abbiamo forze sufficienti a contrastarli, qualora decidessero di attaccare la Malesia o Singapore o le colonie olandesi. Dovremmo mandar loro un messaggio inequivocabile...»

«Sì, ci avevo pensato. Ho già richiesto formalmente il loro ritiro dall'Indocina e ho ordinato il congelamento dei loro beni negli Stati Uniti. Questo, unito a simili azioni da parte vostra e degli olandesi, gli precluderà ogni rifornimento di petrolio, e quindi del mezzo per continuare la loro campagna di aggressione. Nel frattempo, però, c'è qualcos'altro che potremmo fare. Penso sia necessario stabilire dei principi, una *road map* per la conduzione della guerra e per il mondo che verrà. Dobbiamo far capire che non combattiamo solo per distruggere il nazismo, ma per costruire qualcosa di duraturo.»

Le sue parole mi colpirono e ne afferrai immediatamente il potenziale. Passammo la serata chini su un pezzo di carta ad abbozzare una dichiarazione.

Era la *Carta Atlantica*, otto punti in cui, fra le altre cose, si stabiliva che i nostri Paesi non avrebbero cercato ingrandimenti territoriali, né che tali cambiamenti sarebbero avvenuti senza l'espressa volontà dei popoli coinvolti. Ma soprattutto stabiliva che, «dopo la distruzione finale della tirannia nazista», si sarebbe creato un sistema globale a difesa e salvaguardia della pace.

Quella frase era straordinaria, perché messa nero su bianco da un Paese formalmente neutrale.

Dal seme che avevamo piantato quella sera sarebbero nate le Nazioni Unite.

L'America era sempre più vicina.

Era quello che avevo sempre desiderato, era quello che avevano promesso, era quello che vedevo davanti ai miei occhi.

Osservavo gli ufficiali e i marinai britannici e americani fianco a fianco, partecipare alla messa della domenica mattina, intonando gli inni che io stesso avevo scelto per quell'occasione. *Ogni parola sembrava incendiare il cuore.*

Fu una grande ora da vivere.

Ma quasi metà di coloro che cantavano presto sarebbero morti.[89]

Guardando il verde dei prati, immaginavo il deserto.

Non il più semplice, né a dire il vero il più piacevole, degli esercizi, ma volevo cercare di immedesimarmi per riuscire a cogliere tutte le difficoltà e i rischi della battaglia in corso in Nord Africa.

Con l'occhio del pittore, dipinsi nella mente la scena che dovevano avere di fronte in quel momento i nostri ragazzi. Sabbia, dune, la linea dell'orizzonte resa tremolante dall'afa. In fondo, erano tutte cose che avevo visto con i miei occhi tanti anni prima, quando a imbracciare le armi in quelle lande desolate ero stato io.

Ma quante cose erano cambiate da allora, soprattutto nell'arte della guerra.

Le descrizioni delle battaglie moderne tendono a perdere il senso del dramma, perché sono distribuite su ampi spazi e spesso richiedono settimane per essere decise, mentre sui famosi campi della storia il destino delle nazioni e degli imperi veniva deciso su poche miglia quadrate di terreno e in poche ore.[90] Questo contrasto era più netto che mai nel deserto, che adesso, percorso da centinaia di carri armati e sorvolato da decine di aerei, diventava immenso. Chiunque poteva colpire ovunque con rapidità letale e spesso era complicato avere un quadro strategico complessivo.

Avevo dato ordine di avviare l'operazione «Crusader» venti

giorni prima, con l'obiettivo di attaccare le truppe dell'Asse in Libia e liberare la città di Tobruk assediata. All'inizio le cose erano andate bene, ma ben presto la superiorità dei panzer tedeschi degli Afrika Korps agli ordini di Rommel si era fatta sentire. Le perdite erano ingenti da entrambe le parti ed era impossibile capire chi stesse effettivamente vincendo: un giorno sembrava che i tedeschi e gli italiani fossero in vantaggio, quello dopo noi e le nostre truppe del Commonwealth.

Le ultime notizie sembravano favorevoli, ma ormai avevo imparato a non esultare prima del tempo.

Dalla finestra incastonata negli antichi pannelli di quercia intravedevo le colline. Mi parve di scorgere una spruzzata di bianco sulla sommità. Il freddo in effetti era arrivato presto e già da qualche giorno avevo chiesto al mio domestico Frank Sawyers di assicurarsi che il camino della sala grande di Chequers fosse sempre acceso.

La grande residenza risalente al XVI secolo si trova nelle campagne del Buckinghamshire, a sessanta chilometri dal centro di Londra. Dagli anni Venti era stata donata ai primi ministri britannici come ritiro di campagna e in quei giorni bui era in effetti un toccasana poter passare qualche ora immersi nella quiete.

Il chiasso della capitale era un chiasso di guerra. Durante il giorno ovunque si sentivano i rumori degli operai al lavoro per sgombrare macerie o rinforzare i rifugi. La notte, invece, il silenzio era opprimente perché innaturale. Le luci erano spente per rispettare l'oscuramento e non offrire punti di riferimento ai piloti della Luftwaffe. Londra era nel buio per decreto.

Nella campagna intorno a Chequers, invece, la calma era normale, così come l'oscurità portata dalla sera. E la normalità era quello che ci voleva.

Mentre i generali si alzavano alla fine della riunione mi presi un momento per assaporare l'imbrunire.

«L'ambasciatore è arrivato, signore», disse Frank interrompendo il momento di quiete.

«Molto bene, fallo accomodare, per favore.»

Restò un attimo a guardarmi, indeciso se parlare o meno.

«Che cosa c'è, Frank?» gli chiesi andandogli incontro.

«Pensava di cambiarsi per la cena, signore?», chiese con tatto.

Mi resi conto che si riferiva al mio abbigliamento. Indossavo la mia «tuta da sirena», come la chiamavo, una mia invenzione che consisteva in un unico capo con una zip sul davanti. Era estremamente comoda e pratica, ma per alcuni evidentemente inadeguata a occasioni formali.

«Gil non si scandalizzerà, ne sono sicuro. E neanche Averell», dissi sorridendo. Consideravo i due funzionari americani ormai come amici. E cos'altro potevano essere? Gil Winant era l'ambasciatore degli Stati Uniti, Averell Harriman l'inviato speciale di Roosevelt.

Non si scandalizzarono.

Ricordo quella cena domenicale come piacevole e relativamente spensierata. Parlammo di affari seri, naturalmente, ma riuscimmo anche ad affrontare temi più leggeri. Offrii loro un sigaro e sorseggiammo un brandy dopo mangiato, quando mi accorsi che erano da poco passate le 21.00. Di solito non mancavo di ascoltare il notiziario alla radio, ma quella sera la accesi con qualche minuto di ritardo. La trasmissione era già cominciata.

Ascoltammo una serie di notizie sui combattimenti lungo il fronte russo e lungo quello britannico in Libia al termine delle quali furono pronunciate alcune frasi riguardo un attacco giapponese alle navi americane alle Hawaii, nonché sugli attacchi giapponesi alle navi britanniche nelle Indie orientali olandesi. Dopo di che venne l'annuncio che un tale avrebbe fatto un commento subito dopo e che a seguire sarebbe iniziato il programma Brains trust *o qualcosa di simile.*[91]

«Cosa ha detto sulle Hawaii?», chiese Harriman, più sorpreso che allarmato.

«Non ho capito bene, il segnale è un po' disturbato. Ma ho sentito parlare di giapponesi, mi pare», rispose Winant.

Personalmente, non avevo colto granché dell'annuncio, non so dire se a causa della pessima ricezione, del fatto che la mia attenzione fosse assorbita dai soliti pensieri e dalla conversazione, o semplicemente perché il mio cervello si era rifiutato di assimilare una simile informazione buttata lì in mezzo ad altre come un trafiletto su un giornale.

A quel punto comparve nella stanza Sawyers, il domestico, che aveva udito le nostre parole e disse: «È vero, lo abbiamo sentito anche noi là fuori. I giapponesi hanno attaccato gli americani».

Seguì il silenzio...

Mi alzai da tavola e attraversai il corridoio fino all'ufficio, dove si lavorava ininterrottamente. Chiesi di mettermi in comunicazione con il Presidente.[92]

Avevo promesso sia in privato che pubblicamente a Roosevelt che, qualora il Giappone avesse mai attaccato gli Stati Uniti, la nostra dichiarazione di guerra sarebbe arrivata nel giro di un'ora. Ma non potevo basarmi su una trasmissione radio, per di più disturbata.

I tre minuti che passarono prima che fosse stabilita la linea con la Casa Bianca furono fra i più lunghi di tutta la mia vita.

«Lo Studio Ovale è in linea, signore», mi disse l'operatore passandomi l'apparecchio.

«Signor Presidente, cos'è questa storia del Giappone?», gli chiesi.

«È tutto vero», rispose, «ci hanno attaccati a Pearl Harbor. Ora siamo tutti nella stessa barca.»[93]

Non riuscivo a crederci.

Come mi succede sempre quando è il momento dell'azione, però, accantonai emozioni e sensazioni e mi misi subito al lavoro. Ci sarebbe stato tempo per elaborare la notizia, dopo.

Salutai il Presidente e dettai degli ordini a Jock Colville, che ci aveva raggiunto. Chiesi la riunione di entrambe le Camere del Parlamento per il giorno seguente, convocai una seduta urgente del Gabinetto di Guerra e degli Stati maggiori delle forze armate e scrissi ad Anthony Eden, il nuovo ministro degli Esteri dopo che avevo nominato Halifax ambasciatore a Washington, di avviare le formalità necessarie per una dichiarazione.

Una dichiarazione di guerra.

Abbozzai io stesso la lettera da inviare all'ambasciatore giapponese il giorno dopo, non appena avesse ricevuto il via libera formale da parte del Gabinetto. La conclusi firmandomi con queste parole:

«Ho l'onore di essere, con alta considerazione,
Signore,
Il vostro obbediente servitore,
Winston S. Churchill».

Ad alcune persone non piaceva questo stile così cerimonioso. Ma dopotutto quando devi uccidere qualcuno, non costa nulla essere educati.[94]

Era ormai notte fonda quando finalmente mi ritirai nella mia stanza.

Le emozioni adesso si susseguivano infinite, come onde sugli scogli.

Nessun americano penserà male di me se dico che avere gli Stati Uniti al nostro fianco fu per me la più grande delle gioie. Non potevo prevedere il corso degli eventi né pretendo di aver valutato con precisione la potenza militare del Giappone, ma ora, in quel preciso momento, sapevo che gli Stati Uniti erano in guerra, fino al collo e fino alla morte.

Quindi, dopotutto, avevamo vinto![95]

Senza dubbio ci sarebbe voluto molto tempo. Mi aspettavo terribili perdite in Estremo Oriente, ma tutto ciò sarebbe stato solo passeggero.

Uniti potevamo sconfiggere chiunque.

Si prospettavano molti disastri, costi incommensurabili e tribolazioni, ma non c'era più dubbio su quale sarebbe stato l'epilogo...

Saturo e sazio di emozioni e sensazioni, andai a letto e dormii il sonno di chi è lieto di essere in salvo.[96]

Un milione di diamanti scintillavano sul velluto nero della notte.

Washington D.C. sembrava preziosa quanto il più ricco dei tesori, non solo per il suo significato intrinseco, ma anche per lo spettacolo che offriva vista dall'alto.

Da due anni non vedevo una città illuminata nel buio.

Da due anni la guerra ci aveva strappato la luce.

E ora eccola lì, sotto i miei occhi, la magnifica capitale dei nostri alleati, brillare nell'oscurità.

La reale portata dell'attacco di quindici giorni prima era diventato chiaro solo progressivamente. I giapponesi non avevano solo decimato la possente flotta americana del Pacifico a Pearl Harbor, ma avevano lanciato nello stesso momento anche la loro offensiva terrestre nel Sud-Est asiatico.

Hong Kong, Thailandia, Filippine, la Malesia. Nessun posto sembrava troppo lontano per i fanatici soldati dell'Imperatore.

Furono ovunque contemporaneamente.

E ovunque vittoriosi.

Anche sul mare, dove affondarono le nostre due maggiori navi, compresa la *Prince of Wales* che mi aveva portato nella baia di Placentia solo quattro mesi prima.

Il pensiero di tutti quei valorosi marinai scomparsi per sempre sotto le onde mi opprimeva, ma non c'era nulla che potessimo fare. Le nostre forze erano concentrate in Europa e nel Mediterraneo e gli Stati Uniti dovevano ancora riorganizzarsi dopo l'attacco di Pearl Harbor.

Pur nel sollievo di avere l'America finalmente al nostro fianco, un timore più degli altri mi perseguitava: che dopo l'oltraggio subito, i nostri alleati decidessero di concentrarsi sul Giappone, lasciandoci soli contro i tedeschi e gli italiani. Per nostra fortuna, il Führer aveva dichiarato guerra agli Stati Uniti appena tre giorni dopo.

Una decisione suicida, letteralmente.

Adesso dovevo convincere gli americani che fosse Hitler il nemico principale, la chiave di volta per far cadere anche gli altri.

Per questo avevo affrontato un altro viaggio pericoloso, per partecipare a quella che in codice avevamo chiamato Conferenza «Arcadia»: dovevamo vederci faccia a faccia e formulare una strategia globale.

Ogni preoccupazione svanì non appena vidi il volto del Presidente e quei suoi chiari occhi azzurri e sentii ancora una volta la forza della sua stretta di mano.

Roosevelt venne ad accogliere me e il mio staff all'aeroporto e ci condusse con il suo corteo motorizzato alla Casa Bianca, dove avrei alloggiato per tre settimane.

Al mio arrivo, ai giornalisti che mi chiesero quanto tempo ci sarebbe voluto per «dare una batosta a quei ragazzi», risposi:

«Se la gestiamo bene, solo la metà del tempo rispetto a se la gestiamo male».[97]

Io e il Presidente *ci vedevamo parecchie ore ogni giorno e pranzavamo sempre insieme... La cena era un'occasione più sociale, ma ugualmente intima e amichevole. Roosevelt preparava lui stesso meticolosamente i cocktail e io spingevo personalmente in segno di rispetto la sua sedia a rotelle dalla sala all'ascensore...*

Poiché entrambi, per necessità o abitudine, eravamo costretti a svolgere gran parte del nostro lavoro a letto, veniva a trovarmi nella mia stanza ogni volta che ne aveva voglia e mi incoraggiava a fare altrettanto.[98]

Se appena un anno prima, nei momenti più bui della Battaglia d'Inghilterra, qualcuno mi avesse detto che avrei passato il Natale successivo alla Casa Bianca a conversare in vestaglia con il Presidente degli Stati Uniti, probabilmente lo avrei fatto arrestare.

Fu uno strano Natale. Circondato da vecchi e nuovi amici, il mio pensiero andava sempre a Clemmie, ai miei figli e ai miei tre nipotini, l'ultimo nato due anni prima. Avrei voluto che anche loro, così come tutti gli inglesi e i popoli sottomessi, passassero delle feste di gioia e serenità. Ma la strada era ancora lunga e costellata di dolore, come ci venne ricordato quella sera stessa. Sotto l'albero per noi c'era la notizia della caduta di Hong Kong.

Quando il giorno dopo arrivai al Campidoglio, come prima cosa cercai di avvicinarmi, come mio costume, alla folla festante che si era radunata intorno all'edificio, ma scoprii mio malgrado che la sicurezza in America viene presa più seriamente che nel Regno Unito. Gli agenti mi impedirono ogni contatto con il pubblico e mi scortarono dentro, dove il Congresso mi aveva riservato il grande onore di riunirsi in seduta comune per ascoltare le mie parole. *All'interno, la scena era imponente e formidabile, e la grande sala semicircolare, che vedevo attraverso una griglia di microfoni, era gremita.*[99]

«Non posso fare a meno di riflettere – esordii – *che se mio padre fosse stato americano e mia madre britannica, invece del*

contrario, forse sarei arrivato qui con i miei mezzi. In tal caso, non sarebbe la prima volta che ascoltate la mia voce. In tal caso non sarebbe stato necessario recapitarmi alcun invito.»[100]

Le risate che provennero anche dalle file degli isolazionisti mi scaldarono il cuore.

«Posso confessare comunque che non mi sento affatto un pesce fuor d'acqua in un'Assemblea legislativa in cui si parli inglese. Sono un figlio della Camera dei Comuni. Sono cresciuto nella casa di mio padre credendo nella democrazia. "Fidati della gente": questo era il suo messaggio.»[101]

Devo ammettere che mi sentivo davvero a casa e più sicuro di me stesso di quanto non fossi stato a volte alla Camera dei Comuni. Ciò che dissi fu accolto con la massima gentilezza e attenzione. Ci furono risate e applausi dove mi aspettavo che ci fossero. La risposta più rumorosa arrivò quando, parlando dell'oltraggio giapponese, chiesi: «Che tipo di persone pensano che siamo?».[102]

«Possibile che non si rendano conto che non smetteremo mai di persistere contro di loro, finché non avranno ricevuto una lezione che loro e il mondo non dimenticheranno mai?»[103]

L'applauso che accompagnò la fine del discorso fu lungo e commovente. Ancora più commovente fu il fatto che, all'uscita, gli stessi leader del Congresso vennero insieme a me a salutare la folla, sfidando gli ordini degli agenti del Servizio Segreto.

«Fidati della gente.» Mi avevano ascoltato.

Quella notte, nella mia stanza alla Casa Bianca, oppresso dal caldo dell'impianto centralizzato, mi alzai per aprire una finestra. Era molto dura e dovetti fare forza. All'improvviso mi mancò il fiato e sentii un dolore sopra il petto, che si ripercosse su tutto il braccio sinistro. Il mio medico mi disse che avevo avuto un attacco di cuore e che avrei dovuto riposarmi il più possibile e allentare un po' il lavoro.

Come dire a un pesce che non deve nuotare o a un uccello che non deve volare.

Decidemmo comunque di tenere la faccenda segreta. Agli inglesi in quel momento non serviva sapere che il loro leader era debole di cuore. Accontentai comunque il dottore passando qualche giorno di vacanza in Florida, non prima però di essere volato in Canada per fare un discorso anche al Parlamento di quel Paese.

A parte le mie vicende di salute, le tre settimane nel nuovo mondo si rivelarono fruttuose.

La linea del «prima Hitler» venne approvata da Roosevelt e fu istituito un Comando supremo interalleato che avrebbe coordinato tutte le attività militari su scala globale.

A causa della situazione sempre più critica in Estremo Oriente, reputai fondamentale tornare a casa il prima possibile. Un altro lungo viaggio via nave, per quanto più sicuro, era escluso. Nonostante la preoccupazione dei miei collaboratori sulla pericolosità di un volo transoceanico, decisi di tornare a Londra in aereo. Mi dicono che fui il primo leader della storia a farlo, un record di cui vado particolarmente fiero.

Fu uno spasso, anche perché per alcuni tratti mi sedetti io stesso ai comandi, apprezzando i miglioramenti dell'aeronautica nei lunghi anni passati da quando avevo preso le mie lezioni di volo. Me la cavavo ancora piuttosto bene.

Dopo quasi diciotto ore di viaggio, mentre mi concedevo un po' di riposo, a un certo punto sentii una brusca virata. Il comandante mi spiegò che a causa delle nuvole eravamo finiti fuori rotta e avevano dovuto fare una correzione.

Solo quando finalmente atterrammo e scesi dall'aereo scoprii che avevamo costeggiato lo spazio aereo della Francia occupata: *se avessimo mantenuto la direzione per altri cinque o sei minuti, ci saremmo trovati sopra le batterie antiaeree tedesche di Brest.* Non solo: la nuova rotta ci fece approcciare le coste della Gran Bretagna non dal lato dal quale eravamo attesi, ma da quello da cui provenivano di solito i bombardieri nemici.

Ciò ebbe il risultato, come mi fu detto alcune settimane dopo, che fummo segnalati come un aereo ostile in arrivo da Brest e a sei Hurricane del Comando Caccia fu dato l'ordine di abbatterci.

Tuttavia, fallirono la loro missione.[104]

La mia, invece, si era conclusa con successo.

Il giorno di Capodanno avevamo esteso a Unione Sovietica e Cina i principi del Patto Atlantico, cui presto si aggiunsero altri ventidue Paesi.

E così, all'alba del 1942 la voce del mondo libero si levava in tutta la sua forza, per ribadire che non ci sarebbe stata pace fino alla sconfitta finale del nazismo.

Quella Grande Alleanza che avevo sempre sognato ora, finalmente, diventava realtà.

Adesso avevamo un obiettivo, adesso avevamo una strategia, adesso avevamo anche un nome, suggerito dallo stesso Roosevelt.

Adesso eravamo le Nazioni Unite.

17

Il vento del deserto

1942-1943

> *I tedeschi hanno ricevuto indietro quella dose di fuoco e acciaio che così spesso hanno riservato agli altri. Ora, questa non è la fine. Non è neanche l'inizio della fine. Ma è, forse, la fine dell'inizio.*[105]

Il vento del deserto trasportava memoria.

Il vento del deserto era saturo di ricordi e irradiava energia.

Il vento del deserto sfidava il tempo, facendo scivolare via gli anni.

Quarantaquattro, per la precisione.

Tanto era passato dall'ultima volta che mi ero unito a un esercito in marcia attraverso le dune d'Egitto.

Mi sembrava di essere ringiovanito. *L'aria meravigliosa del deserto, con il suo sole cocente e la brezza fresca, mi rinvigoriva così tanto che non mi sembrava di aver bisogno di dormire quanto al solito.*[106]

Il viaggio era stato particolarmente scomodo. Ogni ora di volo avevo rimpianto la comodità dell'aereo che mi aveva riportato da Washington attraverso l'Atlantico sei mesi prima. Adesso avevo un mio mezzo personale, «Commando», un bombardiere Liberator di fabbricazione americana riconvertito. *Non era riscaldato e correnti d'aria taglienti penetravano in molte fessure. Non c'erano letti ma due scaffali nella cabina di poppa*, sulle quali veniva gettata qualche coperta. L'aereo non era neanche pressurizzato e, superata una certa altitudine, per dormire dovevo indossare la maschera dell'ossigeno. Il mio medico personale, lord Moran, che dopo la disavventura della Casa Bianca viaggiava sempre con me, era preoccupato per lo stress che simili condizioni avrebbero potuto avere sul fisico di un sessantasettenne.

Ma io ero felice e mi sentivo forte come un leone.

Era mia abitudine in questi viaggi sedermi sul sedile del copilota prima dell'alba, e quando l'avevo raggiunto la mattina del 4 agosto, lì, nell'alba pallida e scintillante, l'infinito e tortuoso nastro argentato del Nilo si allungava gioiosamente davanti a noi... Ora, per un breve periodo, ero diventato «l'uomo sul posto». Invece di restare a casa ad aspettare le notizie dal fronte, potevo inviarle io stesso. Era tonificante.[107]

Come il vento del deserto, che ora risuonava delle esclamazioni di gioia dei soldati dell'Ottava Armata. Tutti, nessuno escluso, al mio passaggio alzavano le dita per fare il segno «V» di vittoria e io lo replicavo, sorridendo. I miei collaboratori mi avevano più volte messo in guardia sul modo corretto di farlo, ma io continuavo a dimenticarmene, e forse il fatto che spesso lo facessi al contrario, dandogli un significato che nel gergo comune era piuttosto volgare, lo aveva reso ancora più popolare.

Immaginare il campo di battaglia attraverso i prati di Chequers non mi bastava più, dovevo vederlo di persona, toccarlo con mano, sentire quel vento sulla pelle.

L'avanzata degli Afrika Korps di Rommel sembrava inarrestabile. In poco più di un mese aveva conquistato Bengasi, Tobruk e ci aveva cacciati dalla Libia, arrivando a minacciare il cuore dell'Egitto. La flotta dovette essere spostata a sud del Canale di Suez: per la prima volta da secoli, la Marina britannica era di fatto estromessa dal Mediterraneo.

Le forze tedesche erano penetrate fino a El Alamein e ora fra i due schieramenti c'era una situazione di stallo.

Ero lì per cercare di spezzarlo una volta per tutte.

Sono sempre stato contrario ad assumere un atteggiamento puramente difensivo in guerra. Il nemico va sfidato, aggredito, combattuto. Sempre.

A maggior ragione quando ci si trova nell'unico quadrante del globo in cui poter cercare una vittoria in tempi brevi.

Con l'entrata di Stati Uniti e Giappone, adesso la guerra era davvero mondiale. Non solo le macerie in Europa continuavano ad accumularsi sotto le bombe, ma si combatteva dalle steppe gelate della Russia alla giungla degli atolli del Sud-Est asiatico, in ogni mare e oceano così come sotto lo spietato sole d'Africa.

L'intero pianeta era, in un modo o nell'altro, avvolto dalle fiamme del conflitto.

Insieme al capo di Stato maggiore imperiale Alan Brooke c'era con me anche il feldmaresciallo Jan Smuts, l'uomo che mi aveva interrogato ai tempi della mia cattura in Sudafrica e con il quale avevo poi elaborato la costituzione del Paese di cui ora era primo ministro. Un altro frammento di memoria portato dal vento del deserto.

Dopo essermi consultato con loro decisi di dare una scossa agli eventi, sostituendo il comandante in capo del Medio Oriente, Claude Auchinleck, con il generale Harold Alexander e affidando la fondamentale Ottava Armata al generale Gott.

Ero con lui mentre percorrevo il lungo fronte presso El Alamein, salutato dai ragazzi ora ai suoi ordini. *Ovunque fui accolto con entusiasmo dalle truppe, che ovviamente erano sparse lungo un'area immensa per evitare gli attacchi aerei.*[108] Ci vollero sei ore per passare in rassegna quel grande esercito, anche perché spesso mi fermavo a fare qualche discorso di incoraggiamento o a scambiare quattro chiacchiere con gli ufficiali e i soldati.

Ovunque andassi migliaia di mani si alzavano per fare la «V» di vittoria. Sapere che quello era il primo pensiero che quei ragazzi associavano alla mia vista mi commosse profondamente. Soprattutto quando a farmelo furono gli uomini del 4° Ussari, la mia vecchia unità. Quanto tempo era passato da allora e quanta strada avevamo fatto tutti quanti.

Quando tornai al Cairo ero di nuovo ottimista sul risultato della grande battaglia alle porte. Sapevo che non ci sarebbero stati più tentennamenti né rinunce. Gli ordini che avevo dato ad Alexander e Gott erano chiari: *«Il primo e principale obiettivo è la distruzione dell'esercito italo-tedesco comandato da Rommel, insieme a tutti i suoi rifornimenti e stabilimenti in Egitto e in Libia».*[109]

Sollevato, mi apprestai ad affrontare la seconda parte della mia missione. La più difficile.

Prima di partire, però, arrivò una brutta notizia. L'aereo del generale Gott era stato abbattuto lungo la stessa rotta che avevo percorso io il giorno prima. Con il cuore colmo di dolore per la perdita di quel valoroso ufficiale che avevo imparato ad apprezzare, dovetti decidere a chi dare il comando dell'Ottava Armata.

La scelta ricadde sull'uomo che avevo conosciuto ai tempi della Battaglia d'Inghilterra, ispezionando le sue truppe pronte a difendere le coste della nostra isola: Bernard Montgomery, *un soldato altamente competente, audace ed energico, che aveva familiarità con la guerra nel deserto. E se coloro che lo circondavano lo reputavano sgradevole, a maggior ragione lo avrebbero fatto anche i nemici.*[110]

Il vento del deserto avrebbe presto consegnato la sua sfida con Rommel alla storia.

Osservando dalla cabina del mio aereo il sole tramontare, dissi mentalmente addio alle distese di dune che venivano inghiottite dal buio, preparandomi al nuovo tipo di desolazione che mi aspettava.

Non più fatto di sabbia, ma di steppe sterminate.

Inospitale, come il cuore dei suoi padroni.

Quel cupo e sinistro Stato Bolscevico, che un tempo avevo così tenacemente cercato di strangolare alla nascita e che, fino al momento in cui apparve Hitler, avevo considerato il nemico mortale della libertà civilizzata.[111]

Per usare le parole di Clemmie, stavo per *incontrare l'orco nella sua tana.*[112]

La mia missione in Unione Sovietica era iniziata.

Mentre disegnavo il coccodrillo su un fazzoletto da cocktail, mi resi conto che stavo involontariamente immortalando il mio interlocutore.

Muso allungato, con naso e bocca proiettati in avanti, come se fosse pronto a scoprire le zanne e ad attaccare senza il minimo preavviso. Occhi a fessura, all'apparenza privi di emozione. Anche il verde delle squame era richiamato dall'uniforme di lana che indossava. Sì, baffi a parte, quel coccodrillo sembrava decisamente Stalin.

Decisi di non dirglielo.

«Ecco, vede – dissi indicando con la punta della penna il ventre del grosso rettile – questo è il punto più soffice per attaccare. Ed è efficace quanto colpire qui, sul muso, che è ben più duro. E pericoloso.»

Stalin guardò il disegno con attenzione, felice che, dopo ore di traduzioni da parte dei nostri interpreti, avessimo trovato un modo per comunicare in modo diretto, per quanto rozzo.

Come avevo previsto, la prima domanda che mi aveva posto al mio arrivo al Cremlino riguardava l'apertura di un secondo fronte in Francia. Sapevo anche che la mia risposta non gli sarebbe piaciuta: *era come trasportare un pezzo di ghiaccio al Polo Nord. Tuttavia, ero sicuro fosse mio dovere raccontare i fatti personalmente, e farlo faccia a faccia con lui, piuttosto che affidarmi a telegrammi e intermediari.*[113]

Due mesi prima ero andato nuovamente a Washington, proprio per discutere le future operazioni da preparare. Insieme a Roosevelt e ai suoi generali, fra cui uno particolarmente brillante di nome Dwight Eisenhower, avevamo stabilito che uno sbarco in Europa era escluso per quell'anno, a causa della mancanza di mezzi e uomini sufficienti. L'obiettivo era il 1943: per allora prevedevamo che un milione di soldati americani sarebbero stati sul suolo britannico.

Nel frattempo, però, non saremmo rimasti con le mani in mano. Avevamo deciso di lanciare entro la fine del 1942 l'operazione «Torch», un grande sbarco congiunto in Nord Africa, per liberare i territori della Francia di Vichy e scacciare dalla sponda sud del Mediterraneo le forze dell'Asse. Ma prima Montgomery doveva vincere la sua battaglia nel deserto contro Rommel.

Come immaginavo, il dittatore sovietico non l'aveva presa bene. Diceva che eravamo troppo spaventati per affrontare il nemico e che stavamo lasciando fare tutto il lavoro all'Armata Rossa, lamentandosi dello scarso contributo materiale ricevuto.

Questo non potevo tollerarlo. *Avevo sempre odiato il loro malvagio regime e, finché il flagello tedesco non si abbatté su di loro, sapevo che ci avrebbero guardati spazzare via con indifferenza e avrebbero allegramente diviso con Hitler il nostro Impero a Oriente.*[114] E ora venivano a darci lezioni di solidarietà.

Gli avevo risposto che stavamo facendo tutto il possibile e avremmo continuato a farlo, spedendo aiuti via mare nonostante il pericolo degli U-Boot e bombardando le città tedesche con crescente forza. Ma gli ricordai anche che per un anno intero ci avevano lasciati soli contro Germania e Italia. *Mi ero piuttosto animato durante questo passaggio e, prima che potesse essere tradotto, Stalin aveva fatto notare che questo era il tono che gli piaceva. Da lì in poi il colloquio era seguito in un clima un po' meno teso.*[115]

Avevo insistito a non fossilizzarsi sull'idea che l'unico secondo fronte utile fosse in Francia. Una grande vittoria nel deserto avrebbe per forza costretto Hitler a richiamare gran parte delle sue forze aeree, liberando la Russia dalla micidiale pressione che subiva in quel momento e preparando il terreno per il grande sbarco dell'anno seguente.

Era quello il «ventre morbido» del coccodrillo a cui mi stavo riferendo.

«Maresciallo – dissi, utilizzando il grado militare con cui mi rivolgevo a Stalin – noi desideriamo aiutarvi. *Vogliamo allentare la tensione sulla Russia, ma se tentassimo di farlo in Francia saremmo respinti. In Nord Africa abbiamo buone possibilità di vittoria, e a quel punto potremmo pensare all'Europa.*»[116]

Aspettando che l'interprete traducesse, osservai il dittatore sovietico. Si lisciava continuamente i baffi, i sottili occhi stretti ancora di più sotto il peso dei pensieri che indubbiamente lo attanagliavano. Era la prima volta che lo vedevo e non avevo termini di paragone, ma mi sembrava stanco. Alcuni dei miei collaboratori che lo avevano già incontrato l'anno prima mi confermarono che in effetti aveva più capelli bianchi e, in generale, un'aria stressata. In fondo ne aveva ogni ragione, con i tedeschi a poche decine di chilometri da Mosca.

Avevo visto con i miei occhi, attraverso il vetro antiproiettile della vettura blindata che mi aveva portato in città dall'aeroporto, le numerose batterie di cannoni disposte ovunque, i sacchi di sabbia, i cavalli di frisia e i nidi di mitragliatrice che circondavano la città. La capitale russa era nascosta nel buio, assediata.

Alla fine, Stalin comprese la fondatezza del nostro piano e ci augurò il massimo successo, lasciando ai nostri generali le discussioni pratiche. Lo presi per un commiato, dopo aver trascorso l'intero pomeriggio a discutere, non desideravo altro che ritirarmi, ma mentre mi alzavo per raggiungere la porta mi chiamò.

«Primo ministro – disse attraverso il suo interprete, usando un tono più cordiale di quanto non avesse fatto fino a quel momento – *partirà all'alba, perché non andiamo a casa mia a bere qualcosa?*»

Risposi che come linea di principio ero sempre favorevole a una simile politica.

Così mi fece strada attraverso molti passaggi e stanze finché sbucammo in una strada tranquilla all'interno del Cremlino e in un paio di centinaia di metri raggiungemmo l'appartamento dove viveva.[117]

Restammo seduti fino alle 2.30 del mattino, conversando su ogni genere di argomento.

Mentre parlavamo, camerieri in livrea con impeccabili divise bianche continuavano a servire portate su portate. *Tutto era stato preparato con sontuosità totalitaria*: caviale e vodka, naturalmente, ma anche pesce, pollo, maiale e ogni tipo di prelibatezza proveniente perfino da Francia e Germania. Molto più di quanto riuscissimo a mangiare, o a bere.

Come era usanza in Russia, i brindisi si susseguirono in maniera incessante, ma per fortuna ero ben allenato. Comunque, quando finalmente me ne andai e tre ore dopo salii sul mio aereo *avevo un mal di testa lancinante, che per me era molto insolito.*[118]

Pensai che fosse il prezzo per tutte le bevute.

Ma se davvero avevo gettato le basi se non per un'amicizia, almeno per una reciproca comprensione, era un prezzo che era valso la pena pagare.

Stalin ora sapeva che non ci sarebbe stato uno sbarco alleato in Europa per quell'anno. Sapeva che i suoi soldati avrebbero dovuto resistere a ogni costo. Resistere finché non avessimo lanciato il nostro attacco e alleggerito il suo fronte.

E fu un bene che lo seppe in quel momento, all'alba della loro prova più dura.

Una settimana dopo la mia partenza, l'esercito tedesco entrò a Stalingrado.

«Maestà, le porto una vittoria.»[119]

Re Giorgio VI restò per un momento interdetto, in piedi e con la mano ancora tesa per stringere la mia. Nei suoi occhi lessi incredulità e sorpresa. Come tutti noi, non era più abituato alle buone notizie.

«Legga lei stesso», gli dissi sorridendo mentre gli porgevo le ultime informazioni arrivate da Ultra, il nostro potentissimo sistema di decrittazione che ci permetteva di leggere i messaggi in codice tedeschi. La sua stessa esistenza era il segreto più gelosamente custodito d'Inghilterra, in pochissimi sapevano del lavoro che veniva portato avanti a Bletchley Park dalle menti più geniali del Regno. Il mio antico interesse per il controspionaggio, lo stesso che mi aveva portato a fondare la Room 40 e a sostenere la creazione del MI-5 e del MI-6 ai tempi della Grande Guerra, mi aveva da subito convinto dell'importanza di Ultra.

Avevo ordinato che le decrittazioni mi venissero consegnate ogni giorno e ancora in forma grezza in una valigetta di cui solo io avevo la chiave. Il nome in codice per queste informazioni era «Boniface», in modo che semmai il nemico ne avesse scoperto l'esistenza avrebbe pensato che provenissero da qualche persona infiltrata ai più alti livelli, piuttosto che da un sistema in grado di leggere ogni conversazione tedesca.

Quella che stava leggendo in quel momento il Re proveniva da Rommel in persona, il quale comunicava a Hitler come le truppe di Montgomery avessero sfondato il fronte a El Alamein e l'esercito nazista fosse in ritirata.

«Primo ministro, è una notizia straordinaria! Sono felicissimo di poter essere il primo a congratularmi con lei», disse stringendomi finalmente la mano e facendomi accomodare a tavola. Avevamo preso l'abitudine di pranzare insieme ogni martedì a Buckingham Palace. Ci servivamo perfino da soli al buffet, per assicurarci la riservatezza delle nostre conversazioni.

Parlavamo di tutto, anzi, posso dire che Sua Maestà fosse uno, se non il maggiore, dei miei confidenti durante gli anni della guerra. Condividevamo pensieri, strategie e preoccupazioni.

Quel giorno, per la prima volta, anche la gioia.

«Dobbiamo stare attenti a non dare a una singola battaglia un valore decisivo – dissi servendomi dal lungo tavolo – eppure, sento che potrebbe essere un punto di svolta. Questa vittoria apre la strada all'imminente Operazione «Torch», che ci potrà dare il controllo di tutto il Nord Africa.»

In effetti, fu decisiva. *Si potrebbe quasi dire che prima di El Alamein non abbiamo mai avuto una vittoria. Dopo El Alamein non abbiamo più avuto sconfitte.*[120] Ma di questo allora non potevamo essere certi ed era meglio essere prudenti. Eppure, volevo che anche il popolo gioisse di questa notizia.

«Vorrei celebrare il successo pubblicamente», dissi.

Il Re mi guardò, mentre versava dello champagne in due alti bicchieri. «Capisco perfettamente primo ministro, ma io consiglio di aspettare ancora un attimo. Manca poco a "Torch", propongo di attendere il momento in cui saremo sbarcati insieme agli americani in Marocco e Algeria prima di festeggiare.»

A malincuore, mi inchinai alla saggezza di Giorgio VI. Avevamo in effetti vissuto troppi rovesci per poterci permettere di cantare frettolosamente vittoria. Mi godetti il resto del pranzo, assaporando non solo il gusto del cibo, del vino e della compagnia reale, ma anche la prospettiva della prima, vera grande vittoria.

Cinque giorni dopo, le truppe alleate al comando di Eisenhower sbarcarono nei territori controllati dalla Francia di Vichy, incontrando poca resistenza e piegandola dove necessario.

Rommel, incalzato da Montgomery, continuava la sua ritirata attraverso la Libia, verso Tunisi.

Il cerchio cominciava finalmente a chiudersi intorno a Hitler e Mussolini.

Dopo anni di forzato silenzio, ordinai che quella sera suonassero tutte le campane delle chiese d'Inghilterra. Quei rintocchi, quasi dimenticati, furono accolti con eruzioni di gioia in tutto il Paese.

Mi piace pensare che a muoverle fosse il vento del deserto.

«Non puoi fare tutta questa strada fino al Nord Africa senza vedere Marrakech. Avanti, trascorriamoci un paio di giorni, devo assolutamente essere con te quando vedrai il tramonto sulle nevi delle montagne dell'Atlante.»[121]

Capii di averlo convinto nel momento stesso in cui finii di pronunciare la frase. Roosevelt era stanco, dopo dieci giorni passati a Casablanca a discutere, pianificare e organizzare le mosse successive degli Alleati. E la prospettiva di un po' di relax prima del lungo viaggio di ritorno lo allettava molto.

Dopotutto, ci meritavamo un po' di svago. La Conferenza era stata un successo, anzi direi che *da tutti i punti di vista era quanto avevo sperato e proposto.*[122] Avevamo deciso che, una volta scacciati definitivamente i tedeschi e gli italiani dal Nord Africa, avremmo lanciato l'operazione successiva: non il tanto atteso secondo fronte invocato da Stalin in Francia, ma l'invasione della Sicilia. Si era stabilito anche che la guerra sarebbe continuata fino alla «resa incondizionata» di Berlino e Tokyo.

Quei dieci giorni erano serviti anche a cementare ancor di più il legame personale fra di noi: ormai eravamo ben più che semplici colleghi e alleati. *Sentivo la forza della nostra amicizia*[123] e sapevo che era ricambiata. Ci chiamavamo per nome, dandoci del tu, parlando spesso di questioni private e non solo di guerra o affari di Stato. Avevamo pranzato e cenato insieme ogni giorno, facendo spesso le ore piccole.

Quel semplice telegramma di tanto tempo prima era stato il seme, coltivato con cura dalla relazione epistolare prima e personale poi, che adesso era germogliato in una pianta maestosa, alla cui ombra speravamo un giorno di poter offrire a tutti la pace.

La conferenza stampa finale si era appena conclusa quando feci la mia proposta al Presidente. I giornalisti erano ancora storditi dal fatto di averci trovati entrambi lì: avevamo mantenuto il massimo segreto sul nostro incontro. Salimmo in macchina e ci godemmo ogni momento del viaggio.

Roosevelt e io guidammo insieme per duecentocinquanta chilometri attraverso il deserto – mi sembrava già di ringiovanire – e raggiungemmo la famosa oasi.[124]

Prendemmo alloggio in una stupenda residenza e quella stessa sera mantenni la mia promessa. *Accompagnai il Presidente sulla torre della villa. Fu trasportato su una sedia e si sedette godendosi uno splendido tramonto sulle nevi dell'Atlante.* Il vento del deserto portava con sé il profumo delle palme, degli aranceti e degli ulivi. Fu un momento magico ed emozionante e fui felice di poterlo condividere con lui.

Seguì una cena molto allegra, con quindici o sedici commensali, e tutti cantammo. Anche io cantai e Roosevelt si unì al coro, a un certo punto stava anche per provare un assolo, ma qualcuno lo interruppe e non lo sentii.[125] L'atmosfera gioiosa ci strappò tutti per un attimo dalla brutalità della guerra, lasciandoci sperare che il 1943 appena iniziato sarebbe stato un anno decisivo. Alla fine della serata strinsi la mano al Presidente, che sarebbe partito il giorno dopo, augurandogli buon viaggio.

La mattina seguente si presentò comunque per darmi un ultimo saluto prima di recarsi all'aeroporto. *Ero a letto, ma non ne volevo sapere di lasciarlo andare da solo, quindi scattai in piedi e mi misi la mia «tuta da sirena» e le pantofole. Con questo abbigliamento informale lo accompagnai fino all'aereo.*[126]

Tornai alla villa e salii di nuovo sulla torre, dove avevo chiesto al mio fido Sawyers di portare il cavalletto e l'occorrente per la pittura.

Immortalai l'azzurro delle montagne dell'Atlante che faceva da sfondo alla torre della Moschea, l'antica città di Marrakech che splendeva dei colori della sabbia e dei raggi del sole che la rivestivano d'oro.

Ma il vento del deserto, quello no. Quello era inafferrabile.

Fu l'unico dipinto che feci durante tutta la guerra.

All'incontro successivo lo regalai al mio amico Franklin Delano Roosevelt.

Dall'antico anfiteatro di Cartagine potevo vedere entrambi i deserti. Quello fatto di sabbia e quello fatto di acqua.

L'unica cosa che realmente mi preoccupò durante tutta la guerra fu il pericolo degli U-Boot.[127] Entro la metà di maggio avevamo definitivamente estromesso le forze dell'Asse dal Nord

Africa, liberando la Tunisia. Ma sapevo che per poter finalmente sbarcare in Europa, dovevamo prima vincere ancora un'altra battaglia.

La battaglia dell'Atlantico fu il fattore dominante durante tutta la guerra. Mai per un momento potevamo dimenticare che tutto ciò che accadeva altrove, sulla terra, in mare o nell'aria, dipendeva in ultima analisi dal suo esito e, in mezzo a tutte le altre preoccupazioni, guardavamo giorno dopo giorno alle sue mutevoli fortune con speranza o apprensione.[128]

Senza il controllo dell'Oceano e delle rotte di comunicazione, nessun esercito avrebbe potuto riunirsi in Inghilterra per sferrare l'operazione suprema della guerra, prevista per la primavera dell'anno seguente: la tanto attesa invasione della Francia e l'apertura del secondo fronte invocato da Stalin. I tedeschi lo sapevano, e avevano investito ogni loro risorsa nella guerra sottomarina.

All'indomani della vittoria in Nord Africa, sotto la superficie dei mari navigavano duecentotrenta U-Boot, il numero più alto dall'inizio del conflitto.

A Casablanca avevamo stabilito come priorità proprio il controllo dell'Atlantico, ma le cose erano continuate ad andare male. Non solo il rafforzamento della flotta di sommergibili nazisti, ma anche il tempo sembrava contro di noi. Nella mia lunga esperienza all'Ammiragliato, non ricordo un periodo come quell'inverno, in cui i bollettini meteorologici riferivano continuamente di tempeste e burrasche. La maggior parte delle navi di scorta ai convogli, già drasticamente diminuite perché necessarie alla prevista invasione della Sicilia, era costretta a rimanere nei porti, così come gli aerei negli hangar. Gli U-Boot, invece, al riparo sotto la superficie del mare, potevano cacciare indisturbati.

Fu solo grazie alle crescenti innovazioni tecnologiche, come i radar più sofisticati, le bombe di profondità più precise e i bombardieri di scorta a più lungo raggio, che alla fine eravamo riusciti a piegare la flotta di sommergibili nemici. Questo, unito all'ormai immensa produzione statunitense, che aveva raggiunto il pieno regime, sfornando più imbarcazioni di quante i tedeschi potessero affondare.

All'inizio dell'estate avevamo ormai vinto la Battaglia dell'Atlantico e potevamo concentrarci sul prossimo obiettivo.

Ripensai a quel coccodrillo che avevo disegnato l'anno prima a Stalin. Ripensai al suo «ventre molle».

Mi sembrava quasi di poterlo vedere, al di là dello scintillio del Mar Mediterraneo che faceva da cornice all'antico anfiteatro.

I vittoriosi uomini dell'Ottava Armata di Montgomery mi avevano accolto con i consueti segni della «V» e le festanti esclamazioni che accompagnano un trionfo. Avevano sconfitto un nemico temibile ed erano padroni del Nord Africa. Ora li aspettava una nuova prova. La più grande invasione anfibia mai tentata fino a quel momento non poteva non richiamarmi alla mente la tragedia dei Dardanelli.

Era con grande apprensione quindi che mi preparavo allo scoccare dell'ora fatale, ma non dovevo lasciare che le mie preoccupazioni trasparissero di fronte a quei ragazzi.

«Questo luogo – dissi loro –, nella sua lunga storia, è stato testimone della nascita e della caduta di grandi imperi. Quello cartaginese non esiste più, così come quello romano e quello ottomano. Grazie a voi, adesso, non esiste neanche più quello fascista!»

Gli uomini applaudirono e fischiarono in segno di approvazione. L'atmosfera era quanto mai informale, nessuno era sugli attenti, tutti erano seduti e rilassati come probabilmente facevano duemila anni prima gli spettatori su quegli spalti.

«L'impero fascista d'Africa – continuai – si è dissolto sotto i nostri colpi. Sotto i vostri colpi. Presto, lo stesso destino toccherà anche a quel che ne resta sul continente. Quando avremo finito con loro, solo la sabbia, portata dal vento del deserto attraverso il mare, ricorderà agli italiani che un tempo erano stati padroni di queste terre.»

Percepii che capivano di far parte della storia, che erano contenti di farne parte, che volevano farne parte.

Parlavo da dove le grida delle vergini cristiane squarciavano l'aria mentre i leoni ruggenti le divoravano. Eppure non sono un leone, e di sicuro non sono una vergine.[129]

E non lo erano neanche loro. Dopo aver sconfitto il più abile dei generali tedeschi avevano ormai abbandonato la giovinezza e la sua innocenza. Dietro quei volti da ragazzi si celavano uomini, veterani temprati dalla battaglia, pronti a portare la guerra fino in casa del nemico.

Sospinti dall'implacabile vento del deserto.

Non dovetti aspettare molto per dare il mio regalo a Roosevelt.

A quanto pareva, gran parte del mio lavoro come primo ministro nel 1943 consistette nel viaggiare. Né in effetti posso sostenere che fosse stato l'unico anno in cui lo feci. Da quando assunsi la carica, fino alla fine della guerra, percorsi in aereo, treno o nave oltre centosessantacinquemila chilometri all'estero, più di quattro volte il giro completo della Terra.

Prima di arrivare in Tunisia e all'anfiteatro di Cartagine, ero andato negli Stati Uniti, un lungo giro che mi aveva tenuto per un mese lontano da casa. Ad agosto ero tornato nuovamente in America e in Canada, per la disperazione del mio medico, che ormai era più rassegnato che preoccupato alla prospettiva dei miei lunghi viaggi. Anche perché, per sua sfortuna, lo portavo sempre con me.

In effetti i viaggi erano lunghi e sempre più estenuanti, e io di certo non ero più un ragazzino. Ma c'erano troppe cose da decidere, questioni da risolvere, problemi da discutere. In quei mesi avevo pranzato più volte con Roosevelt che con Clemmie, ma sono certo che di questo lei mi abbia perdonato. Anche perché la mia famiglia partecipava allo sforzo bellico quanto me: mia moglie faceva la volontaria nelle brigate antincendio, mia figlia Diana fra gli osservatori che scrutavano continuamente i cieli, Sarah analizzava le fotografie dell'intelligence per individuare le postazioni nemiche, Mary comandava una batteria antiaerea ad Hyde Park e Randolph si era addirittura arruolato nei paracadutisti. Non si può dire che i Churchill restassero con le mani in mano.

Vista la mole di tempo passata insieme, non sorprende che fu insieme al Presidente che vissi molti degli eventi cruciali della guerra.

Ero con lui il 17 agosto, quando il generale Eisenhower comunicò che anche l'ultimo soldato tedesco si era arreso o aveva abbandonato la Sicilia, lasciando l'isola nelle mani alleate. Ed ero sempre con lui il 3 settembre, quando arrivò la notizia che le truppe di Montgomery, quelle che avevo arringato a Cartagine, avevano superato lo Stretto di Messina, sbarcando sulla penisola. Quello stesso giorno, il nuovo governo del maresciallo Badoglio, succeduto a Mussolini – deposto e arrestato –, firmò l'armistizio a Cassibile. Ero con il Presidente anche l'8 settembre, quando la resa italiana venne resa pubblica e i tedeschi avviarono l'occupazione di Roma e il giorno seguente, quando i nostri soldati sbarcarono a Salerno.

Ovviamente, ero con lui anche quando Roosevelt incontrò per la prima volta Stalin.

A Teheran mi resi conto di quanto fossimo piccoli.

Sono nato e cresciuto durante l'apice del potere e dell'estensione territoriale dell'Impero britannico, ma era sempre più evidente che il futuro apparteneva a Stati Uniti e Unione Sovietica. La nostra piccola isola, però, avrebbe ancora avuto un ruolo centrale da ricoprire, sia nella guerra che nella pace.

Le conferenze formali furono intervallate da quelli che potrebbero essere considerati colloqui ancora più importanti tra Roosevelt, Stalin e me, durante pranzi e cene. In quelle occasioni c'erano pochissime cose che non si potessero dire e sentirsi dire con buon umore.[130]

E nessuna di quelle cene ebbe un'atmosfera allegra e rilassata come quella conclusiva, che cadde il giorno del mio sessantanovesimo compleanno, il 30 novembre 1943.

Il dittatore sovietico era prevedibilmente di buon umore: aveva spezzato l'assedio di Stalingrado, costringendo alla resa un'intera armata tedesca e aveva sconfitto i nazisti nella titanica Battaglia di Kursk, il più grande scontro fra carri armati della storia. Le truppe di Hitler sanguinavano e arretravano lungo tutto il fronte russo, ma questo non voleva dire che la guerra fosse finita. Tutt'altro, e Stalin lo sapeva. La prima domanda che pose, come sempre, riguardava l'apertura del secondo fronte.

«Quella che vorrei da voi è una data – disse attraverso l'interprete –, sono due anni che mi viene promesso uno sbarco imminente in Francia, eppure siamo ancora da soli a combattere contro i nazisti.»

«Nel frattempo, Maresciallo – risposi –, le ricordo che abbiamo distrutto le forze dell'Asse in Africa e che siamo sbarcati in Italia. Molte delle forze che stiamo affrontando sono state richiamate da Hitler dal fronte orientale. Sa benissimo che le difficoltà sono logistiche: ammassare una simile armata per attraversare la Manica richiede tempo...»

«Comunque – intervenne Roosevelt – la data c'è. A maggio del prossimo anno avvieremo l'operazione "Overlord" e sbarcheremo in Normandia. Stiamo organizzando anche una serie di altri sbarchi minori nel Sud della Francia, in modo che il nemico non sappia fino all'ultimo dove colpiremo davvero.»

«I tedeschi sono furbi sì – disse Stalin – ma possono essere ingannati. Anche noi abbiamo usato qualche trucchetto in Russia, come carri armati e aerei finti.»

Ripensai subito agli ordini che avevo dato allo scoppio della guerra, quando esortai l'Ammiragliato a creare false imbarcazioni per confondere i ricognitori nemici. *«In tempo di guerra* – risposi – *la verità è così preziosa che dovrebbe sempre essere protetta da una scorta di menzogne.»*[131]

La mia frase gli piacque a tal punto che la reputò meritevole di un brindisi. Alzò il bicchiere – la prima di innumerevoli volte quella sera – e annunciò: «Una volta distrutto Hitler, l'Unione Sovietica sarà al vostro fianco per sconfiggere anche il Giappone».

La sua dichiarazione colpì sia me che Roosevelt. I nostri sguardi si incrociarono sorpresi.

La generale sensazione di ottimismo era tale che cominciammo a parlare perfino del dopoguerra. *«Consideriamo lo scenario peggiore: che la Germania una volta sconfitta riesca poi in breve tempo a rialzare la testa, di nuovo, e scatenare una nuova guerra...»*, disse Stalin.

«Niente è definitivo – risposi –. *Il mondo va avanti, ma ora abbiamo imparato qualcosa. Il nostro dovere è rendere il mondo sicuro per almeno cinquant'anni attraverso il disarmo tede-*

sco, impedendone il riarmo, controllando le fabbriche, vietando ogni tipo di aviazione e apportando profonde modifiche territoriali. Tutto si riduce alla questione fondamentale: se la Gran Bretagna, gli Stati Uniti e l'Unione Sovietica riusciranno a mantenere una stretta amicizia e supervisionare la Germania nel loro reciproco interesse. Non dobbiamo aver paura di impartire ordini non appena dovessimo individuare un pericolo.»

«Veniva esercitato il controllo anche dopo l'ultima guerra – disse Stalin – eppure fallì.»

«Eravamo inesperti allora. L'ultima non fu una guerra nazionale nella misura in cui lo è questa, e la Russia non era tra i partecipanti alla Conferenza di pace. Questa volta sarà diverso.»[132]

Ci credevo veramente, ma lui non sembrava convinto. Sicuramente avrebbe preferito qualche sistema più drastico. A un certo punto, durante una di quelle giornate di conferenze, aveva proposto di fucilare cinquantamila ufficiali tedeschi a guerra finita, per essere certi che la Germania non potesse rialzarsi per molto tempo.

Immagino fosse una battuta, ma tutt'oggi non ne sono affatto sicuro.

Non ero stato per niente bene durante quel viaggio e durante la conferenza, e mentre volgeva al termine mi resi conto di essere molto stanco. Ad esempio, notai che non mi asciugavo più dopo il bagno, ma rimanevo sdraiato sul letto avvolto nell'asciugamano finché non mi asciugavo naturalmente.[133]

Quando atterrai in Tunisia, lungo il viaggio di ritorno, ero completamente esausto. *Dormii per tutto il giorno e il giorno dopo arrivarono febbre e sintomi alla base del polmone che si pensava fossero presagi di una polmonite.*[134] Il mio medico, lord Moran, mi costrinse a mettermi a letto e mi proibì di muovermi, sorvegliato dalla più tenace delle sentinelle: mia figlia Sarah. Passava gran parte delle giornate seduta ai piedi del letto, prendendosi cura di me e leggendomi *Orgoglio e pregiudizio*. Dalla finestra, in lontananza, si intravedevano le rovine di Cartagine. Le antiche vestigia di quell'impero caduto sembravano continuare a perseguitarmi.

Nonostante gli ordini di lord Moran e le incessanti attenzioni di Sarah, appena mi sentii un po' meglio ricominciai a lavorare a letto. Vidi Eisenhower e Brooke e mi tenni in contatto con Roosevelt, usando tutto il mio potere per convincerli a non abbandonare l'offensiva in Italia. «Overlord» veniva prima di tutto, ma nei mesi che ci separavano dall'operazione suprema, potevamo e dovevamo continuare a incalzare i tedeschi nell'unico punto in cui eravamo in contatto con loro. *Di certo non sono uno che ha bisogno di essere spronato, semmai lo sprone sono io. Il mio problema consiste piuttosto nel trovare la pazienza e l'autocontrollo necessari per sopportare le lunghe settimane di ansiosa attesa prima di ottenere un risultato.*[135]

Alla fine li spronai. Venne deciso che all'inizio del nuovo anno avremmo tentato uno sbarco ad Anzio, per affondare il colpo verso Roma.

Ero soddisfatto, *ma i giorni trascorrevano con molto disagio. La febbre andava e veniva. Continuavo a pensare alle questioni belliche e mi sentivo come se fossi trasportato fuori dal mio corpo. I medici cercavano di tenere lontano il lavoro dal mio capezzale, ma li respinsi.*[136]

Finché non ricorsero all'arma definitiva.

Una mattina Sarah era assente dalla sua sedia ai piedi del mio letto, e stavo per chiedere che mi portassero la mia valigia di telegrammi quando lei entrò con sua madre. Non avevo idea che mia moglie stesse volando dall'Inghilterra per raggiungermi.[137] Aveva affrontato un viaggio lungo e pericoloso in pieno inverno per stare accanto a me. Solo allora mi resi conto di quanto fosse preoccupata. E non era la sola: in Inghilterra, dove mancavo da più di un mese, venivano trasmessi bollettini sulle mie condizioni che tenevano in apprensione il governo e il pubblico. Anche al di là dell'Atlantico c'era qualcuno che aveva a cuore la mia salute.

Entrando, Clemmie mi sorrise e mi baciò teneramente, consegnandomi un telegramma da parte di Roosevelt, che evidentemente era al corrente della sua missione segreta. «*Tutto il mio affetto per Clemmie* – c'era scritto – *mi sento molto sollevato sapendo che è accanto a te in qualità di tuo ufficiale superiore.*»[138]

Sopraffatto da tutto quell'amore, abbracciai mia moglie e mia figlia e piansi.

Dopo Natale, lord Moran mi diede finalmente il permesso di lasciare la Tunisia, ma solo a patto di trascorrere tre mesi di convalescenza da qualche parte. *E cosa poteva esserci di meglio della bella villa di Marrakech, dove il Presidente e io avevamo soggiornato dopo Casablanca, un anno prima?*[139]

La notte di Capodanno presi Clemmie per mano e la portai sulla torre da cui avevo dipinto l'antica Moschea. In lontananza, le montagne dell'Atlante sorvegliavano il confine dell'orizzonte.

Il mondo da lì sembrava fatto solo di cielo sconfinato.

Fu lassù, a mezzanotte, soli sotto tutte le stelle d'Africa, che brindammo al nuovo anno.

«E speriamo che ci porti buone notizie», mi disse.

«Ne sono sicuro – le risposi abbracciandola –. Sarà decisivo.»

Mentre mi baciava sentii il vento del deserto alzarsi intorno a noi.

18

Vittoria e sconfitta

1944-1945

Un giorno il Presidente Roosevelt mi disse che stava chiedendo pubblicamente suggerimenti sul nome da dare alla guerra. Gli dissi subito "La guerra non necessaria". Non c'è mai stata una guerra più facile da fermare di quella che aveva appena distrutto ciò che era rimasto del mondo dopo il conflitto precedente.[140]

Il fumo del sigaro si innalzava nella notte, silenzioso come le mie preghiere.

Guardandolo cercai di valutare la forza del vento.

Non potevo farne a meno, anche se ero a centinaia di chilometri di distanza e sapevo che la situazione sulla Manica poteva essere molto diversa da quella di Londra. Già il giorno precedente Eisenhower aveva dovuto annullare la missione a causa delle condizioni meteorologiche avverse, rimandandola di ventiquattro ore.

«Overlord» sarebbe scattata all'alba del giorno seguente, il 6 giugno 1944. Domani.

Ci rendevamo tutti conto che sarebbe stato il momento supremo della guerra, che poteva essere il colpo di grazia per Hitler, oppure un fallimento di dimensioni tali da rimettere in discussione tutto quanto.

L'apprensione era tale che non ero riuscito neanche a godermi appieno la notizia, arrivata la sera prima, della liberazione di Roma. Ogni mia oncia di energia mentale e nervosa era concentrata sulla Normandia. Avevo studiato i piani fino all'ultimo dettaglio, avevo ispezionato le truppe e parlato con i generali, non c'era più nulla che potessi fare, se non aspettare. E forse era proprio questo a torturarmi più di ogni altra cosa.

Avrei voluto essere presente al momento dello sbarco, anzi avevo programmato di farlo, di trovarmi su una delle navi impegnate nell'operazione. Ma mi era stato sconsigliato dagli ufficiali, dagli amici, dalla famiglia, tutti preoccupati per la mia incolumità. Avevo resistito testardamente a ognuno di loro, ma dovetti inchinarmi al Re.

Anche Giorgio VI inizialmente avrebbe voluto partecipare, ma si era poi reso conto che sarebbe stato un errore e al nostro ultimo pranzo insieme aveva fatto di tutto per convincere anche me. «*Vedresti molto poco* – aveva detto –, *correresti notevoli rischi, saresti irraggiungibile nel momento critico in cui potrebbe essere necessario prendere decisioni vitali. E per quanto tu possa essere discreto, la tua semplice presenza a bordo costituirebbe una responsabilità aggiuntiva molto pesante sia per l'Ammiraglio che per il capitano.*»[141]

Così mi toccava seguire il più grande evento militare della nostra storia da lontano. Invidiavo Jock Colville, che mi aveva chiesto un permesso per prestare servizio nella sua unità della RAF. I privilegi della gioventù. Me lo immaginavo, di lì a qualche ora, librarsi nei cieli della Normandia come il fumo di quel sigaro che non riuscivo ad assaporare.

Stavo pensando a lui quando sentii dei passi alle mie spalle, attutiti dal prato umido del giardino di Downing Street. Clemmie mi abbracciò senza parlare e rimase in silenzio con me a guardare le stelle.

Restammo così per un po', finché non mi salutò per ritirarsi nella sua stanza.

«*Ti rendi conto* – le dissi – *che quando ti sveglierai domattina ventimila uomini potrebbero essere stati uccisi?*»[142]

«Andrà tutto bene», mi rispose. «Vedrai, andrà tutto bene.»

Erano le 2 quando finalmente mi misi a letto.

All'incirca nel momento in cui mi addormentai, le prime truppe aviotrasportate si lanciavano nel buio della Francia occupata.

Dietro di loro, attraverso le inquiete onde della Manica, li seguivano centosettantamila soldati alleati a bordo della più grande flotta mai assemblata dall'uomo.

Il D-Day era iniziato.

Lo spettacolo toglieva il fiato.

Navi, navi a perdita d'occhio, navi fino all'orizzonte e probabilmente oltre. E carri armati, furgoni, jeep, mezzi da sbarco. Soprattutto, uomini. Sembrava fossero numerosi quanto i granelli della sabbia che calpestavano.

La spiaggia della Normandia brulicava degli eserciti vittoriosi delle Nazioni Unite.

Dovettero passare sei giorni prima che i militari mi accordassero il permesso di recarmi finalmente in Francia. Era il 12 giugno: l'indomani sarebbero stati quattro anni esatti dall'ultima volta che avevo messo piede in quel Paese.

Montgomery, sorridente e fiducioso, ci venne incontro sulla spiaggia mentre scendevamo dal nostro mezzo da sbarco.[143] Con me c'erano anche Brooke e Smuts e questo, unito al fatto che le forze nemiche erano comandate da Rommel, dava l'impressione di un *déjà-vu*. Solo che stavolta, invece che fra le dune del deserto, la nostra jeep ci conduceva nel ridente entroterra della Normandia.

Era piacevole vedere la prosperità della campagna. I campi erano pieni di deliziose mucche rosse e bianche che si crogiolavano o sfilavano al sole. Gli abitanti sembravano piuttosto allegri e ben nutriti e salutavano con entusiasmo.[144] Fui sorpreso di trovare un panorama così placido e lussureggiante dopo quattro anni di occupazione e dove meno di una settimana prima si era combattuto con ferocia. Lo sbarco era stato un successo, anche se l'avanzata procedeva più lentamente del previsto. Finalmente avevamo aperto il tanto atteso secondo fronte e presto avremmo stretto la morsa sulla Germania.

La visita fu breve, ma altamente istruttiva. Avevo constatato con i miei occhi quanto salda fosse la testa di ponte creata dagli Alleati in così poco tempo. La quantità di uomini e mezzi sbarcati era tale che mi sembrava assai difficile potesse essere ricacciata in mare da un contrattacco tedesco. Comunque, non dovevamo abbassare la guardia, ormai avevamo imparato che i tedeschi sono sempre pieni di sorprese.

E ne ebbi la prova la sera stessa, appena rientrai a Londra.

Ero seduto a tavola con Clemmie, Mary, Brendan Bracken e il Prof. quando il suono delle sirene squarciò il silenzio. L'ispettore Thompson entrò di corsa nella sala da pranzo e ci fece segno di seguirlo nel bunker. Non capivo come la Luftwaffe fosse riuscita a organizzare un raid ora che avevamo il controllo dei cieli, ma l'eco delle esplosioni che arrivavano in lontananza non lasciava dubbi.

Seguimmo Thompson giù per le scale e attraverso il passaggio che conduceva al grande quartier generale sotterraneo che si sviluppava sotto Whitehall. Percorsi rapidamente quei corridoi che avevo imparato a conoscere a memoria durante i giorni del *Blitz*. Quel posto non smetteva di sorprendermi, era una vera e propria città nel sottosuolo: c'erano stanze per le riunioni, camere da letto per me e lo staff, la mensa, la cucina, la sala delle mappe, lo studio da cui trasmettevo i discorsi alla BBC. C'era perfino uno stanzino che tenevamo sempre chiuso e che avevamo fatto credere ai dipendenti fosse il mio bagno privato: in realtà conteneva il sistema ipertecnologico e ultrasegreto che mi permetteva di parlare con Roosevelt alla Casa Bianca attraverso una linea telefonica diretta.

Il *marine* di guardia alla sala centrale si fece da parte appena mi vide, aprendomi la porta.

«Che diavolo succede? Come hanno fatto a mettere insieme abbastanza caccia da bucare le nostre difese?», chiesi agli ufficiali presenti.

«Non sono caccia», disse Pug Ismay posando la cornetta che aveva all'orecchio, «sono bombe volanti.»

Rimasi per un attimo senza parole, mentre il concetto si faceva strada nella mia testa.

Bombe volanti senza pilota lanciate direttamente sulle nostre teste dalle coste della Francia ancora occupata e del Belgio.

Capii che era quella l'«arma segreta» cui si era più volte riferito Hitler negli ultimi mesi, promettendo ai tedeschi che avrebbe rovesciato le sorti della guerra.

Nel giro di meno di due mesi furono lanciati contro di noi *5.735 di questi robot, uccidendo 4.735 persone e ferendone più o meno gravemente altre 14.000.*[145] Ma era solo l'inizio. Le V-1, così erano chiamate, furono più tardi sostituite dalle ben più grandi e letali V-2, in grado di distruggere interi isolati.

Nostro malgrado, eravamo testimoni dell'alba di una nuova

era, l'era missilistica. Molto presto si sarebbe evoluta in quella atomica.

L'era sotto la cui cupa minaccia tutto il mondo avrebbe presto imparato a vivere.

Le ricerche sull'energia nucleare a uso bellico erano andate avanti fin dall'inizio della guerra. Avevo stabilito con Roosevelt che i nostri due Paesi avrebbero condiviso ogni informazione sul suo sviluppo e che avrebbero valutato insieme il suo eventuale utilizzo in guerra.

Erano decisioni che avevamo preso già durante la Conferenza del Quebec, e che ribadimmo a settembre di quell'anno durante una mia nuova visita negli Stati Uniti. Avevamo deciso che il progetto fosse portato avanti in America perché non c'era pericolo di bombardamenti nemici, ma nonostante la distanza mi tenevo costantemente aggiornato sui progressi attraverso il Prof. Lindemann.

Fra le clausole che avevo concordato con Roosevelt, c'era quella di non condividere i progressi con nessun altro Paese, alleato o meno che fosse. E in quei giorni d'estate del 1944 ripensai spesso con sollievo a questo punto specifico dell'accordo, perché le notizie che arrivavano da Est non lasciavano presagire nulla di buono per il futuro.

L'Unione Sovietica aveva lanciato la sua nuova offensiva e le forze di Hitler si sgretolavano al suo passaggio. *L'entità di queste vittorie sollevava questioni di vasta portata. L'Armata Rossa incombeva ora sull'Europa centrale e orientale. Cosa sarebbe successo alla Polonia, all'Ungheria, alla Romania, alla Bulgaria e soprattutto alla Grecia?*[146]

La mia antica diffidenza verso il comunismo, solo momentaneamente sopita dalla necessità di distruggere Hitler, riaffiorava ogni giorno più potente. A luglio i sovietici erano arrivati alle porte di Varsavia, mentre nella città scoppiava la rivolta della Resistenza polacca, fedele al governo in esilio a Londra. Stalin ordinò alle sue truppe di fermarsi e lasciare che quei patrioti venissero massacrati dai nazisti, in modo da fare piazza pulita di tutti gli oppositori del marxismo e poter installare al suo ingresso un governo fantoccio filosovietico. *Quando i russi entrarono in città, tre mesi dopo, trovarono solo strade distrutte e morti insepolti. Tale fu la liberazione della Polonia.*[147]

Ma era destino che da quel martoriato Paese arrivassero in quel periodo notizie perfino più raccapriccianti.

Ricordo il giorno in cui Jock Colville entrò nel mio studio a Downing Street per dirmi che Anthony Eden chiedeva di vedermi con urgenza. La richiesta mi stupì, dal momento che conoscevo bene l'*aplomb* del mio ministro degli Esteri e che non usava la parola «urgente» a sproposito.

«Winston, devi vedere questo», mi disse appena entrato senza neanche sedersi. Sembrava effettivamente agitato.

«Che cos'è?», chiesi prendendo il documento e iniziando a leggerlo.

«Un rapporto appena arrivato al Ministero. Alcuni prigionieri ebrei sono riusciti a fuggire e questo è il resoconto di quanto hanno visto in uno di quei campi.»

«Campi?», chiesi alzando gli occhi dal foglio.

«Campi, sì. Campi di sterminio.»

Non avevo idea, quando la guerra finì, degli orribili massacri avvenuti; i milioni e milioni che erano stati massacrati. La verità ci si è presentata davanti gradualmente dopo la fine del conflitto.[148] Certo, sapevamo che gli ebrei in Germania e poi in tutti i Paesi occupati erano perseguitati e che a un certo punto vennero radunati e spediti in una non meglio precisata «località a est». Ma neanche nei miei incubi più perversi avrei mai potuto immaginare un luogo come quello descritto nell'agghiacciante documento che stringevo in quel momento tra le mani. Solo in questo posto specifico, Auschwitz, venivano gasati dodicimila esseri umani al giorno. In gioventù avevo più volte riflettuto sulla deriva tragica dei progressi scientifici del XX secolo. Progressi non bilanciati da un contemporaneo innalzamento della saggezza degli uomini. Ma mai avrei creduto possibile anche solo concepire un deliberato genocidio su scala industriale.

«Che cosa possiamo fare?», chiesi a Eden.

«I rappresentanti delle comunità ebraiche inglesi chiedono di bombardare le linee ferroviarie che conducono in quel campo. In questo preciso momento ci sono treni pieni di ebrei ungheresi in partenza da Budapest.»

«Fai tutto quello che puoi con la RAF. Se serve usa il mio nome»,[149] gli risposi.

«Ci proverò, ma per essere efficaci i bombardamenti dovranno essere diurni e quelli ricadono sotto il controllo degli americani.»

«Provaci lo stesso», gli dissi, congedandolo.

Mentre stava dirigendosi alla porta lo fermai. «Anthony, *non c'è dubbio che questo sia probabilmente il crimine più grande e orribile mai commesso nell'intera storia del mondo, e che sia stato commesso da un apparato scientifico, da uomini cosiddetti civili nel nome di un grande Stato e di una delle più importanti razze d'Europa. È chiaro che tutti coloro che potrebbero cadere nelle nostre mani e che siano coinvolti in questo crimine, comprese le persone che si sono limitate a obbedire agli ordini eseguendo i massacri, dovrebbero essere messi a morte dopo che sarà stata dimostrata la loro colpevolezza.*»[150]

«Lo so – mi rispose con aria triste – ma questo avverrà dopo. Mi chiedo, cosa possiamo fare per quella povera gente ora?»

Lo guardai negli occhi e gli risposi. «Vincere la guerra.»

Ma per vincere, dovevamo prima accordarci su come farlo.

Fu questa *la prima importante divergenza tra noi e i nostri amici americani riguardo alla strategia.*[151] Lo sbarco nella Francia meridionale di cui aveva parlato Roosevelt a Stalin non c'era ancora stato e a quel punto io lo giudicavo superfluo. Le truppe che avrebbe richiesto l'operazione sarebbero state molto meglio impiegate restando al comando del generale Alexander in Italia, dove ancora si combatteva. Mussolini era stato liberato dalla sua prigionia con una spericolata operazione dei commando nazisti e Hitler lo aveva messo al comando di un governo fantoccio instaurato a Salò. Avrei voluto una grande offensiva che ci permettesse di sfondare oltre il Po, liberando il Nord Italia e aprendoci la strada per Vienna. Ma gli americani erano stati inflessibili e così dovemmo procedere come stabilito.

Pensavo allora e penso tutt'oggi che sia stato uno sbaglio e uno spreco. Il mio pensiero principale era già in quel momento rivolto al dopoguerra e al crescente numero di Paesi che stavano cadendo sotto l'orbita sovietica man mano che l'Armata Rossa avanzava. L'avanzata contro Hitler stava diventando una corsa con i nostri alleati russi. *Avevo detto a Roosevelt che avremmo dovuto occupare la maggior parte possibile dell'Austria, poiché era «indesiderabile che i russi occupassero più del necessario in Europa occidentale.»*[152]

In autunno le truppe di Stalin erano già entrate in Romania e Bulgaria e non c'era nulla che potessimo fare per strapparle al destino comunista che le attendeva, ma verso Polonia e Grecia sentivo che avevamo un dovere morale. La Polonia era il Paese per cui eravamo entrati in guerra e per difendere la Grecia avevamo perso più di trentamila soldati. Decisi che era necessaria una nuova visita al vecchio Orso russo e così a ottobre mi imbarcai in un nuovo viaggio verso Mosca.

Mentre discutevo con Stalin mi venne in mente il disegno del coccodrillo della volta precedente e di quanto fosse sembrato compiaciuto di quel modo di comunicare diretto e senza intermediari. Presi quindi un foglio di carta e scrissi sopra delle percentuali. Alla Russia il controllo di Romania, Bulgaria, agli Alleati della Grecia e un regime al 50 per cento in Jugoslavia e Ungheria. *Ci fu una breve pausa. Poi prese la sua matita blu, vi fece un grosso segno di spunta e me lo restituì...*

Dopo di che ci fu un lungo silenzio. Il foglio scritto a matita giaceva al centro del tavolo.

Alla fine dissi: «Non potrebbe essere considerato piuttosto cinico se sembrasse che abbiamo risolto questi problemi, così fatali per milioni di persone, in modo così disinvolto? Bruciamo il foglio».

«No, lo tenga lei», disse Stalin.[153]

Lo conservo ancora nei miei archivi. Per me era uno schema di massima, soggetto naturalmente a un esame approfondito alla fine della guerra, fermo restando il principio per ogni popolo di scegliere la propria forma di governo.

Dal foglio avevo volutamente lasciato fuori la questione più spinosa, quella della Polonia. Sapevo che, per cercare di risolverla, avevo bisogno dell'aiuto di Roosevelt, che però era impegnato nella quarta campagna di rielezione e non voleva affrontare in quel momento un tema tanto delicato per il suo elettorato di origine polacca.

Quando lasciai Mosca ero sollevato per l'accordo raggiunto, consapevole che non avrei potuto ottenere di più, non con sei milioni di soldati russi schierati in Europa orientale. Almeno avevo salvato la Grecia: se dopo la guerra non cadde sotto l'influenza sovietica, fu probabilmente grazie a quel foglio di carta.

Mi sembrava quasi di poter sentire ancora nell'aria l'odore di carta bruciata.

Affacciato alla stessa finestra del Quai D'Orsay da cui quattro anni prima avevo assistito al rogo dei documenti francesi, cercai di scrollarmi di dosso quella sensazione così simile al risveglio da un incubo.

Invece del consueto pizzico, per convincermi che tutto fosse splendidamente reale mi bastò voltarmi verso il centro della sala: a quello stesso tavolo dove i generali della Repubblica erano stati seduti a capo chino nell'imminenza della sconfitta, ora c'erano Clemmie e Sarah a fare colazione, nella vittoria. *L'edificio era stato a lungo occupato dai tedeschi e mi fu assicurato che avrei dormito nello stesso letto e usato lo stesso bagno di Göring.*[154] Per cancellare ogni traccia di quella presenza pestilenziale, una scena di normale vita familiare era quanto di meglio si potesse desiderare.

Avevo scelto una data altamente simbolica per visitare Parigi. L'11 novembre, esattamente ventisei anni dalla fine della Grande Guerra.

Quella mattina, finita la colazione con mia moglie e mia figlia, salii in macchina con De Gaulle per un lungo corteo attraverso le strade della città.

Il sole brillava sulle armature lucide dei corazzieri a cavallo che ci scortavano. Lungo gli Champs Élysées decine di migliaia di persone festeggiavano, cantavano e scandivano i nostri nomi. Dalle finestre sventolavano i tricolori della Repubblica. Quella festa di popolo mi commosse e piansi. Accanto a me Charles De Gaulle sembrava felice, ma manteneva il suo contegno marziale.

I nostri rapporti non erano mai stati idilliaci fin dal momento in cui era fuggito dalla Francia alla vigilia della capitolazione per rifugiarsi a Londra e dirigere da lì il movimento di resistenza. *Lo capivo e ammiravo, per quanto risentissi del suo comportamento arrogante. Eccolo qui: un rifugiato, un esule dal suo Paese condannato a morte, in una posizione interamente dipendente dalla buona volontà del governo britannico, e ora anche degli Stati Uniti. I tedeschi avevano conquistato il suo Paese. Non aveva un vero punto d'appoggio da nessuna parte. Non importava; aveva sfidato tutto. Sempre, anche quando si comportava peggio, sembrava esprimere la personalità della Francia, una grande nazione, con tutto il suo orgoglio, autorità e ambizione.*[155]

Tutte le qualità che ora il suo popolo tornava a esprimere nella gioia della festa che ci accompagnò fino all'Hôtel de Ville, dove cominciai il mio discorso davanti a un'immensa folla così: «*Vi avverto: state in guardia, perché parlerò, o cercherò di parlare, in francese. Un'impresa formidabile e che metterà a dura prova la vostra amicizia per la Gran Bretagna.*»[156] Non so dire onestamente come me la cavai dal punto di vista grammaticale, ma so che il mio messaggio era arrivato forte e chiaro.

Drappeggiate del manto della libertà, riflettevo su quanto le grandi capitali occidentali risplendessero ora di un nuovo bagliore.

Era la stessa sensazione che avevo provato a Roma in agosto. Per quanto opprimente, neanche il caldo poteva asfissiare la capitale italiana, che dopo ventidue anni di dittatura era tornata finalmente a respirare. *La Città Eterna, che si ergeva da ogni lato, maestosa e apparentemente invulnerabile, con i suoi monumenti e palazzi, e con le sue splendide rovine non causate dai bombardamenti, sembrava in netto contrasto con gli esseri minuscoli e transitori che svolazzavano entro i suoi confini.*[157] Sì, l'immortalità non appartiene all'uomo, ma a ciò che lascia dietro di sé, e non solo edifici od opere d'arte.

Quel giorno in mezzo a quel mare di mani alzate nella «V»

della vittoria, sentii che stavamo regalando alle generazioni future qualcosa di ancor più prezioso, ma anche di più delicato. Osservando i bambini battere le mani felici sulle spalle dei loro genitori, pensai che un giorno sarebbe toccato a loro difendere quell'inestimabile dono.

«Nonno, che cosa mi hai regalato?»

La parte più filosofica di me avrebbe voluto rispondere «la libertà», ma immaginai che per un bambino di quattro anni fosse più adatto un giocattolo. Il piccolo Winston scartò il suo regalo seduto per terra accanto a suo padre Randolph. Per me non c'era nulla di più bello che avere tre generazioni di Churchill riunite sotto lo stesso tetto per trascorrere la vigilia di Natale insieme.

Ero sicuro che sarebbero state le ultime feste passate in guerra, ma per alcuni giorni avevo tenuto il fiato sospeso, come tutti, alla notizia dell'improvvisa e violentissima offensiva tedesca nella foresta delle Ardenne. Le truppe americane furono sopraffatte e per alcuni giorni tememmo che potessero cedere di fronte all'attacco disperato dei *panzer*, ma il peggio adesso sembrava passato.

Il piccolo Winston era molto contento del suo regalo, ma non posso dire altrettanto degli altri quando rivelai la sorpresa che avevo tenuto in serbo fino alla fine per non rovinare il clima.

«Devo andare in Grecia. La situazione sta precipitando e c'è bisogno che vada di persona, parto stanotte», annunciai facendo scendere mio malgrado il silenzio nel salone addobbato a festa. Clemmie, di solito una roccia, soprattutto di fronte ai suoi figli, quella volta crollò, stremata da cinque anni di sacrifici e preoccupazioni.

«Perché? Perché?», ripeteva con le lacrime agli occhi.

«Clemmie, stai tranquilla non mi succederà nulla, te lo prometto.»

«Come puoi dirlo? Come? Stai andando in mezzo a una guerra civile!»

Il 3 dicembre era scoppiata una rivolta dei gruppi dell'ala militare comunista greca contro il governo provvisorio. *Era arri-*

vato il momento di mettere alla prova i nostri accordi. Alla conferenza di Mosca avevo ottenuto la promessa dell'astensione della Russia a un prezzo molto alto.[158] Adesso temevo che Stalin potesse farsi ingolosire dalla prospettiva di aiutare gli insorti e instaurare un regime fantoccio anche in quel Paese.

Dopo aver appreso che i comunisti avevano già catturato quasi tutte le stazioni di polizia di Atene, uccidendo la maggior parte dei loro occupanti e che si trovavano a meno di mezzo miglio dagli uffici governativi, avevo ordinato al generale Scobie e ai suoi cinquemila soldati britannici, che dieci giorni prima erano stati accolti con estasi dalla popolazione come liberatori, di intervenire e sparare sugli infidi aggressori. È inutile fare cose del genere a metà.[159]

«Ascoltami, Clemmie – le dissi prendendole le spalle e guardandola negli occhi –, alla fine della guerra Stalin si ritroverà padrone di mezza Europa. Non c'è nulla che possiamo fare per impedirlo, ma proprio per questo è importante intervenire dove possiamo. Lo capisci questo?»

Annuì debolmente con la testa, sapevo che dentro di sé mi dava ragione, ma era esausta.

Con il cuore pesante, salutai la mia famiglia e dopo mezzanotte mi imbarcai con Anthony Eden, Jock Colville e l'ormai, ahimè, indispensabile lord Moran sull'aereo che ci portò nella capitale greca.

Al nostro arrivo, il giorno dopo fummo fatti salire su vetture blindate che ci condussero al porto, dove ci trasferimmo sull'incrociatore *Ajax*. I militari ritenevano la situazione troppo turbolenta per garantire la mia sicurezza a terra, ma sulla nave l'atmosfera era completamente diversa.

Il contrasto fra il rumore degli spari chiaramente udibili che provenivano da qualche parte e la festa in corso sul ponte non poteva essere più netto. Potrebbe sembrare fuori luogo che dei marinai si mascherassero da indiani, clown o quant'altro mentre a qualche chilometro si combatteva, ma bisogna ricordare che quegli uomini erano in guerra da più di quattro anni e non sarei stato certo io a impedir loro di svagarsi un po'.

Ma quell'antica usanza della Marina di festeggiare il Natale indossando costumi variopinti per poco non creò un grave incidente diplomatico. Avevo convocato sulla nave l'arcivescovo Damaskinos, cui avevo intenzione di affidare la reggenza del Paese. Quando si presentò sul ponte questa *enorme figura con le vesti e l'alto copricapo di dignitario della Chiesa greca i marinai pensarono che facesse parte anche lui dello spettacolo e cominciarono a ballargli intorno con entusiasmo. L'arcivescovo pensò che fosse un insulto premeditato e avrebbe potuto benissimo dirigersi a riva se non fosse stato per il tempestivo arrivo del capitano, il quale, dopo un po' di imbarazzo, spiegò la situazione.*[160]

Ogni senso di ilarità scomparve però il giorno dopo, quando scendemmo a terra per un incontro con le parti in causa. La nostra auto blindata correva il più velocemente possibile lungo le strade diventate un campo di battaglia. Si vedeva fumo levarsi da diversi punti e il rumore continuo di esplosioni e mitragliatrici. In lontananza i caccia della RAF volavano in ampi cerchi sopra la città come grandi uccelli predatori.

Mi girai verso Jock Colville, seduto accanto a me e gli dissi: «Dov'è la tua pistola?». Quando rispose che non ne aveva una lo rimproverai, perché certamente io avevo la mia.

Pochi istanti dopo, mentre ci stavamo accalcando nella nostra scatola d'acciaio, disse: «Ho un mitragliatore».

«Da dove l'hai preso?», chiesi.

«L'ho preso in prestito dall'autista», rispose.

«E lui che cosa farà?»

Jock mi guardò e si strinse nelle spalle. *«Sarà impegnato a guidare», disse.*[161]

Per fortuna nessuno provò ad attaccare la nostra vettura e arrivammo sani e salvi a destinazione. Lo stesso potrei dire della Grecia, che in virtù degli accordi presi quel giorno venne affidata alla reggenza di Damaskinos, salvandosi dall'incubo del comunismo.

Una delle questioni fondamentali del dopoguerra che già si intravedeva venne così risolta.

Ora rimaneva quella più delicata.

La Polonia era stata la ragione più urgente per la convocazione della Conferenza di Yalta, e doveva rivelarsi la prima delle cause che portarono alla rottura della Grande Alleanza.

Io stesso ero sicuro che una Polonia forte, libera e indipendente fosse molto più importante rispetto alla definizione dei confini territoriali.[162]

Per i russi invece era una questione di sicurezza nazionale.

«La Polonia è stata il trampolino di lancio per ben due invasioni tedesche contro il nostro Paese negli ultimi trent'anni, ed è stato possibile perché era un Paese debole. Credetemi, non permetteremo che riaccada.» Il tono di Stalin era più perentorio che in passato. Forte degli immensi successi e degli enormi sacrifici delle sue armate sembrava più deciso che mai.

Nella cornice di sfrenata opulenza della sala da ballo del Palazzo Livadia, costruito per i Romanov, il dittatore sovietico sembrava uno zar. Ma era molto più potente di quanto fosse mai stato qualsiasi sovrano russo.

Fu una grande tragedia per il mondo che in quel momento dall'altra parte del tavolo, seduto accanto a me, ci fosse invece un capo di Stato *fragile e malato.*[163] Anche Roosevelt veniva da una serie di trionfi militari in Francia, in Belgio, nelle Ardenne e soprattutto in Estremo Oriente, e il suo prestigio anche personale era alle stelle dopo la sua storica quarta rielezione.

Ma era l'ombra di sé stesso.

Me ne ero accorto fin dal suo arrivo, il lunghissimo viaggio per arrivare in Crimea aveva spossato un corpo già debole. Vederlo in quello stato era straziante, ma mi consolò constatare come le sue facoltà mentali rimanessero ancora acute come sempre.

«La Polonia è stata fonte di problemi per oltre cinquecento anni», disse il Presidente.

«A maggior ragione dobbiamo fare ciò che è in nostro potere per risolverli», risposi.

«Fra quanto sarà possibile svolgere elezioni? – chiese Roosevelt a Stalin –. *Elezioni che devono essere al di sopra di ogni sospetto, come la moglie di Cesare. Voglio una sorta di garanzia da dare al mondo e non voglio che nessuno possa metterne in*

dubbio la purezza. È una questione di buona politica più che di principio.»

«Entro un mese – rispose Stalin – sempre che non avvenga qualche catastrofe al fronte, cosa che reputo improbabile.»[164]

Il vecchio Orso russo promise e firmò la dichiarazione congiunta in cui le grandi potenze si impegnavano a far svolgere elezioni libere e democratiche in ogni Paese sottratto ai nazisti, Polonia compresa. Né io né Roosevelt ci facevamo molte illusioni al riguardo, ma non c'era altro che potessimo fare, non con l'Armata Rossa che occupava tutta l'Europa orientale.

Fra le questioni di cui discutemmo nelle nostre riunioni c'era anche quella di cosa sarebbe avvenuto alla Germania una volta sconfitta. All'ipotesi iniziale di suddividerla fra di noi in tre zone di controllo, proposi e insistetti finché non fu accettato che una quarta fosse affidata alla Francia. Roosevelt aveva detto chiaramente che le truppe americane non sarebbero rimaste sul continente per più di un paio d'anni dalla fine della guerra e giudicavo fondamentale che i francesi tornassero al loro *status* di grande potenza per aiutarci a garantire la sicurezza futura.

Dal punto di vista militare, per agevolare l'avanzata russa da est e impedire lo spostamento di truppe tedesche, fu deciso di aumentare i bombardamenti strategici sulla Germania. La città di Dresda venne rasa al suolo a metà febbraio.

All'inizio il compito della RAF era di colpire solo obiettivi militari, ma l'irruenza del *Blitz* e degli attacchi indiscriminati su Londra cambiarono ogni cosa.

Nel momento che cominciarono a molestare la nostra capitale, ordinai che venissero colpiti duramente e il posto in cui farlo era Berlino.[165]

Mi sembrava non solo la cosa giusta da fare, quella che gli inglesi si aspettavano che venisse fatta, ma anche l'unico modo per colpire il nemico, in un momento nel quale l'esercito e la Marina non erano in condizione di farlo. Una situazione che non sarebbe cambiata ancora per molto tempo, di certo non prima di poterlo sfidare sulla terraferma europea. Oltre che in Nord Africa, il secondo fronte che Stalin aveva chiesto poteva essere solo quello aereo e in effetti più della metà dei caccia della Luftwaffe dovettero essere impegnati in compiti di difesa in patria, piuttosto che ad attaccare i sovietici.

Quando mi furono mostrate le riprese di alcuni di quei bombardamenti, non potei però evitare di domandarmi *se non fossimo diventati delle bestie, se non ci stessimo spingendo troppo oltre.*[166]

Eppure, finché la situazione sul campo era incerta e per di più i nazisti proseguivano ininterrottamente il lancio dei loro missili sulle nostre città, bisognava continuare a colpirli, nella speranza di spezzare sia la loro economia sia il loro morale.

Adesso però *mi sembrava fosse arrivato il momento di rivedere la questione dei bombardamenti delle città tedesche finalizzati solo ad aumentare il terrore, sebbene sotto altri pretesti... La distruzione di Dresda poneva un serio interrogativo sulla condotta dei bombardamenti alleati.*[167] E in più, il mio sguardo era già focalizzato sul futuro: quando sarebbero stati gli Alleati a governare la Germania, avrebbero rischiato di trovare solo macerie. E io sapevo che, per contenere l'uomo che adesso osservavo al di là del tavolo, sarebbe servita una Germania forte e prospera, così come ogni altro Stato che fossimo riusciti a strappare agli artigli dell'Armata Rossa.

Ma adesso altre questioni richiedevano la nostra attenzione.

Se noi eravamo entrati in guerra per aiutare la Polonia, gli americani lo avevano fatto per vendicarsi del Giappone e con la situazione in Europa ormai sotto controllo potevano cominciare a rivolgere tutta la loro attenzione verso oriente. Alla fine di ottobre avevano definitivamente annientato la marina nipponica nella più grande battaglia navale di tutti i tempi, nel Golfo di Leyte. A nulla erano serviti i primi, disperati attacchi suicidi dei piloti *kamikaze* dell'Imperatore. Finalmente l'anello di isole e arcipelaghi che facevano da scudo era stato spezzato e i bombardieri americani potevano colpire direttamente il territorio giapponese. Ma la guerra minacciava di durare ancora a lungo e Roosevelt insistette perché Stalin intervenisse appena sconfitto Hitler. Il vecchio Orso promise che lo avrebbe fatto entro due mesi dalla resa tedesca.

Soddisfatto, il Presidente procedette ad affrontare l'ultimo punto in agenda, quello potenzialmente di più vasta portata per il dopoguerra. Importante a tal punto da dare il nome alla nostra alleanza.

«Dobbiamo definire un meccanismo per il funzionamento delle Nazioni Unite», disse levandosi gli occhiali e appoggiandoli sul tavolo mentre si stropicciava gli occhi. Sembrava esausto.

Stalin si raddrizzò sulla sedia, come a voler sottolineare anche fisicamente la differenza fisica fra lui e il presidente. «Oggi siamo alleati – disse –, e certamente continueremo a esserlo dopo la guerra. Ma che succederà quando, fra dieci anni o anche meno, una nuova generazione di leader, leader che non hanno conosciuto direttamente la guerra, prenderà il potere? Come possiamo esser certi che le grandi potenze marcino una a fianco all'altra e che non si scontrino fra loro?»

L'organizzazione che stavamo creando avrebbe dovuto prendere il testimone della defunta Società delle Nazioni e guidare il mondo verso un futuro di pace attraverso la risoluzione pacifica delle controversie. Stalin, preoccupato di trovarsi in minoranza di fronte ai Paesi occidentali, inizialmente aveva chiesto che ognuna delle sedici Repubbliche sotto il controllo di Mosca avesse il diritto di voto, ma in questo modo sapevamo che avrebbe dominato l'Assemblea e perciò riuscimmo ad accordarci perché, oltre alla Russia, solo Ucraina e Bielorussia avessero questo privilegio. Il dittatore sovietico acconsentì unicamente perché avevamo trovato un sistema che avrebbe permesso al Consiglio di Sicurezza di prendere decisioni solo se le grandi potenze, fra cui anche Francia e Cina, fossero state tutte d'accordo.

Ecco il sistema del veto. La posterità ne giudicherà i risultati.[168]

Ci accomiatammo in un clima di cauto ottimismo. *Avevamo discusso di molte cose ed ero soddisfatto delle decisioni raggiunte.*[169] Adesso tutto sarebbe dipeso dalla buona volontà delle persone coinvolte e dal rispetto degli impegni presi.

Lungo la via di casa ci fermammo in Egitto, dove salutai il Presidente prima che si imbarcasse per il lungo viaggio di ritorno. Forse era destino che avvenisse proprio lì, alle porte di quel deserto che ci aveva dato le prime soddisfazioni dopo i lunghi tormenti iniziali.

Quella sera cenammo a bordo della sua nave, insieme a sua figlia, a Sarah e a Randolph. Solo noi, come una grande famiglia. *Il Presidente sembrava placido e fragile. Sentivo che aveva solo un sottile contatto con la vita.*

Non lo avrei più rivisto.[170]

Tre dei maggiori protagonisti di questa lunga e dolorosa tragedia abbandonarono per sempre il palcoscenico nel giro di venti giorni, prima che la rappresentazione finisse, che il sipario calasse, che il pubblico applaudisse chi doveva applaudire o fischiasse chi andava fischiato.

Ma la morte, nella sua universalità, spesso sa portare una dose di giustizia finale in armonia con la vita trascorsa.

Roosevelt morì serenamente, circondato dall'affetto dei suoi cari e dalla gratitudine della nazione nella sua casa in Georgia il 12 aprile 1945. Mussolini fu fucilato dai partigiani il 28 aprile e il suo corpo appeso a testa in giù e straziato a Piazzale Loreto, a Milano. *Di questa scena finale mi venne inviata una fotografia, da cui rimasi profondamente scioccato.*[171] Due giorni dopo Hitler si suicidò in quel bunker profondo e oscuro come il suo cuore, mentre le SS armavano perfino i bambini per difendere strada per strada Berlino dai sovietici.

Il 7 maggio la Germania capitolò.

La resa incondizionata dei nostri nemici fu il segnale che diede il via alla più grande esplosione di gioia nella storia dell'umanità.[172]

Mai nella mia vita avevo visto niente di simile. Mai nessuno nella propria vita aveva visto nulla di simile.

Milioni di persone affollavano le strade cantando, ballando e festeggiando in ogni modo possibile. Io stesso mi ero personalmente accertato quella mattina con il Ministero dell'Alimentazione che a Londra ci fossero sufficienti quantità di birra. Sospetto comunque che, per quanto copiose, le scorte non bastarono.

E come avrebbero potuto, con un intero popolo in festa? Era il giorno che avevamo atteso per più di cinque anni, niente e nessuno avrebbe arginato l'onda di gioia che rifluiva attraverso la capitale dell'Impero. Mancava solo Clemmie, in Unione

Sovietica per una missione diplomatica, ma era riuscita a farmi recapitare un telegramma che trovai al mio risveglio: «*Mio adorato, tutti i miei pensieri sono con te in questo giorno supremo. Non sarebbe potuto accadere senza di te*».[173]

Le campane di ogni chiesa suonavano incessantemente fin dall'alba, facendo da sottofondo ai cori e alle canzoni intonate da milioni di voci.

Lungo la strada per Buckingham Palace fui accompagnato da due ali di folla immense. Uomini, donne e bambini scandivano il mio nome e facevano il segno della «V» di vittoria. La famiglia reale mi accolse e mi chiese di unirmi a loro per il pranzo. Per otto volte il popolo riunito davanti al Palazzo aveva chiesto al Re di affacciarsi al balcone e lui lo aveva fatto con piacere. Quando mi chiese di unirmi a loro, accettai volentieri.

Dopo la tempesta della notte, il sole splendeva sulla città. Un passo dietro al Re, mi affacciai insieme a lui, alla Regina e alle loro due giovani figlie Elisabetta e Margaret. Mi riempii gli occhi di quella scena maestosa, in tutti i sensi.

Ce l'avevo ancora davanti agli occhi anche quando rientrai nel mio ufficio a Downing Street. E, anche in caso contrario, il rumore che oltrepassava i muri e le finestre me l'avrebbe ricordata. Brendan Bracken, in qualità di ministro dell'Informazione, predispose tutto per la diretta radiofonica.

Quando il Big Ben scandì le 15, il rumore cessò come per incanto. L'aria era riempita solo dalle mie parole, amplificate dagli altoparlanti piazzati per le strade e nelle piazze. Informai il popolo e il mondo della resa incondizionata, dando il via ufficiale ai festeggiamenti, ma ricordando anche a tutti come, dall'altra parte del mondo, ancora si combatteva e si moriva.

La festa continuò per tutto il giorno, nelle strade, nelle case, nei pub, in Parlamento – dove venni accolto da una lunga ovazione – e in ogni angolo d'Inghilterra. Quella sete di felicità sembrava non volesse finire mai. Nessuno voleva che quel giorno finisse.

Ancora dopo cena Jock Colville entrò nella stanza dove stavo mangiando con la mia famiglia per dirmi che un'immensa folla radunata a Whitehall chiedeva che dicessi loro qualche parola. Mi alzai e uscii sul balcone, vestito della mia tuta da sirena. Di notte la scena faceva ancora più effetto, perché solo da una settimana avevamo abolito l'oscuramento e nessuno di noi era più abituato a vedere le luci brillare sulla città. Per 2.061 notti consecutive Londra era stata al buio, adesso i giganteschi proiettori usati per individuare minacce aeree nei cieli erano puntati sui grandi monumenti della città, sul Big Ben, sulla colonna di Nelson a Trafalgar Square, su di me.

«Dio vi benedica tutti, questa è la vostra vittoria!»

Un coro rispose all'unisono: «No, è la tua!»

Mi commossi, ma mi sforzai di proseguire. *«È la vittoria della causa della libertà in ogni Paese. In tutta la nostra lunga storia non avevamo mai visto un giorno più grande di questo. Tutti, uomini e donne hanno fatto il loro meglio»*,[174] dissi indicando tutti loro.

«Siamo stati i primi, in questa antica isola, a sguainare la spada contro la tirannia. Ci siamo presto ritrovati da soli contro la più tremenda potenza militare che si sia mai vista. Siamo rimasti soli per un anno intero. Soli – ripetei –. *Qualcuno voleva arrendersi?»*

«NO!» ruggì la folla.

«Eravamo scoraggiati?»

«NO!» rispose Londra.

«Io dico che nei lunghi anni a venire non solo la gente di quest'isola ma del mondo, ovunque l'uccello della libertà cinguetti nei cuori umani, guarderà indietro a ciò che abbiamo fatto e dirà: "Non disperate, non cedete alla violenza e alla tirannia, marciate dritti in avanti e morite se necessario, invitti".»[175]

Il boato che seguì fu più forte di qualsiasi bomba mai caduta sulla città.

Ero felice, ero esausto, ma ero anche preoccupato. Una preoccupazione che i festeggiamenti di quel giorno non erano riusciti a sopire.

Apprensione per il futuro e molte perplessità avevano riempito la mia mente mentre mi muovevo tra la folla esultante di londinesi nell'ora di meritata gioia dopo tutto ciò che avevano passato... Il Giappone non era ancora stato sconfitto. La bomba atomica non era ancora nata. Il mondo era in confusione. Il principale legame costituito dal pericolo comune che aveva unito i Grandi Alleati era svanito da un giorno all'altro.

La minaccia sovietica, ai miei occhi, aveva già sostituito il nemico nazista.[176]

Quando rientrai, accompagnato dalle ultime strofe dell'inno nazionale e da uno scroscio di applausi, mi accorsi che stavo piangendo.

Mai avrei pensato di sentire gli applausi anche lì.

La città era un cumulo di rovine, che mi fecero pensare per un momento a Cartagine, ma senza alcun barlume di quell'antica gloria. Le persone che si aggiravano per le strade erano poco più che fantasmi.

Nel piazzale antistante la Cancelleria c'era una notevole folla. Quando scesi dall'auto e camminai in mezzo a loro, a parte un vecchio che scosse la testa con disapprovazione, tutti cominciarono a esultare. Il mio odio era morto con la loro resa e fui molto commosso dalle loro manifestazioni, ma anche dal loro aspetto smunto e dai vestiti logori.[177]

I berlinesi osservarono fra gli applausi la visita del loro nemico giurato nel cuore del potere nazista.

Percorsi i tunnel del bunker sotto la Cancelleria ed entrai nella stanza in cui Hitler si era tolto la vita. Era buio lì sotto e faceva freddo, ma forse era solo una mia sensazione.

Ero a Berlino per la Conferenza di Potsdam, l'ultima grande riunione di guerra. Fu anche l'occasione per conoscere il successore di Roosevelt, Harry Truman. Si presentò con la notizia straordinaria dell'esplosione della prima bomba atomica nel deserto del New Mexico. Capii subito che questo cambiava ogni cosa. Fino ad allora avevamo previsto che per piegare il Giappone sarebbe stata necessaria un'invasione sanguinosissima e che secondo le nostre stime poteva costare un milione di vite alleate. *Pensai subito a come il popolo giapponese, di cui avevo sempre ammirato il coraggio, avrebbe potuto trovare nell'apparizione di quest'arma quasi soprannaturale un pretesto che avrebbe salvato il suo onore e lo avrebbe liberato dall'obbligo di combattere fino all'ultimo uomo.*[178]

Comunque, non ci fu mai una discussione sull'opportunità o meno di usare l'atomica... La decisione finale ora spettava principalmente al Presidente Truman, che possedeva materialmente l'arma; ma non ho mai dubitato quale sarebbe stata, né ho mai dubitato da allora che avesse ragione.[179]

Inviammo a Tokyo un ultimatum, mettendo in chiaro che, se non si fossero arresi immediatamente, sarebbero stati annientati e lanciammo volantini su diverse città per avvertire la popolazione che i bombardamenti aerei sarebbero stati devastanti. I capi di Stato maggiore giapponesi rifiutarono di arrendersi.

Seduti nella grande sala del palazzo che era appartenuta al Kaiser e a pochi chilometri dalla capitale del Reich di Hitler, brindammo alla fine imminente della guerra. Come di consueto furono fatti molti brindisi, che i rappresentanti sovietici facevano bevendo da piccoli bicchieri, Stalin compreso. *Ma ora pensai di portarlo a fare un passo in più. Allora riempii un piccolo bicchiere bordeaux di brandy per lui e un altro per me. Lo guardai in modo significativo. Entrambi vuotammo i bicchieri d'un fiato e ci guardammo con approvazione.*[180]

Eravamo tre alleati vittoriosi nell'ora del trionfo che festeggiavano il tanto atteso successo finale dopo mille tormenti e sofferenze, anche se molte cose rimanevano da definire. Questioni spinose che sarebbero state affrontate durante la conferenza e che riguardavano il definitivo assetto mondiale del dopoguerra.

Ma io non vi presi parte.

Tornai a Londra a metà dei lavori per assistere ai risultati delle elezioni che avevo convocato all'indomani dell'armistizio. Credevo che la mia sarebbe stata solo una pausa e che sarei tornato presto per proseguire la conferenza. I miei pensieri erano completamente assorbiti dalle grandi questioni globali e avevo dedicato poche riflessioni alla politica interna. Gli esponenti del partito Conservatore prevedevano una vittoria sulla scia dei successi bellici e *nel complesso accettavo il loro punto di vista. Andai a letto convinto che il popolo britannico avrebbe voluto che continuassi il mio lavoro.*[181]

Poco prima dell'alba mi svegliai all'improvviso con una fitta acuta di dolore quasi fisico. La convinzione, fino a quel mo-

mento inconscia, che fossimo stati sconfitti irruppe e dominò la mia mente. Tutta la pressione dei grandi eventi, sui quali e contro i quali per tanto tempo avevo mantenuto mentalmente la mia «velocità di volo», sarebbe cessata e io sarei caduto. Il potere di plasmare il futuro mi sarebbe stato negato. La conoscenza e l'esperienza che avevo accumulato, l'autorità e il benvolere che avevo acquisito in così tanti Paesi, sarebbero svaniti. Ero scontento della prospettiva e mi rimisi subito a dormire.[182]

Al mio risveglio la mattina dopo seguii lo spoglio dalla sala delle mappe da cui avevo diretto la guerra. Dove prima veniva segnata la posizione degli U-Boot nemici, adesso si teneva conto dei risultati provenienti dai vari distretti elettorali. Affondamenti allora, affondamento anche adesso.

C'erano tutti. Clemmie, Diana, Randolph, Sarah, Mary, mio fratello Jack, Brendan Bracken, il Prof. Lindemann, Jock Colville.

Insieme alla mia famiglia, allo staff e agli amici di tutta la vita scoprii di non avere più la maggioranza. Fra lo sbigottimento generale, presi atto del risultato, trovandomi nello strano ruolo di dover essere io a consolare i miei assistenti in lacrime, assicurandoli che sarebbe andato tutto bene e che era quella, dopotutto, la prova del ritorno alla normalità delle cose.

Dopo aver presentato le mie dimissioni al Re, passammo un ultimo weekend a Chequers, mentre Attlee formava il nuovo governo laburista. Fu un fine settimana di amarezza e delusione. Avrei voluto guidare il Paese fino alla fine della guerra con il Giappone e accompagnarlo nella ricostruzione della pace. Credevo di poter dare ancora molto al mio Paese e al mondo, ma evidentemente gli inglesi non la pensavano così.

La stessa democrazia per cui avevo combattuto aveva anche decretato la mia sconfitta.

Lasciando la residenza di campagna del primo ministro, firmai insieme a Clemmie il registro degli ospiti all'ingresso.

Arrivato alla porta, però, mi fermai, tornai indietro e ripresi la penna.

Sotto il mio nome aggiunsi una sola parola.

«*Finis.*»[183]

19

La cortina di ferro

1945-1951

La vita scivola via, ma bisogna combattere con la forza che rimane per le cose che ci stanno a cuore.[184]

Incontrai la pace sul lago di Como.

La pace del mondo, con la resa siglata quello stesso giorno dai giapponesi che poneva finalmente termine alla guerra.

La pace del corpo, con la leggera brezza di settembre che accarezzava il volto e sembrava volesse cullarmi verso il tanto atteso riposo.

La pace del cuore, con il riverbero dei raggi del sole sulle placide acque che le facevano scintillare come gioielli sommersi.

La pace dello spirito, assicurata dal pennello che finalmente riprendevo in mano e dalla tela bianca che aspettava solo di riempirsi dei colori che mi circondavano.

Una strana forma di pace, con mia sorpresa, era anche la novità di dipingere davanti a un pubblico. Anzi, forse dovrei dire davanti a quel pubblico: un nugolo di bambini di ogni età, fra cui i più grandi avranno avuto non più di dodici o tredici anni. Mi avevano riconosciuto e ai loro giovani occhi ero una celebrità tale da giustificare una lunga pausa dai giochi per vedere meglio cosa facessi e così se ne stavano *seduti a una ventina di metri di distanza a guardare.*[185]

Ogni tanto arrivava qualche nuovo amichetto che a sua volta, vedendomi, mi indicava e diceva «Churchill!» e mi faceva il segno della «V», a cui rispondevo con un sorriso e un saluto. Il pensiero che i loro padri probabilmente avevano combattuto contro di noi e che loro adesso erano lì, felici e in pace, era il miglior argomento a sostegno della fiducia incrollabile che bisogna riporre nelle nuove generazioni.

Come sempre, *dipingere fu un grande piacere e mi fece dimenticare tutte le mie vessazioni. È una cura meravigliosa, perché davvero non si riesce a pensare ad altro.*[186] La delusione e l'amarezza per la sconfitta elettorale scivolarono via per la prima volta, come le piccole onde del lago sospinte da un vento gentile.

«Potrebbe essere una benedizione mascherata sotto mentite spoglie», mi aveva detto Clementine all'indomani del voto. «Al momento sembra molto ben mascherata», avevo risposto io.[187] Adesso, con l'aiuto di quel provvidenziale paesaggio, cominciavo a capire cosa intendesse.

Ero esausto nel corpo e nella mente. Non solo gli enormi problemi della ricostruzione e della smobilitazione che avrei dovuto affrontare se fossi stato al governo avrebbero richiesto ogni oncia di energia, ma avrei dovuto anche rendermi responsabile di quello che stava per succedere in Europa e al nostro Impero. Come capo dell'opposizione, invece, avrei potuto dire quello che pensavo senza dovermi preoccupare troppo di essere diplomatico. E quello che dovevo dire non sarebbe piaciuto a molte persone. Naturalmente lo avrei fatto comunque.

Ma prima, mi godetti ogni momento di quei giorni di beata serenità.

Oltre al mio piccolo pubblico, a mia figlia Sarah e a qualche amico, con me c'era una guardia d'onore del mio vecchio reggimento, il 4° Ussari.

Un giorno, vedendomi posare il pennello e restare seduto immobile a guardare il tramonto sul lago, uno dei giovani ufficiali si avvicinò chiedendomi se mi servisse qualcosa.

Lo invitai a sedersi accanto a me, avrà avuto non più di venticinque anni e sembrava smanioso di rendersi utile. Lo rassicurai sul fatto che non avevo bisogno di nulla, ma pensai che forse era lui ad aver bisogno di qualcosa.

«Figliolo, dopo una vita lunga e piena di esperienze, vorrei darti il consiglio più prezioso che ho: saper ordinare al momento presente di restare.»

Il giovane alzò brevemente gli occhi verso il lago e poi tornò a fissarli su di me.

«È esattamente quello che sto cercando di fare adesso, signore»,[188] disse leggermente commosso.

Insieme, in silenzio, restammo seduti a osservare il sole tramontare oltre i monti.

Non tutti i miei consigli venivano accolti così facilmente.

Ciò nonostante, salendo sul palco non potei trattenere un sorriso.

Ero sorpreso che nella parte più avanzata della mia vita io fossi diventato così esperto nel prendere lauree, quando invece, ai tempi della scuola, ero pessimo nel superare gli esami. In effetti si potrebbe quasi dire che nessuno abbia mai superato così pochi esami e conseguito così tante lauree.[189] Il pensiero mi divertiva molto. Negli anni ho avuto l'onore di essere insignito di ben sedici lauree *ad honorem*, non so quanto meritate, ma certamente le ho molto apprezzate.

All'indomani della guerra godevo di uno *status* di livello mondiale e ricevevo moltissimi inviti a conferenze o a cerimonie. Al mio ritorno dall'Italia ce n'era un'intera pila ad attendermi, ma solo uno attirò la mia attenzione, perché era firmato dal Presidente degli Stati Uniti. Truman mi invitava a parlare al Westminster College di Fulton, nel suo Stato natale del Missouri. Il fatto che lui sarebbe stato presente e avrebbe viaggiato con me e il pensiero di passare un po' di tempo con lui per conoscerlo meglio mi convinsero subito ad accettare.

A Potsdam avevamo avuto troppo poco tempo per farlo. Quando avevo lasciato la conferenza ero convinto che sarei tornato dopo qualche giorno, forte di un nuovo mandato. Invece al mio posto Truman aveva trovato Attlee. *«Mi ha dato l'impressione di un uomo modesto»*, mi aveva detto il Presidente commentando il nuovo primo ministro. *«E ha molto di cui essere modesto»*,[190] avevo risposto io.

La sconfitta mi aveva privato di quella possibilità, la mia fama ora me ne aveva data una perfino migliore.

Avevamo percorso insieme il lungo viaggio in treno da Washington al Missouri, chiacchierando e discutendo di ogni genere di argomento. Quella sera, dopo cena, mentre il treno percorreva il placido paesaggio del Midwest americano, insieme ad alcuni dei suoi assistenti avevamo fatto una partita a poker, nella quale stavo subendo una sonora sconfitta.

«Sa, signor Presidente», avevo cominciato a dire.

«Mi chiami Harry», mi aveva interrotto.

«E lei mi chiami Winston.»

«In tutta franchezza, non so se ci riuscirò.»

«Se lei non mi chiama Winston io non posso chiamarla Harry.»

«E va bene, Winston, ci proverò.»[191]

«Bene così, Harry. Sai, se mai dovessi rinascere vorrei farlo in America. È un Paese in cui non c'è limite al futuro di un uomo.»

«Sono lieto di sentirtelo dire.»

«Anche se ci sono alcune delle vostre usanze che disapprovo...»

«Ad esempio?», mi aveva chiesto sorridendo.

«Il fatto che non beviate alcolici durante i pasti.»[192]

Il Presidente, anzi Harry, aveva riso e si era detto d'accordo, sostenendo subito le parole con i fatti da uomo d'azione qual era e ordinando un giro di whisky per tutti. Sospetto che una parte non indifferente di questa iniziativa mirasse a offuscare ancor di più le mie già scarse doti pokeristiche.

«Harry, questo è il discorso che intendo pronunciare. Penso sia meglio che prima tu gli dia uno sguardo», avevo detto porgendogli il foglio con la mia struttura del salmo. *Bisogna sempre fare attenzione ai discorsi che si fanno nei Paesi altrui.*[193]

Lo aveva letto attentamente per qualche minuto per poi dirmi *che pensava fosse ammirevole e che non avrebbe fatto altro che bene, anche se avrebbe suscitato scalpore.*[194]

Oh sì che l'avrebbe suscitato, pensai salendo sul palco dopo che il Presidente aveva finito di introdurmi definendomi «Cittadino del mondo».

La palestra del college era gremita di tremila persone e dieci volte tante seguivano all'esterno. Le loro voci entravano dalle finestre spalancate insieme al tepore di quella giornata di inizio marzo.

Iniziai scherzando sul fatto che il nome di quel college, Westminster, mi suonasse familiare e che proprio in un luogo chiamato allo stesso modo avevo ricevuto la mia educazione in scienze politiche, dialettica, retorica e altre due o tre cose. Il pubblico rise.

Ma non ero lì per farli ridere, non solo almeno.

La possibilità di tornare su un palcoscenico di livello mondiale, accanto al Presidente degli Stati Uniti, andava sfruttata per far conoscere a tutti cosa pensassi.

«*Un'ombra è caduta sulle scene recentemente illuminate dalla vittoria degli Alleati. Nessuno sa cosa intendano fare la Russia sovietica e la sua organizzazione internazionale comunista nell'immediato futuro, né quali siano gli eventuali limiti alle loro tendenze espansionistiche e di proselitismo...*

È mio dovere tuttavia, poiché sono sicuro che vogliate che vi esponga le cose per come le vedo, presentarvi alcuni fatti sulla situazione attuale in Europa.

Da Stettino nel Baltico a Trieste nell'Adriatico, una cortina di ferro è scesa sul continente. Dietro quella linea si trovano tutte le capitali degli antichi Stati dell'Europa centrale e orientale. Varsavia, Berlino, Praga, Vienna, Budapest, Belgrado, Bucarest e Sofia, tutte queste famose città e le popolazioni che le circondano si trovano in quella che devo chiamare la sfera sovietica, e sono tutte soggette, in un modo o nell'altro, non solo all'influenza sovietica ma anche a un'altissima e in alcuni casi crescente forma di controllo da Mosca.»[195]

Le luci della telecamera puntate su di me mi abbagliavano e chiesi di spegnerle prima di continuare. Avevo bisogno di vedere i volti che mi stavano davanti e studiare le loro reazioni.

«*Da quello che ho visto dei nostri amici e alleati russi durante la guerra, sono convinto che non c'è niente che ammirino tanto quanto la forza, e non c'è niente per cui hanno meno rispetto che per la debolezza, soprattutto la debolezza militare... L'ultima volta ho visto tutto ciò e l'ho gridato ad alta voce ai miei connazionali e al mondo, ma nessuno mi ha prestato attenzione... Sicuramente non dobbiamo permettere che ciò accada di nuovo.*»[196]

Gli applausi mi sembrarono piuttosto tiepidi, ma me lo aspettavo. A nessuno piace sentirsi mettere in guardia da pericoli mortali, soprattutto agli americani del Midwest tradizionalmente isolazionisti.

Ma c'era uno di quegli americani del Midwest che non la pensava così, ed era il più importante.

Voltandomi, vidi Truman applaudire con entusiasmo.

In molti hanno definito il mio discorso di Fulton come la data di inizio della Guerra Fredda. Non capiscono, o non vogliono capire, che mi ero solo limitato a constatare un fatto.

Ancora una volta avevo suonato l'allarme.

E ancora una volta il tempo mi avrebbe dato ragione.

Ci volle un anno perché le mie parole trovassero conferma.

Un anno in cui il mio nome sui giornali veniva nuovamente accostato al termine «guerrafondaio». Durante il resto del mio tour negli Stati Uniti, gruppi di simpatizzanti comunisti organizzarono picchetti e manifestazioni contro di me. Lo stesso Stalin reagì al mio discorso sostenendo che cercassi il conflitto con l'Unione Sovietica e arrivò a paragonarmi a Hitler.

Ero abituato, e a quel punto della mia vita le critiche ormai scalfivano ancora meno del solito la corazza della mia esperienza. Proseguii anzi quello stesso anno dicendo altre cose che forse il mondo non era pronto a sentirsi dire. Per esempio che *il primo passo per la ricostruzione della famiglia Europea doveva essere la collaborazione tra Francia e Germania.* Ero e resto convinto della necessità di *costruire una sorta di Stati Uniti d'Europa*,[197] che, insieme all'America e all'Inghilterra con il suo Commonwealth, potrebbero assicurare pace e prosperità al mondo. Anche in questo caso l'accoglienza alle mie parole fu tiepida, ma ben presto la storia fece il suo corso. Ci vollero altri tre anni prima che il Consiglio d'Europa divenisse realtà. Fu un grande onore per me essere invitato alla sua prima riunione.

Il 12 marzo 1947, quasi esattamente un anno dopo il mio discorso a Fulton, uno dei pochi uomini che avevano applaudito in modo convinto alle mie parole spiegò al mondo che, sì, la democrazia andava difesa se necessario con la forza. Era la «Dottrina Truman», con la quale il Presidente mise in guardia i sovietici che da quel momento gli Stati Uniti non si sarebbero più chiusi nel loro storico isolazionismo.

Tre mesi dopo, oltre che quello militare, gli americani misero a disposizione della pace e della ricostruzione anche il loro potere economico, convogliando miliardi di dollari in Europa attraverso il Piano Marshall.

Ben presto divenne chiaro quello che intendevo quando avevo parlato di «crescente forma di controllo di Mosca». *In tutti gli Stati satelliti dietro la cortina di ferro furono istituiti governi di coalizione, che comprendevano i comunisti. Si sperava che la democrazia in qualche forma venisse preservata. Ma in un Paese dopo l'altro i comunisti si impadronirono dei posti chiave, tormentarono e repressero gli altri partiti politici e costrinsero i loro leader all'esilio. Ci furono processi ed epurazioni. La Romania, l'Ungheria e la Bulgaria furono presto inghiottite. A Yalta e a Potsdam avevo lottato strenuamente per la Polonia, ma invano.*[198] Anche l'unico Paese dell'Europa orientale ancora democratico, la Cecoslovacchia, subì nel febbraio del 1948 un colpo di Stato che lo portò sotto il dominio comunista.

Ero sicuro che l'Europa sarebbe stata comunistizzata e Londra bombardata già da tempo, se non fosse stato per il deterrente atomico degli Stati Uniti. C'è un solo modo per trattare con i Sovietici ed è *avere dalla propria parte una forza superiore sulla questione in oggetto, una forza che loro devono essere convinti che sarà utilizzata – che non si esiterà a usare –, se necessario nel modo più spietato.*[199]

Dopo le lunghe sofferenze e gli sforzi della Seconda guerra mondiale, sembrava che mezza Europa avesse semplicemente scambiato un despota con un altro.[200]

Quella stessa estate Stalin ordinò l'isolamento di Berlino, divisa fra le potenze vincitrici ma geograficamente all'interno della Germania Est, sotto controllo di Mosca. Gli Alleati reagirono istituendo il più imponente ponte aereo della storia, grazie al quale la città poté continuare a essere rifornita.

La minaccia sovietica ora appariva reale a tutti, quanto era apparsa a me fin dall'ultimo periodo della guerra. *Finalmente, nell'aprile 1949 fu firmato il Trattato del Nord Atlantico, in cui per la prima volta nella storia gli Stati Uniti si impegnarono, soggetti sempre alle prerogative costituzionali del Congresso, ad aiutare i loro alleati se fossero stati attaccati.*[201]

Da quel trattato sarebbe sorta la Nato.

L'alleanza che avevo cercato e desiderato con tutte le mie forze era diventata realtà.

Realtà, finzione. Chi può dire dove finisca l'una e inizi l'altra?

Davvero ciò che avviene nella mente e nel cuore non può essere più vero di ciò che vediamo?

Un pomeriggio nebbioso del novembre 1947, stavo dipingendo nel mio studio nel cottage ai piedi della collina, a Chartwell. Qualcuno mi aveva mandato un ritratto di mio padre.[202]

Osservai quel volto che avevo tanto amato e non potei fare a meno di rammaricarmi dallo stato in cui era il dipinto. Il contrasto fra il deterioramento del quadro e il ricordo nitido e puro che portavo sempre con me nel cuore mi convinse a replicarlo prima che svanisse del tutto, inghiottito dal tempo.

Un po' titubante, mi apprestai quindi a dipingere un volto umano. Nella mia vita avevo quasi sempre lavorato solo a paesaggi, e il motivo è semplice: *un albero non si lamenta mai che non gli sia stata resa giustizia.*[203] Per mio padre avrei fatto un'eccezione.

Come sempre la pittura assorbiva ogni pensiero e faceva scomparire ogni preoccupazione. Dovevo aver dipinto per circa un'ora e mezzo, quando, *proprio mentre stavo tratteggiando lo svolazzo tipico dei suoi baffi, sentii una strana sensazione. Mi voltai con la tavolozza in mano e lì, seduto sulla mia poltrona di pelle rossa, c'era mio padre.*

Era come lo ricordavo, come lo stavo dipingendo. Nel fiore degli anni, in piena salute, gli occhi che brillavano di quell'intelligenza che lo aveva portato ai vertici della politica nell'epoca di maggior gloria dell'Impero.

Sorrideva.

«Papà!», esclamai.

«Che stai facendo, Winston?»

«Sto cercando di replicare il tuo ritratto», gli dissi indicando il vecchio quadro.

«Non me lo sarei mai aspettato.»

«Lo faccio solo per divertimento», risposi.

«Sì, immagino che tu non possa pagarti da vivere in questo modo.»[204]

Non dissi nulla. Ero ancora frastornato e non osavo muovere un passo.

Mi chiese in che anno fossimo e mi disse che non ricordava nulla dal 1894, l'anno in cui la malattia si era portata via la sua mente. Volle sapere cosa fosse successo in quel mezzo secolo e io glielo raccontai.

Gli spiegai che molte cose erano sopravvissute al trascorrere del tempo: la monarchia, la Chiesa d'Inghilterra, il club dei Conservatori, le più importanti corse ippiche di cui era tanto appassionato. Ma gli raccontai anche dei tanti cambiamenti che c'erano stati. Rimase sconvolto quando seppe che le donne non solo potevano votare, ma che erano anche state elette in Parlamento e ancora di più quando gli dissi che avevamo perso le colonie di India, Birmania e che in quel momento c'era nel Regno Unito un governo socialista.

«Socialisti? Quei socialisti?», aveva chiesto. «Proprio quelli, gli avevo risposto, ripetendogli una mia massima: "Se il vizio intrinseco del capitalismo è la divisione iniqua dei benefici, la virtù intrinseca del socialismo è l'equa ripartizione delle miserie".»[205]

«E tu? – mi chiese – *Come ti guadagni da vivere? Non certo con questi», disse indicando i dipinti.*

«In effetti no, papà. Scrivo libri e articoli per i giornali.»

«Ah! Un reporter! Non c'è nulla di disonorevole in questo», disse con un tono che tradiva il sollievo provato di fronte alla constatazione che, dopotutto, suo figlio non era un fallito come aveva temuto.

«Sei sempre stato l'ultimo della classe, non hai mai superato un esame eccetto quello per entrare nella cavalleria, mi scrivevi lettere ampollose. Devo dire che non vedevo come avresti potuto guadagnarti da vivere con quel poco che ho lasciato a te,

a Jack e a tua madre. A un certo punto avevo immaginato per te un futuro da avvocato, ma non eri abbastanza intelligente... Ti piaceva molto giocare con i soldatini e così ho deciso di indirizzarti verso l'esercito. Spero tu abbia avuto una carriera militare soddisfacente.»[206]

Gli dissi che ero Stato maggiore nella cavalleria, ma non sembrò impressionato.

Gli spiegai anche che avevo combattuto in guerra.

«Guerra? – disse rizzandosi sulla sedia con aria sorpresa – Guerra, dici? C'è stata una guerra?»

«Da quando è arrivata la democrazia non abbiamo avuto altro che guerre», risposi.[207]

Alzò un sopracciglio. «Non dovresti parlarne male. Ricordati quello che dicevo sempre: "Fidati della gente".»

«Non lo dimentico mai, papà, sto solo constatando un fatto. *Nessuno pretende che sia perfetta o onnisciente. Si dice che la democrazia sia la peggiore forma di governo, a parte tutte quelle altre forme che di tanto in tanto sono state tentate.»*[208]

Gli raccontai dell'infinita sequenza di conflitti che aveva tormentato il mondo da quando lui era morto. Non solo guerre di frontiera in India, Sudan, Sudafrica e avamposti sperduti, ma guerre di popoli e di nazioni. Il concetto di guerra mondiale e le sue dimensioni, però, erano impossibili da concepire per un uomo del XIX secolo.

«Ma guerre come queste devono essere costate un milione di vite. Devono essere state sanguinose quanto la guerra civile americana.»

«Papà – dissi – *in ciascuna di queste sono stati uccisi in battaglia circa trenta milioni di uomini. Nell'ultima sette milioni sono stati assassinati a sangue freddo, soprattutto dai tedeschi. Hanno costruito recinti per la macellazione umana, come i recinti per il bestiame di Chicago. L'Europa è una rovina. Molte delle sue città sono state fatte a pezzi dalle bombe. Dieci capitali dell'Europa dell'Est sono in mano russa. Adesso sono comuniste, lo sai: Karl Marx e tutto il resto. Può darsi che una guerra ancora peggiore si stia avvicinando. Una guerra dell'Oriente contro l'Occidente.»*[209]

A questo punto sembrava sconvolto. Era così preso dal mio racconto che si era scordato di accendersi la sigaretta, che giaceva inerte fra le dita. Con l'altra mano giocava distrattamente con la catena d'oro dell'orologio da taschino, lo stesso che per tutta la vita avevo portato io con affetto e orgoglio. Istintivamente la toccai anche io, per vedere se fosse ancora al suo posto. C'era.

Per qualche motivo non mi ero sentito di dirgli il ruolo che avevo ricoperto in quest'ultimo immenso conflitto che tanto lo aveva turbato.

Dopo qualche secondo di silenzio si riscosse e disse con aria grave: «*Sono felice di non aver vissuto abbastanza da vedere queste cose. Sai, mentre ti ascoltavo raccontare questi fatti spaventosi, mi sembrava che ne sapessi molto. Non mi sarei mai aspettato che ti saresti sviluppato così tanto e così pienamente*».

Fece una pausa per guardarmi negli occhi e sfregò il cerino, senza riuscire ad accenderlo.

«*Naturalmente* – proseguì – *ormai sei troppo vecchio per pensare a queste cose, ma quando ti sento parlare mi chiedo davvero come mai tu non sia entrato in politica. Avresti potuto far molto per aiutare. Avresti potuto anche farti un nome.*»[210]

Finalmente il cerino si accese.

Con un piccolo bagliore mio padre scomparve.

Il bagliore che tutti temevamo di vedere sarebbe stato anche l'ultimo.

Il monopolio nucleare americano svanì nel 1949, quando i sovietici fecero esplodere la loro prima atomica. Da quel momento in poi, il mondo si sarebbe per sempre trovato in bilico sull'abisso finale. La Guerra Fredda trovò così il suo equilibrio nella muta consapevolezza che una nuova guerra mondiale sarebbe potuta scoppiare in ogni momento, ma che nessuno l'avrebbe vinta.

Dopo decenni di *pax* britannica, l'Impero, il mio amato Impero, stava ormai tramontando.

Le lotte che si aprirono nei Paesi all'indomani dell'indipendenza confermarono i miei timori. In Palestina, la partenza delle truppe britanniche vide la nascita di Israele, cui i vicini Paesi arabi dichiararono guerra il giorno dopo la dichiarazione d'indipendenza, dando il via a un conflitto di cui non si vede tuttora la fine.

In India, indù e musulmani si uccisero a centinaia di migliaia, provocando esodi di massa tra il nuovo Stato e l'appena nato Pakistan.

Anche i francesi dovettero ritirarsi in molti dei loro possedimenti. Abbandonarono Siria e Libano in Medio Oriente e nel Sud-Est asiatico furono trascinati in una lunga e sanguinosa guerra in Indocina da cui sarebbero emersi Cambogia, Laos e Vietnam del Nord e del Sud. Lo stesso destino ebbero gli olandesi con l'Indonesia.

Se in questo breve resoconto si coglie una nota di rammarico, non si supponga che essa sia in ostilità con il diritto dei popoli asiatici all'autodeterminazione. Ciò che mi chiedo è *se tanto spargimento di sangue fosse davvero inevitabile. Senza la fretta generata dalle pressioni straniere e dalla perdita di influenza seguita alle nostre prime sconfitte nella guerra in Estremo Oriente, non sarebbe stato forse il progresso verso lo stesso fine più felice e stabile?*[211]

Nello scrollarsi di dosso il colonialismo, l'Asia si era liberata degli imperi europei, ma un'ombra ben più vasta e minacciosa era sorta nel suo stesso cuore, alimentata dalla piaga del marxismo.

La lunga guerra civile cinese si concluse nel 1949 con la creazione della Repubblica Popolare agli ordini di Mao Tse Tung e così *lo Stato più popoloso del mondo passò nelle mani dei comunisti e non dubito che eserciterà una forza effettiva negli affari internazionali.*[212]

Cominciò a farlo, anzi, fin dal principio.

Ci sono un luogo e una data precisi nei quali la Guerra Fredda divenne improvvisamente calda.

Il 25 giugno 1950, nel punto in cui il 38° parallelo attraversa la Corea.

Il Paese, una volta liberato dall'occupazione giapponese, era stato diviso in due, il Nord comunista e il Sud filo-occidentale.

Quel giorno, le truppe del Nord armate da Mosca invasero il Sud.

Truman aveva deciso di intervenire subito, applicando la dottrina che lui stesso aveva esposto e schierando l'esercito americano a difesa di Seoul; a fianco a loro ben presto ci furono anche numerosi soldati britannici.

Mentre questi eventi scuotevano il mondo, in Inghilterra quell'inverno c'erano state delle elezioni che avevano ridotto la maggioranza laburista a soli cinque seggi. Il governo Attlee stava chiaramente aggrappandosi con le unghie a una Camera che da un momento all'altro avrebbe potuto sfiduciarlo. Era solo questione di tempo.

E il momento arrivò l'anno seguente.

Sapevo che era l'ultima possibilità.

Di lì a un mese avrei compiuto settantasette anni, non ci sarebbero state altre occasioni.

Clementine mi aveva esortato a ritirarmi, sostenendo che ero all'apice della popolarità e che fosse meglio lasciare il campo quando si è vincenti. Ma io volevo avere la possibilità di misurarmi con le sfide del governo in tempo di pace e soprattutto volevo farlo grazie al voto degli elettori.

Nel 1940 ero stato nominato grazie a dinamiche interne del partito Conservatore, in un momento in cui la guerra aveva reso impraticabile il ricorso alle urne. La ferita della mia sconfitta all'indomani della vittoria contro la Germania bruciava immensamente, ma non era solo per motivi personali che mi ricandidavo. *Se in quel frangente rimanevo nella vita pubblica è perché, a torto o a ragione, ma sinceramente, credevo di poter dare un contributo importante alla prevenzione di una Terza guerra mondiale.*[213]

Le urne si erano chiuse la sera precedente e i risultati cominciavano ad arrivare.

Cercavo di ingannare l'attesa facendo ciò che mi riusciva meglio, lavorare. Avevo cominciato a scrivere le mie memorie sulla guerra, un compito che mi teneva assai più impegnato di quanto avessi inizialmente previsto.

«Caro, sono preoccupata», disse Clemmie entrando nella stanza dove stavo dettando alla mia segretaria Kathleen.

«Di cosa?»

«Di quello che potrebbe succedere oggi.»

Diedi una boccata al sigaro. «Clemmie, ne abbiamo già parlato.»

«Ne abbiamo parlato, sì, ma io sono comunque preoccupata. Non riesco a capire cosa mi spaventi di più: la vittoria o la sconfitta.»

Aprii la bocca per rispondere, ma mi interruppe con un gesto della mano. Kathleen si alzò con garbo e lasciò la stanza per evitare il disagio di assistere a quella discussione tra moglie e marito.

«Fammi parlare. Se vinci sarai di nuovo esposto a un carico di lavoro e a pressioni immense, in un momento in cui il mondo sembra pronto a esplodere.»

«È quello che è successo l'altra volta...» cominciai.

«L'altra volta avevi dieci anni di meno, Winston. L'altra volta non c'erano alternative. Stavolta ci sono, Anthony per esempio.»

«Il momento di Anthony verrà, ma non ancora.»

«Se perdi – continuò come se non mi avesse sentito –, se perdi temo che non troveresti una ragione per andare avanti.»

«Clemmie, cosa stai dicendo? C'è sempre una ragione per andare avanti, tu i ragazzi, i nipoti, i miei libri.»

«Perché non vuoi lasciar perdere e stare con noi allora?»

«Proprio perché posso ancora fare qualcosa di buono per loro. L'hai detto tu, il mondo sembra pronto a esplodere, se posso usare la mia autorità per fare qualcosa e disinnescarlo, è mio dovere farlo.»

«E cosa puoi fare? Non siamo più il Paese più potente del mondo, non abbiamo neanche la bomba atomica. Sono gli americani e i sovietici a decidere del futuro del pianeta.»

«Appunto», risposi.

Mi guardò con un'aria interrogativa.

«Ascoltami, Clemmie. Il momento è questo e non ce ne sarà un altro. Truman è ancora alla Casa Bianca e Stalin al Cremlino. Se tornassi primo ministro, sarebbe come ai tempi di Potsdam, sarebbe come portare indietro l'orologio. Potrei riuscire a farli sedere attorno a un tavolo a parlarsi.»

Mi attraeva l'idea di uno sforzo supremo per colmare l'abisso tra i due mondi, in modo che ciascuno potesse vivere la propria vita, se non in amicizia, almeno senza gli odi della Guerra Fredda.[214] Era proprio dai tempi di Potsdam che i capi dei due blocchi non si erano più incontrati. Quello che volevo proporre io era un «summit», una parola coniata da me che ben presto sarebbe entrata nel vocabolario politico di tutto il mondo.

Parlare era l'unica soluzione. Sono convinto che *l'*appeasement *in sé possa essere buono o cattivo a seconda delle circostanze. L'*appeasement *per debolezza e paura è allo stesso tempo inutile e fatale. L'*appeasement *basato sulla forza è magnanimo e nobile e potrebbe essere la via più sicura e forse l'unica verso la pace nel mondo.*[215]

Prima che Clemmie potesse rispondere, Kathleen bussò e rientrò nella stanza.

«I risultati sono arrivati – disse –, alla radio hanno annunciato che Attlee sta andando dal Re per dimettersi.»

Guardai Clemmie e l'abbracciai.

Alle sue spalle giacevano i manoscritti su cui stavo lavorando da anni.

Quella che doveva essere la mia opera magna era quasi conclusa. Era stato un lavoro estenuante che aveva richiesto un immenso lavoro di ricerca e pianificazione, ma ne valeva la pena perché era il mio testamento.

Mi tornarono in mente le parole che avevo detto a un dibattito alla Camera, *«considero che si scoprirà essere meglio per tutte le controparti lasciare il passato alla storia, soprattutto perché mi propongo di scrivere quella storia io stesso».*[216]

E ora rimaneva da scrivere ancora un ultimo capitolo.

20
Déjà-vu

1951-...

> *Se per ora resto, portando il peso della mia età, non è per amore del potere o della carica. Ho avuto entrambi in abbondanza. Se resto è perché ho la sensazione che potrei... incidere su ciò che mi sta a cuore sopra ogni cosa, la costruzione di una pace sicura e duratura.*[217]

L'unica cosa che volevo era quella che più mancava, è quella che manca sempre: il tempo.

Nell'illusorio tentativo di poterlo fermare, cercai di riportarlo indietro, così come avevo portato indietro le pagine del registro dei visitatori non appena ero tornato a Chequers. Quando ritrovai quel «*finis*» scarabocchiato più di sei anni prima, sorrisi e aggiunsi una nuova firma. La prima di una lunga serie.

Richiamai a fianco a me al governo i colleghi e gli amici di una vita.

Anthony Eden tornò al Ministero degli Esteri, nominai Pug Ismay segretario di Stato per il Commonwealth e presto sarebbe diventato segretario generale della Nato, arruolai anche il Prof. Lindemann in un ruolo ministeriale e naturalmente volli Jock Colville come mio segretario principale. Ad Harold Macmillan, un altro dei membri del Gabinetto dei tempi di guerra, affidai il compito di trasformare in realtà la promessa elettorale di costruire trecentomila nuove case. Per quanto riguarda me stesso, assunsi nuovamente la doppia carica di primo ministro e ministro della Difesa. Proprio come nel 1940.

Purtroppo Brendan Bracken era ormai troppo malato per ricoprire un ruolo nel nuovo esecutivo, dopo essere stato fedelmente al mio fianco fin dai tempi del mio isolamento ed essere stato ministro dell'Informazione durante il conflitto mondiale. Gli concessi un titolo nobiliare e poté ritirarsi dalla vita pubblica.

Sembrava in alcuni momenti di vivere all'interno di un *déjà-vu*.

Una sensazione che ricordo di aver provato distintamente soprattutto quando ci imbarcammo a Capodanno per gli Stati Uniti. Quante volte avevo fatto quel viaggio, circondato da quelle stesse persone, durante il periodo più buio e poi in quello più glorioso della nostra storia? Mi sembrava doveroso che il mio primo pensiero all'indomani della rielezione fosse quello di riannodare il più possibile i rapporti con gli americani, soprattutto finché alla Casa Bianca c'era il mio amico Truman. Anzi, Harry.

Ai miei collaboratori, alla mia famiglia e ad Anthony Eden, che vedevo scalpitare per porre fine alla sua interminabile gavetta e succedermi come primo ministro, avevo fatto intendere che avrei ricoperto l'incarico solo per un anno, prima di ritirarmi.

Una nuova generazione si affacciava sulla scena politica britannica e internazionale. Il mondo stava cambiando, per quanto io cercassi ostinatamente di rallentarne il corso. Non perché fossi contrario all'evoluzione, ma perché mi spaventava la direzione che sembrava aver preso. Intravedevo pericoli all'orizzonte che per essere evitati richiedevano una guida esperta. Un altro *déjà-vu*.

Truman forse se ne era reso conto meglio di me, oppure semplicemente lo aveva accettato con più serenità, confortato dalla consapevolezza di lasciare il suo Paese all'apice del potere e del prestigio. Cosa che purtroppo non potevo dire a mia volta. La Gran Bretagna era praticamente in bancarotta, mancavano materie prime e, a distanza di sei anni dalla fine della guerra, vigeva ancora il razionamento dei generi alimentari.

Il mio Paese era affaticato, e dovetti dolorosamente prendere atto di esserlo anche io. Il giorno in cui dovevo parlare al Congresso, la terza volta nella mia vita – un'altra illusione che il tempo fosse cristallizzato –, finii di scrivere il discorso quaranta minuti prima dell'inizio dell'intervento. Arrivai appena in tempo e solo grazie alla poderosa scorta di motociclisti che mi aveva messo a disposizione Truman e che riuscì a fendere il traffico di Washington con la tipica efficacia statunitense.

Portai ai deputati e ai senatori americani il mio messaggio, la mia convinzione che *accumulando deterrenti di ogni tipo contro l'aggressione avremmo potuto, di fatto, scongiurare la spaventosa catastrofe, le cui paure oscuravano la vita e frenavano il progresso di tutti i popoli del globo.*[218]

Con sorpresa e piacere avevo scoperto solo dopo essermi insediato che il governo laburista aveva avviato le ricerche per dotare anche la Gran Bretagna della bomba atomica. Era su quello che solo all'apparenza appariva come un paradosso che avevo sempre puntato per difendere la pace. Ero convinto che, *quando l'avanzata delle armi distruttive avrebbe consentito a tutti di uccidere tutti gli altri, nessuno avrebbe voluto uccidere nessuno. In ogni caso, mi sembrava abbastanza sicuro affermare che una guerra che inizi con entrambe le parti che soffrono ciò che temono di più – e questo era senza dubbio il caso al momento – fosse meno probabile che si verificasse.*[219]

Il mondo stava cambiando e io non riuscivo a fermarlo.

Ma forse, dopotutto, era meglio così.

Cambiamenti inevitabili, ma non per questo meno dolorosi, erano alle porte.

Nel suo inarrestabile andare avanti, il mondo, il mio mondo, perdeva pezzi. Soprattutto, pezzi di cuore.

Ero da poco tornato dal mio viaggio negli Stati Uniti, quando mi era arrivata la notizia della morte del Re. Mi ero sentito sopraffatto. Come se tutto il peso di quegli anni che mi ostinavo a non voler sentire mi fossero caduti addosso tutti insieme. Avevo passato buona parte della mattina in camera mia, a piangere, ripensando a quell'uomo buono che era stato il mio sovrano e il mio amico durante gli anni bui della guerra. L'unico vero confidente a parte mia moglie, sicuramente l'unico nel mondo politico, perché il solo che non poteva mirare a prendere il mio posto.

I popoli con un'antica consuetudine monarchica sono soliti legare intere epoche al sovrano del momento. Le chiamano perfino con il loro nome, anche se in realtà spesso i contorni sono molto sfumati. Ma la scomparsa di Giorgio VI mi era sembrata il più tangibile dei segni che un'era fosse davvero finita.

Rimaneva da capire di che tipo fosse quella che stava iniziando adesso sotto ai miei occhi, in un pomeriggio grigio dopo una mattinata di pioggia, ma che portava all'orizzonte la promessa di sereno.

Vedendola scendere dall'aereo, il primo pensiero fu che fosse una ragazza. Splendida nella sua giovinezza e austera nel suo dolore.

Il secondo fu che dietro quei lineamenti da ventiseienne si celasse una vera Regina.

Elisabetta II divenne sovrana lontano da casa, mentre si trovava in viaggio in Kenya. Ad accoglierla al suo rientro c'erano tutti i membri del governo. Ebbi l'onore di essere il primo a porgerle le mie condoglianze e, una volta che ebbe messo piede a terra, a inchinarmi e chiamarla «Maestà».

Me la ricordavo bene, quasi sette anni prima, salutare la folla dal balcone di Buckingham Palace accanto a me e ai suoi genitori nel giorno della vittoria. Guardando adesso quegli occhi brillare di una determinazione che il lutto per la scomparsa di suo padre non riusciva a spegnere né a offuscare, mi chiesi se non fosse destino che una simile figura fosse chiamata a rappresentare la nazione in quell'ora.

Forte, fiera, madre e donna.

Sì, avrei descritto la nuova Regina allo stesso modo in cui descriverei l'Inghilterra.

Mi rincuorava sapere che il futuro che portava con sé risplendesse dei bagliori del passato. *In me, che ho passato la giovinezza immerso nelle glorie auguste, incontrastate e tranquille dell'Era Vittoriana, suscitava un brivido poter invocare, ancora una volta, la preghiera e l'inno di allora: «Dio salvi la Regina!».*[220]

L'incoronazione era prevista per il giugno dell'anno seguente e non me la sarei persa per nulla al mondo.

A quanto pare, avrei dovuto modificare i miei piani riguardo alle dimissioni, con buona pace di Eden.

Anche perché Elisabetta II non era l'unica nuova attrice a debuttare sul palcoscenico del mondo. Dall'altra parte dell'oceano, un'altra mia vecchia conoscenza stava per diventare uno dei protagonisti della grande recita che siamo tutti chiamati a interpretare.

Era arrivato il momento di riattraversare l'Atlantico, di nuovo a Capodanno, di nuovo circondato dai miei amici e collaboratori, di nuovo diretti in America.

Un altro *déjà-vu.*

«Se c'è una cosa che ho imparato in questo vostro dannato gioco della politica è che bisogna avere il senso dell'umorismo»,[221] disse Eisenhower con un sorriso stringendomi la mano.

Notai come anche al vecchio leone cominciasse a sbiancarsi e diradarsi la criniera, lo stesso calvario che attraversavo da tempo io stesso e a cui non volevo arrendermi. La stretta, comunque, non aveva perso nulla del suo antico vigore, così come la scintilla che illumina sempre gli occhi dei grandi uomini.

Ci trovavamo nella casa del mio più caro amico newyorkese, Bernard Baruch, quella stessa casa che mi ero affannato a cercare in una lontana notte del 1931 e che per poco non era stata l'ultima. Per un momento mi chiesi che posto sarebbe stato il mondo se quell'auto che mi aveva investito allora mi avesse ucciso. Decisi che, come tutte le domande senza risposta, non aveva importanza.

Quello che contava è che adesso ero lì con l'ex comandante supremo Alleato e ora nuovo Presidente eletto degli Stati Uniti, in quello stesso appartamento che mi era stato quasi fatale. Il mondo cambia continuamente, ma è davvero un posto piccolo.

«Beh, spero di averti insegnato qualcosa al riguardo, caro Ike», risposi usando il suo soprannome.

Di lì a quindici giorni Eisenhower si sarebbe insediato alla Casa Bianca per i successivi quattro anni. Quattro anni cruciali per i rapporti con i sovietici e per i destini del pianeta. Affrontammo tanti argomenti fra cui un eventuale summit con Stalin. Ike non mi sembrò contrario a priori, ma mi fece capire che con ogni probabilità lo avrebbe incontrato da solo e in un territorio neutrale.

Con dolore capii sempre di più che i tempi in cui la Gran Bretagna parlava da pari a pari con i giganti sembrava tramontato per sempre.

Il lungo tramonto che stavo vivendo io era anche quello dell'Impero. E forse era giusto così.

Di certo, era doloroso. Come doloroso era vedere il proprio mondo svanire lentamente, ma in maniera inesorabile. Fu proprio durante quel viaggio che venni a sapere che un altro pezzo del mosaico della mia vita si era staccato per sempre: il mio vecchio segretario, anzi il mio vecchio amico Eddie Marsh, non c'era più.

Passai un'intera serata a parlare di lui a Jock Colville, raccontandogli degli anni trascorsi insieme, di tutto l'aiuto che mi aveva dato e del suo carattere così sensibile che forse era la cosa che condividevamo di più. Anche lui, come me, era stato sempre facile alle lacrime.

Mi accorsi di pensare spesso alla morte, ormai. Ne parlai anche con Truman, quando andai a salutarlo durante gli ultimi giorni del suo mandato, prima che lasciasse il posto a Eisenhower.

«Signor Presidente, spero abbia una risposta pronta per quando io e lei ci troveremo di fronte a san Pietro e ci dirà: "A quanto so, siete stati voi due i responsabili dello sgancio di quelle bombe atomiche".»

Ricordo che a quel punto si intromise il segretario della Difesa, Robert Lovett, che era accanto a noi, dicendomi: *«Primo ministro, è sicuro che quando ci sarà questo interrogatorio lei si troverà nello stesso posto del Presidente?»*.

«Lovett, – gli risposi – *il mio rispetto sconfinato per il Creatore di questo e di innumerevoli altri universi mi dà la certezza che non condannerebbe mai un uomo senza un'udienza.»*[222]

Non so cosa attendermi dall'aldilà, anzi in realtà non ci credo. *Penso che ad attenderci ci sia solo velluto nero, l'eterno sonno.*[223]

Spero però di sbagliarmi e che ci sia modo di rivedere le persone care e rincontrarsi in un posto migliore. Riabbracciare mia madre, stringere in braccio la piccola Marigold, ritrovare mio fratello Jack, Eddie, F.E. Smith e tutti gli amici di una vita. E soprattutto, mio padre. Non è questa la definizione di paradiso?

Quando il 24 gennaio Jock Colville entrò in camera mia mentre mi stavo radendo, gli dissi senza esitazione che *quello era il giorno in cui era morto mio padre, e che era quello in cui me ne sarei andato anche io.*[224] Lo penso ancora adesso. Quel legame che non ero riuscito a instaurare con lui in vita ci avrebbe accomunato nella morte.

Ma c'erano altri che se ne sarebbero andati prima di me.

Stalin morì poco tempo dopo, il 5 marzo 1953. Adesso ero rimasto l'ultimo in vita dei «Tre grandi» di Yalta, nonostante fossi il più anziano. Il mio tramonto a quanto pare sarebbe stato più lungo e prima che fosse completo avrei avuto la fortuna di vedere nuove albe.

La più luminosa fu quella del 2 giugno dello stesso anno, quando Sua Maestà Elisabetta II venne incoronata Regina in una cerimonia trasmessa per la prima volta in televisione in tutto il mondo. Avervi presenziato in qualità di primo ministro è stato uno dei grandi onori della mia vita. Cercai di essere all'altezza indossando il mantello dell'Ordine della Giarrettiera di cui aveva voluto insignirmi la nuova sovrana. Adesso ero «Sir» Winston Churchill. Mi divertiva chiedere a Clemmie cosa si provasse a essere sposata a un cavaliere. Rispose che non notava differenze significative.

La differenza significativa era però quella avvenuta in Russia. La morte di Stalin apriva nuovi scenari e ridava speranza al mio vecchio sogno di un summit fra le potenze. Pensavo non avessimo nulla da perdere nel tentare di approcciare i suoi successori: *nel peggiore dei casi i partecipanti all'incontro avrebbero stabilito contatti più intimi. Nella migliore delle ipotesi avremmo potuto avere una generazione di pace.*[225]

A quanto pare Eisenhower la pensava come me, perché accettò di incontrarmi, insieme ai francesi, alle Bermuda, in una conferenza che nelle nostre intenzioni doveva essere preliminare a quella con i sovietici.

Le mie dimissioni avrebbero dovuto aspettare ancora. Anzi, le mie responsabilità aumentarono a causa delle condizioni di salute di Anthony Eden, che mi costrinsero ad assumere anche la direzione del Ministero degli Esteri.

Era proprio il genere di carico di lavoro che aveva terrorizzato Clemmie all'indomani della mia elezione.

Come sempre, aveva avuto ragione lei.

Déjà-vu.

Come quando fui investito da quell'auto a New York, mi sembrava di vedermi dal di fuori, dall'esterno. Ero uno spettatore di me stesso.

Mi vidi alzarmi per fare un brindisi al nostro ospite, il presidente del Consiglio italiano Alcide De Gasperi, alla fine di una cena come tante. Mi vidi alzare il calice e cadere sulla sedia più vicina. Vidi sguardi preoccupati intorno alla tavola e persone che mi si avvicinavano dicendo qualcosa che non riuscivo a capire. Il mondo era diventato confuso, ovattato. Aprivo la bocca e uscivano parole che non riconoscevo. Io che le parole le ho sempre assaporate, assaggiate sul palato prima di pronunciarle, adesso non ne sentivo il gusto.

Sentii Jock dire agli ospiti di scusarmi, che forse avevo esagerato con l'alcool e che ero molto stanco ed era arrivato il momento di ritirarsi. Vidi che provavo ad alzarmi, una, due, tre volte, ma che mi lasciavo immancabilmente ricadere sulla sedia. Mi sentii portare in camera da Jock e da mio genero, ricordo che qualcuno disse di far venire subito il mio medico, lord Moran. Non ricordo cosa mi dissero, ma ricordo che rispondevo, o provavo a rispondere, e loro mi chiedevano di ripetere, che non capivano.

Dalla mia postazione esterna e privilegiata, provai pena per quell'uomo e fui contento per lui quando lo vidi scivolare lentamente nell'oblio e addormentarsi, circondato dai suoi cari.

La mattina dopo mi sentivo abbastanza bene da poter dirigere la seduta del consiglio, anche se parlai meno del solito e mi sentivo piuttosto fiacco. Non penso che nessuno dei ministri abbia notato qualcosa che non fosse riconducibile a semplice stanchezza.

Ma il peggio doveva ancora venire.

Sarei dovuto andare alla Camera quel pomeriggio, ma lord Moran me lo vietò, obbligandomi a ritirarmi a Chartwell per qualche giorno. E fu un bene, perché così nessuno – oltre ai miei famigliari e alla mia cerchia più ristretta – vide che avevo il lato sinistro del corpo ormai paralizzato e che non riuscivo a camminare né a parlare bene.

Avevo avuto un ictus e la situazione nei giorni seguenti precipitò al punto che Jock si sentì in dovere di informare la Regina di prepararsi a dover prendere decisioni fondamentali di lì a poco, in un momento in cui anche il mio vice e successore designato – Anthony – era malato e si trovava in sala operatoria.

I miei figli e miei amici si precipitarono a Chartwell, avvisati dal mio medico che avrei potuto non superare il weekend. Clemmie restò al mio fianco giorno e notte, senza mai farmi pesare le mie scelte, senza mai dire «te l'avevo detto». Composta, solida e amorevole, mi fornì tutte le cure e tutto l'affetto di cui avevo bisogno. E forse anche grazie a questo, contro ogni aspettativa, guarii.

Per più di un mese ero stato convalescente. Dopo il momento peggiore, piano piano ripresi gradualmente le forze, mentre il governo andava avanti come un meccanismo ben oliato. La stampa e il pubblico non furono informati della gravità della situazione, ma venne detto solo che avevo bisogno di un periodo di riposo.

Fui felice di sapere che nel frattempo era stato raggiunto un accordo di armistizio in Corea, ma la cosa che più mi bruciava era aver dovuto far saltare la riunione alle Bermuda che avevo tanto atteso e per cui avevo tanto lavorato. Fu riprogrammata per dicembre in concomitanza con la premiazione del Nobel per la letteratura che mi era appena stato assegnato a seguito della pubblicazione della mia opera in sei volumi *La Seconda guerra mondiale* «per la padronanza della descrizione storica e biografica e per la brillante oratoria in difesa dei valori umani». Fu per questo motivo che non potei presenziare alla cerimonia, facendomi rappresentare a Stoccolma da Clemmie.

Ancora una volta però il premio più ambito, quel summit che cercavo per costruire un ponte fra i due mondi che ancora non si parlavano continuava a sfuggirmi. L'America, in pieno maccartismo e ossessionata dalla propaganda e dall'infiltrazione comunista, non era pronta a stringere la mano ai nuovi leader del Cremlino. Tornai a casa con un nulla di fatto, sia dalle Bermuda sia dalla visita a Washington, l'estate successiva.

Ero stanco. Per la prima volta nella mia carriera avevo iniziato a pronunciare perfino discorsi scritti dai miei collaboratori invece che di mio pugno. Forse era questo, più di qualsiasi altro, più del fatto che dovessi ricorrere a un apparecchio acustico per sentire ciò che veniva detto durante le riunioni, il segnale che dopotutto il tempo passava anche per me, che lo volessi o meno.

Mi sentivo come un aeroplano alla fine del volo, all'imbrunire, con il carburante che sta per esaurirsi, alla ricerca di un luogo in cui poter atterrare in sicurezza.[226]

E di sicurezza, intorno a me, non ne vedevo molta. Il mondo era un posto sempre più pericoloso, come dimostrava il fatto che perfino la bomba atomica era divenuta obsoleta con la comparsa della ben più devastante bomba all'idrogeno.

Il mondo andava avanti, a una velocità folle.

E io non riuscivo a rallentarlo.

L'illusione più grande di riuscire a fermare il tempo la ebbi nel luogo dove più di tutti il tempo lo avevo trascorso. Dove più di ogni altro aveva assunto una dimensione soggettiva, nella quale poteva accelerare a dismisura o rallentare bruscamente, seguendo il ritmo che io stesso gli impartivo, come un direttore d'orchestra.

E forse era proprio quello il motivo, o forse era perché quel luogo stesso era un'illusione, dopotutto.

La Camera dei Comuni, dove avevo passato l'interezza della mia vita adulta, sembrava la stessa di sempre, ma sapevo che non lo era. La vecchia aula era stata distrutta dai bombardamenti tedeschi e per il resto della guerra il Parlamento si era trasferito in un altro edificio. Quella che avevo davanti agli occhi era il risultato di anni di lavori che avevano riportato la Camera alle antiche glorie, e all'antico aspetto.

Mi ero battuto perché fosse ricostruita esattamente com'era. *Noi diamo forma ai nostri edifici e poi i nostri edifici danno forma a noi.*[227] E io ero stato plasmato da quel luogo, così come lo stesso sistema dei partiti inglesi, *favorito dalla forma rettangolare dell'aula. È facile per un individuo muoversi in maniera progressiva e quasi impercettibile da Sinistra a Destra, ma l'atto di attraversare da una parte all'altra richiede una seria riflessione. E io sono un esperto in materia.*[228]

La Camera era più piccola del necessario, e anche questo era un effetto voluto. C'era posto a sedere solo per due terzi dei deputati, in modo che l'atmosfera di ogni dibattito, anche del meno interessante, fosse intima e partecipata. Elettrica, se necessario. Nelle riunioni importanti, invece, i parlamentari si sarebbero ammassati in piedi sulle scale e lungo i corridoi. Si sarebbero guadagnati quel posto privilegiato di spettatori. Come stava accadendo adesso.

L'aula era gremita come non vedevo da tempo. C'era tutto il pubblico delle grandi occasioni, e quella era una grande occasione.

L'ultimo grande discorso al Parlamento dell'anziano primo ministro.

Anziano davvero, pensai con un sorriso triste guardandomi intorno. A ottant'anni compiuti, ero il più vecchio capo del governo dai tempi di Gladstone, alla fine dell'Ottocento. Il mio secolo di esordio.

Di tutte quelle centinaia di deputati ero rimasto l'unico ad aver assunto la carica durante il regno della Regina Vittoria. Erano passati cinquantacinque anni da quando avevo preso il mio posto per la prima volta in quell'aula che non era più la stessa, ma che in fondo non era mai cambiata, mentre il Paese e il mondo intorno a lei non hanno mai smesso di mutare. Ero il padre spirituale della Camera dei Comuni, qualcuno direbbe dell'intera nazione.

E il mio ultimo discorso era per loro, i miei figli e i loro figli. Parlai del loro futuro dall'unico pulpito che consentisse di decifrarlo: quello del passato, quello dell'esperienza.

«*A meno che non si raggiunga un accordo affidabile e universale sul disarmo, convenzionale e nucleare, e non venga istituito un sistema di ispezione efficace e funzionante, esisterà una sola politica sensata per il mondo libero nei prossimi anni* – dissi –. *Questo è ciò che chiamiamo difesa tramite deterrenti. E questi deterrenti possono in qualsiasi momento diventare i genitori del disarmo, a patto che possano davvero dissuadere.»*[229]

Per questo motivo li informai che, a seguito dei recenti esperimenti americani e sovietici, avevo dato ordine di cominciare le ricerche perché anche il Regno Unito si dotasse della bomba all'idrogeno. «*È emerso un "curioso paradosso"* – continuai –. *Lasciatemelo esporre semplicemente. Superato un certo punto si può dire: più le cose peggiorano, meglio è.*» L'equilibrio del terrore era pur sempre equilibrio, lo scudo migliore contro la catastrofe. Un concetto che sarebbe passato alla storia con l'acronimo MAD, Mutua distruzione assicurata, e che per primo esposi pubblicamente.

Terminai il mio intervento su una nota di ottimismo, come avevo sempre fatto durante la guerra. Dire la verità, tutta la verità, ma dare speranza. Guardando in alto fra gli ospiti della galleria potevo percepire la presenza di mio padre. «Fidati della gente.»

«Possa sorgere il giorno in cui la correttezza, l'amore per i propri simili, il rispetto per la giustizia e la libertà consentano alle generazioni tormentate di uscire serene e trionfanti dall'epoca orribile in cui dobbiamo vivere.

Nel frattempo, non tiratevi mai indietro, non logoratevi mai, non disperate mai.»[230]

Uscii dalla Camera come ne ero uscito tante volte tempo prima, in un altro periodo buio al cui orizzonte si intravedeva una nuova alba.

Fra gli applausi, mentre piangevo.

Un altro *déjà-vu*.

L'ultimo.

Inesplorato e sconosciuto, il resto della mia vita da quel punto in poi si presentava come un'avventura inedita.

E continua a esserlo ogni giorno.

Avrei proseguito a fare quello che ho sempre fatto, ma da una posizione diversa, con una prospettiva diversa e con diverse modalità.

La politica, certo. Avrei continuato a sedere nel mio seggio e a partecipare ai dibattiti in Parlamento che reputavo più importanti, ma sapevo che non avrei più ricoperto una posizione decisionale.

La scrittura, ovviamente. Mi buttai anima e corpo nell'ultimo progetto editoriale, una *Storia dei popoli di lingua inglese* che fosse anche il testamento della più grande delle mie convinzioni: la necessità di continuare a marciare fianco a fianco degli Stati Uniti.

La pittura, immancabilmente. Sempre e ovunque ci fosse un paesaggio da immortalare, sentivo l'antica musa sussurrarmi di impugnare il pennello, e sono sempre stato ben felice di esaudirla, per quanto indegnamente.

La famiglia, più di ogni altra cosa. Finalmente avrei potuto essere il marito che Clemmie meritava, un padre più presente, un nonno impaziente di scoprire giorno dopo giorno i propri nipotini, cercando di indovinare che uomini e donne sarebbero diventati.

Volevo una vita il più possibile normale. In fondo, era quello per cui avevamo combattuto.

Prima di rassegnare le mie dimissioni, il 5 aprile 1955, avevo organizzato una cena al numero 10 di Downing Street con Sua Maestà la Regina e il Principe consorte Filippo di Edimburgo. Elisabetta II mi aveva offerto il più alto titolo nobiliare possibile. Nessun ducato non reale era stato creato fin dall'anno della mia nascita, nel 1874, e lei disse che nessuno poteva meritarlo più di me. Rifiutai, spiegandole che volevo morire come un uomo comune e non come un lord, un servo della Camera dei Comuni. Un servo del popolo.

Portai in dote al mio successore Anthony Eden e alla nazione la fine dei razionamenti del tempo di guerra, un milione di nuove case costruite, l'avvio per un ritorno alla prosperità economica, una nazione che era tornata a essere forte, diventando la terza potenza nucleare del pianeta. Durante i miei anni da primo ministro, rispettai la promessa di difendere l'Impero da chiunque, soprattutto da sé stesso: nessun Paese ottenne l'indipendenza in maniera affrettata e sconsiderata come era avvenuto prima e come sarebbe avvenuto dopo il mio governo.

La guerra di Corea era finita, quella del Vietnam stava per

iniziare, ma sarebbe stata responsabilità di altri portarla a compimento. Così come il primo summit fra i leader dei due blocchi, che avevo così a lungo inseguito e di cui dovetti leggere i resoconti dai giornali, come ogni persona comune. Allo stesso modo in cui seguii affascinato l'inizio della corsa allo spazio che ha portato l'uomo fra le stelle.

È un'esperienza strana e formidabile deporre le responsabilità e lasciare che le trappole del potere cadano a terra. Un senso non solo di rilassamento psicologico ma anche fisico si impadronisce dell'individuo, lasciando una sensazione sia di sollievo che di denudamento. Non sapevo quanto fossi stanco finché non ho smesso di lavorare.[231]

Immagino di poter affermare serenamente di essermi meritato un po' di riposo. È quello che intendo fare, mentre il mondo continua a girare, senza che io provi più a fermarlo. Come fanno le persone normali.

Viaggerò, scriverò, leggerò e dipingerò.

Sognerò e amerò.

Soprattutto, vivrò.

La durata dei mortali è breve, la fine universale; e la sfumatura di malinconia che accompagna il declino e il pensionamento è di per sé calmante. È sciocco sprecare lamenti sulla fase conclusiva della vita umana. Gli spiriti nobili si abbandonano volentieri alle ombre che si susseguono e che li trasportano verso un mondo migliore o verso l'oblio.[232]

Vivrò gli anni che mi restano, accanto a Clemmie e alla mia famiglia, scoprendo le gioie di questa nuova stagione dell'esistenza con la consueta curiosità. *Sono sempre disposto a imparare, anche se non sempre mi piace farmi insegnare.*[233]

Vivrò guardando al futuro, con apprensione, certo, ma anche con incrollabile ottimismo e fiducia nel genere umano. *A che serve vivere, se non lottare per cause nobili e rendere questo mondo confuso un posto migliore per coloro che ci vivranno dopo che noi non ci saremo più? In quale altro modo possiamo metterci in relazione armonica con le grandi verità e consolazioni dell'infinito e dell'eterno? Affermo la mia fiducia nel fatto che stiamo marciando verso giorni migliori. L'umanità non sarà abbattuta. Stiamo andando avanti coraggiosamente lungo la grande strada maestra e già, dietro le montagne lontane, c'è la promessa del sole.*[234]

E, perché no, vivrò anche cullandomi nel passato, privilegio di noi anziani, nella speranza ma anche nella consapevolezza di aver fatto la mia parte in questo mondo. E forse anche qualcosa di più.

Mi è appena arrivata una lettera scritta da mia figlia Mary in occasione del mio compleanno che mi ha commosso molto: *«Oltre a tutti i sentimenti che una figlia prova per un padre amorevole e generoso, ti devo anche ciò che ti devono ogni uomo, donna e bambino inglese: la libertà.»*[235]

Ultimamente mi rendo conto di abbandonarmi ai ricordi più spesso che mai, una tendenza accentuata dallo sforzo di aver rivissuto tutta la mia esistenza per comporre queste pagine. Ogni oggetto, luogo o volto, mi rammenta qualcosa di questo straordinario viaggio che è la vita. A quanto pare i *déjà-vu* non finiscono mai, dopotutto.

Dettando queste ultime righe al buon Jock, mentre sento al piano di sotto la dolce voce di Clemmie che accoglie i primi ospiti giunti a festeggiare il mio ennesimo compleanno, guardo il sole tramontare su Londra. L'«ora d'oro», la chiamano i fotografi.

Da questa stessa finestra, tanti anni fa, avevo assistito all'arrivo dell'apocalisse. Ricordo che ero proprio qua, in questo punto esatto, mentre le orde naziste scatenavano la più grande guerra della storia. E ricordo che avrei voluto ruggire e che quel ruggito risuonasse in ogni angolo del mondo.

Darò a Mary la mia risposta di persona, non appena scenderò di sotto. Le dirò che il merito di quella libertà di cui godiamo non fu solo mio, ma di tutto il popolo, di tutti gli inglesi. *La loro volontà era risoluta e spietata e, come si dimostrò, invincibile. A me è toccato esprimerla. E se ho trovato le parole giuste è solo perché mi sono sempre guadagnato da vivere con la mia penna e la mia lingua.*

Era una nazione e una razza che dimorava in tutto il mondo ad avere un cuore da leone.

Io ho avuto la fortuna di essere chiamato a intonarne il ruggito.[236]

Postfazione

«È un viaggio che è valso la pena fare. Una volta.»
«E poi?»
«Mi aspetto un lungo sonno. Me lo merito.»[237]

L'«ora d'oro» di Winston Churchill durò quasi dieci anni.

Dieci anni in cui mantenne tutte le sue promesse.

Rispettò la promessa di continuare a scrivere, completando la *Storia dei popoli di lingua inglese*, una monumentale opera in quattro volumi a partire dall'invasione di Giulio Cesare della Gran Bretagna fino all'inizio del XX secolo.

Rispettò la promessa di continuare a viaggiare, soprattutto sullo yacht dell'armatore greco Aristotele Onassis, tornando più volte sul continente europeo, in Africa, nei Caraibi e nella sua adorata America. Fu proclamato dal presidente Kennedy cittadino onorario degli Stati Uniti, la prima persona al mondo a ricevere un simile riconoscimento. Fu lo stesso Kennedy a leggerne la motivazione: «Nei giorni oscuri e nelle notti ancora più buie, quando il Regno Unito era solo e la maggior parte degli uomini, tranne gli inglesi, disperavano per la sopravvivenza dell'Inghilterra, egli mobilitò la lingua inglese e la spedì in battaglia».

Rispettò la promessa di continuare a dipingere, arrivando a completare nell'arco della sua vita oltre cinquecento tele. L'ultima la dipinse nel 1962, a ottantasette anni, una veduta dello stagno dei pesci rossi nella sua amata Chartwell.

Rispettò la promessa di continuare a interessarsi della politica, incontrando e intrattenendo relazioni epistolari con presidenti e capi di governo di tutto il mondo, ansiosi di ricevere i suoi consigli e suggerimenti.

Rispettò la promessa di continuare a sedere in Parlamento quando poteva e fu rieletto nel 1959, per la quindicesima volta.

Quello stesso anno pose la prima pietra del College di Cambridge che porta il suo nome e che fece in tempo a vedere inaugurato e frequentato dai primi studenti.

Ma oltre alle gioie visse anche altri dolori, come la scomparsa dei suoi amici più cari, il Prof. Lindemann e Brendan Bracken, di colleghi come Alan Brooke e soprattutto il lutto per la scomparsa di sua figlia Diana.

Rispettò la promessa di continuare ad amare, ed essere amato. La sua famiglia, innanzitutto, che vide crescere fino a giungere a dieci nipoti, riuscendo anche a diventare bisnonno. E i suoi amici, sempre presenti, che non smise mai di frequentare né in privato né alle cene dell'Other Club che aveva fondato lui stesso e che ancora oggi si riunisce nella stessa sala, sotto lo sguardo vigile del gatto Kaspar. Per il suo ultimo compleanno, quello dei novant'anni, ricevette lo straordinario numero di settantamila lettere e telegrammi da ogni parte del mondo, a testimonianza della stima e dell'affetto senza confini che lo circondarono fino alla fine.

Rispettò la promessa di continuare a vivere, come aveva sempre vissuto, bevendo i suoi whisky e soda e fumando i suoi sigari, fino alla fine.

Finché il corpo glielo consentì.

Perse gradualmente l'udito e nell'ultimo periodo non riusciva più a camminare e parlava a fatica, finché, la sera del 10 gennaio 1965, ebbe un altro grave ictus.

Non riprese mai più conoscenza.

Appena si sparse la notizia, centinaia di persone accorsero fuori dalla sua casa londinese in una veglia silenziosa e partecipata, mentre amici e colleghi si affrettarono al suo capezzale. Ma non era ancora arrivato il momento.

C'era un'ultima promessa da rispettare.

Rimase in vita altri quindici giorni, circondato dai suoi figli e da sua moglie che non lo abbandonò mai.

Alla fine, come aveva detto tempo addietro al suo fedele segretario Jock Colville, morì la mattina del 24 gennaio 1965, lo stesso giorno in cui settant'anni prima era scomparso suo padre.

La Regina Elisabetta II ordinò che ricevesse un funerale «di livello adeguato al suo posto nella storia». Le sue furono le esequie non regali più sontuose da più di cento anni a quella parte.

Per tre giorni e tre notti il suo feretro riposò, avvolto nella bandiera britannica e sorvegliato da una guardia d'onore a capo chino, nella Westminster Hall, in quello stesso palazzo dove aveva vissuto la sua lunga carriera politica e nella cui aula aveva incitato la nazione e il mondo nel momento peggiore della guerra.

Nonostante il gelo dell'inverno londinese, più di trecentoventimila persone andarono a rendergli omaggio, componendo una fila che si snodava per più di un chilometro e mezzo. Era il suo popolo riconoscente, quello di cui si era sempre fidato e che si era fidato di lui, affidandogli il suo stesso futuro.

Furono i rintocchi del Big Ben a dare il via al funerale alle 9.45 del mattino del 30 gennaio 1965. Il grande campanile restò poi muto per tutto il resto della giornata. A risuonare furono invece le novanta salve di cannone sparate dall'artiglieria reale, un numero mai eguagliato da nessun cittadino comune della storia.

Il corteo funebre si snodò per Londra, con il feretro trasportato su un affusto di cannone trainato da cento marinai e seguito a piedi da Randolph e suo figlio Winston, più tutti gli altri membri della famiglia e i suoi collaboratori più stretti. Clementine, Sarah e Mary fecero il tragitto a bordo della carrozza messa a disposizione dalla Casa reale.

La processione era scortata da decine di reparti militari, che marciavano al suono delle cornamuse, mentre migliaia di persone ai lati della strada piangevano, molte indossando fasce nere al braccio, abbassando il capo al suo passaggio. Nel mare di bandiere britanniche a mezz'asta, sventolarono per un'ultima volta quelle dei tanti Paesi liberati durante la Seconda guerra mondiale, innalzate da uomini e donne della Resistenza francese, danese, olandese e norvegese.

Alla funzione nella Cattedrale di Saint Paul presenziò anche la Regina, rompendo il protocollo che prevedeva la presenza del sovrano solo per esequie di membri della famiglia reale. Insieme a lei c'erano anche altri sei re e regine, sei presidenti e sedici primi ministri. Centododici Paesi erano rappresentati a ogni livello.

Ma soprattutto c'era tanta gente comune, non solo a Londra,

ma in tutto il mondo. Più di trecentocinquanta milioni di persone assistettero al funerale in diretta televisiva.

Un nuovo corteo accompagnò il feretro dall'uscita della Cattedrale fino alla Torre di Londra, dove venne deposto su una nave per risalire il Tamigi. Gli stessi aerei della RAF, che lui aveva contribuito a fondare e che avevano difeso la capitale durante la Battaglia d'Inghilterra sorvolarono in quel momento Londra per un ultimo saluto. Man mano che l'imbarcazione procedeva il suo cammino, le colossali gru dei moli si abbassarono una dopo l'altra, come se anche quei giganti inanimati chinassero il capo in segno di rispetto.

Ma, dopo tutti questi immensi tributi e onori, era il saluto delle persone comuni quello che sicuramente lo avrebbe commosso di più.

Lungo il tragitto in treno da Londra a Bladon, nell'Oxfordshire, al passaggio del convoglio un uomo anziano si issò sul tetto di una bassa casa con indosso la sua vecchia uniforme della RAF, ritto e immobile nel saluto militare. Poco più avanti un contadino, vedendo arrivare il treno, smise di lavorare i suoi campi, si levò il cappello e restò con il capo abbassato finché la locomotiva non sparì all'orizzonte.

L'ultimo viaggio di Winston Churchill si concluse presso il cimitero della Chiesa di Saint Martin, dove venne sepolto come era sua volontà accanto al padre, alla madre e al fratello.

Sulla tomba vennero posate due corone, una era a nome «Della Nazione e del Commonwealth, in grato ricordo» e firmata dalla Regina Elisabetta. L'altra recitava solamente: «Al mio carissimo Winston, Clemmie».

Quando Clementine morì, dodici anni più tardi, volle essere sepolta accanto all'uomo che non aveva mai smesso di amare.

Riposano insieme, in quel cimitero da cui si può intravedere, a circa un chilometro di distanza, il Palazzo di Blenheim nel quale lui era nato.

Nel suo primo discorso da premier, nel 1940, nell'ora più buia del suo Paese e del mondo, aveva affermato di non avere altro da offrire che «sangue, fatica, lacrime e sudore».

Fu l'unica promessa che non rispettò, perché riuscì a offrire ai suoi contemporanei e ai posteri qualcosa di molto più grande e prezioso.

Per percorrere quel chilometro che separa il Palazzo di Blenheim dal cimitero di Bladon, Winston Churchill ha impiegato novant'anni.

Ma che viaggio incredibile è stato.

Elenco delle abbreviazioni

MEL	Winston S. Churchill, *My Early Life: a Roving Commission*, Thornton Butterworth, London 1930.
TCD	Randolph Churchill, Martin Gilbert, Larry. P. Arnn, *The Churchill Documents*, Hillsdale College Press, 23 voll., London 2006-2019.
TOB	Randolph Churchill, Martin Gilbert, *Winston S. Churchill. The Official Biography*, 8 voll., Heinemann, London 1966-1988.
TWC	Winston S. Churchill, *The World Crisis*, Charles Scribners' Sons, New York 1923-1931. Voll. 1-4.
TSWW. *The Gathering Storm*	*The Second World War. The Gathering Storm*, vol. 1, Houghton Mifflin, Boston 1948. Tr. it. di O. Ceretti Borsini, *La seconda guerra mondiale. L'addensarsi della tempesta*, Mondadori, Milano 1958.
TSWW. *Their Finest Hour*	*The Second World War. Their Finest Hour*, vol. 2, Houghton Mifflin, Boston 1949. Tr. it. di G. Monicelli, *La seconda guerra mondiale. La loro ora più bella*, Mondadori, Milano 1960.
TSWW. *The Grand Alliance*	*The Second World War. The Grand Alliance*, vol. 3, Houghton Mifflin, Boston 1950. Tr. it. di A. Barone, *La seconda guerra mondiale. La grande alleanza*, Mondadori, Milano 1960.
TSWW. *The Hinge of Faith*	*The Second World War. The Hinge of Fate*, vol. 4, Houghton Mifflin, Boston 1950. Tr. it. di A. Barone, *La seconda guerra mondiale. La svolta fatale*, Mondadori, Milano 1960.
TSWW. *Closing the Ring*	*The Second World War. Closing the Ring*, vol. 5, Houghton Mifflin, Boston 1951. Tr. it. di G. Monicelli, A. Barone, *La seconda guerra mondiale. La morsa si stringe*, Mondadori, Milano 1961.
TSWW. *Triumph and Tragedy*	*The Second World War. Triumph and Tragedy*, vol. 6, Houghton Mifflin, Boston 1953. Tr. it. di A. Barone, G. Cambon, *La seconda guerra mondiale. Trionfo e tragedia*, Mondadori, Milano 1960.
WSC	Winston Spencer Churchill.

Note

Introduzione

[1] «The Morning Post», 6 settembre 1898.
[2] Discorso alla Mansion House di Londra, 30 novembre 1949.

Prologo

[3] Dal discorso di Neville Chamberlain alla nazione in occasione della dichiarazione di guerra alla Germania, 3 settembre 1939, Archivi BBC, https://www.bbc.com/news/av/science-environment-41505713
[4] Winston S. Churchill, *The Second World War. The Gathering Storm*, vol. 1, Houghton Mifflin, Boston 1948. Tr. it. di O. Ceretti Borsini, *La seconda guerra mondiale. L'addensarsi della tempesta*, Mondadori, Milano 1958. D'ora in avanti l'opera sarà indicata come TSWW. *The Gathering Storm*.
[5] *Ibid.*
[6] *Ibid.*
[7] *Ibid.*

Parte prima

[8] Winston S. Churchill, *My Early Life: a Roving Commission*, Thornton Butterworth, London 1930. D'ora in avanti l'opera sarà indicata dalla sigla MEL.
[9] *Ibid.*
[10] *Ibid.*
[11] *Ibid.*
[12] Lord Randolph a WSC, 9 agosto 1893.

[13] MEL.
[14] *Ibid.*
[15] *Ibid.*
[16] *Ibid.*
[17] *Ibid.*
[18] *Ibid.*
[19] *Ibid.*
[20] *Ibid.*
[21] *Ibid.*
[22] *Ibid.*
[23] «Daily Graphic», 17 dicembre 1895.
[24] MEL.
[25] *Ibid.*
[26] *Ibid.*
[27] *Ibid.*
[28] *Ibid.*
[29] *Ibid.*
[30] *Ibid.*
[31] *Ibid.*
[32] *Ibid.*
[33] *Ibid.*
[34] *Ibid.*
[35] «Daily Graphic», 24 dicembre1895.
[36] MEL.
[37] *Ibid.*
[38] *Ibid.*
[39] *Ibid.*
[40] *Ibid.*
[41] *Ibid.*
[42] *Ibid.*
[43] «Daily Graphic», 27 dicembre 1895.
[44] *Ibid.*
[45] *Ibid.*
[46] «Daily Graphic», 13 gennaio 1896.
[47] MEL.
[48] *Ibid.*
[49] *Ibid.*
[50] *Ibid.*
[51] *Ibid.*
[52] WSC a lady Jennie, 29 agosto 1897.

[53] MEL.
[54] *Ibid.*
[55] *Ibid.*
[56] «Daily Telegraph», 6 ottobre 1897.
[57] WSC a lady Jennie, 5 settembre 1897.
[58] MEL.
[59] Winston S. Churchill, *The Story of the Malakand Field Force*, Longmans Green and Co., London 1898.
[60] «Daily Telegraph», 9 ottobre 1897.
[61] W.S. Churchill, *The Story of the Malakand Field Force*, cit.
[62] «Daily Telegraph», 7 ottobre 1897.
[63] *Ibid.*, 8 ottobre 1897.
[64] W.S. Churchill, *The Story of the Malakand Field Force*, cit.
[65] «Daily Telegraph», 14 ottobre 1897.
[66] MEL.
[67] «Daily Telegraph», 14 ottobre 1897.
[68] *Ibid.*
[69] *Ibid.*
[70] MEL.
[71] *Ibid.*
[72] «Daily Telegraph», 15 ottobre 1897.
[73] MEL.
[74] *Ibid.*
[75] *Ibid.*
[76] W.S. Churchill, *The Story of the Malakand Field Force*, cit.
[77] *Ibid.*
[78] MEL.
[79] WSC a lady Jennie, 19 settembre 1897.
[80] MEL.
[81] WSC a lady Jennie, 19 settembre 1897.
[82] MEL.
[83] «Daily Telegraph», 2 novembre 1897.
[84] MEL.
[85] *Ibid.*
[86] WSC a lady Jennie, 2 ottobre 1897.
[87] MEL.
[88] WSC a lady Jennie, 19 settembre 1897.
[89] WSC a lord Beresford, 2 ottobre 1897.
[90] WSC a lady Jennie, 21 ottobre 1897.
[91] WSC a lady Jennie, 25 ottobre 1897.

[92] MEL.
[93] «The Morning Post», 27 settembre 1898.
[94] *Ibid.*
[95] MEL.
[96] *Ibid.*
[97] *Ibid.*
[98] *Ibid.*
[99] *Ibid.*
[100] *Ibid.*
[101] *Ibid.*
[102] «The Morning Post», 27 settembre 1898.
[103] *Ibid.*
[104] «The Morning Post», 27 settembre 1898.
[105] MEL.
[106] *Ibid.*
[107] *Ibid.*
[108] *Ibid.*
[109] *Ibid.*
[110] *Ibid.*
[111] *Ibid.*
[112] Winston S. Churchill, *The River War*, Longmans Green and Co., London 1898.
[113] MEL.
[114] *Ibid.*
[115] *Ibid.*
[116] *Ibid.*
[117] *Ibid.*
[118] *Ibid.*
[119] *Ibid.*
[120] *Ibid.*
[121] «The Morning Post», 6 settembre 1898.
[122] *Ibid.*
[123] *Ibid.*
[124] WSC a Ian Hamilton, 16 settembre 1898.
[125] *Ibid.*
[126] *Ibid.*
[127] MEL.
[128] *Ibid.*
[129] WSC a Ian Hamilton, 16 settembre 1898.
[130] «The Morning Post», 6 settembre 1898.

[131] *Ibid.*
[132] *Ibid.*
[133] *Ibid.*
[134] Andrew Roberts, *Churchill. Walking with Destiny*, Penguin Random House, London 2018.
[135] MEL.
[136] *Ibid.*
[137] *Ibid.*
[138] MEL.
[139] *Ibid.*
[140] *Ibid.*
[141] WSC a lady Jennie, 2 marzo 1899.
[142] MEL.
[143] *Ibid.*
[144] *Ibid.*
[145] *Ibid.*
[146] *Ibid.*
[147] *Ibid.*
[148] *Ibid.*
[149] «The Morning Post», 6 dicembre 1899.
[150] MEL.
[151] Winston S. Churchill, *London to Ladysmith via Pretoria*, Longmans Green and Co., London 1900.
[152] MEL.
[153] W.S., *London to Ladysmith via Pretoria*, cit.
[154] MEL.
[155] *Ibid.*
[156] *Ibid.*
[157] *Ibid.*
[158] «The Morning Post», 1° gennaio 1900.
[159] *Ibid.*
[160] MEL.
[161] «The Morning Post», 1° gennaio 1900.
[162] «The Morning Post», 24 gennaio 1900.
[163] «The Morning Post», 1° gennaio 1900.
[164] «The Morning Post», 24 gennaio 1900.
[165] *Ibid.*
[166] *Ibid.*
[167] *Ibid.*
[168] *Ibid.*

169 *Ibid.*
170 MEL.
171 *Ibid.*
172 *Ibid.*
173 *Ibid.*
174 «The Morning Post», 24 gennaio 1900.
175 MEL.
176 Winston S. Churchill, *My African Journey*, Hodder & Stoughton, London 1908.
177 MEL.
178 Randolph Churchill, Martin Gilbert, *Winston S. Churchill. The Official Biography*, 8 voll., vol. 2, Heinemann, London 1966-1988. D'ora in avanti l'opera sarà indicata dalla sigla TOB.
179 MEL.
180 *Ibid.*
181 TOB, vol. 2, cit.
182 Winston S. Churchill, *Great Contemporaries*, Thornton Butterworth, London 1937.
183 MEL.
184 *Ibid.*
185 *Ibid.*
186 Discorso a Manchester, 19 febbraio 1904.
187 TOB, vol. 2, cit.
188 W.S. Churchill, *Great contemporaries*, cap. «Arthur Balfour», cit.
189 TOB, vol. 2, cit.
190 TOB, vol. 1, cit.
191 TOB, vol. 2, cit.
192 WSC a Clementine, 7 agosto 1908.
193 WSC a lady Blanche Hozier, 12 agosto 1908.
194 WSC a J. Moore Bailey, 23 dicembre 1901.
195 WSC a Herbert Asquith, 14 marzo 1908.
196 Winston S. Churchill, *Liberalism and the Social Problem*, Leicester, 5 settembre 1909, Hodder & Stoughton, London 1909.
197 Herbert Asquith a WSC, 1° febbraio 1910.
198 MEL.
199 WSC a sir Edward Grey, WSC, vol. 2.
200 WSC a Re Giorgio V, 10 novembre 1910.
201 TOB, vol. 2, cit.
202 WSC a N.H. Brailsford, 19 aprile 1910.
203 TOB, vol. 2, cit.

[204] *Ibid.*
[205] *Ibid.*
[206] Winston S. Churchill, *Thoughts and Adventures*, Thornton Butterworth, London 1932.
[207] *Ibid.*
[208] *Ibid.*
[209] *Ibid.*
[210] Winston S. Churchill, *The World Crisis. 1911-1914*, vol. 1, Charles Scribners' Sons, New York 1923-1931. Tr. it. di F. Castracane, *Crisi mondiale e Grande Guerra: 1911-1922, 1. 1911-1914*, il Saggiatore, Milano 1968. D'ora in avanti l'opera sarà indicata dalla sigla TWC, vol. 1.
[211] *Ibid.*
[212] Discorso a Glasgow, 9 febbraio 1912.
[213] TWC, vol. 1, cit.
[214] *Ibid.*
[215] *Ibid.*
[216] *Ibid.*
[217] TOB, vol. 2, cit.
[218] TWC, vol. 1, cit.
[219] *Ibid.*
[220] W.S. Churchill, *Thoughts and Adventures*, cap. «In the air», cit.
[221] TWC, vol. 1, cit.
[222] TWC, vol. 1, cit.
[223] Randolph Churchill, Martin Gilbert, Larry. P. Arnn, *The Churchill Documents*, lettera di WSC a Clementine, 28 luglio 1914, Hillsdale College Press, 23 voll., London 2006-2019. D'ora in avanti l'opera sarà indicata dalla sigla TCD.
[224] TCD, WSC a Clementine, 31 luglio 1914.
[225] TCD, WSC a Clementine, 1° agosto 1914.
[226] TWC, vol. 1, cit.
[227] Winston S. Churchill, *The World Crisis. 1915*, vol. 2, Charles Scribners' Sons, New York 1923-1931. Tr. it. di F. Castracane, *Crisi mondiale e Grande Guerra: 1911-1922, 2. 1915*, il Saggiatore, Milano 1968. D'ora in avanti l'opera sarà indicata dalla sigla TWC, vol. 2.
[228] *Ibid.*
[229] *Ibid.*
[230] TWC, vol. 1, cit.
[231] *Ibid.*

[232] W.S. Churchill, *Thoughts and Adventures*, cit.

[233] TWC, vol. 1, cit.

[234] WSC ad Asquith, 29 dicembre 1914.

[235] TWC, vol. 1, cit.

[236] *Ibid.*

[237] TOB, vol. 3, cit.

[238] TWC, vol. 2, cit.

[239] *Ibid.*

[240] *Ibid.*

[241] *Ibid.*

[242] *Ibid.*

[243] *Ibid.*

[244] *Ibid.*

[245] W.S. Churchill, *Thoughts and Adventures*, cit.

[246] TWC, vol. 2, cit.

[247] *Ibid.*

[248] *Ibid.*

[249] TOB, vol. 3, cit.

[250] TWC, vol. 2, cit.

[251] WSC a Clementine, 7 gennaio 1916.

[252] W.S. Churchill, *Thoughts and Adventures*, cap. «Painting as a pastime» cit.

[253] TOB, vol. 2, cit.

[254] W.S. Churchill, *Thoughts and Adventures*, cap. «Painting as a pastime», cit.

[255] *Ibid.*

[256] WSC a Clementine, 17 luglio 1915.

[257] W.S. Churchill, *Thoughts and Adventures*, cap. «With the Grenadiers», cit.

[258] *Ibid.*

[259] *Ibid.*

[260] *Ibid.*

[261] WSC a Clementine, 19 novembre 1915.

[262] WSC a Clementine, 27 novembre 1915.

[263] W.S. Churchill, *Thoughts and Adventures*, cap. «With the Grenadiers», cit.

[264] *Ibid.*

[265] *Ibid.*

[266] *Ibid.*

[267] *Ibid.*

[268] W.S. Churchill, *Thoughts and Adventures*, cap. «A second choice», cit.

[269] WSC a Clementine, 17 luglio 1915.

[270] WSC a Clementine, dicembre 1915.

[271] TWC, vol. 3, cit.

[272] Winston S. Churchill, *The World Crisis. 1916-1918*, vol. 3, Part 1 and Part 2, Charles Scribners' Sons, New York 1923-1931. Tr. it. di F. Castracane, *Crisi mondiale e Grande Guerra: 1911-1922, 3. 1916-1918*, il Saggiatore, Milano 1968. D'ora in avanti l'opera sarà indicata dalla sigla TWC, vol. 3.

[273] *Ibid.*

[274] *Ibid.*

[275] Winston S. Churchill, *The Scaffolding of Rhetoric*, inedito.

[276] TWC, vol. 3, cit.

[277] *Ibid.*

[278] *Ibid.*

[279] *Ibid.*

[280] Winston S. Churchill, *The World Crisis. The Aftermath*, vol. 4, Charles Scribners' Sons, New York 1923-1931. Tr. it. di F. Castracane, *Crisi mondiale e Grande Guerra: 1911-1922, 4. 1919-1922*, il Saggiatore, Milano 1968. D'ora in avanti l'opera sarà indicata dalla sigla TWC, vol. 4.

[281] *Ibid.*

[282] *Ibid.*

[283] *Ibid.*

[284] TSWW. *The Gathering Storm*, cit.

[285] *Ibid.*

[286] WSC a Lloyd George, 24 marzo 1920.

[287] Discorso al National Press Club di Washington, 28 giugno 1954.

[288] TWC, vol. 4, cit.

[289] *Ibid.*

[290] TSWW. *The Gathering Storm*, cit.

[291] W.S. Churchill, *Thoughts and Adventures*, cap. «The Irish Treaty», cit.

[292] *Ibid.*

[293] TWC, vol. 4, cit.

[294] W.S. Churchill, *Thoughts and Adventures*, cap. «The Irish Treaty», cit.

[295] *Ibid.*

[296] W.S. Churchill, *Thoughts and Adventures*, cap. «Shall we all commit suicide?», cit.

[297] *Ibid.*

[298] W.S. Churchill, *Great Contemporaries*, cap. «Lawrence of Arabia», cit.

[299] *The Churchill papers*, 9/64. https://archives.chu.cam.ac.uk/collections/churchill-papers/

[300] WSC a lord Curzon, 29 giugno 1921.

[301] WSC a Anne Islington, 1° luglio 1921.

[302] «Soffierò per sempre le bolle, belle bolle in aria. Volano così in alto, quasi raggiungono il cielo. E poi, come i miei sogni, svaniscono e muoiono.»

[303] William Manchester, Paul Reid, *The Last Lion*, 3 voll., Little, Brown and Company, New York 1983-2012.

[304] W.S. Churchill, *Thoughts and Adventures*, cap. «Election memories», cit.

[305] *Ibid.*

[306] *Ibid.*

[307] «Hansard», Camera dei Comuni, 23 giugno 1925.

[308] Discorso alla Grosvenor House, Londra, 2 novembre 1949.

[309] Richard Langworth, *Churchill by Himself. The Life, Times and Opinions of Winston Churchill in His Own Words*, Ebury Press-Random House, London 2008.

[310] Discorso all'Authors Club di Londra, 17 febbraio 1908.

[311] WSC a Stanley Baldwin, 2 settembre 1928.

[312] R. Langworth, *Churchill by Himself*, cit.

[313] WSC al duca di Marlborough, 7 aprile 1922.

[314] TSWW. *The Gathering Storm*, cit.

[315] TOB, vol. 5, cit.

[316] WSC a sir Alan Burgoyne, 4 novembre 1924.

[317] TOB, vol. 5, cit.

[318] *Ibid.*

[319] «The Weekly Dispatch», 10 luglio 1927.

[320] R. Langworth, *Churchill by Himself*, cit.

[321] «Hansard», Camera dei Comuni, 3 maggio 1926.

[322] TOB, vol. 5, cit.

[323] W. Manchester, P. Reid, *The Last Lion*, 3 voll., cit.

[324] «Hansard», Camera dei Comuni, 7 luglio 1926.

[325] TOB, vol. 5, cit.

[326] TSWW. *The Gathering Storm*, cit.

[327] *Ibid.*
[328] *Ibid.*
[329] *Ibid.*
[330] «Daily Telegraph», 9 dicembre 1929.
[331] *Ibid.*
[332] Circa cinquecentomila sterline attuali.
[333] «Hansard», Camera dei Comuni, 23 marzo 1933.
[334] «Daily Mail», 16 novembre 1929.
[335] Discorso alla West Essex Conservative Association, 23 febbraio 1931.
[336] «Hansard», Camera dei Comuni, 9 luglio 1931.
[337] TSWW. *The Gathering Storm*, cit.
[338] *Ibid.*
[339] W.S. Churchill, *Great Contemporaries*, vol. B-P, cit.
[340] TSWW. *The Gathering Storm*, cit.
[341] «Daily Mail», 4 gennaio 1932.
[342] *Ibid.*
[343] *Ibid.*
[344] WSC ad Archibald Sinclair, 30 dicembre 1931.
[345] A. Roberts, *Churchill. Walking with Destiny*, cit.
[346] TSWW. *The Gathering Storm*, cit.
[347] *Ibid.*
[348] TSWW. *The Gathering Storm*, cit.
[349] *Ibid.*
[350] *Ibid.*
[351] *Ibid.*
[352] *Ibid.*
[353] «Hansard», Camera dei Comuni, 23 marzo 1933.
[354] Discorso al Devonshire Club, 14 novembre 1933.
[355] W.S. Churchill, *Thoughts and Adventures*, cap. «Moses», cit.
[356] «Hansard», Camera dei Comuni, 23 novembre 1932.
[357] TSWW. *The Gathering Storm*, cit.
[358] TSWW. *The Gathering Storm*, cit.
[359] Discorso al Devonshire Club, 14 novembre 1933.
[360] TSWW. *The Gathering Storm*, cit.
[361] *Ibid.*
[362] Discorso alla Anti-Socialist and Anti-Communist Union, 17 febbraio 1933.
[363] Conferenza stampa, Roma, 20 gennaio 1927.
[364] TSWW. *The Gathering Storm*, cit.

[365] «Hansard», Camera dei Comuni, 13 luglio 1934.
[366] «Hansard», Camera dei Comuni, 7 febbraio 1934.
[367] *Ibid.*
[368] TSWW. *The Gathering Storm*, cit.
[369] WSC a Clementine, 13 aprile 1935.
[370] TSWW. *The Gathering Storm*, cit.
[371] *Ibid.*
[372] *Ibid.*
[373] *Ibid.*
[374] *Ibid.*
[375] WSC a Clementine, 5 settembre 1936.
[376] «Hansard», Camera dei Comuni, 14 marzo 1938.
[377] *Ibid.*
[378] «Hansard», Camera dei Comuni, 28 marzo 1938.
[379] *Ibid.*
[380] WSC a lord Moyne, 11 settembre 1938.
[381] TOB, vol. 5, cit.
[382] «Hansard», Camera dei Comuni, 5 ottobre 1938.
[383] TSWW. *The Gathering Storm*, cit.
[384] Daniele, 5:27.
[385] «Hansard», Camera dei Comuni, 5 ottobre 1938.
[386] WSC a Duff Cooper, 22 novembre 1938.
[387] «Daily Telegraph», 17 novembre 1938.
[388] TSWW. *The Gathering Storm*, cit.
[389] *Ibid.*
[390] *Ibid.*
[391] *Ibid.*

Parte seconda

[1] Intervista alla CBS, 9 marzo 1932.
[2] TSWW. *The Gathering Storm*, cit.
[3] *Ibid.*
[4] «Hansard», Camera dei Comuni, 3 settembre 1939.
[5] TSWW. *The Gathering Storm*, cit.
[6] *Ibid.*
[7] *Ibid.*
[8] *Ibid.*
[9] FDR a WSC, 11 settembre 1939.
[10] WSC a Dudley Pound, 5 settembre 1939.

[11] WSC a Bruce Fraser, 8 settembre 1939.
[12] WSC a Dudley Pound, 11 dicembre 1939.
[13] TSWW. *The Gathering Storm*, cit.
[14] Trasmissione radiofonica BBC, 1° ottobre 1939.
[15] WSC a Chamberlain, 15 settembre 1939.
[16] Trasmissione radiofonica BBC, 20 gennaio 1940.
[17] Memorandum al Gabinetto di Guerra, 16 dicembre 1939.
[18] *Ibid.*
[19] TSWW. *The Gathering Storm*, cit.
[20] «Hansard», Camera dei Comuni, 7 maggio 1940.
[21] TSWW. *The Gathering Storm*, cit.
[22] «Hansard», Camera dei Comuni, 7 maggio 1940.
[23] TSWW. *The Gathering Storm*, cit.
[24] «Hansard», Camera dei Comuni, 7 maggio 1940.
[25] *Ibid.*
[26] *Ibid.*
[27] TSWW. *The Gathering Storm*, cit.
[28] «Domina Bretagna! Domina i mari: gli inglesi non saranno mai schiavi.»
[29] TSWW. *The Gathering Storm*, cit.
[30] *Ibid.*
[31] TSWW. *The Gathering Storm*, cit.
[32] *Ibid.*
[33] «News of the World», 15 maggio 1938.
[34] TOB, vol. 6, cit.
[35] TSWW. *Their Finest Hour*, cit.
[36] *Ibid.*
[37] «Hansard», Camera dei Comuni, 13 maggio 1940.
[38] TSWW. *Their Finest Hour*, cit.
[39] *Ibid.*
[40] *Ibid.*
[41] *Ibid.*
[42] *Ibid.*
[43] *Ibid.*
[44] National Archives, War Cabinet, 26 maggio 1940.
[45] WSC a Mussolini, 16 maggio 1940.
[46] Mussolini a WSC, 18 maggio 1940.
[47] National Archives, War Cabinet, 26 maggio 1940.
[48] National Archives, War Cabinet, 28 maggio 1940.
[49] *Ibid.*

[50] *Ibid.*
[51] Consiglio Supremo di Guerra, 13 giugno 1940.
[52] Diario di Hugh Dalton, 28 maggio 1940.
[53] *Ibid.*
[54] TSWW. *Their Finest Hour*, cit.
[55] «Hansard», Camera dei Comuni, 4 giugno 1940.
[56] *Ibid.*
[57] *Ibid.*
[58] Discorso alla County Hall di Londra, 7 luglio 1941.
[59] TSWW. *Their Finest Hour*, cit.
[60] *Ibid.*
[61] Diario di Jock Colville, 10 giugno 1940.
[62] TOB, vol. 6, cit.
[63] *Ibid.*
[64] Edward Spears, *Assignment to Catastrophe*, Heinemann, London 1954.
[65] TSWW. *Their Finest Hour*, cit.
[66] *Ibid.*
[67] WSC a FDR, 15 giugno 1940.
[68] Trasmissione radio BBC, 18 giugno 1940.
[69] TSWW. *Their Finest Hour*, cit.
[70] *Ibid.*
[71] *Ibid.*
[72] *Ibid.*
[73] *Ibid.*
[74] WSC a Pug Ismay, 4 giugno 1940.
[75] Hugh Dalton, *The Second World War Diary of Hugh Dalton*, Jonathan Cape, London 1986.
[76] TSWW. *Their Finest Hour*, cit.
[77] *Ibid.*
[78] *Ibid.*
[79] «Hansard», Camera dei Comuni, 20 agosto 1940.
[80] TSWW. *Their Finest Hour*, cit.
[81] *Ibid.*
[82] Hastings «Pug» Ismay, *The Memoirs of Lord Ismay*, Heinemann, London 1960.
[83] Discorso alla Harrow School, 29 ottobre 1941.
[84] TSWW. *The Grand Alliance*, cit.
[85] *Ibid.*
[86] *Ibid.*

[87] *Ibid.*
[88] R. Langworth, *Churchill by Himself*, cit.
[89] TSWW, *The Grand Alliance*, cit.
[90] *Ibid.*
[91] *Ibid.*
[92] *Ibid.*
[93] *Ibid.*
[94] *Ibid.*
[95] *Ibid.*
[96] *Ibid.*
[97] Conferenza Stampa alla Casa Bianca, 23 dicembre 1941.
[98] TSWW. *The Grand Alliance*, cit.
[99] *Ibid.*
[100] Discorso al Congresso degli Stati Uniti, 26 dicembre 1941.
[101] *Ibid.*
[102] TSWW. *The Grand Alliance*, cit.
[103] Discorso al Congresso degli Stati Uniti, 26 dicembre 1941.
[104] *Ibid.*
[105] Discorso alla Mansion House di Londra, 10 novembre 1942.
[106] WSC a Clementine, 9 agosto 1942.
[107] TSWW, *The Hinge of Faith*, cit.
[108] WSC a Clementine, 9 agosto 1942.
[109] TOB, vol. 7, cit.
[110] WSC a Clementine, 9 agosto 1942.
[111] TSWW, *The Hinge of Faith*, cit.
[112] Clementine a WSC, 4 agosto 1942.
[113] TSWW, *The Hinge of Faith*, cit.
[114] *Ibid.*
[115] *Ibid.*
[116] *Ibid.*
[117] *Ibid.*
[118] *Ibid.*
[119] A. Roberts, *Churchill. Walking with Destiny*, cit.
[120] TSWW, *The Hinge of Faith*, cit.
[121] *Ibid.*
[122] WSC a Clementine, 24 gennaio 1943.
[123] WSC a Clementine, 15 gennaio 1943.
[124] TSWW, *The Hinge of Faith*, cit.
[125] *Ibid.*
[126] *Ibid.*

[127] TSWW, *The Hinge of Faith*, cit.
[128] TSWW. *Closing The Ring*, cit.
[129] TOB, vol. 7, cit.
[130] TSWW. *Closing the Ring*, cit.
[131] *Ibid.*
[132] *Ibid.*
[133] *Ibid.*
[134] *Ibid.*
[135] «Hansard», Camera dei Comuni, 11 novembre 1942.
[136] TSWW. *Closing The Ring*, cit.
[137] *Ibid.*
[138] *Ibid.*
[139] *Ibid.*
[140] TSWW. *The Gathering Storm*, Prefazione, cit.
[141] Re Giorgio VI a WSC, 2 giugno 1944.
[142] TOB, vol. 7, cit.
[143] TSWW. *Triumph and Tragedy*, cit.
[144] *Ibid.*
[145] «Hansard», Camera dei Comuni, 4 agosto 1944.
[146] TSWW. *Triumph and Tragedy*, cit.
[147] *Ibid.*
[148] «Hansard», Camera dei Comuni, 1° agosto 1946.
[149] TOB, vol. 7, cit.
[150] WSC a Anthony Eden, 11 luglio 1944.
[151] TSWW. *Triumph and Tragedy*, cit.
[152] *Ibid.*
[153] *Ibid.*
[154] *Ibid.*
[155] TSWW, *The Hinge of Faith*, cit.
[156] Discorso all'Hotel De Ville, Parigi, 12 novembre 1944.
[157] TSWW. *Triumph and Tragedy*, cit.
[158] *Ibid.*
[159] *Ibid.*
[160] *Ibid.*
[161] *Ibid.*
[162] *Ibid.*
[163] *Ibid.*
[164] *Ibid.*
[165] TOB, vol. 6, cit.
[166] TOB, vol. 7, cit.

[167] TOB, vol. 7, cit.
[168] *Ibid.*
[169] WSC a Clementine, 12 febbraio 1945.
[170] TSWW. *Triumph and Tragedy*, cit.
[171] *Ibid.*
[172] *Ibid.*
[173] Clementine a WSC, 8 maggio 1945.
[174] Discorso 8 maggio 1945.
[175] *Ibid.*
[176] TSWW. *Triumph and Tragedy*, cit.
[177] *Ibid.*
[178] *Ibid.*
[179] *Ibid.*
[180] *Ibid.*
[181] *Ibid.*
[182] *Ibid.*
[183] *Chequers Visitors' book*, 28-30 luglio 1945.
[184] WSC a Louis Spears, 8 ottobre 1946.
[185] TOB, vol. 8, cit.
[186] WSC a Clementine, 8 settembre 1945.
[187] TSWW. *Triumph and Tragedy*, cit.
[188] Sarah Churchill, *A Thread in the Tapestry*, André Deutsch, London 1967.
[189] Discorso all'Università di Miami, 26 febbraio 1946.
[190] R. Langworth, *Churchill by Himself*, cit.
[191] W. Manchester, P. Reid, *The Last Lion*, 3 voll., cit.
[192] Kay Halle, *The Irrepressible Churchill*, Bloomsbury, London 2010.
[193] Winston S. Churchill, *The Second World War*, Abridged edition, Cassell & co., London 1959. D'ora in avanti l'opera sarà indicata dalla sigla TSWW, Epilogo.
[194] WSC a Clement Attlee, 7 marzo 1946.
[195] Discorso a Fulton, Missouri, 5 marzo 1946.
[196] *Ibid.*
[197] Discorso all'Università di Zurigo, 19 settembre 1946
[198] TSWW, Epilogo, cit.
[199] Discorso al Ritz-Carlton, New York, 25 marzo 1949.
[200] TSWW, Epilogo, cit.
[201] *Ibid.*
[202] Winston S. Churchill, *The Dream*, The International Churchill Society, London 1987.

[203] R. Langworth, *Churchill by Himself*, cit.
[204] W.S. Churchill, *The Dream*, cit.
[205] «Hansard», Camera dei Comuni, 22 ottobre 1945.
[206] W.S. Churchill, *The Dream*, cit.
[207] *Ibid.*
[208] «Hansard», Camera dei Comuni, 11 novembre 1947.
[209] W.S. Churchill, *The Dream*, cit.
[210] *Ibid.*
[211] TSWW, Epilogo, cit.
[212] *Ibid.*
[213] Discorso a Devonport, Plymouth, 23 ottobre 1951.
[214] Discorso alla Usher Hall, Edimburgo, 14 febbraio 1950.
[215] «Hansard», Camera dei Comuni, 14 dicembre 1950.
[216] «Hansard», Camera dei Comuni, 23 gennaio 1948.
[217] Discorso a Margate, 10 ottobre 1953.
[218] Discorso al Congresso degli Stati Uniti, 17 gennaio 1952.
[219] «Hansard», Camera dei Comuni, 3 novembre 1953.
[220] Discorso radiofonico alla BBC, 7 febbraio 1952.
[221] TOB, vol. 8, cit.
[222] R. Langworth, *Churchill by Himself*, cit.
[223] *Ibid.*
[224] John «Jock» Colville, «He Had No Use for Second Best», International Churchill Society, https://winstonchurchill.org/publications/finest-hour-extras/he-had-no-use-for-second-best/
[225] «Hansard», Camera dei Comuni, 11 maggio 1953.
[226] Richard A. Butler, *The art of the possible: the memoirs of Lord Butler*, Penguin Random House, 1971.
[227] «Hansard», Camera dei Lord, 28 ottobre 1943.
[228] *Ibid.*
[229] «Hansard», Camera dei Comuni, 1° marzo 1955.
[230] *Ibid.*
[231] WSC a Dwight Eisenhower, 18 luglio 1955.
[232] Winston S. Churchill, *Marlborough: His Life and Times*, George Harrap Ltd., London 1933. Tr. it. di G. Paroni, *Marlborough*, Mondadori, Milano 1973.
[233] «Hansard», Camera dei Comuni, 4 novembre 1952.
[234] Discorso a Dundee, Scozia, 10 ottobre 1908.
[235] Mary Soames a WSC, 8 giugno 1964.
[236] Discorso alla Westminster Hall, 30 novembre 1954.
[237] TOB, Conversazione con Robert Boothby, vol. 8.

Bibliografia

Gli articoli di giornale citati nel libro provengono dai documenti pubblicati nella biografia ufficiale di Winston Churchill,* dal British Newspaper Archive e dai libri di S. Read, *Winston Churchill Reporting. Adventures of a Young War Correspondent* (Da Capo Press, Boston 2015) e F. Woods (a cura di), *Young Winston's Wars* (Sphere, London 1972).

«Daily Graphic», 17 dicembre 1895.
«Daily Graphic», 24 dicembre 1895.
«Daily Graphic», 27 dicembre 1895.
«Daily Graphic», 13 gennaio 1896.
«Daily Mail», 16 novembre 1929.
«Daily Mail», 4 gennaio 1932.
«Daily Telegraph», 6 ottobre 1897.
«Daily Telegraph», 7 ottobre 1897.
«Daily Telegraph», 8 ottobre 1897.
«Daily Telegraph», 9 ottobre 1897.
«Daily Telegraph», 14 ottobre 1897.
«Daily Telegraph», 15 ottobre 1897.
«Daily Telegraph», 2 novembre 1897.
«Daily Telegraph», 9 dicembre 1929.

* R. Churchill, M. Gilbert, *Winston S. Churchill. The Official Biography*, 8 voll., Heinemann, London 1966-1988. Cfr. anche M. Gilbert, *Churchill. A Life*, Heinemann, London 1991. Tr. it. di D. Panzieri, *Churchill*, Mondadori, Milano 1992.

«Daily Telegraph», 17 novembre 1938.
«News of the World», 15 maggio 1938.
«The Morning Post», 6 settembre 1898.
«The Morning Post», 27 settembre 1898.
«The Morning Post», 6 dicembre 1899.
«The Morning Post», 1° gennaio 1900.
«The Morning Post», 24 gennaio 1900.
«The Weekly Dispatch», 10 luglio 1927.

Discorsi

I discorsi sono tratti dalla biografia ufficiale, dall'organo di pubblicazione parlamentare «Hansard», dai National Archives e dal libro, a cura di D. Cannadine, *Blood, Toils, Tears and Sweat. Winston Churchill's Famous Speeches* (Penguin, London 2007. Prima ed. Cassell, London 1989).

Discorso alla Free Trade Hall di Manchester, 19 febbraio 1904.
Discorso all'Authors Club di Londra, 17 febbraio 1908.
Discorso a Dundee, Scozia, 10 ottobre 1908.
Discorso a Leicester, 5 settembre 1909.
Discorso a Glasgow, 9 febbraio 1912.
Intervento alla Camera dei Comuni, 3 maggio 1926.
Intervento alla Camera dei Comuni, 7 luglio 1926.
Conferenza stampa, Roma, 20 gennaio 1927.
Discorso alla West Essex Conservative Association, 23 febbraio 1931.
Intervento alla Camera dei Comuni, 9 luglio 1931.
Intervista alla CBS, 9 marzo 1932.
Intervento alla Camera dei Comuni, 23 novembre 1932.
Discorso alla Anti-Socialist and Anti-Communist Union, 17 febbraio 1933.
Intervento alla Camera dei Comuni, 23 marzo 1933.
Discorso al Devonshire Club, 14 novembre 1933.
Intervento alla Camera dei Comuni, 7 febbraio 1934.
Intervento alla Camera dei Comuni, 13 luglio 1934.

Intervento alla Camera dei Comuni, 14 marzo 1938.
Intervento alla Camera dei Comuni, 28 marzo 1938.
Intervento alla Camera dei Comuni, 5 ottobre 1938.
Intervento alla Camera dei Comuni, 3 settembre 1939.
Trasmissione radiofonica BBC, 1° ottobre 1939.
Trasmissione radiofonica BBC, 20 gennaio 1940.
Intervento alla Camera dei Comuni, 7 maggio 1940.
Intervento alla Camera dei Comuni, 13 maggio 1940.
Intervento alla Camera dei Comuni, 4 giugno 1940.
Trasmissione radiofonica BBC, 18 giugno 1940.
Intervento alla Camera dei Comuni, 20 agosto 1940.
Discorso alla County Hall di Londra, 7 luglio 1941.
Discorso alla Harrow School, 29 ottobre 1941.
Conferenza Stampa alla Casa Bianca, 23 dicembre 1941.
Discorso al Congresso degli Stati Uniti, 26 dicembre 1941.
Discorso alla Mansion House di Londra, 10 novembre 1942.
Intervento alla Camera dei Comuni, 11 novembre 1942.
Intervento alla House of Lords, 28 ottobre 1943.
Intervento alla Camera dei Comuni, 4 agosto 1944.
Discorso all'Hôtel De Ville, Parigi, 12 novembre 1944.
Discorso a Whitehall, 8 maggio 1945.
Intervento alla Camera dei Comuni, 22 ottobre 1945.
Discorso all'Università di Miami, 26 febbraio 1946.
Discorso a Fulton, Missouri, 5 marzo 1946.
Intervento alla Camera dei Comuni, 1° agosto 1946.
Discorso all'Università di Zurigo, 19 settembre 1946.
Intervento alla Camera dei Comuni, 11 novembre 1947.
Intervento alla Camera dei Comuni, 23 gennaio 1948.
Discorso al Ritz-Carlton, New York, 25 marzo 1949.
Discorso alla Grosvenor House, Londra, 2 novembre 1949.
Discorso alla Mansion House di Londra, 30 novembre 1949.
Discorso alla Usher Hall, Edimburgo, 14 febbraio 1950.
Intervento alla Camera dei Comuni, 14 dicembre 1950.
Discorso a Devonport, Plymouth, 23 ottobre 1951.
Discorso al Congresso degli Stati Uniti, 17 gennaio 1952.
Trasmissione radiofonica BBC, 7 febbraio 1952.
Intervento alla Camera dei Comuni, 4 novembre 1952.

Intervento alla Camera dei Comuni, 11 maggio 1953.
Discorso a Margate, 10 ottobre 1953.
Intervento alla Camera dei Comuni, 3 novembre 1953.
Discorso al National Press Club di Washington, 28 giugno 1954.
Discorso alla Westminster Hall, 30 novembre 1954.
Intervento alla Camera dei Comuni, 1° marzo 1955.

Lettere

Le lettere sono tratte dai documenti pubblicati nella biografia ufficiale, riportate negli scritti di Winston Churchill e nei libri *Speaking for themselves: the Personal Letters of Winston and Clementine Churchill*, a cura di M. Soames (Doubleday, London 1998), e *Letters for the Ages. The Private and Personal Letters of Sir Winston Churchill*, a cura di J. Drake e A. Packwood (Bloomsbury Continuum, London 2023).

Lord Randolph a WSC, 9 agosto 1893.
WSC a lady Jennie, 29 agosto 1897.
WSC a lady Jennie, 5 settembre 1897.
WSC a lady Jennie, 19 settembre 1897.
WSC a lady Jennie, 2 ottobre 1897.
WSC a lord Beresford, 2 ottobre 1897.
WSC a lady Jennie, 21 ottobre 1897.
WSC a lady Jennie, 25 ottobre 1897.
WSC a Ian Hamilton, 16 settembre 1898.
WSC a lady Jennie, 2 marzo 1899.
WSC a J. Moore Bailey, 23 dicembre 1901.
WSC a Herbert Asquith, 14 marzo 1908.
WSC a Clementine, 7 agosto 1908.
WSC a lady Jennie, 12 agosto 1908.
Herbert Asquith a WSC, 1 febbraio 1910.
WSC a N.H. Brailsford, 19 aprile 1910.
WSC a Re Giorgio V, 10 novembre 1910.
WSC a Clementine, 28 luglio 1914.
WSC a Clementine, 31 luglio 1914.

WSC a Clementine, 1° agosto 1914.
WSC ad Asquith, 29 dicembre 1914.
WSC a Clementine, 17 luglio 1915.
WSC a Clementine, 19 novembre 1915.
WSC a Clementine, 15 dicembre 1915.
WSC a Clementine, 27 novembre 1915.
WSC a Clementine, 7 gennaio 1916.
WSC a Lloyd George, 24 marzo 1920.
WSC a lord Curzon, 29 giugno 1921.
WSC ad Anne Islington, 1° luglio 1921.
WSC al duca di Marlborough, 7 aprile 1922.
WSC a Clementine, 5 settembre 1923.
WSC a sir Alan Burgoyne, 4 novembre 1924.
WSC a Stanley Baldwin, 2 settembre 1928.
WSC a Archibald Sinclair, 30 dicembre 1931.
WSC a Clementine, 13 aprile 1935.
WSC a Clementine, 5 settembre 1936.
WSC a lord Moyne, 11 settembre 1938.
WSC a Duff Cooper, 22 novembre 1938.
WSC a Dudley Pound, 5 settembre 1939.
WSC a Bruce Fraser, 8 settembre 1939.
Franklin Delano Roosevelt a WSC, 11 settembre 1939.
WSC a Dudley Pound, 11 dicembre 1939.
WSC a Neville Chamberlain, 15 settembre 1939.
WSC a Benito Mussolini, 16 maggio 1940.
Benito Mussolini a WSC, 18 maggio 1940.
WSC a Pug Ismay, 4 giugno 1940.
WSC a Franklin Delano Roosevelt, 15 giugno 1940.
Clementine a WSC, 4 agosto 1942.
WSC a Clementine, 9 agosto 1942.
WSC a Clementine, 15 gennaio 1943.
WSC a Clementine, 24 gennaio 1943.
Re Giorgio VI a WSC, 2 giugno 1944.
WSC ad Anthony Eden, 11 luglio 1944.
WSC a Clementine, 12 febbraio 1945.
Clementine a WSC, 8 maggio 1945.
WSC a Clementine, 8 settembre 1945.

WSC a Clement Attlee, 7 marzo 1946.
WSC a Louis Spears, 8 ottobre 1946.
WSC a Dwight Eisenhower, 18 luglio 1955.
Mary Soames a WSC, 8 giugno 1964.

Opere di Winston S. Churchill

The Story of the Malakand Field Force, Longmans Green and Co., London 1898.
The River War, Longmans Green and Co., London 1898.
London to Ladysmith via Pretoria, Longmans Green and Co., London 1900.
My African Journey, Hodder & Stoughton, London 1908.
Liberalism and the Social Problem, Hodder & Stoughton, London 1909.
The World Crisis. 1911-1914, vol. 1, Charles Scribners' Sons, New York 1923-1931. Tr. it. di F. Castracane, *Crisi mondiale e Grande Guerra: 1911-1922, 1. 1911-1914*, il Saggiatore, Milano 1968.
The World Crisis. 1915, vol. 2, Charles Scribners' Sons, New York 1923-1931. Tr. it. di F. Castracane, *Crisi mondiale e Grande Guerra: 1911-1922, 2. 1915*, il Saggiatore, Milano 1968.
The World Crisis. 1916-1918, vol. 3, Part 1 and Part 2, Charles Scribners' Sons, New York 1923-1931. Tr. it. di F. Castracane, *Crisi mondiale e Grande Guerra: 1911-1922, 3. 1916-1918*, il Saggiatore, Milano 1968.
The World Crisis. The Aftermath, vol. 4, Charles Scribners' Sons, New York 1923-1931. Tr. it. di F. Castracane, *Crisi mondiale e Grande Guerra: 1911-1922, 4. 1919-1922*, il Saggiatore, Milano 1968.
My Early Life: a Roving Commission, Thornton Butterworth, London 1930.
Thoughts and Adventures, Thornton Butterworth, London 1932.
Marlborough: His Life and Times, George Harrap Ltd., London 1933. Tr. it. di G. Paroni, *Marlborough*, Mondadori, Milano 1973.

Great Contemporaries, Thornton Butterworth, London 1937.
The Second World War. The Gathering Storm, vol. 1, Houghton Mifflin, Boston 1948. Tr. it. di O. Ceretti Borsini, *La seconda guerra mondiale. L'addensarsi della tempesta*, Mondadori, Milano 1958.
The Second World War. Their Finest Hour, vol. 2, Houghton Mifflin, Boston 1949. Tr. it. di G. Monicelli, *La seconda guerra mondiale. La loro ora più bella*, Mondadori, Milano 1960.
The Second World War. The Grand Alliance, vol. 3, Houghton Mifflin, Boston 1950. Tr. it. di A. Barone, *La seconda guerra mondiale. La grande alleanza*, Mondadori, Milano 1960.
The Second World War. The Hinge of Fate, vol. 4, Houghton Mifflin, Boston 1950. Tr. it. di A. Barone, *La seconda guerra mondiale. La svolta fatale*, Mondadori, Milano 1960.
The Second World War. Closing the Ring, vol. 5, Houghton Mifflin, Boston 1951. Tr. it. di G. Monicelli, A. Barone, *La seconda guerra mondiale. La morsa si stringe*, Mondadori, Milano 1961.
The Second World War. Triumph and Tragedy, vol. 6, Houghton Mifflin, Boston 1953. Tr. it. di A. Barone, G. Cambon, *La seconda guerra mondiale. Trionfo e tragedia*, Mondadori, Milano 1960.
The Second World War, Abridged edition, Cassell & co., London 1959.
The Dream, The International Churchill Society, London 1987.
The Scaffolding of Rhetoric, inedito.

Opere su Winston S. Churchill

Butler R.A., *The art of the possible: the memoirs of Lord Butler*, Penguin Random House, 1971.
Cannadine D., *Blood, Toil, Tears and Sweat: Winston Churchill's Famous Speeches*, Penguin, London 2007. Prima ed. Cassell, London 1989.
Churchill R., Gilbert M., *Winston S. Churchill. The Official Biography*, 8 voll., Heinemann, London 1966-1988.

Churchill R., Gilbert M., Arnn L.P., *The Churchill Documents*, Hillsdale College Press, 23 voll., London 2006-2019.

Dalton H., *The Second World War Diary of Hugh Dalton*, Jonathan Cape, London 1986.

Drake J., Packwood A. (a cura di), *Letters for the ages. The Private and Personal Letters of Sir Winston Churchill*, Bloomsbury Continuum, London 2023.

Gilbert M., *Churchill. A Life*, Heinemann, London 1991. Tr. it. di D. Panzieri, *Churchill*, Mondadori, Milano 1992.

Halle K., *The Irrepressible Churchill*, Bloomsbury, London 2010.

Ismay H., *The Memoirs of Lord Ismay*, Heinemann, London 1960.

Langworth R., *Churchill by Himself. The Life, Times and Opinions of Winston Churchill in His Own Words*, Ebury Press-Random House, London 2008.

Manchester W., Reid P., *The Last Lion*, 3 voll., Little, Brown and Company, New York 1983-2012.

Read S., *Winston Churchill reporting. Adventures of a Young War Correspondent*, Da Capo Press, New York 2015.

Roberts A., *Churchill. Walking with Destiny*, Penguin Random House, London 2018.

Soames M., *Speaking for Themselves. The Personal Letters of Winston and Clementine Churchill*, Doubleday, London 1998.

Spears E., *Assignment to Catastrophe*, Heinemann, London 1954.

Woods F. (a cura di), *Young Winston's Wars*, Sphere, London 1972.

Archivi e Siti

British Broadcasting Corporation (BBC), https://www.bbc.com/

British Newspaper Archive, https://www.britishnewspaperarchive.co.uk/

«Hansard», https://hansard.parliament.uk/

International Churchill Society, https://winstonchurchill.org/
National Archives, https://webarchive.nationalarchives.gov.uk/
National Churchill Museum, https://www.nationalchurchillmuseum.org/
The Churchill Papers,
https://archives.chu.cam.ac.uk/collections/churchill-papers/
The Churchill Project, https://winstonchurchill.hillsdale.edu/

Indice

Questo libro è fabbricato da Grafica Veneta S.p.A.
con un processo di stampa e rilegatura certificato 100% carbon neutral
in accordo con PAS 2060 BSI

Finito di stampare nel mese di ottobre 2024
per conto di RCS MediaGroup S.p.A.
da Grafica Veneta S.p.A., Via Malcanton 2,
Trebaseleghe (PD)
Printed in Italy